Motorrad-Tourenbuch Deutschland

24.12.2018

Lieber Marius

Frohe Weihnachten und viele schöne Touren!

Mari + Michael

Alkoholfreier Genuss: das Biertor von Cham

Klaus Hinterschuster, Heinz E. Studt

DAS GROSSE MOTORRAD-TOURENBUCH DEUTSCHLAND

Auf Traumstraßen über 30.000 Kilometer
quer durch die Republik

BRUCKMANN

Deutschland ist schön – ganz besonders auch aus dem Motorradsattel betrachtet. Hier zu sehen: Schramberg im Schwarzwald.

INHALT

Deutschlands pralle Geschichte und historische Schätze würzen unsere Tourentage ungemein.

Es müssen auch nicht immer die Berge sein, auch der Norden, wie hier rund um Berlin, kann begeistern.

REGION NORD 134

REGION OST 190

REGION SÜDOST 246

Fachwerk vom Feinsten erwartet uns nicht nur hier in den Haßbergen. Deutschlands Handwerker sind seit dem Mittelalter berühmt für diese Kunst.

Kirche St. Martin in Nandlstadt,
der älteste Hopfenanbauort der Welt.

WARUM IN DIE FERNE SCHWEIFEN ...

Die 100 schönsten Motorradtouren Deutschlands in einem einzigen Buch zu vereinen, das ist ein wahrlich mächtiges Projekt. Ein Projekt, auf dessen Realisierung Klaus Hinterschuster und ich viele Jahre hingearbeitet haben. Denn Deutschland ist eines der schönsten, vielfältigsten und auch historisch wertvollsten Länder dieser Erde. Davon schwärmten ja schon reisefreudige »Kollegen« wie Johann Wolfgang von Goethe oder auch Friedrich Schiller. Und dass Klaus und ich nach weit über 25 Jahren als Motorradfahrer hauptsächlich die Kurven Europas, die Kurven außerhalb Deutschlands mit den Fußrasten signiert haben, gab dann den letzten Ausschlag, dieses Deutschland-Projekt endlich anzugehen.

Et voilà, nach über zwei Jahren Recherche im Mopedsattel sowie ungezählten Stunden am PC ist es vollbracht: In Ihren Händen liegt das neue Standardwerk aller Motorradtouren in Deutschland. Ein Bündel aus 100 komplett durchgeplanten Tages- und/oder Wochenendtouren, die Sie, liebe Leser, zu den schönsten, den spannendsten und vor allem auch zu den geschichtsträchtigsten Plätzen unserer Republik führen werden. Vom sonnenverwöhnten Allgäu bis zu den unendlich weiten Nord- und Ostseestränden, direkt aus den Höhenzügen von Eifel, Westerwald und Sauerland hinein in die auch heute noch herrlich andersartigen Tourenreviere des Ostens geht unsere Reise.

Großstädte wie Berlin gönnen wir uns separat.

100 tagesfüllende Rundtouren zwischen 200 und knapp 400 Kilometern Länge warten auf Sie, ausgehend von 49 handverlesenen Standorten, damit Sie die Erkundung Deutschlands auch vollkommen gepäckbefreit antreten können. Summa summarum erleben Sie in diesem Buch nicht weniger als 30 055 Kilometer pures Vergnügen im Mopedsattel. Ein Vergnügen, garniert mit einem einzigartigen Sightseeing-Programm aus bekannten und auch recht unbekannten Höhepunkten unseres Landes, mit 150 erlebenswerten Einkehr- und 100 gemütlichen Übernachtungstipps, mit 49 ausgesuchten Campingplätzen sowie satten 189 aktiven Bikertreffs. Und nicht zu vergessen: unseren Kombinationsvorschlägen, die eine Verknüpfung mehrerer – oder aller – Touren dieses Buchs zu einem organisatorischen Kinderspiel machen.

Denn so sehr uns auch die Ferne locken mag, ebenso sehr kann uns die unendliche Vielfalt Deutschlands begeistern. Gerade auch im Mopedsattel. Wie sinnierte schon Goethe einstmals über das Glücklichwerden: »Willst Du immer weiter schweifen – sieh, das Gute liegt so nah.« Genau so ist es.
Ganz viel Spaß mit diesem Buch wünschen

Klaus Hinterschuster und Heinz E. Studt

Kurvenreiche Fahrt im Taunus
bei Bad Schwalbach

IM ÜBERBLICK – EINE KURZE BEGRIFFSERKLÄRUNG

Bundesland Das Bundesland, in dem der Schwerpunkt der betreffenden Tour verläuft.

Region Die Region oder Landschaft, durch die ein Großteil der betreffenden Rundreise führt.

Empfohlener Tourenstandort Hier haben wir bewusst Orte und Städte ausgewählt, die einerseits im Verlauf jeder Tour liegen, andererseits aber auch abseits des Motorradsattels einen erlebenswerten Genuss bieten, sei es kulinarisch, historisch oder auch kulturell. Natürlich können Sie alle 100 Rundtouren von jedem beliebigen Punkt aus starten.

Hotelempfehlungen Hierbei haben wir Hotels und Gasthöfe berücksichtigt, die wir aus eigener Erfahrung oder aber aus den Empfehlungen von motorradfahrenden Freunden und Bekannten ruhigen Gewissens vorschlagen können. Preislich decken die Häuser beinahe die gesamte Spanne ab, besitzen aber stets ein akzeptables Preis-Leistungs-Verhältnis. Das können je Tourenstandort auch unterschiedliche Adressen sein.

Länge in km Die Gesamtlänge jeder Tour haben wir anhand unserer Aufzeichnungen sowie mit Garmins Kartensoftware MapSource respektive BaseCamp und MotoPlaner.de ermittelt.

Fahrzeit insgesamt Hierbei wurde grundsätzlich nur die reine Fahrzeit anhand des Straßenprofils der jeweiligen Tour berücksichtigt, geschätzt anhand der Durchschnittsgeschwindigkeit eines Gelegenheits-Motorradfahrers. Individuelle Sightseeing- und Einkehr-Stopps müssen gegebenenfalls noch hinzuaddiert werden. Und echte »Heizer« sind natürlich deutlich schneller beim nicht minder erlebenswerten Abendprogramm angelangt.

Einkehrtipp am Mittag Dieser in der Regel am eigenen Leib getestete Tipp liegt auf gut halber Strecke einer Tagestour und sollte exakt in dem Moment vor Ihrem Windshield auftauchen, wenn der Hunger beginnt an der Konzentration zu nagen. Unsere abendlichen Einkehrtipps für den jeweiligen Tourenstandort haben wir in der Regel am Ende des jeweiligen Kapitels eingebaut.

Kombinationsmöglichkeit Berücksichtigt und empfohlen werden nur Touren-Kombinationen, die in einem Umkreis von 100 Kilometern um den aktuellen Tourenstandort erreichbar sind.

Beliebte Motorradtreffs Darin enthalten sind Treffs entlang der Route oder in ihrem unmittelbaren Umfeld, die wir selbst erlebt haben oder die uns genannt und empfohlen wurden und deren Existenz wir bei der Recherche zu diesem Buch ganz aktuell bestätigt bekamen. Es besteht kein Anspruch auf Vollständigkeit – wenn Sie weitere empfehlenswerte Treffpunkte entlang unserer Touren wissen, schreiben Sie uns gern – wir nehmen diese Adressen dann in die kommenden Neuauflagen auf. Dankeschön! Und falls Sie sich vor Ort selbst spontan auf die Suche machen wollen, kann Ihnen die Website www.biker-treff.de eine Hilfe sein.

Ortschaften/Städte Führen die Touren durch Ortschaften oder Städte, so sind in den GPS-Datensätzen jeweils die offiziellen Zentren angesetzt, um die sich in der Regel auch die jeweiligen Sehenswürdigkeiten drapieren bzw. in fußläufiger Entfernung erreichen lassen. So kann jeder Benutzer seinen individuellen Wunsch nach Sightseeing und/oder Einkehr realisieren, sollte den dafür nötigen Zeitaufwand aber der betreffenden Fahrzeit jeder Tour hinzuzurechnen.

Für den angebotenen Download der GPS-Datensätze jeder Tour gilt: GPS-Datensätze im allgemein nutzbaren Format GPX werden über die Verlags-Website zur Verfügung gestellt. Für die eventuell nötige Umwandlung in andere gerätespezifische Formate empfehlen unsere Autoren die kostenlosen Angebote der Website www.gpsies.com.

Auf Kurvenhatz über die Nebenstraßen des Schwarzwaldes

Der Südwesten Deutschlands beherbergt nicht nur die wärmste Ecke unserer Republik – den Breisgau, in dem unser alljährlicher Saisonstart bereits im Februar gelingen kann –, sondern mit Schwarzwald und Rheintal auch zwei der schönsten und prägendsten deutschen Landschaften. Gerade die Kontraste zwischen der weiten, sonnenverwöhnten, ja lieblichen Rheinebene und den dicht bewaldeten, oftmals auch heute noch rauen Höhen des Schwarzwalds schenken uns einen ganz besonderen Genuss – natürlich auch fahrerisch. Apropos Genuss: Richtung Bodensee – dessen Umrundung natürlich als Pflichttour in dieses Buch gehört – erwarten uns mit dem Allgäu und mit Schwaben zwei weitere Tourenreviere, wie sie landschaftlicher und auch kulturell kaum abwechslungsreicher sein könnten.

REGION SÜDWEST

Lennestadt
Frankenberg
Melsungen
Eschwege
Bad Langensalza
Straußfurt
Olpe
Kreuztal
Borken
Bebra
Gotha
Erfurt
Weimar
Siegen
Bad Hersfeld
Eisenach
Arnstadt
Altenkirchen
Dillenburg
Marburg
Alsfeld
Rudolstadt
Hünfeld
Saalfeld
Rennerod
Linz
Wetzlar
Gießen
Fulda
Meiningen
Suhl
Limburg
Bad Nauheim
Eisfeld
Koblenz
Bad Homburg
Sonneberg
Coburg
Kronach
Wiesbaden
Frankfurt
Hanau
Offenba
Schweinfurt
Kulmbach
Bingen
Mainz
Rüsselshm.
Aschaffenb
Bayreuth
Gerolzhofen
Bamberg
Bad Kreuznach
Darmstadt
Alzey
Worms
Bensheim
Erlangen
Ludwigshafen
Bad Dürkheim
Mannheim
Fürth
Kaiserslautern
Heidelberg
Bad Mergentheim
Rothenburg o.d.Tauber
Neustadt a.d.W.
Speyer
Pirmasens
Landau i.d.Pf.
Heilbronn
Karlsruhe
Schwäbisch Hall
Ludwigsburg
Pforzheim
Stuttgart
Schw. Gmünd
Aalen
Baden-Baden
Esslingen
Ingolstadt
Böblingen
Donauwörth
Kehl
Heidenheim
Neuburg a.d.D.
Offenburg
Tübingen
Reutlingen
Freudenstadt
Günzburg
Ulm
Augsburg
Albstadt
Dachau
Fürstenfeldbruck
Villingen-
Schwenningen
Sigmaringen
Landsberg
Freiburg i.Br.
Biberach a.d.Riß
Tuttlingen
Meßkirch
Memmingen
Kaufbeuren
Weilheim
Müllheim
Singen
Radolfszell
Bad Tölz
Schaffhsn.
Ravensbg.
Schongau
Kempten
Rheinfelden
Waldsh.-Tiengen
Konstanz
Friedrichshafen
Wangen
Pfronten
Füssen
Lindau
Oberstdorf
Garmisch-Partenkirchen
Main
Neckar
Donau
E40
E41
E35
E44
E451
E45
E31
E42
E50
E52
E48
E43
E35
E531
E54
E533
1
2
3
4
5
6
7
8
9
10
11
12
13
14
15

REGION SÜDWEST

Frühlingserwachen rund um Kandern – da reduziert sich das Reisetempo automatisch fast auf Schrittgeschwindigkeit.

DEUTSCHLANDS WÄRMSTER ZIPFEL

Im Breisgau beginnt der Frühling auch für Motorradfahrer so früh wie nirgendwo sonst im Land.

Bereits die allererste Tour dieses Buchs füllt mit über 300 Kilometern Länge einen Tourentag randvoll. Beginnen wir mit einer ausgiebigen Kurvenhatz am Ostrand der gewaltigen Rheinebene. Über Bad Krozingen und Staufen wedeln wir Richtung Badenweiler mit seinen zahlreichen Relikten aus längst vergangenen Zeiten: 200 Jahre lang kurten hier die Römer in den heißen Quellen, ihre sehenswerte Thermenruine gilt als die größte und kostbarste nördlich der Alpen.

Den ersten Aussichtspunkt erreichen wir mit dem Aufstieg zum Blauen, einem mit 1165 Metern Höhe auch bei Bikern äußerst beliebten Hügel samt Berggasthaus, Übernachtungsmöglichkeiten und einem Blick bis hinüber zu den Vogesen, dem Schweizer Jura und den Alpen.

Eisenbahnfreunde zieht es dann Richtung Kandern zur berühmten Kandertalbahn mit ihren historischen Dampfloks und Waggons; alljährlich am 1. Mai beginnt dort die Saison, ein Erlebnis für Groß und Klein. Lörrach ist bald darauf der südlichste Punkt unseres Tages, das kulturelle und wirtschaftliche Zentrum des Markgräflerlands nennt sich selbst gern auch »Toskana Deutschlands«: Malerische Märkte inmitten eines wunderschönen Stadtkerns sowie unzählige Straßencafés verströmen tatsächlich einen satten Hauch des Südens.

Über Schopfheim, das idyllische Wiesental und unzählige Rechts-links-Kombinationen erreichen wir Todtmoos, eines der sehenswerten touristischen Zentren des Südschwarzwalds. Weiter gen Osten, gleich hinter St. Blasien, taucht dann urplötzlich der Schluchsee vor uns aus dem dunklen Tann. Der größte See im Schwarzwald ist immerhin 62 Meter tief und ein beliebtes Bade- und Segelrevier.

Am Nordrand des Sees verlassen wir die Uferstraße und erreichen über Menzenschwand und Bernau das beschauliche Städtchen Todtnau, an dessen Ostflanke uns der vorletzte Höhepunkt des heutigen Tages erwartet: der Feldberg. Okay, er ist nicht besonders hübsch, seine Pisten sind auch nicht besonders ansprucheinspruchsvoll, und oben am Gipfel erwartet uns vergleichsweise wenig – dennoch: Er ist der bekannteste Berg des Schwarzwalds, ja sogar die höchste Erhebung aller deutschen Mittelgebirge, und er gehört damit auf jeden Fall erwähnt.

Via Hinterzarten, das Höllental und Kirchzarten erreichen wir zu guter Letzt den Schauinsland im Süden Freiburgs, der in früheren Zeiten wegen des Silberbergbaus auch »Erzkasten« genannt wurde. Spätnachmittags führt uns nun eine kurvenreiche Piste bis hinauf zur Bergstation der Schauinsland-Bahn. Aber Achtung: An Wochenenden und Feiertagen ist die Straße für Biker tabu! Ob Sie dann hier oder in Freiburg den Tag ausklingen lassen – Sie dürfen frei entscheiden.

TOUR-CHECK

Region: Breisgau und Südschwarzwald

Empfohlener Tourenstandort: Freiburg

Hotelempfehlung: Hotel am Stadtgarten, Karlstr. 12 in Freiburg, www.hotelamstadtgarten.de

Länge in km: 330

Fahrzeit insgesamt: 6 Std.

Einkehrtipp am Mittag: Restaurant Jägerstüble, Hornberg 27 in Todtmoos

Kombinationsmöglichkeit: Mit Tour 2

Beliebte Motorradtreffs: Am Schauinsland-Parkplatz nahe der Bergstation; am Titisee-Parkplatz am See; auf dem Gipfelparkplatz am Blauen bei Badenweiler

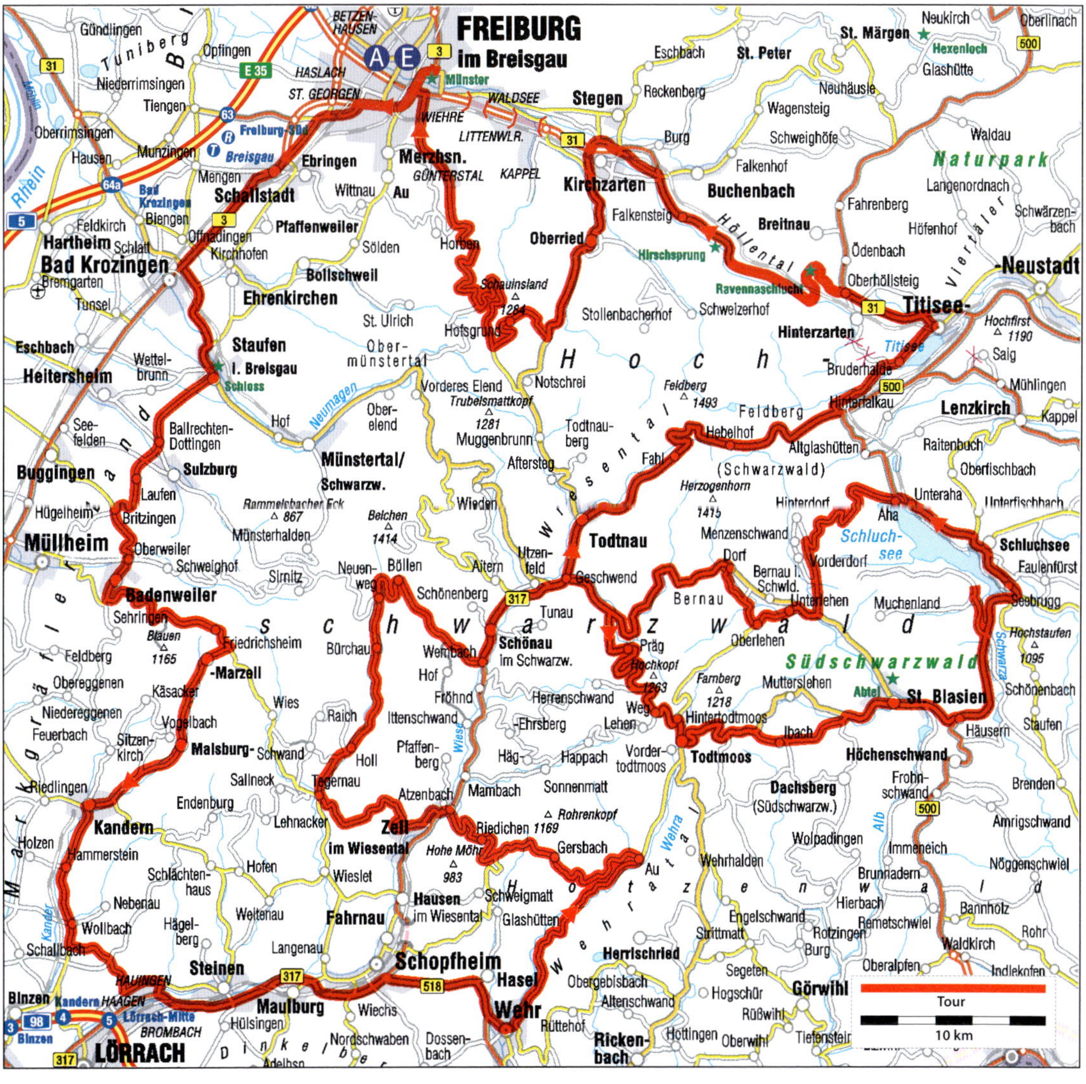

Für Heizer und Tourenfahrer ein Genuss: Viele Pisten im Schwarzwald könnten von Motorradfahrern geplant worden sein.

DOC BRINKMANN PRAKTIZIERT NICHT MEHR

Den Wald vor lauter Bäumen nicht zu sehen, mag möglich sein. Den Schwarzwald ohne Glottertal zu bereisen, wäre glatt strafbar.

Falls Sie auf Tour Nr. 1 keine Gelegenheit mehr hatten, unseren Tourenstandort zu genießen – heute dürfen Sie es. Doch zunächst einmal gönnen wir uns einen langen Tag im Mopedsattel, huschen über Kirchzarten und Sankt Peter umgehend zum ersten Höhepunkt des Tages: dem legendären Glottertal. Und gleichwohl Doc Brinkmann längst nicht mehr praktiziert, hat das Tal auch nach dem Ende der berühmtesten deutschen Ärzte-Soap »Schwarzwaldklinik« noch viel Sehenswertes zu bieten, z. B. den Scharbachhof, etwas abseits, in unmittelbarer Nachbarschaft zur TV-Schwarzwaldklinik. Beim Schaubrennen in der Hausbrennerei können Sie live zusehen, wie Obstbrände aus den Früchten alter Glottertaler Streuobstwiesen destilliert werden. Apropos Klinik: Die heißt in Wirklichkeit »Carlsbau im Glottertal« und gehört seit 2013 einem Wohlfahrtsverband. Eine Besichtigung ist nicht mehr möglich.

Über Denzlingen erreichen wir Waldkirch im Schwarzwald, dessen historischer Kern alle drei Jahre ins Mittelalter zurückversetzt wird. Mit Rittern und Burgfräulein, mit Landsknechtlager, Spielleuten, Gauklern und Fanfarenzügen entsteht immerhin das größte Mittelalterfest Südbadens. Das nächste Mal übrigens 2018. Toll!

TOUR-TIPP

Die Geburt einer Kuckucksuhr

Es war vor über 250 Jahren. Inmitten der unwirtlichen Winterlandschaft des Schwarzwalds hatten sich die Bauersleute im Höfle bei Schönwald in der einzigen beheizten Stube versammelt. Die Frauen flochten Stroh, zupften Wolle oder spannen. Die Männer erledigten die derben Arbeiten, schnitzten Schindeln, reparierten die Gerätschaften. Im kleinen Häuslein, welches zum Hof gehörte, lebte seit einiger Zeit der Uhrmacher Franz Ketterer, genannt der Treyer-Franz, ein etwas komischer Kauz. Bereits seit vielen Wochen tüftelte der an einer geheimen Erfindung, und heute sollte der große Tag sein, an dem er sie den Bauersleuten zeigen wollte. Spät am Nachmittag dieses trüben Wintertages erklang es dann aus der Uhr des Treyer-Franz' zum ersten Mal »Kuckuck« – die Geburtsstunde der berühmten Schwarzwälder Kuckucksuhr hatte geschlagen. Zusammen mit Simon Dilger aus Schollach gilt Franz Ketterer somit als einer der überlieferten Väter der Schwarzwälder Uhrmacherei.

Durch das romantische Simonswälder Tal geht es zur berühmten Hexenlochmühle; vorbei an Wasserfällen und durch geheimnisvolle Wälder schwingt unsere kurvenreiche Straße. Einst lieferte der Wald das wichtige Brennholz für die Glasbläserei, später wurde der Bau von Uhren ein wichtiger Wirtschaftszweig. Davon können auch Furtwangen und sein Uhrenmuseum viel erzählen: Über 1000 Uhren und ein wohl einzigartiges Planetarium lassen nicht nur die Tradition des im 19. Jahrhundert so bedeutenden Gewerbes wieder lebendig werden, es wird auch die ganze Geschichte der Zeitmessung nacherzählt. Hochinteressant!

So wie im quirligen Städtchen Triberg, das sich ganz dem wichtigsten Exportschlager des Schwarzwalds verschrieben hat: der legendären Kuckucksuhr. Im Zentrum Tribergs kann man sie nahezu haushoch erleben und in allen nur erdenklichen Größen kaufen. Doch Triberg besitzt auch noch ein weiteres Highlight, ein Geschenk der Natur: den höchsten Wasserfall Deutschlands mitten im Ort. Dass bereits ein erster Blick auf dieses Naturschauspiel Eintritt kostet – Schwamm drüber, dafür wird das Wässerchen ja abends auch beleuchtet.

Das nördlich folgende Hornberg hingegen verewigte sich auf ganz andere Art in der deutschen Geschichte: 1564 hatte sich der Herzog von Württemberg in Hornberg zu einem Überraschungsbesuch angesagt. Es herrschte große Aufregung in der Stadt, der hohe Herr sollte mit allen Ehren empfangen werden. Auch die Stadtkanonen wurden geputzt, um ordentlich Salut zu ballern. Plötzlich näherte sich aus der Ferne eine große Staubwolke, die Menschen jubelten, und die Kanonen donnerten, was das Zeug hielt. Als alles Pulver verschossen war, lösten sich aus der herannahenden Staubwolke eine Postkutsche, ein Krämerkarren und eine Herde Rindviecher. Der hohe Herr kam erst viel später, doch da hatten die Hornberger ihr gesamtes Pulver bereits verschossen ... Alljährlich in den Sommermonaten zeigen die Hornberger Bürger auf ihrer Freilichtbühne im Storenwald erneut den Ursprung dieses berühmten deutschen Sprichworts.

Stillgestanden und aufgemerkt: Fanfarenzüge eröffnen das sehenswerte Historienfest in Waldkirch.

Über das nicht minder sehenswerte Schramberg und das berühmte Städtchen Alpirsbach mit einer der ältesten Brauereien Deutschlands erreichen wir nachmittags dann Freudenstadt. 1599 erteilte Herzog Friedrich von Württemberg den Befehl, eine »Planstadt der Renaissance« nach geometrischem Vorbild eines Mühlespiels zu bauen. Im Mittelpunkt sollte ein mächtiges Residenzschloss stehen, umgeben von Arkaden und Eckgebäuden, streng im rechten Winkel. 1601 wurde der Grundstein von Freudenstadt gelegt, doch bereits 1608 starb Herzog Friedrich und mit ihm der in weiten Teilen unvollendete Traum einer großen Residenzstadt. Und gleichwohl das bereits Geschaffene in einem großen Brand von 1632 zur Hälfte vernichtet wurde, ist das heutige Freudenstadt immer noch eine der städtebaulichen Perlen des Nordschwarzwalds.

Über Bad Rippoldsau und einen Abstecher hinauf zum Kniebis – wenn Sie mögen – erreichen wir sodann Wolfach, einst das Zentrum der Kinzigflößerei, die den Menschen für eine wahrlich knochenharte Arbeit recht bescheidenen Wohlstand brachte. Wolfachs Anblick wird geprägt vom 600 Jahre alten Schloss sowie dem hoch aufragenden, mit Fresken reich bemalten Rathaus. Das Untere Tor, eines der letzten Relikte der einst mächtigen Stadtbefestigung, bildet den Eingang zur Wolfacher Hauptstraße, die mit ihren zahlreichen Geschäften und Straßencafés zum Bummeln und Einkehren einlädt. Und in der nahen Dorotheenhütte, der letzten Glasmanufaktur des Schwarzwalds, zeigen die Glasbläser, wie aus Feuer und Sand funkelndes Bleikristall entsteht.

Grob Richtung Westen führt uns das Kinzigtal dann hinüber zur mächtigen Rheinebene, wo wir über Seelbach und Emmingen ins Gebiet des Kaiserstuhls fahren. »Ich bin hier sehr an der Luft, Schlafen, Essen, Trinken, Baden, Reiten, Fahren, war so ein Tag hier der selige Inhalt meines Lebens«, schwärmte der eingangs bereits erwähnte Johann Wolfgang von Goethe vor über 200 Jahren von seinem Aufenthalt in Emmendingen. Die Kreisstadt mit ihrer schönen Altstadt, sehens-

TOUR-TIPP

Freiburg

Die viertgrößte Stadt Baden-Württembergs ist weithin bekannt als die wärmste und sonnenreichste Ecke Deutschlands. Doch die Stadt hat noch viel mehr zu bieten: Schlendern Sie abends gemütlich durch das historische Zentrum, und erfahren Sie bei einer Führung alles über die »Freiburger Bächle und Gässle«, über die bunten Rheinkiesel-Mosaike oder über den Münsterplatz. Und anschließend gönnen Sie sich einen ausgiebigen Einkehrschwung in den Freiburger Szenelokalen, z. B. in der Hausbrauerei Feierling in der Gerberau 56 – so klingt ein Tourentag perfekt aus.

Herrlich gelegen und reich an Geschichten: die Hexenloch-Mühle nahe Furtwangen

wertem Marktplatz und prächtigen Bürgerhäusern begeistert wohl jeden Besucher. Die mittelalterliche Ruine Hochburg, das Markgrafenschloss mit Stadtmuseum sowie das Schlosserhaus in der Landvogtei zeugen von längst vergangenen Tagen. Auch von jenen Tagen im Jahr 994, als Kaiser Otto III. hier vorbeikam und am Rande eines stolzen Gebirgszugs einen seiner berühmten Gerichtstage abhielt. 560 Meter hoch soll jener Kaiserstuhl heute noch sein, der damals seinen Namen erhielt.

In Freiburgs Altstadt endet dann unser Tourentag, und uns bleibt nun noch genügend Zeit für anderweitige Genüsse.

TOUR-CHECK

Region: Schwarzwald

Empfohlener Tourenstandort: Freiburg

Hotelempfehlung: Hotel Classic, Gundelfinger Str. 27b in Freiburg, www.hotel-classic-freiburg.de

Länge in km: 300

Fahrzeit insgesamt: 5–6 Std.

Einkehrtipp am Mittag: Restaurant Turm Bräu am Marktplatz 64 in Freudenstadt

Kombinationsmöglichkeit: Mit Touren 1, 12, 13, 14

Beliebte Motorradtreffs: Bierstüble Zum Uhrenträger in Schonach bei Triberg; am zentralen Parkplatz in Freudenstadt

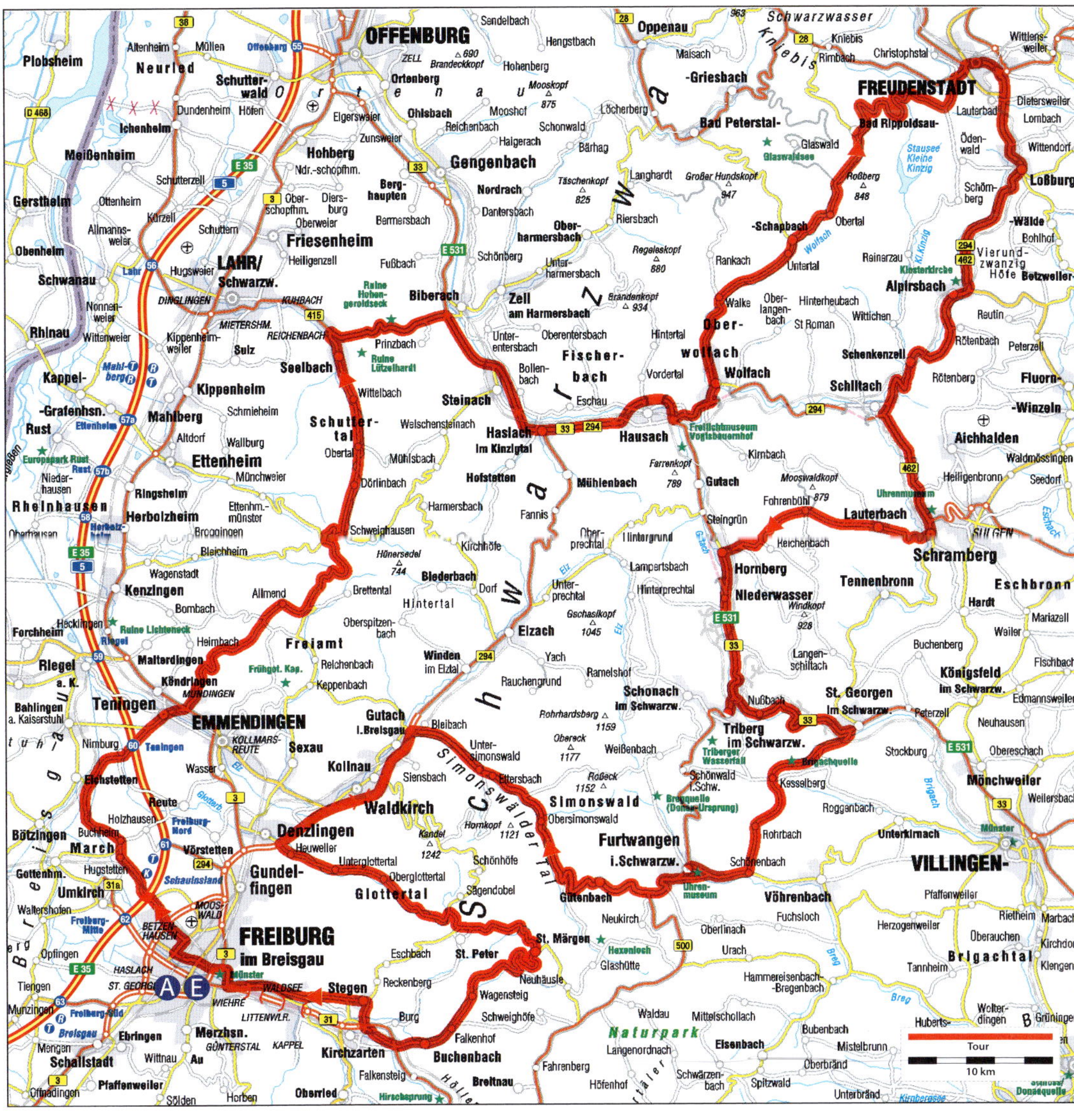

Hier hört man ihn beinahe schon rauschen: Der Rheinfall ist von Schaffhausen aus nur noch ein Katzensprung.

EINE HERRLICHE SCHWÄBISCHE VARIANTE

Den Bodensee, das »Schwäbische Meer«, einmal zu umrunden, gehört unbedingt ins Lebens-Roadbook eines jeden Bikers – nur vielleicht nicht gerade im Juli und August …

Eine genüssliche Runde um den Bodensee ist fahrerisch keine anspruchsvolle Aufgabe, aber ohne Zweifel eine der landschaftlich und kulturell abwechslungsreichsten Touren, die Süddeutschland uns Bikern zu bieten hat. 536 Quadratkilometer groß, geheimnisvolle 250 Meter tief, gut 63 Kilometer lang und bis 14 Kilometer breit – die nackten Daten von Deutschlands größtem See seien kurz noch erwähnt, dann geht es auch schon los.

Gleich zu Beginn gilt es, eine wichtige Entscheidung zu treffen: im oder entgegen dem Uhrzeigersinn den See umrunden? Mein Tipp: Außerhalb der Sommerferienzeit stets so wie hier beschrieben. Immer am deutschen Ufer entlang geht es also über Immenstaad nach Meersburg, das sich reizvoll über die steilen Rebhanglagen zieht und, reich an barockem Ambiente, mit einer Vielzahl an gemütlichen Cafés, Restaurants und Einkehrmöglichkeiten aufwartet.

Auch das sehenswerte Überlingen empfängt uns wenig später mit weit offenen Armen. Durch das Franziskanertor, einen der schönsten Torbauten der gesamten Region, schwingen wir hinein in das Herz der historischen Altstadt und zum Landungsplatz, der quirligen Schiffsanlegestelle mit ihren Cafés, Promenaden, Andenkenläden und haushohen Kunstwerken.

Ein letztes Mal wählen wir nun die B 31 um den Westzipfel des hier »Überlinger See« heißenden Bodensee-Abschnitts herum – wenn Sie mögen, mit einem Abstecher hinauf ins Kontrastprogramm Meßkirch und Tuttlingen –, dann pendeln wir um das Südufer des Sees Richtung Staad und genießen dabei den Blick auf die berühmte Insel Mainau, für deren Besichtigung Sie allerdings mindestens drei Stunden einkalkulieren müssen.

Von Radolfzell aus kommt dann das Schweizer Ufer des Bodensees bereits in Sicht, und auf landschaftlich schöner Route geht es südlich über Iznang und Gundholzen zur Grenze nach Stein am Rhein mit seinen herrlich bemalten Bürgerhäusern und einer spannenden Geschichte.

Falls es Ihr Zeitplan erlaubt, böte sich nun noch ein Abstecher Richtung Schaffhausen an, um dort den Wegweisern zum Rheinfall zu folgen, dem bekanntesten Naturschauspiel der Region: 150 Meter breit und 20 Meter hoch, stürzen hier pro Sekunde bis zu 800 Kubikmeter Wasser in die Tiefe – ein grandioser Anblick.

Zurück in Stein am Rhein widmen wir uns dem so andersartigen Schweizer Bodenseeufer. Auf der Kantonstraße 13 erreichen wir Kreuzlingen und das deutsche Konstanz, bewacht von der drallen und recht freizügigen »Imperia«, einer neun Meter hohen und satte 18 Tonnen schweren drehbaren Frauenskulptur unten im Hafen.

Echte Schweizer Beschaulichkeit mit unzähligen Blicken auf das Wasser bietet der letzte Teil unserer Reise Richtung Romanshorn und Arbon. Wenige Kilometer weiter geht es dann über die Grenze nach Österreich, mittenmang hinein ins bildhübsche Städtchen Bregenz. Und in Lindau am historischen Hafen oder in Friedrichshafen direkt am See lassen Sie diese aussichtsreiche Rundreise dann mit einem langen Blick auf Deutschlands größten und vielleicht sogar schönsten See ausklingen.

TOUR-CHECK

Region: Bodensee

Empfohlener Tourenstandort: Friedrichshafen

Hotelempfehlung: Holiday Inn Express, Allmannsweilerstr. 79 in Friedrichshafen, www.ihg.com/holidayinn/hotels/de

Länge in km: 360

Fahrzeit insgesamt: 6–7 Std.

Einkehrtipp am Mittag: Molen-Café in der Karl-Wolf-Str. 5 in Radolfzell

Kombinationsmöglichkeit: Mit Touren 4, 5, 9, 12

Beliebte Motorradtreffs: In Lindau am historischen Hafen; in Arbon am Hafen

Lust auf Heimat! Auch in Wangen legt man viel Wert auf Details wie diesen historischen Wegweiser.

UNTERWEGS IN OBERSCHWABEN

Nicht nur der Bodensee ist ein Erlebnis, auch sein Hinterland kann selbst verwöhnte Reisende begeistern.

Wir beginnen mit einem Blick hinüber ins Allgäu und huschen dann über Tettnang mit seinem sehenswerten Schloss sowie über Elmenau und Neukirch nach Wangen im Allgäu mit seiner malerischen Altstadt und unzähligen historischen Brunnen. »In Wange bleibt ma hange!«, schwärmen die Einwohner – wir aber zumindest heute nicht. Auf dem Weg gen Norden gönnen wir uns erst einmal einen langen Blick auf die hoch aufragende Waldburg, eine schnuckelige Reichsfürsten-Stammburg aus dem 11. Jahrhundert.

Auch Wolfegg eine Handvoll Kurven später lohnt einen Boxenstopp, zählt das Dorf doch zu den schönsten in Baden-Württemberg. Natürlich ebenfalls verziert mit einem imposanten Schloss samt Rittersaal und lustiger Ahnengalerie.

Auf einsamen Landstraßen durch Wälder und vorbei an Fischteichen schwingen wir weiter gen Norden und erreichen Bad Wurzach. Das älteste Moorheilbad Baden-Württembergs kann auch Motorradfahrer mit chronisch verspannten Schultern begeistern – bedenken Sie aber, dass so ein Moorbad rechtschaffen müde macht. Und wir haben ja noch eine ordentliche Portion Kurvengemenge vor uns ...

Auf der B 465 sowie der B 30 gönnen wir uns eine kräftige Prise aus dem Drehzahlkeller des Motorrads und erreichen Bad Waldsee, eine kerngesunde Kombination aus Moor-, Kneipp- und Thermal-Heilbad mit hübscher Altstadt und zahlreichen Cafés für einen Boxenstopp.

Gemütlich und genüsslich geht es anschließend weiter auf verkehrsarmen Landstraßen über Bad Schussenried nach Aulendorf im Herz von Oberschwaben. Der Marktflecken am Rand des Schussentals lockt ebenfalls mit Thermen sowie mit einem Schloss, das heute noch sechs verschiedene Baustile zu einem einzigartigen Sammelsurium vereint.

Noch einmal gönnen wir uns eine ausgiebige Hatz über kurvenreiche Landstraßen und pendeln über

Tannweiler, Enzis- und Engenreute nach Weingarten und Ravensburg im Schussental. Im »schwäbischen Nürnberg«, wie sich Ravensburg aufgrund seiner zahlreichen historischen Türme auch gern nennt, herrscht seit über 4000 Jahren ein quirliges Leben. Schon in der Steinzeit lebte der Mensch hier gern, verwöhnt vom milden Klima des Bodensees, der nur noch gute 17 Kilometer entfernt ist. Sehenswert ist vor allem die mittelalterlich anmutende Altstadt, in der Sie den mittäglichen Einkehrschwung zelebrieren können.

Gut gestärkt geht es anschließend hinaus in die Landschaft. Über Wilhelmsdorf, Illmensee und Heiligenberg und durch eine herrliche Symbiose aus Auen, Wäldern und Dörfern erreichen wir das bildhübsche Städtchen Salem mit Schloss und berühmter Internatsschule. Doch das Beste: Alle Wege nach Salem führen kurvenreich durch eine Landschaft, in der wir unserem Motorrad genüsslich die Zügel lang lassen können. Immer auf Sichtweite zum Bodensee fahren wir so am späten Nachmittag über Bermatingen und Markdorf zurück zu unserem Tourenstandort in Friedrichshafen – und dort vielleicht direkt zu unserem Einkehrtipp »s'Wirtshaus am See« in der Seestraße 18. Guten Appetit!

TOUR-CHECK

Region: Allgäu und Schwaben

Empfohlener Tourenstandort: Friedrichshafen

Hotelempfehlung: Gasthof Hotel Goldener Hirsch, Charlottenstr. 1 in Friedrichshafen, www.gold-hirsch.de

Länge in km: 245

Fahrzeit insgesamt: 4–5 Std.

Einkehrtipp am Mittag: Restaurant-Café Scala in der Wurzacher Str. 55 in Bad Waldsee

Kombinationsmöglichkeit: Mit Touren 3, 5, 9, 10, 12

Beliebte Motorradtreffs: Gasthof Adler in Hohenbodman westlich von Altheim

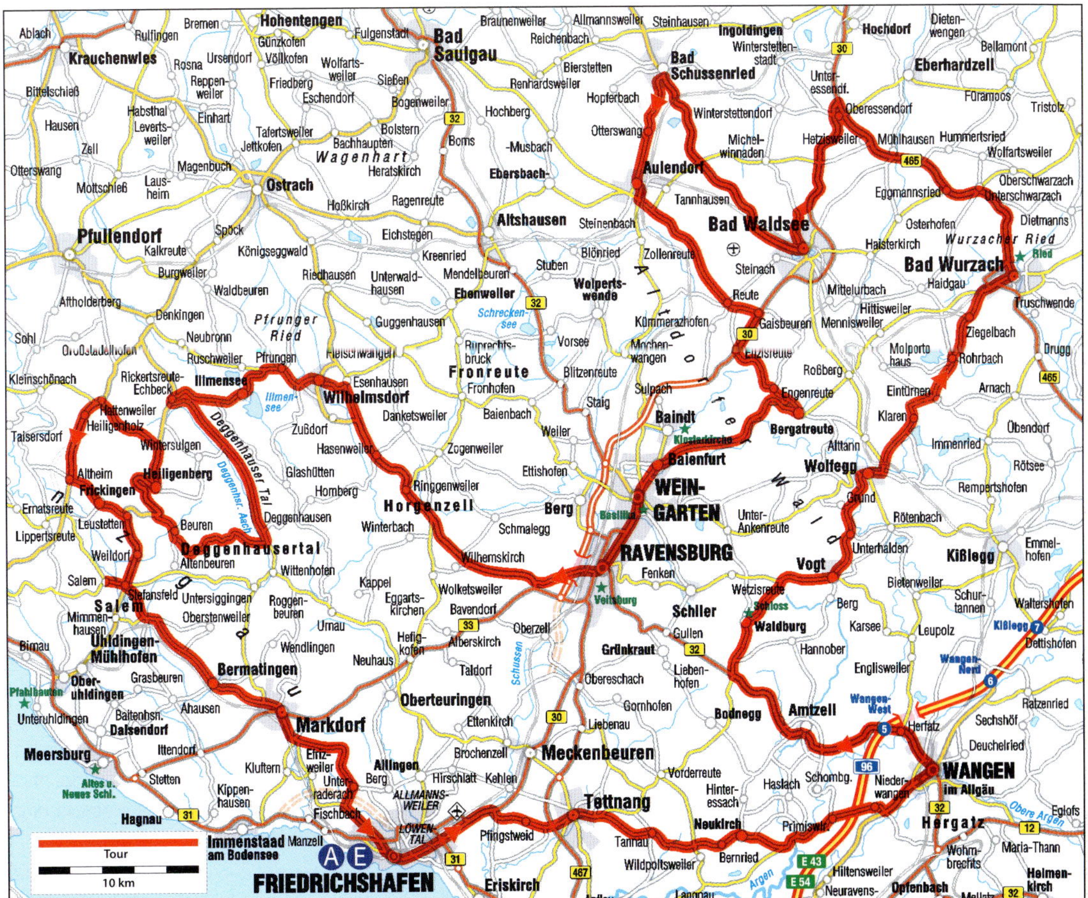

Pflichttermin: Auf dem berühmten Oberjoch mit seinen »Applauskurven« ist es leicht, eine gute Figur zu machen.

ALLGÄUER HÖHEPUNKTE

Natürlich gehört das Allgäu in diesen Motorrad-Reiseführer – umso mehr, als wir hier zwei der raren Pässe Deutschlands finden.

Unser Basisort Garmisch-Partenkirchen am Fuß der Zugspitze gehört nicht nur alljährlich Anfang Juli bei den berühmten »BMW MotorradDays« uns Bikern – das umliegende »Goldene Landl« wie auch das Allgäu sind vom Frühling bis in den Spätherbst hinein ein prächtiges Tourenrevier.

Richtung Oberau und Ettal geht es zunächst gen Norden. Imposant begrüßt uns die gewaltige Klosteranlage Ettals mitten im Ort, deren Bekanntheit auch auf den leckeren Bieren und Likören aus der klostereigenen Brauerei-Destillerie basiert. Von der Pest gebeutelt, hatten die Einwohner des nahen Oberammergau 1633 gelobt, regelmäßig ein Passionsspiel aufzuführen – 2020 ist es wieder so weit.

Schauen Sie sich unbedingt im Ortskern um, es lohnt sich. So wie auch der Boxenstopp an der berühmten Wieskirche vor Steingaden, die sogar eingefleischte Atheisten begeistert und als perfektes »Vorspiel« für des Märchenkönigs Lustschlösser dient. Die erwarten uns nämlich am Ende eines aussichtsreichen Kurvengemenges noch vor den ersten Häusern Füssens. Linker Hand am Berg liegt Neuschwanstein, weltberühmtes Erbe von Bayerns König Ludwig II. Gleich nebenan erwartet uns dann Ludwigs Sommerresidenz Hohenschwangau, bevor wir uns Füssen selbst widmen. Wie justament dem Mittelalter entsprungen, präsentiert sich die alte Handelsstadt direkt unterhalb des Hohen Schlosses vor unserem Windshield – herrlich!

Gleiches gilt auch für den Blick auf den im Norden der Stadt liegenden Forggensee, dessen Westuferstraße uns mit vielen Schlenkern nach Kempten bringt, jener 2000 Jahre alten Perle des Allgäus mit fast schon italienischem Flair. Isny, ein mittelalterliches Juwel an der Oberschwäbischen Barockstraße, begeistert mit originaler Stadtmauer, Wehrtürmen, Bürgerhäusern, Kirchen und einem Schloss. Wie wäre es jetzt mit einem Einkehrschwung?

Die berühmte Deutsche Alpenstraße empfängt uns in Oberstaufen, und wenngleich sie eine verkehrsreiche Verbindungsstraße ist, lohnt sich die Weiterfahrt

Leider nicht zu mieten: Neuschwanstein auf hohem Fels

darauf Richtung Immenstadt und Sonthofen allein schon wegen des einzigartigen Panoramas. Und dann liegt er vor uns: Pass Nr. 1 dieses Buchs, das Oberjoch. Der Aufstieg von Bad Hindelang aus beinhaltet echte Spitzkehren, die in Teilen sogar anspruchsvoll verlaufen. Das 1150 Meter hoch gelegene Joch ist der bekannteste Bikertreff des Allgäus und Pflichttermin jeder Süddeutschland-Reise.

TOUR-CHECK

Region: Allgäu

Empfohlener Tourenstandort: Garmisch-Partenkirchen

Hotelempfehlung: Hotel Gasthof Drei Mohren, Ludwigstr. 65 in Garmisch-Partenkirchen, www.dreimohren.de

Länge in km: 310

Fahrzeit insgesamt: 6 Std.

Einkehrtipp am Mittag: Restaurant im Terrassenhotel, Alpenblickweg 2–3 in Isny

Kombinationsmöglichkeit: Mit Touren 3, 4, 6, 7, 8, 9, 100

Beliebte Motorradtreffs: BMW Days Anfang Juli in Garmisch-Partenkirchen; an der Plansee-Uferstraße; am zentralen Parkplatz am Oberjoch sowie an der »Applauskurve« etwas westlich; im Café Edelweiß in Ettal

So wie auch die Weiterfahrt durch das idyllische Tannheimer Tal nach Reutte in Österreich. Dort suchen wir den winzigen Wegweiser zum geheimnisvollen Plansee, dessen gesamte Uferstraße vor allem an Sommerwochenenden zu einem kurvenreichen Bikertreff mutiert.

So wie der letzte Pass unseres Tourentages, der unscheinbare Ammersattel. Vorbei am von der Straße aus kaum sichtbaren Schloss Linderhof geht es kurvenreich zurück ins Werdenfelser Land, ins »Goldene Landl« und nach Garmisch-Partenkirchen zum abendlichen Genuss abseits des Mopedsattels. Unser Tipp dazu: das »Schloderer Bierstüberl« in der Schnitzschulstraße 1.

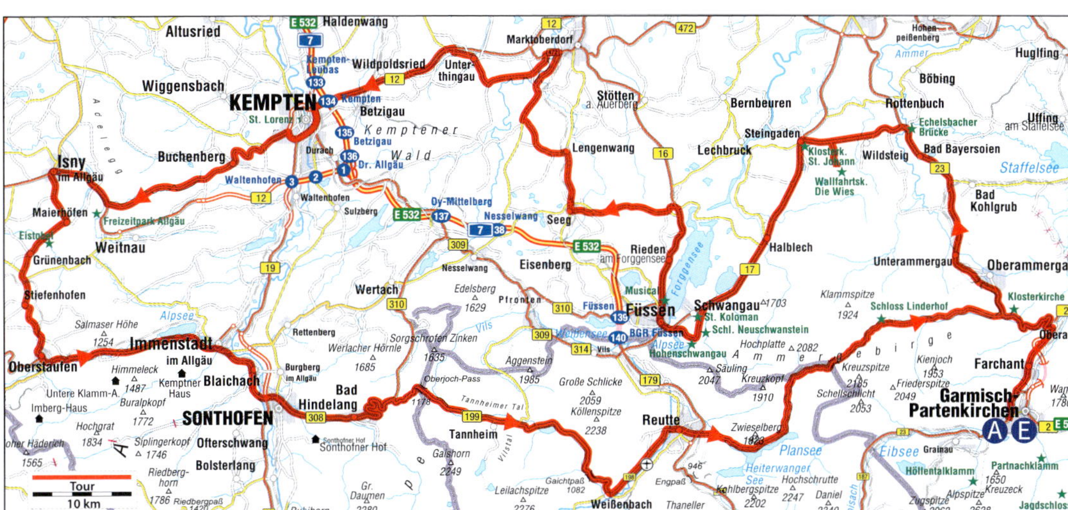

Ein kleines Stück vom Paradies: Blick auf den mächtig geheimnisvollen Walchensee und seine Bergwelt

ZWISCHEN PFAFFENWINKEL UND KARWENDEL

Das Tölzer Land gleicht einem Bilderbuch, und das Karwendel begeistert mit der schönsten Sackgasse Deutschlands. Bringen Sie viel Zeit mit – unbedingt!

Wir verlassen das gastliche Garmisch-Partenkirchen noch einmal Richtung Ettal und Oberammergau und folgen der gut ausgebauten Strecke Richtung Bad Kohlgrub, dessen historischer Kern sich auch hervorragend für einen kurzen koffeinhaltigen Boxenstopp eignet. Rottenbuch und Böbing möchten uns dann in den herrlichen Pfaffenwinkel entführen, den wir uns aber erst ab Tour 7 gönnen werden. Heute wenden wir uns Richtung Murnau und Staffelsee. Werfen Sie unbedingt einen Blick auf das quirlige Städtchen, bevor Sie unter der A 95 hindurchtauchen und den Kochelsee begrüßen. Dieser ist nahezu ganzjährig ein äußerst beliebter Bikertreff, vor allem entlang der legendären Kesselbergstraße hinauf zum Walchensee. Achtung: An Wochenenden und Feiertagen ist diese bergauf explizit für uns gesperrt! Unsinnig und diskriminierend, aber was soll's. Die entgegengesetzte Richtung ist übrigens frei befahrbar.

Dann liegt er vor uns, der imposante Walchensee, dessen Uferstraße zu den schönsten in Bayern zählt und der See selbst zu den tiefsten Bergseen Deutschlands. Hoffentlich haben Sie genug Platz auf dem Speicherchip Ihrer Kamera.

Bevor wir uns nun dem Gebirge, also dem Karwendel widmen, lassen Sie uns noch einen intensiven Blick ins Tölzer Land werfen. Natürlich inklusive mittäglichem Einkehrschwung im prächtigen Bad Tölz am Isarstrand. Über Benediktbeuern und Bad Heilbrunn ist der berühmte Flößerort kurvenreich anzufahren. Vor allem die Flößerei auf der Isar machte die Stadt reich – bis nach Wien und Budapest schwammen die Flöße aus dem Isarwinkel. 1845 wurden die Jodquellen am Sauersberg entdeckt, und heute ist Bad Tölz als heilklimatischer Kurort weit über Deutschlands Grenzen hinaus bekannt.

Über Wackersberg und Lenggries erreichen wir wenig später den geheimnisvollen Sylvenstein-Speicher, auf dessen Grund wir bei niedrigem Wasserstand und günstigem Lichteinfall noch das alte Bauern- und Jägerdorf Fall entdecken können, das für den Stauseebau 1957 von den Landkarten getilgt wurde. Die befahrbare Staumauer des Sylvensteinsees ist vor allem an Wochenenden ein sehr beliebter Bikertreff, auch um anschließend ins herrliche Engtal zu düsen, die schönsten Sackgasse des Karwendels. Ach, was sage ich: Deutschlands!

In prächtigen Rechts-links-Kombinationen geht es entlang der rauschenden Eng hinauf zu den 500 Jahre alten Ahornbäumen inmitten eines Hochplateaus, umgeben von bis zu 2600 Meter hoch aufragenden Felswänden. Atemberaubend schön ist das! Ganz am Ende der Strecke erwartet uns das Gasthaus in der Eng.

Als abendlichen Abschluss-Leckerbissen gönnen wir uns dann noch einen Abstecher hinein nach Mittenwald, dem berühmten Geigenbauer-Ort am Westrand des Karwendels.

TOUR-CHECK

Region: Tölzer Land und Karwendel

Empfohlener Tourenstandort: Garmisch-Partenkirchen

Hotelempfehlung: Hotel Aschenbrenner, Loisachstr. 46 in Garmisch-Partenkirchen, www.hotel-aschenbrenner.de

Länge in km: 270

Fahrzeit insgesamt: 5 Std.

Einkehrtipp am Mittag: Reutbergstüberl, Schützenstr. 5 in Bad Tölz

Kombinationsmöglichkeit: Mit Touren 5, 7, 8, 9, 96, 100

Beliebte Motorradtreffs: In Garmisch-Partenkirchen und in Ettal (s. Tour 5); an der Kesselbergstraße mit »Applauskurve« auf halber Strecke; an der Walchensee-Uferstraße; an der Sylvenstein-Staumauer; am Engtal-Parkplatz im Talschluss

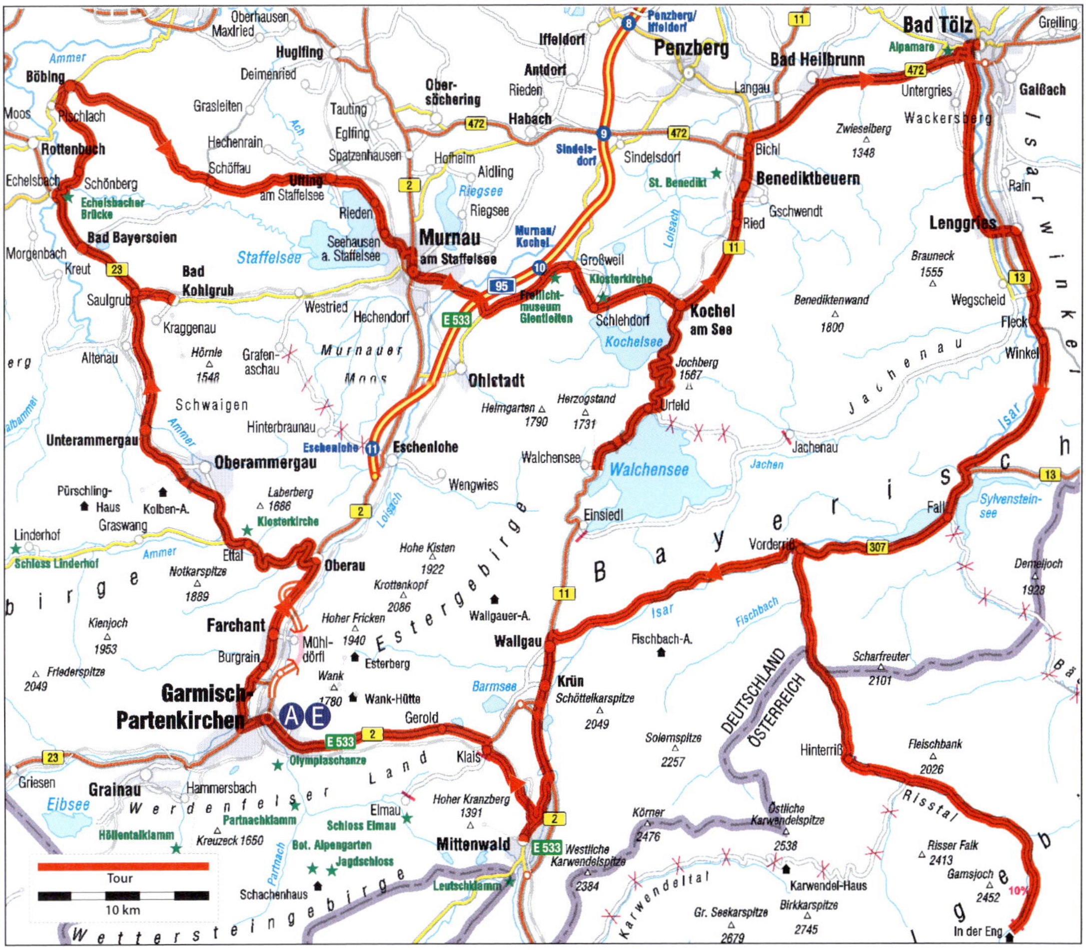

Bringen Sie ein Anliegen mit: Die Betonpisten rund um die imposante Erdfunkstelle in Raisting sind nur für Anlieger.

SURFEN IM FÜNF-SEEN-LAND

Der Pfaffenwinkel ist ein Genuss für Kurvenräuber – und in Kombination mit dem Fünf-Seen-Land wird's dann so richtig paradiesisch.

Einst als wichtige Zollstation an der großen Salzhandelsstraße zwischen Oberösterreich und Schwaben gegründet, sorgten satte Zolleinnahmen und sprudelnde Handelsgewinne rasch für einen nachhaltigen Wohlstand in Landsberg. Dessen historisches Zentrum direkt an einer Lech-Staustufe gehört heute zu den schönsten in Bayern, ja in ganz Deutschland. Ein perfektes Basislager für die kommenden drei Tagestouren also.

Eine Portion fröhliche Kurvenhatz zelebrieren wir dann sogleich auf dem Weg gen Osten zum Ammersee. Er ist das beschauliche Pendant zur Promi-Badewanne Starnberger See, die wir uns nachher noch gönnen. Und im Gegensatz zu jenem führen hier auch zahlreiche ausgeschilderte Sackgassen hinunter zu herrlich gelegenen Camping-, Boots- und Aussichtsplätzen. Gönnen Sie sich den einen oder anderen Abstecher, z.B. bei Riederau oder Utting. Eine sehr schöne Seepromenade kann auch Schondorf ganz im Norden des Ammersees vorweisen.

Von hier aus geht's weiter an Wörth-, Pilsen- und Weßlinger See vorbei, die die ultimativen Geheimtipps aller »Promi-müden« Münchner sind. Jeder der Seen bietet herrliche Badeplätze, z. T. sogar touristisch erschlossen, teilweise aber auch noch vollkommen naturbelassen. Und ganz nebenbei haben wir mit ihnen bereits vier Kandidaten des berühmten Fünf-Seen-Lands kurzerhand abgefahren.

Widmen wir uns nun also dem Starnberger See mit seinem gleichnamigen Hauptort. Das Städtchen Starnberg begrüßt uns mit einem touristisch perfekt durchgestylten Zentrum und einer überaus prächtigen Seepromenade, deren herrliche Ausblicke auf den zweitgrößten See Bayerns für immer in Erinnerung bleiben. Und in den zahlreichen Cafés entlang des Ufers gibt es viele Möglichkeiten für einen aussichtsreichen Einkehrschwung.

Da das Ostufer des Sees oft hinter blickdichten Zäunen und Bäumen herrschaftlicher Villen verschwindet, gönnen wir uns einen fahrerisch erlebnisreichen Abstecher über Schäftlarn nach Wolfratshausen. Mein Tipp: Schlendern Sie unbedingt durch die verkehrsberuhigte historische Altstadt – es lohnt sich. Prächtiges bayerisches Barock begeistert dort an jeder Ecke.

Über Eurasburg und Bad Heilbrunn streifen wir kurz den Nordrand von Tour 6, wenden uns aber sogleich wieder gen Norden und erreichen Penzberg am Südrand der geheimnisvollen Osterseen. »Geologische Toteiskessel« heißen sie in der Fachsprache – mehr als 20 einzelne Gewässer und naturgeschützte Moorgebiete verstecken sich in dichtem Wald, der uns direkt nach Seeshaupt und ans Südufer der Badewanne Münchens führt, des Starnberger Sees. Seeshaupt ist zudem der zentrale Ausgangspunkt für eine Schifffahrt mit der »Weiß-Blauen Flotte«, wenn Sie Zeit und Lust dazu haben. Reservieren Sie aber mindestens zwei bis drei Stunden für diesen Ausflug.

Um breite Schilfgürtel und versteckte Badeplätze herum schwingen wir auf lenkerbreiten Pisten sodann nach Tutzing. Bevor wir uns nun vom Starnberger See verabschieden, sollten alle »Königstreuen« noch einen kurzen Abstecher zum Schloss Possenhofen (heute in Privatbesitz) unternehmen, dem Schloss, in dem die

TOUR-TIPP

Landsberg am Lech

Dessen Wurzeln reichen bis zu den überaus reisefreudigen Römern zurück, die den Ort als befestigte Zollstation an der großen Salzhandelsstraße zwischen Oberösterreich und Schwaben gründeten. Vor allem im Mittelalter sorgten fröhlich strömende Zolleinnahmen und Handelsgewinne für einen nachhaltigen Wohlstand der Landsberger Einwohner. Das prächtige historische Zentrum der Stadt nahe der gewaltig rauschenden Lech-Staustufe erzählt bis heute davon und ist sicherlich ein Pflichttermin auf jeder Reise in dieser Gegend.

österreichische Kaiserin Sisi, die einzige Liebe König Ludwigs II., Mitte des 19. Jahrhunderts ihre unbeschwerte Kindheit verbrachte.

Über Wieling und Machtlfing huschen wir nach Andechs. Bereits von Weitem grüßt der typische Zwiebelturm der Andechser Klosterkirche herüber, und es umweht uns, wenn wir das Visier ganz weit öffnen, sogar jener unwiderstehliche Bratenduft – vor allem an prächtigen bayerischen Sommerwochenenden. Das vollmundige Bier fließt hier ganzjährig in Strömen, und wie viele bayerische Schweine für die Schankbetriebe

Landsberg ist eine der schönsten Städte Bayerns – der Lech einer der am meisten »vergewaltigten« Flüsse Deutschlands.

Ein motorradfreundliches Kloster, das gibt's nur in Bayern: In Andechs erwarten uns eigene Parkplätze und höchster Genuss.

im Kloster ihre Hax'n verlieren, bleibt eines der gut gehüteten Geheimnisse von Andechs.

Im quirlig mondänen Herrsching am Ammersee, direkt vor den westlichen Klosterpforten, können wir am Hafen kurz den Seitenständer ausklappen und auch hier ein Boot der Bayerischen Seenschifffahrt zu einer kleinen Rundfahrt besteigen. Oder wir kehren in einem der zahlreichen Cafés und Biergärten direkt an der Uferpromenade ein.

Immer am Wasser entlang führt uns der Weg über Fischen Richtung Weilheim. Technikbegeisterten Bikern empfehle ich einen kurzen, ausgeschilderten Abstecher nach Raisting. Gewaltige Antennenschüsseln mit bis zu 32 Metern Durchmesser ragen dort postkartengleich direkt neben der kleinen Kapelle St. Johannes auf Heiligenstätten in den weiß-blauen Himmel. Aber aufgepasst: Die direkte Zufahrt zu den Riesenschüsseln ist nur Anrainern gestattet – ein Gebot, dessen Einhaltung allerdings meines Wissens selten kontrolliert wird ...

Widmen wir uns nun den beschaulichen Landschaften des östlichen Pfaffenwinkels. Perfekt damit kombinieren lässt sich ein kurzer Rundgang im hübschen Weilheim, einem der bedeutendsten Orte des Pfaffenwinkels, ja des gesamten bayerischen Oberlandes. Schon seit der Bronzezeit siedeln hier Menschen, und die historischen Zeitzeugen der Stadt sortieren sich rund um das Alte Rathaus am Marienplatz. Teile der Stadtmauer und des Wassergrabens sind noch erhalten, und auch die Stadtpfarrkirche ragt als imposantes Relikt aus längst vergangenen Tagen in den oftmals blauen Himmel.

Über den winzigen Zellsee und idyllische Tallandschaften geht es weiter nach Peißenberg direkt am Fuß des berühmten Hohen Peißenbergs. Dessen fahrerischer Höhepunkt liegt wenige Kilometer weiter in der Ortschaft Hohenpeißenberg – rechter Hand zweigt er ab, der Aufstieg zum Gipfel des Hohen Peißenbergs. Mit stolzen 988 Metern Höhe ist er nicht nur der schönste Aussichtsgipfel des Pfaffenwinkels, er ist auch einer der bekanntesten Berge des gesamten Voralpenlands: Eine 234 Jahre alte Wetterstation blickt von oben weit hinaus ins Land. Und gleich nebenan sorgt der berühmte »Bayerische Rigi« für kulinarisches Wohlbefinden: Der typisch bayerische Gasthof lädt mit seiner herrlichen Aussichtsterrasse auch uns zur genüsslichen Einkehr, denn Zeit für Kaffee und Kuchen muss einfach sein, auch wenn das den Reißverschluss so mancher Mopedjacke sprengen mag .Ordentlich Kalorien verbrauchen können wir am Nachmittag bei der Hatz entlang des Lechs zurück gen Norden zu unserem Ausgangspunkt.

Doch vorab werfen Sie bitte unbedingt noch einen langen Blick hinein in das bildhübsche Städtchen Schongau – vor allem dessen Altstadt hoch auf dem Felsen ist ein historischer Leckerbissen. Einst ein wichtiger Warenumschlagplatz der großen Handelswege von und nach Oberitalien, döst der geschichtsreiche Ort heute etwas im Abseits des touristischen Interesses vor sich hin. Mitten im sehenswerten Zentrum möchte uns dann das »Schongauer Brauhaus« dazu überreden, den Seitenständer auszuklappen und genüsslich die Sonne auf ihrem Weg zum westlichen Horizont zu beobachten. Lassen Sie es ruhig zu, denn unser Basislager Landsberg können wir auch in den kommenden Tagen noch erkunden. Das Leben soll ja ein Genuss sein – im und abseits des Mopedsattels.

TOUR-CHECK

Region: Pfaffenwinkel und Fünf-Seen-Land

Empfohlener Tourenstandort: Landsberg am Lech

Hotelempfehlung: Landhotel Endhart, Erpftinger Str. 19 in Landsberg am Lech, www.landhotel-endhart.de

Länge in km: 270

Fahrzeit insgesamt: 5 Std.

Einkehrtipp am Mittag: Café am See, Hauptstr. 29 in Seeshaupt

Kombinationsmöglichkeit: Mit Touren 5, 6, 8, 9, 95, 96, 100

Beliebte Motorradtreffs: In Landsbergs Altstadt; im Zentrum von Seeshaupt; am Parkplatz unterhalb des Klosters Andechs; Bayrischer Rigi auf dem Hohenpeißenberg

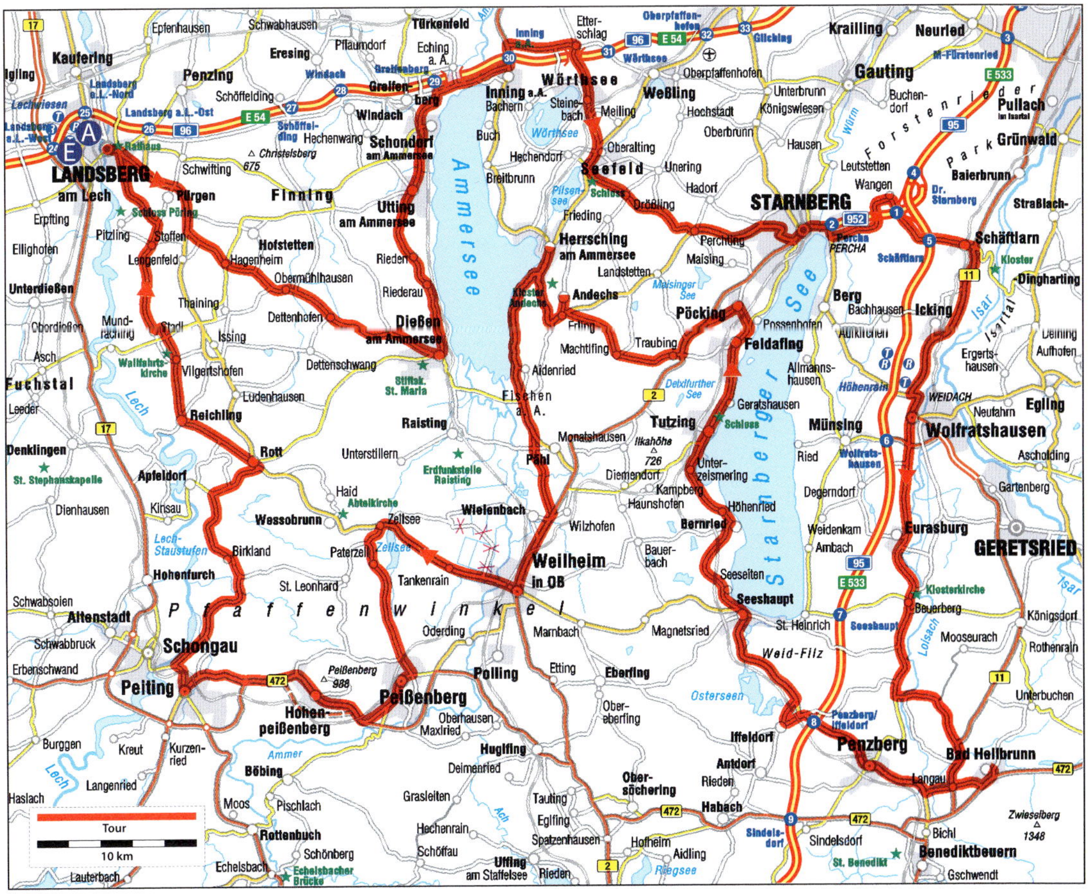

Häuslebauers Traum: Die Altstadt von Augsburg erfreut mit schönen Bürgerhäusern und der interessanten Geschichte der Fugger.

ZU BESUCH BEI DEN FUGGERN

Der Lech, das Lechfeld und die historische Handelsstadt Augsburg werden hier zu einer Tour kombiniert – das ist Abwechslung pur.

Am 10. August 955 gelangte das Lechfeld nördlich von Landsberg zu immerwährender Berühmtheit: Otto der Große vernichtete in der Schlacht auf dem Lechfeld die durch ganz Europa marodierenden ungarischen Heere. Spuren dieser Schlacht finden sich heute zwar nur noch in Geschichtsbüchern, dennoch hat das Lechfeld viel zu bieten.

Und zwar vor allem auch fahrerisch, wie wir gleich auf den ersten Kilometern Richtung Jengen, Bad Wörishofen und Mindelheim feststellen können. Rechts und links der A 96 warten einsame, kurvenreiche Landstraßen in Kombination mit beschaulichen Ortschaften auf uns. Berühmt ist Mindelheim für seine prächtige historische Altstadt mit dem Einlasstor, dem Marienplatz mit Rathaus und dem lebensgroßen Bronzestandbild von Georg von Frundsberg, dem »Vater der Landsknechte«. Ihm zu Ehren wird übrigens alle drei Jahre das Frundsbergfest gefeiert, eines der größten historischen Feste Deutschlands – das nächste Mal im Juli 2018.

Dann huschen wir erneut hinaus in die Landschaft am Westrand des Lechfelds. Über Pfaffenhausen, Kirchheim und Scherstetten geht es nach Schwabmünchen, einer einstmals alemannischen Siedlung inmitten der weitläufigen Lech-Wertach-Ebene. Jene beiden Flüsse begleiten uns dann auch Richtung Norden ins Augsburger Land. Über weite Felder, durch einsame Wälder und noch einsamere Weiler schwingen wir dahin, und mehr als einmal bietet die Piste vor uns Gelegenheit, dem Moped die Zügel lang zu lassen.

Erst der »Speckgürtel« um Augsburg bremst unseren Vorwärtsdrang und holt uns mit Kreisverkehr und roten Ampeln zurück ins Hier und Heute. Der römische

Kaiser August legte 15 v. Chr. mit dem Militärlager Augusta Vindelicum den Grundstein für eine über 2000-jährige Stadtgeschichte. Kaiser Barbarossa verlieh dem Ort 1156 die Stadtrechte, doch erst das Handelsgeschlecht der Fugger prägte die Stadt in ihren Grundfesten bis heute. Jakob Fugger der Reiche ließ um 1523 die auch heute noch bestehende Fuggerei erbauen, die wohl älteste Sozialsiedlung der Welt. Um diese Fuggerei herum drapiert sich eine historische Altstadt, wie sie prächtiger und sehenswerter schwerlich sein kann. Gönnen Sie sich daher einen ausgiebigen Rundgang samt Einkehrschwung.

Dann geht es hinaus in die Einsamkeit der Lechauen. Über Friedberg, Bachern und Mering, über Egling und Moorenweis fahren wir nach Geltendorf und Kaltenberg. Wie bitte? Der Name sagt Ihnen etwas? Genau: Auf Schloss Kaltenberg finden die legendären Kaltenberger Ritterspiele statt. Alljährlich im Juli ist es so weit, dann öffnet sich eine fantastische Welt mit Gauklern, Narren, Marketendern, Rittern und Handwerkern. Die Krönung ist natürlich das atemraubende Ritterturnier – der Höhepunkt im Eventkalender des Lechfelds. Retour nach Landsberg findet das Bike fast allein.

TOUR-CHECK

Region: Lechfeld und Augsburger Land

Empfohlener Tourenstandort: Landsberg am Lech

Hotelempfehlung: Hotel Goggl, Hubert-von-Herkommer-Str. 19–20 in Landsberg am Lech, www.hotel-goggl.de

Länge in km: 230

Fahrzeit insgesamt: 4–5 Std.

Einkehrtipp am Mittag: Gasthof Berghof, Bergstr. 12 in Augsburg

Kombinationsmöglichkeit: Mit Touren 7, 9, 10, 94, 95, 96

Beliebte Motorradtreffs: In Landsbergs Altstadt; in Kaltenberg am Parkplatz bei der Burg

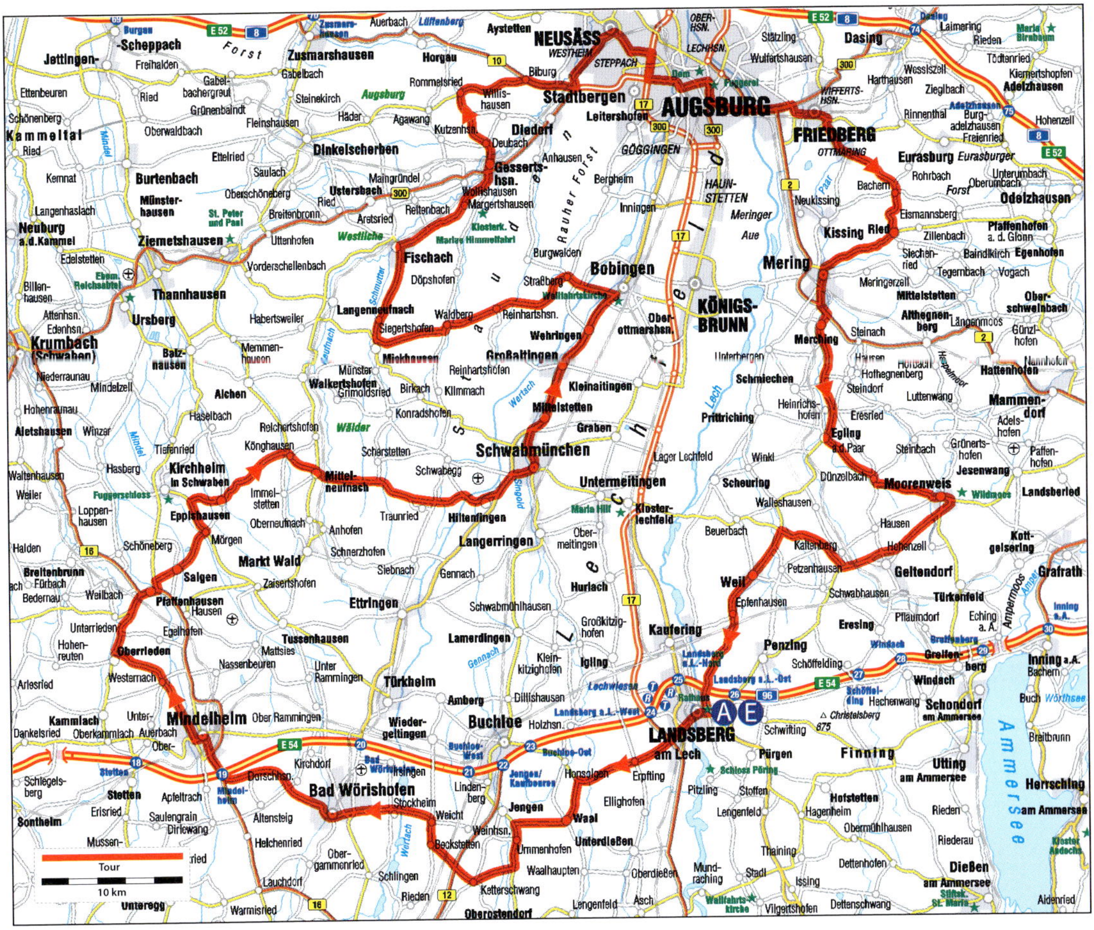

Nein, Rapunzel war hier niemals daheim. Der Mutterturm in Landsberg ist das eigenwillige Werk eines Künstlers.

NOCH EINE PORTION ALLGÄU, BITTE

Heute verschmelzen Schwaben und das Allgäu zu einer Einheit, die ganz besonders begeistern kann.

Der mächtige Lech bildete im 17. Jahrhundert die sogenannte »Todesgrenze« zwischen Bayern und dem verfeindeten Schwaben. Bayerischen Untertanen war es bei Todesstrafe verboten, den Fluss zu überqueren. Heute ist so eine Lech-Querung ein Kinderspiel – sowohl rechtlich als auch fahrerisch.

Auf linker Flussseite geht es zügig gen Süden, ein paar Kilometer folgen wir der als Romantischen Straße bekannten viel befahrenen B 17. Dann setzen wir den Blinker rechts und steuern über Fuchstal, Oberostendorf und Frankenhofen zielstrebig Kaufbeuren an. Dessen größter Schatz ist das mittelalterlich anmutende Zentrum mit seinen malerischen Gassen und beschaulichen Plätzen rund um das Wertachufer. Werfen Sie unbedingt auch einen Blick auf das Rathaus und auf das Kloster, bevor Sie wieder hinaus in die Landschaft des nördlichen Allgäus entschwinden.

Über Friesenried und Aitrang erreichen wir Marktoberdorf. Schon 1453 erhielt der Ort seine Marktrechte, seit 1803 gehört er ganz und gar zu Bayern. Geprägt wird das Stadtbild von vielen historischen Gebäuden, wie z. B. dem Fürstbischöflichen Schloss mit zwei Kilometer langer Lindenallee oder dem Rübezahlbrunnen. Und von der ausgeschilderten Luitpoldhöhe hat man einen schönen Blick ins Land, den bereits Prinzregent Luitpold von Bayern genossen haben soll. Das will doch etwas heißen.

Richtung Westen queren wir dann die A 7 und erreichen Leutkirch, im Mittelalter das Zentrum des Weberhandwerks. Über 200 soll es einst gegeben haben, Leutkirch wurde wohlhabend und einer der Führer im berühmten Schwäbischen Bund. Von diesen spannenden Tagen kann die malerische Altstadt noch viele Geschichten erzählen. Schauen Sie sich um.

Die weitläufigen Auen der Iller führen uns anschließend in zahlreichen Rechts-links-Kombinationen über Bad Grönenbach, Lautrach und Rot an der Rot schlussendlich nach Memmingen, einer der Perlen des Unterallgäus. Die Stadt begeistert wohl jeden Besucher mit historischen Mauern, mit zahlreichen Bürger- und Patrizierhäusern, mit Palästen und immerhin zehn Toren und Türmen sowie mit einer zwei Kilometer langen Stadtmauer. Memmingens historisches Zentrum zählt zu den am besten erhaltenen Altstädten Süddeutschlands und bietet die perfekte Kulisse für zahlreiche Veranstaltungen, wie z. B. den Fischertag, der alljährlich als erlebenswertes Mittelalterspektakel inszeniert wird (immer am Samstag vor den bayerischen Sommerferien).

Der Rest unseres Tourentags gehört dann einer meiner Lieblingsbeschäftigungen – der freien Fahrt über freie Kurvenpisten mit stets freier Ideallinie. Von Ottobeuren geht es nach Sontheim, von Stetten über Wipfel nach Dirlewang und Bad Wörishofen (s. Tour 8) und nach einem langen Tag im Mopedsattel heimwärts nach Landsberg. Und dort vielleicht sogar direkt zum »Fischerwirt« am Rossmarkt.

TOUR-CHECK

Region: Schwaben und Allgäu

Empfohlener Tourenstandort: Landsberg am Lech

Hotelempfehlung: Hotel Rid, Bahnhofstr. 24 in Kaufering bei Landsberg, www.hotel-rid.de

Länge in km: 300

Fahrzeit insgesamt: 6 Std.

Einkehrtipp am Mittag: Gasthof Zum Rad, Obere Vorstadtstr. 5 in Leutkirch

Kombinationsmöglichkeit: Mit Touren 4, 5, 6, 7, 8, 10

Beliebte Motorradtreffs: In Landsbergs Altstadt (s. vorhergehende Touren)

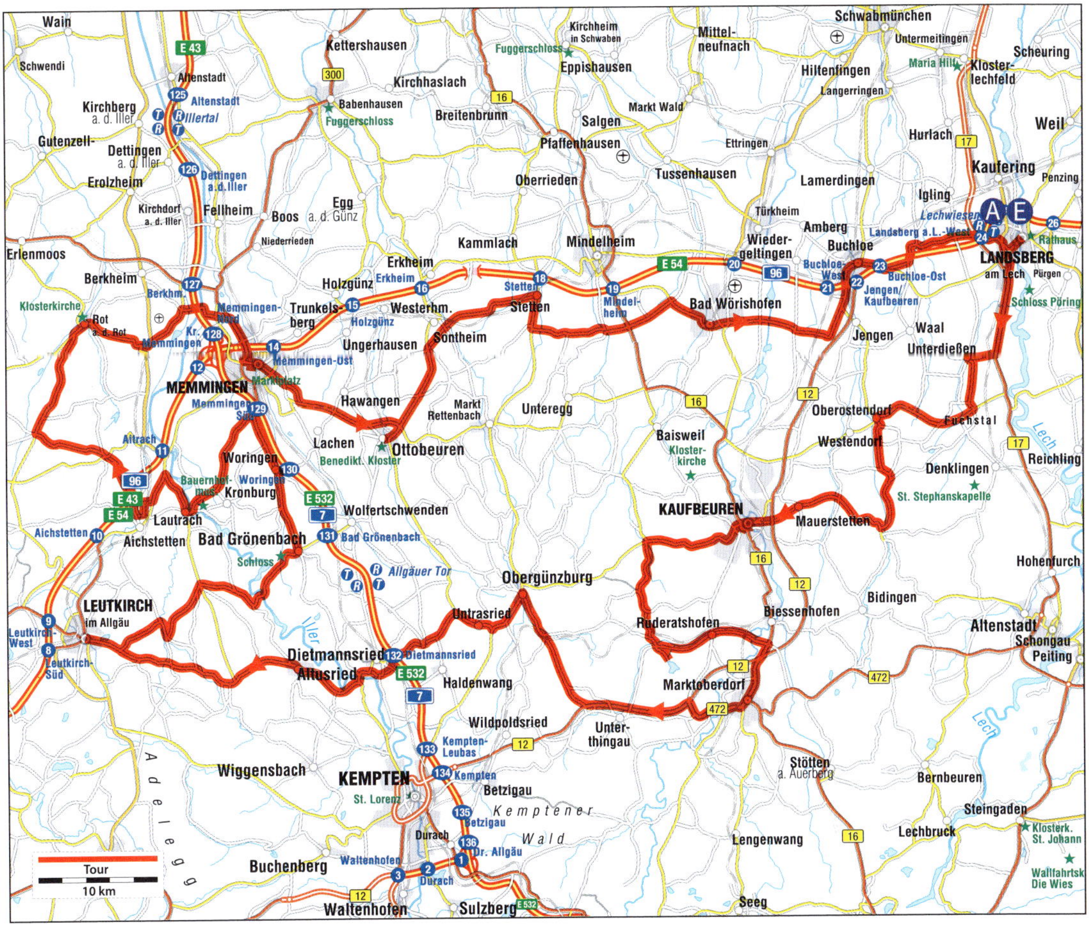

Eine erinnerungswürdige, weil herrlich kurvige Quellenforschung erwartet uns in und um Blaubeuren.

IN ULM UND UM ULM HERUM

Auch das Schwabenland hat viele schöne Seiten – heute erkunden wir nur eine davon, das aber ausgiebig.

Gleichwohl wir unser »Basislager« einige Kilometer Richtung Nordwesten verlegt haben, treffen wir auch heute wieder auf das Flüsschen Iller. Dort, wo die Iller in der Donau aufgeht, beginnt unsere Tagestour. Die führt uns zunächst gen Südosten hinaus aus Ulm, aber über Pfaffenhofen an der Roth und Weißenhorn kehren wir rasch wieder zurück in die Auen der Iller. Und erreichen Illertissen in Mittelschwaben. Seit 1500 Jahren soll hier der Mensch schon siedeln. Nun ja, recht geruhsam geht es an den fruchtbaren Ufern der Iller sicherlich seit Jahrhunderten zu.

Zwischen Wald und Feld führt uns der weitere Weg über Schwendi und Maselheim nach Biberach an der Riss. Mit der Oberschwäbischen Barockstraße, der Mühlenstraße Oberschwaben sowie der Schwäbischen Dichterstraße kreuzen sich in Biberach gleich drei erlebenswerte Themen- und Ferienstraßen Süddeutschlands und verhelfen dem Ort zu quirligem Leben – ideal auch für ein zweites Frühstück, wenn Sie mögen.

Die B 312 bringt uns anschließend nach Riedlingen. Dort rasch den Blinker rechts gesetzt, dann tauchen wir ab zu einer ausgiebigen Hatz über die Dörfer. Über Munderkingen im Herz einer imposanten Donauschleife wedeln wir nach Hayingen im idyllischen Großen Lautertal, dem landschaftlichen Schmuckstück der Schwäbischen Alb. Lassen Sie hier den Blick ordentlich schweifen, denn allerorten an den Hängen oberhalb der Wachholderheiden recken sich Burgen und Ruinen in den Himmel. Ganz offensichtlich siedelten hier die Menschen immer schon gern – verständlicherweise.

Über Granheim und Schelklingen erreichen wir den Höhepunkt dieses Tourentags: Blaubeuren. Berühmt ist der mit Fachwerk reich verzierte Ort in erster Linie für seinen überaus geheimnisvollen Blautopf, eine nie versiegende Karstquelle, aus der die Blau entspringt. Mit 21 Metern Tiefe ist der Blautopf eine der tiefsten und größten Quellen Deutschlands. Ein Ort voller Magie und Märchen, wie z. B. von Eduard Mörikes hier spielenden »Historie von der schönen Lau«. Eine Skulptur am Ufer erinnert an diese Geschichte.

Da hat es Münsingen an der Schwäbischen Dichterstraße nicht leicht, uns neu zu begeistern. Doch das historische Alte Rathaus von 1550 oder die alte Poststation aus dem 16. Jahrhundert lohnen mindestens einen langen Blick. Apropos: Vom 875 Meter hohen Römerstein im Norden Münsingens genießen Sie eine herrliche Rundumsicht über die Schwäbische Alb und ihre Burgen.

Diese begleiten uns dann auch auf dem letzten Abschnitt Richtung Geislingen an der Steige, am Kreuzungspunkt von immerhin fünf Tälern. Zahlreiche spätmittelalterliche, sorgfältig restaurierte Fachwerkbauten, alemannische Holzbauten, aber auch der »Alte Bau«, eines der größten Fachwerkhäuser Deutschlands, lohnen einen ausgiebigen Rundgang, bevor wir nach einem prallen Tourentag zurück nach Ulm huschen.

TOUR-CHECK

Region: Schwaben und Schwäbische Alb

Empfohlener Tourenstandort: Ulm

Hotelempfehlung: Hotel Neuthor, Neuer Graben 17 in Ulm, www.hotel-neuthor.de

Länge in km: 320

Fahrzeit insgesamt: 6 Std.

Einkehrtipp am Mittag: Restaurant Forellenfischer im Ortsteil Weiler in Blaubeuren

Kombinationsmöglichkeit: Mit Touren 4, 9, 11, 12, 13, 93, 94

Beliebte Motorradtreffs: An Blaubeurens zentralem Parkplatz am Blautopf; im Lautertal bei Hayingen

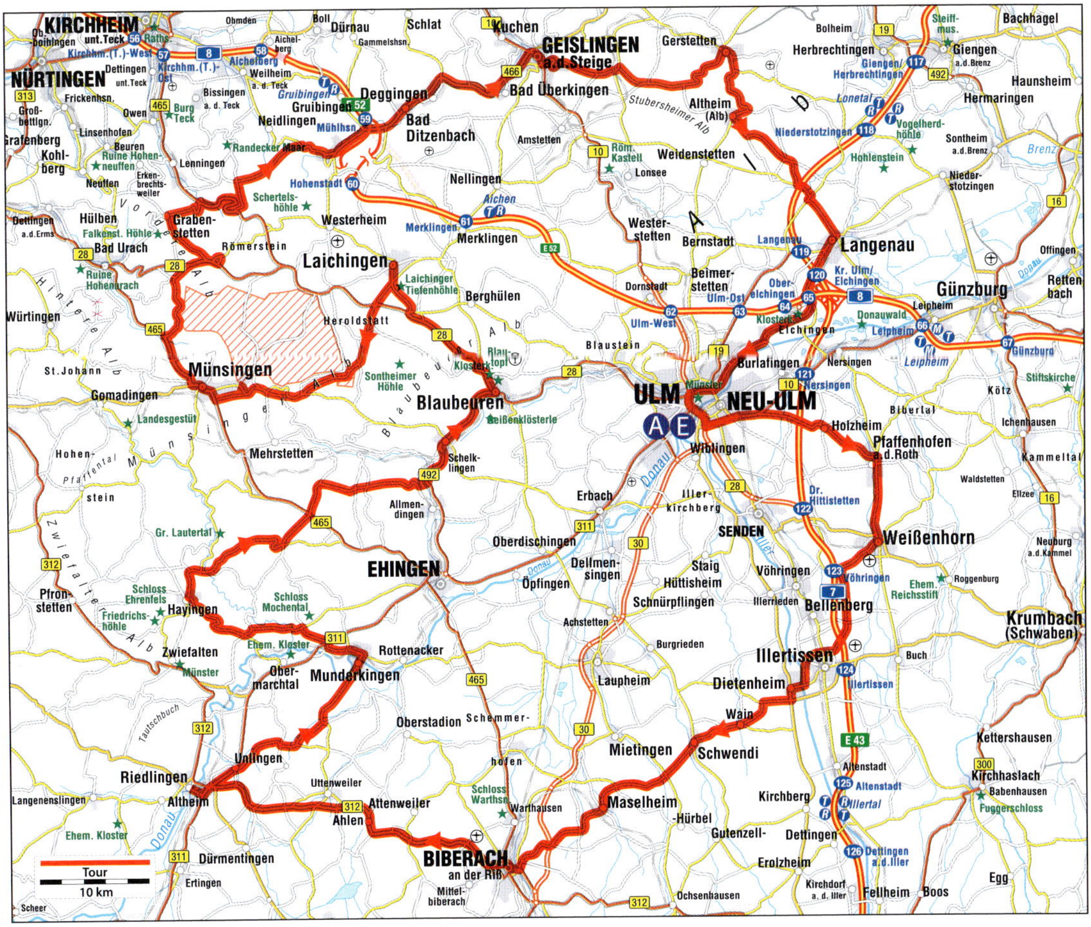

So liebenswert »schwäbisch«: Blick auf Schwäbisch Gmünd und seine Hügellandschaften

IM NORDEN DER SCHWÄBISCHEN ALB

Geschichtsreiche Städte, abwechslungsreiche Landstriche, jede Menge Burgen und Schlösser – diese Tour wird ein ungeahnter Genuss.

Noch einmal starten wir aus der »Stadt der Gegensätze«, wie sich Ulm mit seinen historischen Sehenswürdigkeiten, dem welthöchsten Kirchturm (162 m), dem üppig bemalten Rathaus sowie dem romantischen Fischerviertel, gern nennt. Dieses Mal wenden wir uns gen Norden, treiben das Motorrad über Wester- und Amstetten nochmals nach Geislingen, um dort den Blinker rechts zu setzen. Die Hügel und Hochflächen der nördlichen Schwäbischen Alb liegen vor unserem Windshield, Weiler wie Roggenmühle oder Gussenstadt wollen uns zu einem Boxenstopp aus dem Sattel locken. Lassen Sie es zu, die Länge unserer heutigen Tour erlaubt derartige »Trödelei«.

Das Land vor uns ändert sich, als wir Steinheim am Albuch erreichen. Ein Meteorit ist hier vor gut 15 Millionen Jahren eingeschlagen und hat das Land gewaltsam neu modelliert. Im lieblichen Remstal begrüßt uns dann Schwäbisch Gmünd. Als eine der ältesten Stauferstädte Deutschlands ist sie Pflichttermin jeder Reise durch die Schwäbische Alb. Imposante Patrizierhäuser, sechs gut erhaltene Stadttürme und einladende historische Plätze erwarten uns bei einem Rundgang. Und vom Johannisturm hat man den besten Blick auf den Gmünder Marktplatz, einen der schönsten in Süddeutschland.

Auch Aalen wenige Kilometer weiter fordert unsere Aufmerksamkeit. Das selbst ernannte »Tor zur Schwäbischen Alb« zeigt herrlich verwinkelte Gässchen, umsäumt von reichhaltigem Fachwerk, einen malerischen Marktplatz und spannende Antworten auf die Fragen, wo Napoleon schlummerte, oder wo der berühmte »Aalener Spion« nächtens über die Stadt wacht.

In Ellwangen haben wir dann endgültig die Schwäbische Alb verlassen und sollten umkehren. Natürlich nicht, ohne vorher der beeindruckenden Stadt mit praller 1200-jähriger Geschichte einen Besuch abzustatten – vielleicht sogar mit Einkehrschwung?

Dann geht es frisch gestärkt wieder hinaus in die Landschaft und hinauf auf die Ebenen der Schwäbischen Alb und ihrer Randgebiete. Über Bopfingen und Affalterwang, über Diepertsbuch und Großkuchen erreichen wir Heidenheim an der Brenz. Bereits vor 8000 Jahren sollen hier Menschen gesiedelt haben, 1000 römische Legionäre bewachten hier später dann die Nordgrenze des Römischen Reichs. Heutzutage hat man von Schloss Hellenstein hoch über der Stadt den wohl schönsten Blick auf Heidenheim und seine Altstadt.

Und auf unseren abendlichen Heimweg. Der führt uns via Herbrechtingen vorbei an vielen Burgen und Ruinen sowie durchs malerische Lonetal. Prall gefüllt mit derart abwechslungsreichen Eindrücken erreichen wir wieder Ulm und können den Tag in den Altstadtgassen ausklingen lassen. Unser Tipp dazu: »Barfüßer, die Hausbrauerei« am Lautenberg Nr. 1 – urig und süffig.

TOUR-CHECK

Region: Nördliche Schwäbische Alb

Empfohlener Tourenstandort: Ulm

Hotelempfehlung: Hotel am Rathaus, Kronengasse 8–10 in Ulm, www.rathausulm.de

Länge in km: 270

Fahrzeit insgesamt: 5 Std.

Einkehrtipp am Mittag: Gasthof Roter Ochse, Schmiedstr. 16 in Ellwangen

Kombinationsmöglichkeit: Mit Touren 10, 12, 13, 88, 93, 94

Beliebte Motorradtreffs: Ställe-Kneipe in Lauterstein, etwas nördlich von Geislingen; Motorradfreunde Härtsfeld im Vereinsheim, Maybachweg 7 in Nattheim bei Heidenheim

Ohne jeden Zweifel: Auch die Pisten rund um Beuron wurden von motorradfahrenden Landschaftsarchitekten realisiert.

KURVENREICHE KOMBI

Die Schwäbische Alb mit einem Hauch Schwarzwald zu verzieren, das macht richtig gute Laune.

Die folgenden zwei Tagestouren starten im erlebenswerten Tübingen, und während die erste mit gut 300 Kilometern einen frühen Aufbruch reklamiert, haben wir nach Tour Nr. 2 deutlich mehr Zeit, uns dem »Basislager« Tübingen zu widmen. Doch jetzt heißt es erst einmal: Auf geht's zu einer Runde über die herrliche Alb.

Um dazu den richtigen Einstieg zu finden, huschen wir zunächst einmal über Pliezhausen und Nürtingen hinüber nach Kirchheim unter Teck, dem Mekka der Segelflieger auf der Alb. Direkt zu Füßen der imposanten Burg Teck ist Kirchheim zudem ein Zwischenstopp auf der Deutschen Fachwerkstraße. Die malerischen Gassen der Altstadt lohnen einen ausgiebigen Bummel, das alte Rathaus begeistert ebenso wie die echte Mondphasenuhr. Vorbei an der keck auf 770 Metern Höhe in den Himmel ragenden Burg Teck, deren Historie immerhin 900 Jahre zurückreicht, erklimmen wir über Owen und Beuren die moderaten Hochebenen der Schwäbischen Alb.

Mein Tipp: Schauen Sie sich in jedem Ort der Alb ein wenig um. Oftmals reich gesegnet mit Fachwerk und instand gehalten von echt schwäbischer Kehrwochen-

TOUR-TIPP

Tübingen

Was begeistert uns wohl an Tübingen am meisten? Die historische Altstadt mit ihren engen Gassen, spitzen Giebeln, vielen mittelalterlichen Gebäuden und dem Schloss? Die fast 1000-jährige Stadtgeschichte oder doch eher dieser omnipräsente mediterrane Flair der jung gebliebenen Stadt am Neckar? Schwer zu sagen. Eines ist jedoch gewiss: Unzählige nette Straßencafés und schwäbisch-gemütliche Weinstuben sowie eine Vielzahl an traditionsreichen Studentenkneipen laden jeden Besucher zu einer ausgiebigen Pause ein. Oder wie wäre es mit einer Stocherkahnfahrt auf dem Fluss, inklusive traumhaftem Blick auf die malerische Stadtfront mit dem Hölderlinturm?

Mentalität – was hier keinesfalls abfällig gemeint ist! –, gibt es auch im Kleinen viel zu entdecken. So wie in Neuffen die gleichnamige Burgruine: Hoch über den Ort erhebt sie sich als größte Burganlage der Schwäbischen Alb; ihre Geschichte datiert bis ins 11. Jahrhundert zurück. Und der Aufstieg zu Fuß zu den historischen Gemäuern wird mit fantastischen Ausblicken belohnt.

Echtes Spitzkehren-Vergnügen begeistert uns dann auf dem weiteren Weg über Bad Urach, Hengen und Rietheim nach Gomadingen im Lautertal. Dessen Horizont wird im Westen übrigens geschmückt vom 844 Meter hohen Sternberg. Der Aussichtsturm auf dem Gipfel ist leichter zu erreichen als die Ruine Neuffen, bietet aber ebenfalls eine herrliche Weitsicht.

Vorbei an Marbach mit seinem weltberühmten Gestüt wedeln wir noch einige Kilometer gen Süden, setzen in Eglingen dann den Blinker rechts und huschen über Hohenstein nach Engstingen. Dessen heimlicher Schatz ist das Auto- und Motorradmuseum: Über 100 historische Exponate begeistern hier Technikfans aus aller Welt. Wer sich allerdings für die Unterwelt der Schwäbischen Alb interessiert, dem seien die hier ausgeschilderte Nebel- bzw. Bärenhöhle im Umland empfohlen. Nicht unbedingt für Klaustrophobiker geeignet, gestatten sie sehenswerte Einblicke tief in die Älbler Unterwelt.

TOUR-TIPP

Kleine Geschichtsstunde

Das bis heute existierende Haus Hohenzollern zählt zu den ältesten und bedeutendsten Adelsgeschlechtern Deutschlands, dessen Wurzeln sich bis auf das Jahr 1061 zurückverfolgen lassen. Bedeutende Männer der deutschen Geschichte stammen aus ihrem weit verzweigten Geschlecht, so z. B. Friedrich Wilhelm der Große Kurfürst, der »Alte Fritz« Friedrich II., der erste deutsche Kaiser Wilhelm I. und auch Wilhelm II., der letzte deutsche Kaiser, der im November 1918 zur Abdankung gezwungen wurde und 1941 im niederländischen Exil starb. Prinz Georg Friedrich von Preußen ist der heutige Chef des Hauses Hohenzollern, dessen Stammsitz auf dem »schönsten Berg Schwabens« zumindest optisch immer noch das Land seiner Väter dominiert.

Gänzlich oberirdisch und frei von Ängsten erreichen wir Pfullingen am Eingang zum oberen Echaztal, dessen weithin sichtbares Wahrzeichen der bekannte Schönbergturm ist, der wegen seiner spektakulären Konstruktion als Doppelturm im Volksmund auch »Pfullinger Onderhos« (Pfullinger Unterhose) genannt wird.

Herrliche Rechts-links-Kombinationen führen uns anschließend Richtung Sonnenbühl und Trochtelfingen auf der sogenannten Kuppenalb, einer Region geprägt von Hügeln, Kuppen, Felsen und Flusstälern. Das

Würdige Heimat eines der ältesten Adelsgeschlechter Deutschlands: Burg Hohenzollern im Herzen der Schwäbischen Alb

Von Mutter Natur mit viel Einzigartigkeit ausgestattet: Das Lautertal gehört zum Pflichtprogramm nicht nur schwäbischer Biker.

Ganze garniert mit Ruinen, Burgen und Schlössern sowie unzähligen Geschichten, die an eine überaus spannende Vergangenheit erinnern. Und falls Sie immer schon einmal wissen wollten, wie man echte schwäbische Spätzle perfekt zubereitet: Bei einer Führung durch die gläserne Produktion im »Alb-Gold Nudelcenter« können Sie dies erfahren.

Gammertingen im idyllischen Lauchertal, mit historischer Altstadt, Mühle und Schloss, ist unser nächstes Etappenziel, dann erreichen wir über Veringenstadt und Winterlingen das sehenswerte Stetten am kalten Markt. Knurrt Ihnen jetzt auch der Magen? Dann probieren Sie doch einmal unseren Einkehrtipp, bevor wir weiter durch die burgenreichste Region der Alb schwingen.

Über Hausen im Tal erreichen wir Beuron mit seiner weithin bekannten Benediktinerabtei. 1020 als Rittersitz gegründet, hat sich Beuron zu einem anerkannten Zentrum für Kunst und Wissenschaft gemausert. Respekt.

Wir verlassen das vor allem bei Kanuten und Kajakwanderern beliebte obere Donautal und suchen uns intensiven Kurvenschwung mitten im Herz der Zollernalb. Über Bärenthal, Nusplingen und Unterdigisheim geht es kurvenreich durch eine Landschaft frei von Hektik und roten Ampeln. Und falls Sie wochentags unterwegs sind, wird auch kein »Dosenfahrer« Ihre Ideallinie blockieren. Inmitten eines der sonnenreichsten Gebiete Deutschlands empfängt uns dann die Kreisstadt Balingen mit dem imposanten Zolllernschloss aus dem 15. Jahrhundert, das ehemals dem württembergischen Obervogt als Stammsitz diente. 1920 kurz vor dem Verfall, wurde es von der Stadt gekauft und restauriert.

Das »Herzstück« der Zollernalb ist natürlich Burg Hohenzollern im Süden Hechingens, die bald fern am Horizont vor uns auftaucht. Standesgemäß nur zu Fuß darf man sich als Normalsterblicher dem Burgtor nähern, doch der 20-minütige Aufstieg lohnt sich. Sobald Sie durch den imposanten Torbogen eingetreten sind, empfängt Sie das noch viel imposantere Reich derer von Hohenzollern. Der Name der Burg geht wohl auf den Zollerberg bei Hechingen zurück. Die erste Burg der Hohenzollern wurde bereits im 11. Jahrhundert erbaut, der heutige Stammsitz ist der dritte an dieser Stelle und gerade einmal 150 Jahre jung.

Je nachdem wie weit Ihr Tourentag bereits fortgeschritten ist, dürfen Sie den kurzen Heimweg nach Tübingen nun frei gestalten: entweder direkt über Mössingen und Dusslingen oder auch garniert mit einem Abstecher nach Rottenburg am Neckar. In der »Römer- und Bischofsstadt« ist das Mittelalter allgegenwärtig. Schmale Gassen, weite Plätze und unzählige Bauwerke aus über acht Jahrhunderten prägen das historische Stadtbild. Bis weit ins 17. Jahrhundert hinein war der Weinanbau eine der wichtigsten Erwerbsquellen der Rottenburger, später dann abgelöst durch das »grüne Gold«, den Hopfen.

TOUR-CHECK

Region: Schwäbische Alb und Schwarzwald

Empfohlener Tourenstandort: Tübingen

Hotelempfehlung: Hotel am Schloss, Burgsteige 18 in Tübingen, www.hotelamschloss.de

Länge in km: 300

Fahrzeit insgesamt: 6 Std.

Einkehrtipp am Mittag: Gasthaus Zum Kreuz, Hauptstr. 9 in Stetten am Kalten Markt

Kombinationsmöglichkeit: Mit Touren 3, 10, 11, 13

Beliebte Motorradtreffs: Vespa-Club Reutlingen mit Clublokal in der Bantlinstr. 6B in Reutlingen; am Parkplatz Lochenstein zwischen Hechingen und Rottweil; Auto- und Motorrad-Museum Engstingen

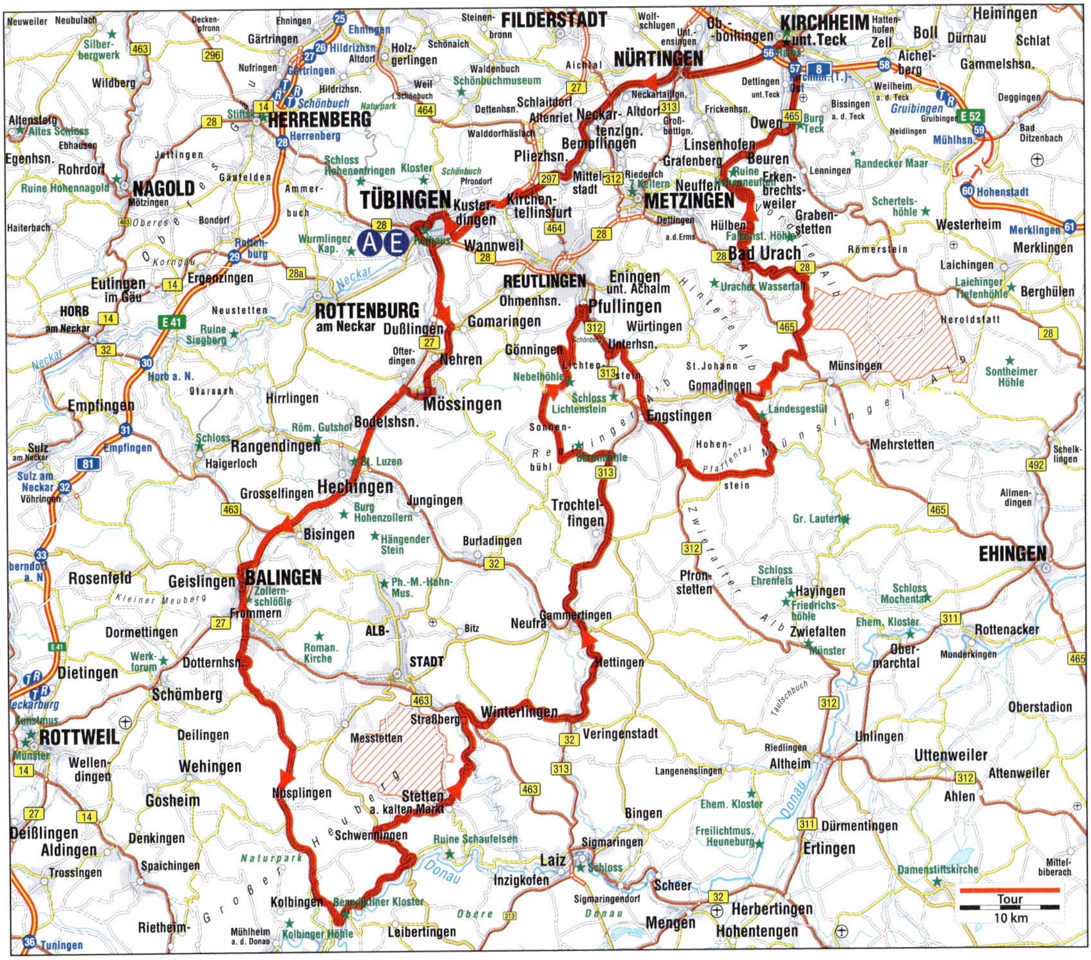

Viele Jahre die Heimat eines unserer Autoren: das malerische Esslingen am Neckar mit seiner mächtigen Burg im Hintergrund

AUF DEN FILDERN

Das Vorland der Schwäbischen Alb ist zwar deutlich zersiedelter, aber nicht minder erlebenswert, wie diese Tour Ihnen beweisen wird.

Man mag über die Schönheit Stuttgarts heftig streiten, das südlich der Landeshauptstadt anschließende Vorland der Schwäbischen Alb bildet jedoch einen reizvollen Kontrast, den wir uns auf dieser Tour ausgiebig gönnen wollen. Dazu huschen wir über Reutlingen und Metzingen zügig Richtung Osten und streifen mit Burg Hohenneuffen die Ruine einer der imposantesten Festungen Baden-Württembergs, bevor wir auf einsame Landstraßen wechseln.

Über Burrenhof und Schlattstall erreichen wir die Ruine Reußenstein, das wohl bekannteste Natur- und Felsendenkmal der nördlichen Alb. Wie ein Räubernest thront sie über einem steilen Abgrund und dominiert das Neidlinger Tal. Wir queren die A 8 und erreichen mit Bad Ditzenbach eines der schönsten Täler der Schwäbischen Alb: das Filstal. Wenig später empfängt uns dann Geislingen an der Steige zu einem kurzen Boxenstopp. Dessen historische Altstadt besitzt viele spätmittelalterliche, sorgfältig restaurierte Fachwerkbauten und mit dem »Alten Bau« sogar eines der größten Fachwerkhäuser Deutschlands.

Das Filstal stoppt nun unseren Drang nach Osten, und über Bad Überkingen, Schlat und Heiningen erreichen wir Kirchheim unter Teck, bereits bekannt aus Tour 12. Ab jetzt bewegen wir uns im Dunstkreis Stuttgarts, dessen Orte aber im Gegensatz zu vielen anderen Schlafstädten großer Metropolen durchaus se-

TOUR-CHECK

Region: Fildern und Albtrauf

Empfohlener Tourenstandort: Tübingen

Hotelempfehlung: Hotel Venezia Garni, Dieselstr. 2 in Tübingen, www.venezia-tuebingen.de

Länge in km: 250

Fahrzeit insgesamt: 5 Std.

Einkehrtipp am Mittag: Restaurant Goldener Ochse, Schlachthausstr. 13 in Esslingen

Kombinationsmöglichkeit: Mit Touren 10, 11, 12, 14

Beliebte Motorradtreffs: Vespa-Club Reutlingen (s. Tour 12)

hens- und erlebenswert lebendig sind. Esslingen z. B., im Herz des Neckartales ruhend. Umgeben von horizontweiten Weinbergen begeistert die Stadt mit mehr als 1000 Denkmälern, drei Rathäusern und der ältesten Fachwerkzeile Deutschlands. Und oberhalb der prächtigen Altstadt thront seit fast 700 Jahren die Esslinger Burg mit ihren Türmen, Wehrgängen und Kasematten. Wie wäre es in diesem Ambiente mit einem Einkehrschwung?

Technikfans werden nun beim Passieren des Stuttgarter Flughafens aufmerken – ja, auch dort werden Führungen angeboten. Kalkulieren Sie aber gut zwei Stunden Zeit dafür ein. Dann erklimmen wir die Filder – auch Filderebene genannt –, eine natürliche Hochebene südlich von Stuttgart mit Dörfern, Kleinstädten und viel Weite. Via Bonlanden, Waldenbuch und Weil im Schönbuch geht es genüsslich gen Westen und über Holzgerlingen dann zu einem Besuch in Böblingen. Eingebettet zwischen zwei Welten – dem Schwarzwald im Westen und der Schwäbischen Alb im Süden – reicht die Geschichte der Stadt weit zurück bis in die Altsteinzeit. Als Schauplatz einer der blutigsten Schlachten des Bauernkriegs ist die Geschichte Böblingens so spannend wie abwechslungsreich. Schauen Sie sich ruhig um.

Der Rest unserer Tour führt dann via Herrenberg und Bonlanden nach Rottenburg und direkt in die Tübinger Altstadt, die Genuss für alle Sinne bietet. Probieren Sie zum Beispiel doch mal das »Mauganeschtle« an der Burgsteige 18 mit Maultaschen in zig Variationen!

Ein »Basislager« mit viel Programm: Tübingen

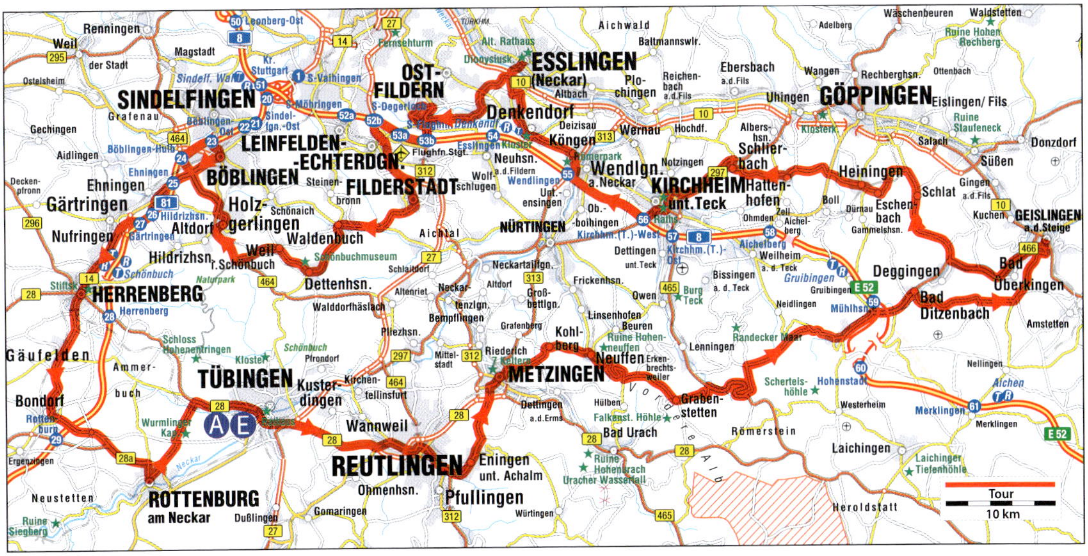

Geheimnisvoll unergründlich und nichts für Warmduscher: Der Mummelsee ist auch ein beliebter Bikertreff des Nordschwarzwaldes.

DEN SCHWARZWALD GILT'S ZU KOMPLETTIEREN

Der Norden des Schwarzwalds hat noch viel mehr zu bieten als die berühmte Schwarzwaldhochstraße.

Bevor wir einen Sprung in den Westen Deutschlands machen, lassen Sie uns noch das Thema zu Beginn dieses Buches vervollständigen: den herrlichen Schwarzwald respektive dessen Nordabschnitt. Über Ettlingen und Rheinstetten geht es dazu wieder hinüber in die mächtige Rheinebene nach Rastatt mit der beeindruckenden Residenz der Markgrafen von Baden-Baden, dem Wahrzeichen der Stadt. Ein zweites Wahrzeichen Baden-Badens ist ein ganz anderes: der Bademantel. Der bekannteste Kurort Süddeutschlands ist berühmt und beliebt als Bäderstadt mit hervorragendem Mineralheilbad. Ach ja, und nicht zu vergessen: Die Spielbank trägt natürlich auch zur Bekanntheit Baden-Badens bei – wenngleich Bademäntel dort natürlich verboten sind.

Der Westrand des Schwarzwalds dominiert ab jetzt das Landschaftsbild vor dem Windshield, und insbesondere das fruchtbare Bühlertal mit seinem ganzjährig milden Klima, das dem Tal den Ruf als »Obstgarten Süddeutschlands« einbrachte. Nixen, Zwerge, ja sogar ein König sollen einst im Mummelsee gewohnt haben, heißt es in alten Legenden. Direkt zu Füßen der 1164 Meter hohen Hornisgrinde ist jener sagenumwobene Mummelsee heute einer der beliebtesten Bikertreffs der Region, und speziell an Sommerwochenenden treffen wir uns hier zuhauf, um über die Pisten des nördlichen Schwarzwalds zu räubern.

Dazu zählt natürlich auch die als B 500 ausgeschilderte Schwarzwaldhochstraße, deren Varianten nach rechts und nach links allerdings deutlich kurvenreicher verlaufen – wie auch unsere Empfehlung über Ottenhöfen, Allerheiligen und Lienbach nach Oppenau, dem bezaubernden Luftkurort im Renchtal. Kurz vor dem Weiler Kniebis schwenken wir dann erneut auf die Schwarzwaldhochstraße, verlassen sie aber wieder Richtung Freudenstadt. 1599 erteilte Herzog Friedrich von Württemberg den Befehl, eine Residenzstadt nach der Geometrie des Mühlespiels zu bauen. So entstand eine der städtebaulichen Perlen des Nordschwarzwalds. Lust auf eine Stärkung, bevor es weitergeht? Hier sind Sie richtig!

Bitte Spiegel einklappen: So manche Brücke war schon zu historischen Zeiten recht knapp bemessen.

Bringen Sie Zeit mit für die Schwarzwaldhochstraße!

TOUR-CHECK

Region: Schwarzwald und Baden

Empfohlener Tourenstandort: Karlsruhe

Hotelempfehlung: Hotel Alfa, Blumenstr./Ecke Bürgerstr. 4 in Karlsruhe, www.alfa-karlsruhe.com

Länge in km: 300

Fahrzeit insgesamt: 6 Std.

Einkehrtipp am Mittag: Restaurant Rebstock, Straßburger Str. 13 in Oppenau

Kombinationsmöglichkeit: Mit Touren 2, 13, 15, 16, 17

Beliebte Motorradtreffs: Gasthaus Zur großen Tanne in Unterstmatt bei Bühl; am Parkplatz beim Mummelsee; am Parkplatz direkt im Zentrum von Freudenstadt

Der Rest des Tourentags gehört dem Nordosten des Schwarzwalds mit seinen begeisternden Kurvenstrecken. Über Baiersbronn und Seewald erreichen wir mit Enzklösterle einen typischen Schwarzwälder Touristenort mit einer Vielzahl an Sehenswürdigkeiten, wie z. B. der Kienruß-Brennerei oder dem Schnitzereimuseum mit der größten handgeschnitzten Weihnachtskrippe der Welt. Via Bad Wildbad geht es dann mitten hinein nach Pforzheim, in die berühmte Gold- und Uhrenstadt. Das historische Zentrum ist sehr sehenswert.

Hält Ihr Tourentag nun noch einige Sonnenstunden bereit, düsen Sie gemütlich über Bad Herrenalb und Marxzell heimwärts nach Karlsruhe. Wählen Sie dabei ganz spontan die schönsten Abzweige; oder schlendern Sie eine Runde durch das Fahrzeugmuseum Marxzell, ein privates Technikmuseum in einem ehemaligen Sägewerk mit rund 100 Automobilen, 70 Motorrädern, 150 Fahrrädern, Straßenbahnen, Lokomotiven, Kutschen, Traktoren und vielem mehr. Ein Erlebnis für Groß und Klein!

Eine Augenweide für Jung und Alt: Für den Boxenstopp in Freudenstadt sollten Sie sich genügend Zeit gönnen. Es lohnt sich.

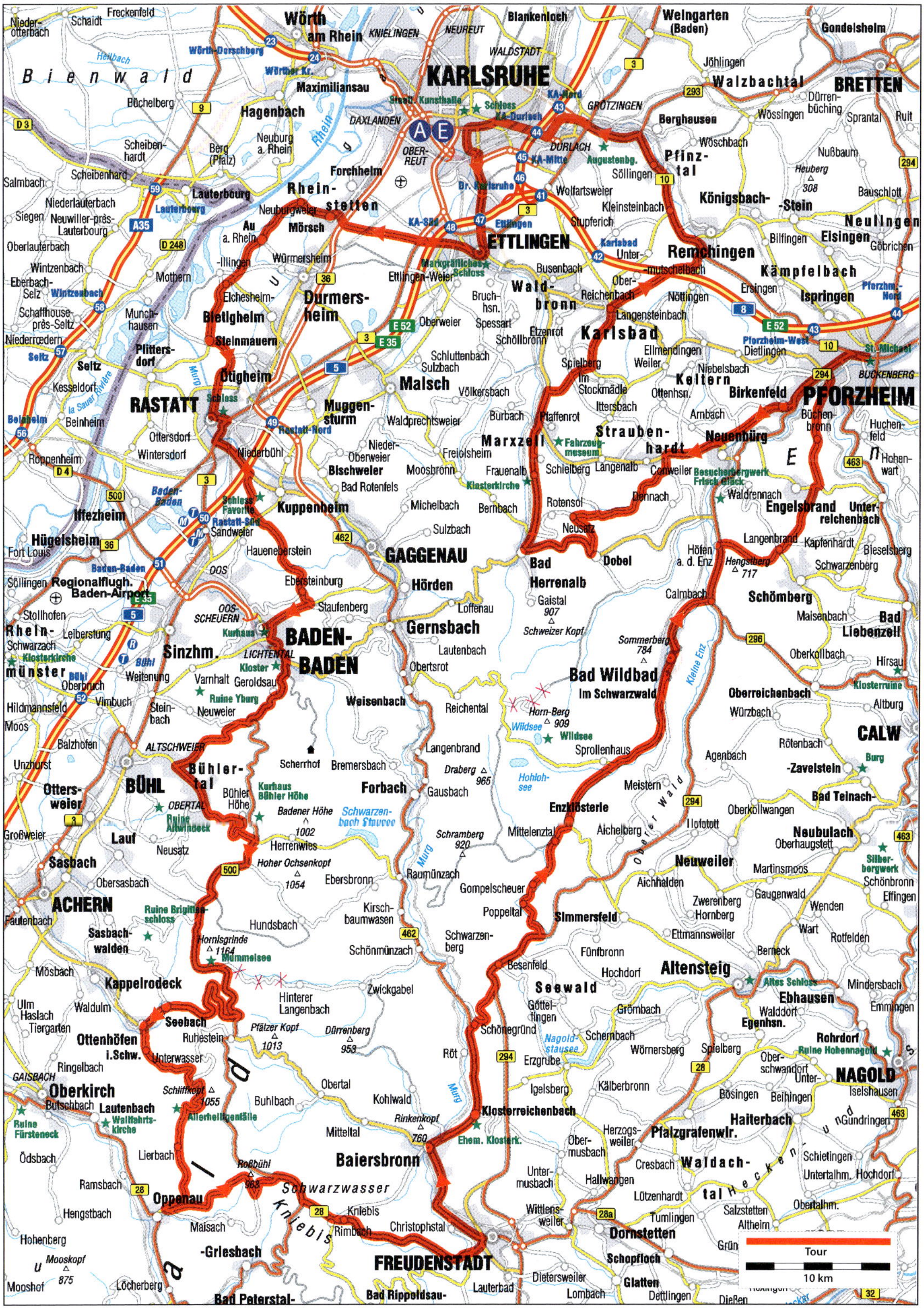
Wörth am Rhein
KARLSRUHE
Blankenloch
Weingarten (Baden)
Gondelsheim
Bienwald
Hagenbach
Maximiliansau
Jöhlingen
Walzbachtal
BRETTEN
Berghausen
Wössingen
Pfinztal
Söllingen
Rheinstetten
Forchheim
Mörsch
Lauterbourg
Königsbach-Stein
Neulingen
Eisingen
ETTLINGEN
Remchingen
Kämpfelbach
Ispringen
Durmersheim
Bietigheim
Steinmauern
Ötigheim
RASTATT
Karlsbad
Waldbronn
Malsch
Muggensturm
Keltern
Birkenfeld
PFORZHEIM
Marxzell
Straubenhardt
Neuenbürg
Iffezheim
Hügelsheim
Kuppenheim
GAGGENAU
Hörden
Bad Herrenalb
Dobel
Engelsbrand
Unterreichenbach
Schömberg
Bad Liebenzell
Gernsbach
BADEN-BADEN
Sinzheim
Rheinmünster
Bad Wildbad im Schwarzwald
Oberreichenbach
CALW
Bühlertal
BÜHL
Forbach
Ottersweier
Enzklösterle
Neuweiler
Neubulach
Bad Teinach-Zavelstein
Sasbach
ACHERN
Sasbachwalden
Kappelrodeck
Seewald
Altensteig
Ebhausen
Seebach
Ottenhöfen i.Schw.
Oberkirch
Lautenbach
Baiersbronn
Klosterreichenbach
Pfalzgrafenweiler
NAGOLD
Haiterbach
Waldachtal
Oppenau
Bad Peterstal-Griesbach
FREUDENSTADT
Dornstetten
Schopfloch
Glatten
Hornisgrinde 1164
Mummelsee
Schliffkopf 1055
Allerheiligenfälle
Schwarzenbach Stausee
Nagoldstausee
Tour
10 km

Macht Lust auf eine ausführliche Stadtbesichtigung: das Rathaus samt Brunnen als nur zwei Beispiele Heidelberger Kulturschätze.

ZWISCHEN RHEIN UND ODENWALD

Man nehme ein wenig Odenwald, vermische es mit einer Prise Rhein- und Maintal und fülle mit dem so Geschaffenen einem Tourentag randvoll.

Gevatter Rhein wird uns in den folgenden Kapiteln noch so manches Mal begegnen – kein Wunder, ist er doch mit gut 1235 Kilometern der längste Nordseezufluss Europas. Weshalb seine Landschaften zu den schönsten Deutschlands zählen, können wir allerdings bereits auf dieser Tour feststellen. Doch zunächst geht es gen Osten, und wir schwingen über Pfinztal und Remchingen nach Bretten und dort mitten hinein in die historische Altstadt mit ihrem reichen Fachwerkbestand. Wenngleich oftmals »windschief«, ist sie dennoch sehenswert.

So wie wenige Kilometer weiter das Kloster Herrenalb, immerhin einst eines der bedeutendsten Zisterzienserklöster der Region. Vor Sinsheim kreuzen wir dann die A 6, schenken dem berühmten Technikmuseum heute aus Zeitgründen (kalkulieren Sie mindestens drei Stunden für den Museumsbesuch ein) möglichst wenig Beachtung und widmen uns stattdessen den Höhenzügen des auf uns wartenden Odenwalds.

Bei Eberbach am Neckar erreichen wir mit dem Katzenbuckel auch dessen höchste Erhebung: Satte 626 Meter reicht die bewaldete Kuppe in den Himmel nahe des Ortes – den 18 Meter hohen Aussichtsturm obenauf natürlich nicht mitgemessen. Die oft bewaldeten und wenig panoramareichen Höhenzüge des Odenwalds wollen wir uns nun intensiv gönnen. Auch hier gilt: Den größten Genuss hat man sicherlich an heißen Sommertagen, wenn man in die schattigen Wälder abtauchen kann. Über Kirchzell und Amorbach schwingen wir Richtung Main, den wir nahe Miltenberg erreichen. Und der unseren Drang nach Norden für heute stoppt.

Ein Kurvenrevier der Extraklasse: Der Odenwald lockt uns von Mai bis Oktober mit freien Pisten und viel Genuss.

Mach mal Pause: Ackerbau und Viehzucht bestimmen auch heutzutage noch weite Teile des Odenwald-Bildes.

Entlang der Weinberge Klingenbergs geht es nach Bad König und Michelstadt, unserem Boxenstopp am Mittag. Das malerische Fachwerkstädtchen mit seiner historischen Befestigung wurde um das Jahr 740 erstmals erwähnt und hat viel erlebt. Genießen Sie den Einkehrschwung!

Als »Dessert« gönnen wir uns Reichelsheim im Naturpark Bergstraße-Odenwald, Mörlenbach und Wald-Michelbach sowie herrlich kurvenreiche Pisten im westlichen Odenwald, die uns zurück zum Neckar bringen. Und direkt hinein nach Heidelberg, der Perle am Neckarstrand, berühmt für die malerische Altstadt und die älteste Universität Deutschlands und daher ein beliebtes Ziel für Bus- und Schiffsreisen und Pflichtprogramm jeder japanischen Deutschland-Tour. Ein Rundgang lohnt sich hier immer – rechnen Sie aber nicht damit, das historische Pflaster der Stadt für sich allein zu haben.

Ebenso wenig, wie den Hockenheim-Ring, der uns gleich südlich mit seinen spannenden Renngeschichten locken möchte. Doch es wartet nicht nur der Oberrhein mit seinen Auen auf uns, sondern auch die Domstadt Speyer, seit dem Mittelalter Dreh- und Angelpunkt deutscher Geschichte. Einstmals stolze und freie Reichsstadt, gehört Speyer heute mit seinem Kai-

Zwiebelturm-Kopien? Schloss Gottesaue in Karlsruhe

TOUR-CHECK

Region: Oberrhein und Odenwald

Empfohlener Tourenstandort: Karlsruhe

Hotelempfehlung: Hotel Berliner Hof, Douglasstr. 7 in Karlsruhe, www.hotel-berliner-hof.de

Länge in km: 390

Fahrzeit insgesamt: 7 Std.

Einkehrtipp am Mittag: Michelstädter Rathausbräu, Mauerstr. 1 in Michelstadt

Kombinationsmöglichkeit: Mit Touren 14, 16, 17, 22, 84, 85

Beliebte Motorradtreffs: Motorcafé Hill up in Hesseneck, Ortsteil Kailbach; Treff Zur Linde, Schöne Aussicht 1 in Lindenfels; Biker-Treff Klotzerkurve in Rimbach-Zotzenbach; in Heidelberg direkt am Neckarufer; Motorradmuseum Michelstadt

ser- und Mariendom zum UNESCO-Weltkulturerbe und lockt uns mit einer Altstadt, die auf jeden Fall besichtigt werden sollte. Zumal unser Motorrad den restlichen Heimweg rheinaufwärts nach Germersheim und über Graben-Neudorf und Bruchsal auch beinahe von allein finden wird.

Das wird ein Genuss: Blick auf die Weinstraßen-Region

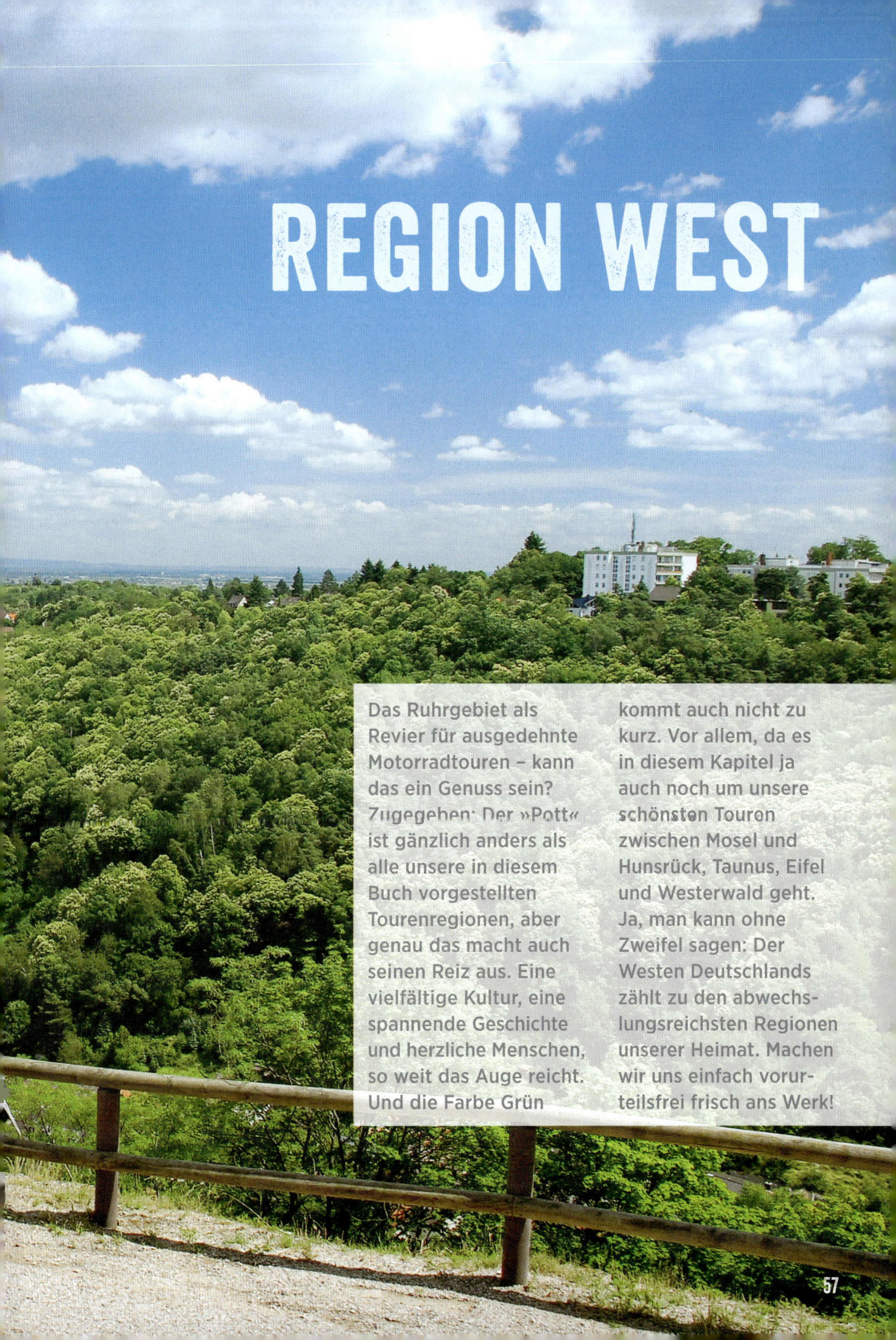

REGION WEST

Das Ruhrgebiet als Revier für ausgedehnte Motorradtouren – kann das ein Genuss sein? Zugegeben: Der »Pott« ist gänzlich anders als alle unsere in diesem Buch vorgestellten Tourenregionen, aber genau das macht auch seinen Reiz aus. Eine vielfältige Kultur, eine spannende Geschichte und herzliche Menschen, so weit das Auge reicht. Und die Farbe Grün kommt auch nicht zu kurz. Vor allem, da es in diesem Kapitel ja auch noch um unsere schönsten Touren zwischen Mosel und Hunsrück, Taunus, Eifel und Westerwald geht. Ja, man kann ohne Zweifel sagen: Der Westen Deutschlands zählt zu den abwechslungsreichsten Regionen unserer Heimat. Machen wir uns einfach vorurteilsfrei frisch ans Werk!

Oldenburg
Bremen
Papenburg
Delmenhorst
Rotenburg (Wümme)
Soltau
Weyhe
Verden
Walsrode
Cloppenburg
Bergen
Lingen
Nienburg
Diepholz
Celle
Langenhagen
Neustadt a.R.
Garbsen
Hannover
Rheine
Osnabrück
Minden
Steinfurt
Herford
Rinteln
Hameln
Hildeshm.
Ahaus
Bielefeld
Coesfeld
Münster
Gütersloh
Detmold
Alfeld (Leine)
Borken
Bocholt
Kleve
Haltern
Ahlen
Hamm
Beckum
Höxter
Einbeck
Dorsten
Reckl.hsn.
Lippstadt
Paderborn
Wesel
Geldern
Gelsenk.
Unna
Soest
Northeim
Scherfelde
Essen
Dortmund
Göttingen
Duisb.
Bochum
Warstein
Hann. Münden
Wuppert.
Bad Arolsen
Kassel
Krefeld
Rem-scheid
Hagen
Iserlohn
Düsseldf.
Meschede
Mönchen-gladbach
Solingen
Lüdensch.
Schmallenb.
Baunatal
Kaufungen
Dormagen
Fritzlar
Melsungen
Leverkusen
Lennestadt
Frankenberg
Olpe
Borken
Bebra
KÖLN
Kreuztal
Kerpen
Troisdorf
Siegen
Bad Hersfeld
Aachen
Düren
Siegburg
Eschweiler
Bonn
Marburg
Alsfeld
Euskirchen
Altenkirchen
Dillenburg
Hünfeld
Linz
Rennerod
Bad Neuenahr-Ahrweiler
Wetzlar
Gießen
Fulda
Blankenheim
Limburg
Bad Nauheim
Koblenz
Bad Homburg
Mayen
Prüm
Bad Neustadt
Bad Orb
Cochem
Wiesbaden
Frankfurt
Hanau
Hammelburg
Bad Kiss
Offenbach
Bitburg
Bingen
Bernkastel-Kues
Rüsselshm.
Mainz
Aschaffenburg
Echternach
Bad Kreuznach
Darmstadt
Würzburg
Trier
Alzey
Idar-Oberstein
Worms
Bensheim
Merzig
Ludwigshafen
Mannheim
Kaiserslautern
Bad Dürkheim
Bad Mergentheim
Rothenburg o.d.Tauber
Neunkirchen
Neustadt a.d.W.
Heidelberg
Saarbrücken
Speyer
Pirmasens
Landau i.d.Pf.
Heilbronn
Schwäbisch Hall
16
17
18
19
20
21
22
23
24
25
26
27
28
29
30
31
32
33
34
35
36
37
38
39
40

REGION
WEST
21
24
37
Pritzwalk
Perleberg
Dannenberg
Wittenberge
Schwedt
E251
Neuruppin
Eberswalde
Salzwedel
E26
E55
Oranienburg
Bad
Freienwalde
Stendal
Rathenow
Nauen
BERLIN
Gardelegen
Wolfsburg
denburg
Potsdam
Helmstedt
Treuenbrietzen
Luckenwalde
E55
E36
E51
Jüterbog
13
Lübben
Halberstadt
Wittenberg
Spree
E36
Cottbus
Aschersleben
9
Köthen
Wölfen
Herzberg
15
Spremberg
Lutherstadt
Eisleben
Torgau
Senftenberg
Nordhausen
Sangerhsn.
Halle
Delitzsch
Elsterwerda
Hoyerswerda
13
Wurzen
E55
Merseburg
Leipzig
Riesa
Rade-
beul
4
Bautzen
14
Meißen
Döbeln
Dresden
E49
E51
Zeitz
E40
Pirna
Altenburg
Zittau
4
Freiberg
Gera
Chemnitz
Zwickau
Zschopau
E441
72
Annaberg-
Buchholz
Greiz
Reichenbach
E49
Plauen
Eisfeld
9
Sonneberg
Hof
Coburg
Kronach
93
Münchberg
Kulmbach
E51
E48
Marktredwitz
70
Bayreuth
Bamberg
73
E45
Erlangen
Fürth
Amberg
Nürnberg
E50
6
Schwandorf
Neumarkt
i.d.Opf.
93
E56
Cham

Wie geschaffen füreinander: eine Reise-Enduro, ein paar Tage Urlaub und die Höhenzüge des Pfälzerwaldes

TIEF IM PFÄLZERWALD

Die Schuhgröße 247 gibt's nur einmal in der Republik – wir sagen Ihnen wo und was perfekt dazu passt.

Römer und Franzosen, ja sogar Schweden und Spanier konnten sich im Lauf der gut 900-jährigen Geschichte Kaiserslauterns rühmen, Herrscher über die aus einer simplen Ritterburg entstandene Handelsstadt zu sein. 1816 kam sie unter bayerische Herrschaft, und erst durch die Unabhängigkeitsbestrebungen der Pfalz um 1850 wurde die Stadt am Nordrand des Pfälzerwalds frei. Heute ist sie nicht nur einer der bedeutendsten Industriestandorte der Pfalz, sie konnte trotz zahlreicher Zerstörungen in den Kriegen auch erstaunlich viele Relikte aus der Vergangenheit in die Gegenwart retten. In Kombination mit unzähligen weiteren touristischen Höhepunkten also eine ideale Basis, um nach einem langen Tag im Mopedsattel tief einzutauchen in gänzlich andere Genüsse.

Apropos Mopedsattel: Bevor wir uns dem Motorrad-Highlight und Biosphärenreservat Pfälzerwald widmen, schlagen wir im Nordwesten von Kaiserslautern einen großen Bogen über Otterberg, Niederkirchen und Altenglan Richtung Kusel und Pfälzer Bergland. Ein Ausblick, der zweifelsohne Lust auf mehr macht – ab Tour 18 gibt es einen Nachschlag dazu, versprochen!

Zwischen Feld und Wald huschen wir auf landschaftlich schönen Strecken dahin, werfen in Ramstein-Miesenbach und Landstuhl auch einen langen Blick in deren historische Zentren. Am Westrand des Pfälzerwalds geht es sodann gen Südwesten, und über Martinshöhe, Bechhofen und Homburg erreichen wir recht zügig Zweibrücken. Irgendwann im Mittelalter führte hier eine Salzstraße über den Fluss Schwarzach und begründete die heutige Kleinstadt.

Von deren Stadtgrenze ist Pirmasens, unser heutiges Tor in den berühmten Pfälzerwald, dann nur noch ein Katzensprung entfernt. »Bärmesens«, wie die Schuhmetropole und Messestadt im Pfälzer Dialekt ausgesprochen wird, ist das wirtschaftliche Zentrum der Südpfalz. Eine Vielzahl an Museen und Galerien erzählt von der wechselvollen Stadtgeschichte im Grenzland zu unseren französischen Nachbarn. Am sehenswerten Exerzierplatz direkt vor dem Rathaus können wir unsere Motorräder für einen Rundgang durch die quirlige Fußgängerzone abstellen. Zahlreiche Cafés, Bistros und Kneipen versuchen, unseren Zeitplan zu atomisieren – ergeben wir uns doch einfach dieser Verlockung.

Der Süden des Pfälzerwalds lädt uns dann zu »Kaffee und Kuchen« in Form unzähliger Rechts-links-Kombinationen inmitten herrlich duftender Wälder. 1992 ernannte die UNESCO den Naturpark Pfälzerwald zum jüngsten deutschen Biosphärenreservat. Als Würdigung des Geschaffenen und als gleichzeitigen Auftrag für die Zukunft sollen in diesem Naturraum das harmonische Zusammenleben von Mensch und Natur erprobt und gefördert werden.

Über Eppenbrunn, Schöntal, Fischbach und Erlenbach geht es schwungvoll dahin. Erst der Blick auf Annweiler am Trifels bremst uns wieder ein. Glaubensflüchtige Hugenotten siedelten sich im Mittelalter als Gerber entlang des für ihre Zunft wichtigen Bachlaufs an und verhalfen Annweiler sogar zu ein wenig Wohlstand. Doch Dreißigjähriger Krieg und die Nachwehen der Französischen Revolution vertrieben die Gerber – 1903 endete ihre 300-jährige Tradition, derer man sich heutzutage wieder gern erinnert.

TOUR-TIPP

Deutsches Schuhmuseum

»Pirmasenser Schlappen« – einfache, aus billiger Wolle genähte Hausschuhe – legten 1791 den Grundstein für die rasante Entwicklung der Schuhindustrie im Pfälzerwald. Fast 100 Jahre später rappelte sich auch das bitterarme Waldbauerndorf Hauenstein auf, und 1885 gründeten die Brüder Seibel in einem Viehstall die erste Schuhfabrik und produzierten auf gebrauchten Sohlenstanzen einfachste Hausschuhe. Immerhin 300 000 Paar verließen noch 1960 jeden Monat die Fabriken des Ortes, und man lebte gut vom und für den Schuh. 1968 hob die EU sämtliche Schutzzölle auf Schuhe auf, und vor allem Italien verdrängte dann deutsche Schuhmarken von Markt. Die spannende Geschichte der deutschen Schuhindustrie wird heute noch in Deutschlands einzigartigem Schuhmuseum erzählt. Historische Momentaufnahmen, ein originales Ladengeschäft und ein vorsichtshalber stillgelegter, weil horrend strahlender Fuß-Röntgenapparat sind ebenso zu bestaunen wie das größte Paar Schuhe der Welt in Größe 247 – nie getragen.

Für ein Foto durften wir auf dem Pirmasenser Exerxierplatz stoppen, dann musste die Affentwin auf einen regulären Parkplatz.

Perfekte Kombi aus drei Welten: das Biosphärenhaus in Fischbach, eine legendäre Africa Twin und ein urzeitlicher Saurier

Auf kleinen Nebenstraßen geht es anschließend wieder in den Pfälzerwald. Gleich vor den Stadttoren überragen die Burgen Anebos, Scharfenberg und Trifels das alte Reichsstädtchen. Trifels war zu ihrer Blütezeit die Lieblingsburg Kaiser Barbarossas. In 494 Metern Höhe steht sie auf dem namensgebenden dreifach gespaltenen Fels. Die Staufer bauten die zugigen Gemäuer zur staatlichen Reichsburg mit prall gefüllter Schatzkammer aus. Und mussten sie zeitlebens wahrlich gut bewachen, war Trifels doch der Aufbewahrungsort der Reichskleinodien Kaiserkrone, Kreuz und Schwert, der wichtigsten Symbole des Heiligen Römischen Reiches Deutscher Nation. Und Trifels war auch Staatsgefängnis, das spätestens 1193 nach der spektakulären Inhaftierung des englischen Königs Richard Löwenherz große Bekanntheit erlangte.

Derart spektakulär verlief die Geschichte des Weilers Hauenstein im Herz des Pfälzerwalds zwar nicht, dennoch empfehlen wir einen Boxenstopp am markanten Bau des Deutschen Schuhmuseums (s. Tipp).

Der letzte Teil unserer heutigen Tour durch den südlichen Pfälzerwald führ uns dann natürlich auch zum berühmtesten Bikertreff der gesamten Region: dem legendären Johanniskreuz. Beinahe schon be-

Vorführung im Deutschen Schuhmuseum in Hauenstein

TOUR-CHECK

Region: Pfalz und Weinstraße

Empfohlener Tourenstandort: Kaiserslautern

Hotelempfehlung: Altstadthotel, Steinstr. 51 in Kaiserslautern, www.neu.altstadthotel.com

Länge in km: 310

Fahrzeit insgesamt: 6 Std.

Einkehrtipp am Mittag: Restaurant Gleis 3, Poststr. 33 in Zweibrücken

Kombinationsmöglichkeit: Mit Touren 15, 17, 18, 19, 21, 22

Beliebte Motorradtreffs: Route 66 in der Gewerbestraße in Zweibrücken; beim legendären Johanniskreuz bei Trippstadt

rüchtigt sind die Weihnachtsfeiern am Mittag des 24.12. hier oben, wenn sich die Beinharten, die Unverfrorenen, die Kaltduscher und die mit der heimlich beheizbaren Biker-Unterwäsche treffen. Doch auch von Frühling bis weit in den Herbst hinein ist der Bikertreff am Johanniskreuz ein unbedingtes Muss für jeden Motorradausflug. Bis zu 1000 Zweiradler kommen hier an schönen Tagen zu Benzingesprächen, Erfahrungstausch und gemeinsamen Ausfahrten zusammen. Klappen Sie also unbedingt den Seitenständer aus, und tauchen Sie tief in die Szene ein. Rasch ist der Erstkontakt hergestellt, auf die Frage nach dem Woher und Wohin folgen unzählige Tipps und »Unbedingt dorthin«-Ratschläge, die gar nicht so schnell notiert werden können, wie sie auf uns einprasseln. Ein grandioses Erlebnis, bei dem die Zeit wie im Flug vergeht.

Doch das mag uns nicht weiter kümmern, denn der Heimweg über Trippstadt und das Finsterbrunnertal ist kurz. Fehlt an dieser Stelle noch etwas? Ach ja, unser Einkehrtipp für Kaiserslautern: Der heißt »Brauhaus am Markt« und liegt am Stiftsplatz 2 im Herz der Stadt.

Man wusste immer schon zu residieren: das berühmte Hambacher Schloss hoch über den besten Weinlagen der Pfalz

EINE SÜCHTIG MACHENDE KOMBI

Hier wurde deutsche Geschichte geschrieben, gut 40 Jahre vor der Erfindung des Motorrads.

Den nördlichen Pfälzerwald mit der Wiege unserer Demokratie und einer Portion Weinstraße zu kombinieren – das klingt nicht nur lehr-, sondern auch in hohem Maße abwechslungsreich. Wir machen uns früh am Morgen auf den Weg. Über das Stiftswalder Forsthaus und vorbei an Burg Frankenstein geht es zunächst nach Lambrecht, der Tuchmacherstadt im Pfälzerwald. Durch das Tal des Speyerbachs erreichen wir das Ruinen-Doppel Burg Erfenstein und Burg Spangenberg, das der Sage nach einstmals durch eine lederne Brücke miteinander verbunden war. Bereits in Edenkoben sind wir mitten im Reich der Winzer und Weine, wie an den Höfen des hübschen Orts unschwer zu erkennen ist.

Dann folgt die kostenlose Geschichtsstunde dieses Tages: der Besuch auf dem berühmten Hambacher Schloss. Infiziert durch den von der Pariser Julirevolution ausgehenden Freiheitsgedanken versammelten sich am 27. Mai 1832 nahezu 30 000 Pfälzer auf diesem Schloss, um für ihre Unabhängigkeit vom ungeliebten Bayern zu kämpfen. Und sie ebneten mit des Volkes Macht den mühsamen, aber erfolgreichen Weg der deutschen Demokratie; ihre Farben Schwarz-Rot-Gold wurden später sogar unsere Nationalfarben. Das alljährliche Hambacher Fest erinnert an die Geburtsstunde der Demokratie in Deutschland.

Reich an historischen Gemäuern ist auch Neustadt an der Weinstraße, unser nächstes Etappenziel. Ebenso wie das berühmte Bad Dürkheim, die Stadt der Salinen. Die berühmteste, das sogenannte Gradierwerk, soll immerhin die längste Saline Deutschlands sein; es dient von Mai bis September als kostenloses Freiluft-Inhalatorium. Die ununterbrochen über Reisigwände rieselnde Sole sorgt für eine herrlich frische Meeresbrise fernab jeden Ozeans – vor allem an einem heißen Tag ein Genuss für Körper und Geist.

Typisch Pfälzerwald: Geschichtsträchtige Gemäuer finden sich zu Hauf entlang unseres Weges.

Wiege der Demokratie: das Hambacher Schloss

TOUR-CHECK

Region: Pfälzerwald und Weinstraße

Empfohlener Tourenstandort: Kaiserslautern

Hotelempfehlung: Hotel Barth, Mühlstr. 31–33 in Kaiserslautern, www.hotelbarth.de

Länge in km: 300

Fahrzeit insgesamt: 6 Std.

Einkehrtipp am Mittag: Restaurant L'Osteria, Hospitalstr. 26 in Alzey

Kombinationsmöglichkeit: Mit Touren 15, 16, 19, 20, 21, 22

Beliebte Motorradtreffs: Vor allem an den Wochenenden am Parkplatz in Bad Dürkheim an der Saline (Gradierwerk)

Die weitere Reise über Grünstadt, Eisenberg und Kirchheim-Bolanden nach Alzey ist allerdings nicht weniger erfrischend. Und nicht weniger spannend, zählt Alzey doch zu den »Nibelungenstädten«, also zu jenen Orten, die mit der berühmten Sage direkt in Verbindung gebracht werden können. Der heutige Schatz Alzeys ist seine historische Altstadt, reich an Fachwerk, Brunnen, Restaurants und Cafés, die unseren Einkehrschwung zu einem kulinarischen Erlebnis machen.

Bereits im Mittelalter waren die fruchtbaren Landschaften zwischen Rhein und Nahe beliebte Siedlungsgebiete, unzählige Burgen, Schlösser und herrschaftliche Güter zeugen davon. So auch in Bad Kreuznach, unserem nördlichsten Punkt für heute. Bekannt für seine gut erhaltenen Brückenhäuser aus dem 15. Jahrhundert sowie das älteste Radon-Solbad der Welt, lohnt sich hier ein Rundgang allemal.

Durch die Auen der Nahe wedeln wir spätnachmittags wieder zurück; die Strecke über Waldböckelheim, Ober-Moschel, Rockenhausen und Schallodenbach trägt hier das grüne Band besonderer landschaftlicher Schönheit – und das vollkommen zu Recht.

Wer behauptet, dass es an der Weinstraße nur Reben gäbe? Kurvenpisten und schattige Wälder erfreuen ebenso.

BAD-KREUZNACH
KAISERSLAUTERN
NEUSTADT a. d. Weinstr.
HASSLOCH
Alzey
Grünstadt
Bad Dürkheim
Rockenhausen
Kirchheim-Bolanden
Otterbach
Hochspeyer
Enkenbach-Alsenborn
Winnweiler
Bad Sobernheim
Bad Münster a. Stein-Ebernburg
Langenlonsheim
Guldental
Meisenheim
Lauterecken
Wolfstein
Landstuhl
Ramstein-Miesenbach
Weilerbach
Wachenheim a. d. Weinstr.
Deidesheim
Lambrecht (Pfalz)
Maikammer
Edenkoben
Wörrstadt
Saulheim
Sprendlingen
Wöllstein
Göllheim
Eisenberg (Pfalz)
Hettenleidelheim
Mehlingen
Otterberg
Elmstein
Trippstadt
Waldfischbach-Burgalben
Rheinhessische Schweiz
Nordpfälzer Bergland
Pfälzer Wald
Rheinhessisches Hügelland
Leininger Land
Diemersteiner Wald
Reichswald
Donnersberg 687
Kalmit 673
Tour
10 km

Da kommt Freude auf: mit viel Zeit auf einsamen Güterwegen unterwegs durch das Saarland

DAS GEBEN WIR NICHT HER!

Das Saarland war schon im Mittelalter heiß begehrt. In den 1950er-Jahren stimmte die Bevölkerung für die Zugehörigkeit zu Deutschland.

Pralle 2000 Jahre Geschichte hat unser nächstes »Basislager« Trier, die damit wohl älteste Stadt Deutschlands, bereits auf dem Buckel. Und obwohl beide Tagestouren mit über 300 Kilometern jeweils ein ordentliches Programm beinhalten, sollten Sie sich unbedingt einen ausgiebigen Rundgang durch die sehenswerte Altstadt rund um Korn- und Hauptmarkt gönnen – es lohnt sich.

So wie unsere erste Runde zwischen Mosel und Hunsrück geht es nun über Olewig und Hockweiler direkt in die Wälder des Hunsrücks. Bei Kell am See kreuzen wir die B 407, besser bekannt auch als Hunsrück-Höhenstraße, eine einstmals militärische Aufmarschstraße, die 1938/39 in kürzester Zeit in die Höhenzüge des Hunsrücks asphaltiert wurde. Vorbei an der Grimburg erreichen wir den Kurort Nonnweiler und wenige Kilometer weiter den beliebten Bostalsee im Naturpark Saar-Hunsrück, eines der größten Binnengewässer im Südwesten Deutschlands.

Weiter geht die Kurvenhatz – fast ausschließlich auf Pisten mit dem berühmten grünen Band pendeln wir über Freisen nach Sankt Wendel. Spätestens hier sollten Sie sich einen Boxenstopp mit Altstadtblick gönnen. Ebenso in Ottweiler, dessen historisches Zentrum jeden Besucher umgehend zurück ins Mittelalter versetzt. Ein kleiner Rundgang in Kombination mit einem zweiten Frühstück in einem der Cafés – dafür haben wir allemal Zeit.

Über Neunkirchen fahren wir anschließend nach Sankt Ingbert, einem schmucken Städtchen in den westlichen Ausläufern des Pfälzerwalds. Nicht nur für den Sankt Ingberter Stiefel, ein imposantes Naturdenkmal mit höchst kultischem Flair, ist die fünftgrößte Stadt des Saarlands berühmt – gleich nebenan erwartet uns der Teufelstisch, an dem der Sage nach der Riese Kreuzmann eingefangene Menschen genüsslich verspeist haben soll.

Keine Sorge, Kreuzmann ist hier schon lange nicht mehr gesichtet worden … Apropos speisen: Saarbrücken empfängt uns wenige Kilometer weiter genau zur Mittagszeit und bietet bei einem Rundgang durch die sehenswerte Altstadt auch zahlreiche Möglichkeiten für einen kulinarisch erinnerungswürdigen Einkehrschwung.

Zum »Nachtisch« gönnen wir uns dann erneut eine große Portion herrlich kurvenreicher Landstraßen, und so geht es über Riegelsberg und Schwalbach schwungvoll bis nach Saarlouis. 1680 vom »Sonnenkönig« Ludwig XIV. gegründet, strahlt die Stadt heute noch französisches Flair aus. Spüren Sie es auch?

Über Dillingen und Merzig huschen wir entlang von Streuobstwiesen und Lichtungen wieder zurück in die weitläufigen südlichen Ausläufer des Hunsrücks, suchen an jedem Abzweig den schönsten Ausblick und lassen uns für den Rest des Tourentags gemütlich treiben. Ganz grob Richtung Trier, so die Anweisung, und unser Tipp für die Kurvenhatz lautet: Perl – Wies – Freudenburg – Saarschleife bei Mettlach – Losheim am See – Weiskirchen – Saarburg und Konz. Auf den Download der betreffenden GPS-Datensätze für Ihr Navi dürfen wir auch an dieser Stelle nochmals hinweisen (im Vorspann und Anhang).

TOUR-CHECK

Region: Mosel und Hunsrück

Empfohlener Tourenstandort: Trier

Hotelempfehlung: ibis Styles Trier, Metzelstr. 12 in Trier, www.ibis.com/de

Länge in km: 320

Fahrzeit insgesamt: 6 Std.

Einkehrtipp am Mittag: Gasthaus Zum Stiefel, Am Stiefel 2 in Saarbrücken

Kombinationsmöglichkeit: Mit Touren 16, 19, 21

Beliebte Motorradtreffs: Gasthaus Schlupfwinkel in St. Wendel

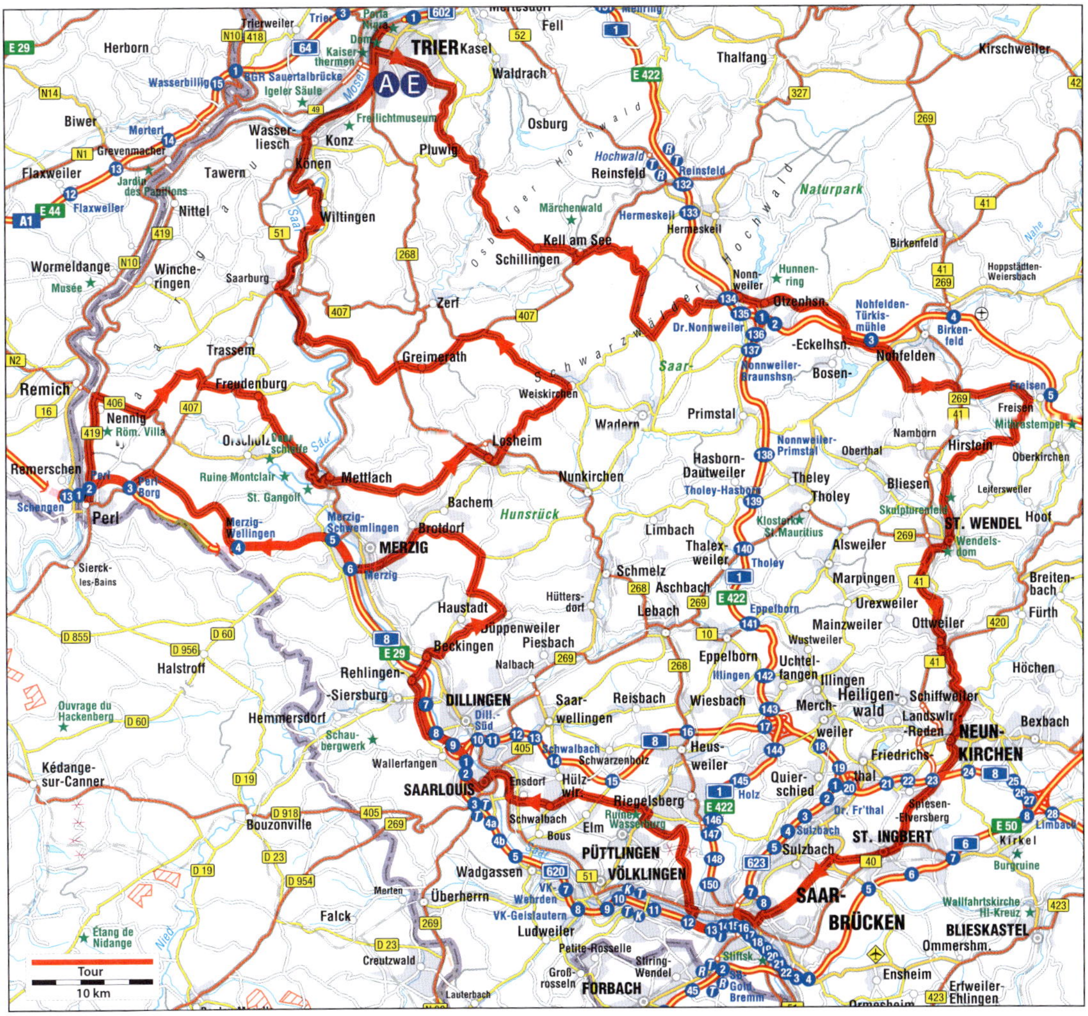

Gleich doppelter Genuss: Im Sommer schenkt der Hunsrück Schatten, im Herbst eine mehr als prächtige Laubfärbung.

HUNSRÜCK SATT

Eine pralle Geschichte, eine immergrüne Natur und zahlreiche Kurven und Kehren erwarten uns. Genießen Sie auch diesen Tag.

Auf der zweiten Tagestour ausgehend vom bildhübschen Moselstädtchen Trier widmen wir uns nicht nur den umliegenden Auen des Flusses, sondern auch dem östlich angrenzenden Hunsrück, denn der zählt zu den abwechslungsreichsten Tourengebieten im Westen unserer Republik.

Doch zunächst geht es an der Mosel entlang gen Süden zur Luxemburger Grenze bei Wasserbillig. Dort wenden wir uns nach Norden und folgen dem Flüsschen Sauer entweder auf deutscher oder auf Luxemburger Seite, ganz wie Sie mögen. Über Wintersdorf, Ralingen und Welschbillig schlagen wir auf einsamen Landstraßen einen großen Bogen um unseren Basisort und erreichen bei Quint erneut das Moselufer.

Den Fluss queren wir allerdings erst bei Mehring und folgen den Wegweisern nach Thalfang respektive Morbach mitten hinein in die südlichen Gefilde des Hunsrücks. Nahezu jede Piste vor unserem Windshield trägt auch hier das grüne Band, die Auswahl für den weiteren Verlauf unserer Tour war demzufolge nicht einfach. Über Sensweiler und die Steinbachtalsperre erreichen wir Kirschweiler mit seinen beiden Edelsteinbrunnen, die uns thematisch perfekt auf das nächste Etappenziel einstimmen: Idar-Oberstein.

Aber keine Sorge, die legendäre Edelsteinstadt können wir auch ohne Platin-Kreditkarte besichtigen – zur schmucken Freude der besten Sozia reicht auch eine EC-Karte. Der Ort ist das Zentrum der deutschen Edelstein-Industrie, und in den umliegenden Steinbrüchen sollen sogar heute noch die Kostbarkeiten gefunden werden – wenn auch sehr kleine. Der eigentliche Schatz unseres Tourentags sind aber die unzähligen

Landstraßen des südlichen Hunsrücks, die uns auf dem weiteren Weg über Herborn, Herrstein, Kirn und Becherbach erwarten. Allerorten »garniert« mit Burgen, Schlössern und Ruinen aus längst vergangenen Tagen. In Lauterecken – übrigens eine der kleinsten Städte Deutschlands – wenden wir uns Richtung Kusel im Glantal, dem wir ja auf Tour 16 schon unsere Aufwartung gemacht haben. Hinter Baumholder und Neubrücke geht es mitten hinein ins Zentrum von Nohfelden zur mittäglichen Einkehr. Denn eine Stärkung haben wir uns nun wahrlich verdient.

Der Nachmittag gehört dann erneut dem südlichen Ausläufer des Hunsrücks und seinen idyllischen Landschaften rechts und links der Hunsrück-Höhenstraße. Vom westlichen Ufer des Bostal-Stausees huschen wir nach Wadern, dessen Wurzeln immerhin bis weit ins Mittelalter zurückreichen, als der Ort Sitz eines angesehenen Hochgerichts war. Der Boxenstopp im nahen heilklimatischen Kurort Weiskirchen, der selbst ernannten »Perle des Hochwalds«, soll so gesund sein, dass wir ihn eigentlich über unsere Krankenkasse abrechnen dürften. Vor allem auch in Kombination mit dem Blick vom Schimmelkopf hinab ins Land, dem mit 695 Metern immerhin höchsten Berg des Saarlands. Der ist nämlich nur zu Fuß erreichbar, und Bewegung soll ja gesund sein.

Die letzte Kurvenhatz dieses Tages führt uns über Baldringen, Pellingen und Tarforst heimwärts nach Trier – und dort ohne Zwischenstopp weiter ins Wirtshaus »Zur Glocke« in der Glockenstraße 12.

TOUR-CHECK

Region: Hunsrück

Empfohlener Tourenstandort: Trier

Hotelempfehlung: Residenz am Zuckerberg, Frauenstr. 7 in Trier, www.residenz-trier.de

Länge in km: 320

Fahrzeit insgesamt: 6 Std.

Einkehrtipp am Mittag: Landhaus Morsdorf, Nahestr. 41 in Nohfelden

Kombinationsmöglichkeit: Mit Touren 16, 17, 18, 20, 21, 25

Beliebte Motorradtreffs: Gasthof Sonneneck in Idar-Oberstein (Chef fährt selbst); am Parkplatz direkt am Bostalsee

Und im Frühling ist er nicht minder herrlich.

Man braucht etwas Glück, die Ideallinie am Rhein entlang ganz für sich zu haben, dennoch sollten Sie es versuchen.

EINE PERFEKTE MISCHUNG

»Warum ist es am Rhein so schön?«, fragt ein alter Gassenhauer. Darum! Sie werden's sehen.

Noch zweimal wird uns der Hunsrück in diesem Tourenbuch begeistern – und damit seinem Stellenwert als echtem Motorradparadies mehr als gerecht werden. Über unser »Basislager« Bingen berichten wir im nächsten Kapitel noch ausführlich, an dieser Stelle dürfen wir Sie nun erst einmal zum Aufbruch drängen. Der Rhein und der Wein sind wichtige Bestandteile der ersten Hälfte unserer Tour. Über Laubenheim, Langenlonsheim, Gau-Algesheim und Ingelheim düsen wir in einem erlebenswerten Bogen durch beschauliche Winzerdörfer, wählen dann die Rheinfähre nach Oestrich-Winkel und erkunden das nördliche Rheinufer.

Über Kiedrich, Eltville mit seiner imposanten Kurfürstlichen Burg und Schierstein geht es mitten hinein ins Zentrum Wiesbadens. Die Landeshauptstadt Hessens besitzt nicht nur eine lange Geschichte, sondern auch ganze 15 Thermalquellen, die Wiesbaden zu einem der ältesten Kurbäder Europas machen. Goethe, Dostojewski, Wagner, Brahms und viele andere »Celebrities« haben hier schon gekurt – und in der Spielbank Wiesbaden vermutlich ihre Urlaubskassen aufgefüllt (oder geleert). Da ein Bad in den bis zu 66 °C heißen Quellen redlich müde macht, lassen Sie uns Wiesbaden eher den Rücken kehren. Widmen wir uns lieber dem nicht minder prächtigen Thema »Taunus plus Hunsrück«.

Über Schlangenbad und Bad Schwalbach am Hintertaunus geht es direkt in die »grüne Lunge« von Hessen und Rheinland-Pfalz. Und erneut sind es die vielfältigen Kombinationen aus landschaftlich schönen, sehr kurvenreichen Straßen, die wohl jeden Biker begeistern. Über Heidenrod und Nauroth, über Dickschied und Espenschied schwingen wir durch eine waldreiche Landschaft, gespickt mit Burgen und Ruinen, mit Geschichte und Geschichten. Wie die jener »Dicken Eiche« auf einem Feld bei Endlichhofen: Sie gilt als eine der schönsten Deutschlands, wird auf 450 Jahre geschätzt, hat einen Umfang von sieben Metern und ist beinahe 30 Meter hoch. Im Zweiten Weltkrieg geriet sie in Brand und ist seitdem hohl, blüht und wächst dennoch Jahr für Jahr. Okay, ein wenig auch unterstützt von Menschenhand.

Gevatter Rhein wird uns in diesem Buch, wie schon erwähnt, noch viele Male begegnen, aber selten in so einer Schönheit wie bei Sankt Goar. Wen wundert's, da sich doch einen Katzensprung entfernt jener berühmte Loreleyfelsen 132 Meter hoch in den Himmel erhebt, auf dem die berühmteste Jungfrau Deutschlands sitzend nicht nur den Schatz der Nibelungen bewachte, sondern mit ihrem Gesang auch Rheinschiffer anlockte, die dann an den Felsen der gefährlichen Flussenge zerrschellten ...

Wir folgen dem Rhein nach der Überquerung in Sankt Goar ein Stück weit flussaufwärts und gönnen uns bei Oberwesel noch einen Abstecher ins Hinterland – dazu folgen wir dem Wegweiser nach Simmern im Hunsrück mit dem legendären Schinderhannesturm, dem Wahrzeichen der Stadt. 1799 wurde hier der berüchtigte Hunsrücker Räuberhauptmann Johannes Bückler gefangen gehalten. Ihm gelang allerdings, wie so oft, die Flucht; erst 1803 wurde er in Mainz verurteilt und guillotiniert.

TOUR-CHECK

Region: Taunus und Hunsrück

Empfohlener Tourenstandort: Bingen am Rhein

Hotelempfehlung: Hotel Römerhof, Am Rupertsberg 10 in Bingen am Rhein, www.roemerhof-hotel.de

Länge in km: 240

Fahrzeit insgesamt: 4–5 Std.

Einkehrtipp am Mittag: Pizzeria Da Nunzio, Adolfstr. 120 in Bad Schwalbach

Kombinationsmöglichkeit: Mit Touren 17, 19, 21, 22, 23, 24, 25, 26, 27

Beliebte Motorradtreffs: Motorradfreunde Gensingen, Clubkeller Grabengasse 26 in Horrweiler

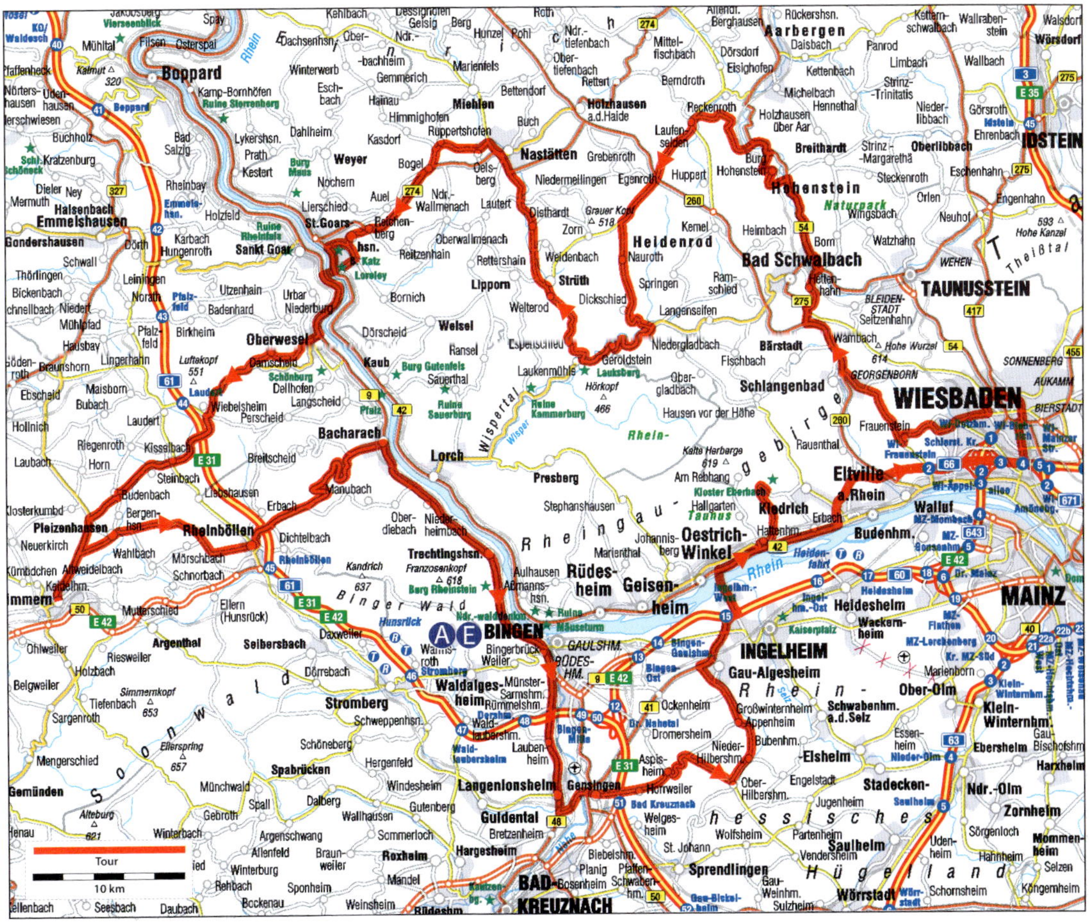

Ein Sommertag auf einsamen Landstraßen am Mosel-Hochufer – der bleibt für immer in Erinnerung. Garantiert!

EIN VERSPRECHEN!

Rhein, Mosel und Hunsrück – das garantiert eine abwechslungsreiche Tourenkombination, die uns noch lange in Erinnerung bleibt.

Richtung Süden verlassen wir am Morgen den gastlichen Ort am Rheinufer und wedeln über Bretzenheim nach Bad Kreuznach, dem wir ja bei Tour 17 schon unsere Aufwartung gemacht hatten. Auch Bad Münster am Stein kann allein schon aufgrund seiner einzigartigen Lage inmitten einer gewaltigen Schleife der Nahe begeistern. So wie der nahe Rotenfels, immerhin das steilste Felsmassiv nördlich der Alpen. Zehn Minuten Fußweg sind es bis zum Aussichtspunkt, der allerdings erst abends seine ganze Schönheit entfaltet – bei Sonnenuntergang erstrahlen die steilen Felswände in leuchtendem Rot.

Über Waldböckelheim, Staudernheim, Hottenmühle und Hundsbach folgen wir der Nahe mit weiten Schlenkern übers Land und treffen bei Kirn auf den Anschluss zur Tour 19. Immer über die Dörfer geht es anschließend in des Wortes kühnster Bedeutung weiter. Doch trotz all der herrlichen Kurvenhatz, die sich uns bietet, sollten Sie immer wieder einen

TOUR-TIPP

Spannender Hunsrück

Hauptsächlich in Rheinland-Pfalz und nur wenig im Saarland liegend, gehört der Hunsrück geologisch zu den ältesten Gebirgen Deutschlands. 100 km lang und bis zu 35 km breit trennt er Rhein und Mosel und wird wohl seit der Jungsteinzeit (gut 10 000 Jahre vor unserer Zeitrechnung) bereits vom Menschen besiedelt und urbar gemacht. Die Römer erschlossen ihn mit einem weitverzweigten Straßennetz, das die Franken ab dem 4. Jahrhundert gern in Besitz nahmen und ausbauten. Im Mittelalter war der Hunsrück immer wieder Grund heftiger Gebietsstreitigkeiten zwischen den Pfalzgrafen am Rhein, den Erzbischöfen von Trier sowie anderen Fürstentümern. Nach dem Dreißigjährigen Krieg beanspruchte Frankreich weite Teile der Region, was wiederum zu neuen Kriegen führte. Auch Napoleon wollte das Land für sich haben, im Wiener Kongress wurde es aber Preußen zugesprochen. Zwei Weltkriege später wurde das Gebiet weitgehend dem neuen Bundesland Rheinland-Pfalz zugeteilt, nur ein kleiner Abschnitt verblieb im Saarland. Touristisch gesehen liegt der Hunsrück bis heute im Dornröschenschlaf, gleichwohl es eine Vielzahl an Übernachtungsangeboten und touristischen Aktivitäten gibt, die das Land in eine neue Zukunft führen wollen.

So wie ein Herbsttag im Hunsrück, wenn die Saison dem Ende zugeht und wir alle Zeit der Welt im Tankrucksack dabeihaben.

Ein sehenswert herrschaftliches Rheinufer erwartet uns allerorten.

TOUR-TIPP

Bingen am Rhein
»Bingium«, das keltische Wort für »Loch im Fels«, war der ursprüngliche Name der Siedlung, die dem heutigen Bingen vorausging. Heute identifiziert sich die Stadt eher mit der berühmten Benediktinerin Hildegard von Bingen, die hier ihre wichtigste Wirkungsstätte hatte. Wenngleich Touristen wohl eher die Geschichte des Binger Mäuseturms lieben, in dem, so heißt es, der Mainzer Erzbischof Hatto I. von Mäusen aufgefressen wurde. Das UNESCO-Welterbe Oberes Mittelrheintal umfasst auch das von Weinbergen umschlossene Bingen und macht die Stadt mit ihren vielfältigen touristischen Angeboten zu einem idealen »Basislager« für unsere Touren.

Blick hinein in die Ortschaften entlang des Weges wagen – es lohnt sich, wie z. B. in Herrstein mit seinem Schloss, in Kirschweiler mit besagten Edelsteinbrunnen oder auch in Hundheim mit seiner Ruine Baldenau – einstmals eine der sehr wenigen echten Wasserburgen des Hunsrück –, in deren Nähe die »Karriere« des Schinderhannes ihren Anfang nahm: Hier erschlug der berühmte Räuberhauptmann den gefürchteten Frauenschänder Niklas Rauschenberger – eine Tat, die ihm allerdings niemals zweifelsfrei nachgewiesen werden konnte. Nun ja, bei mehr als 211 erwiesenen Straftaten, die schließlich zu Schinderhannes' Todesurteil führten, kam es auf diesen vielleicht sogar »gerechtfertigten« Totschlag auch nicht mehr an.

So grausam die Geschichte der Region um uns herum auch sein mag, so friedlich ist das Land in unseren Tagen. Über Morbach, Holzbach und Horath geht es nochmals tief hinein in die waldreichen Hügel, über verträumte Weiler wie Berglicht und Gielert nach Thalfang, von Beuren auch nach Bescheid – der Ort heißt tatsächlich so – und sodann allmählich hügelabwärts in das tief eingeschnittene Tal der Mosel.

Trittheim ist der erste waschechte Mosel-Winzerort, der uns mit einem sehenswerten Zentrum inmitten beeindruckender Weinberglagen begrüßt. Neumagen wenige Kilometer weiter flussabwärts ist sogar einer der ältesten Weinbauorte Deutschlands, wie archäologisch zweifelsfrei bewiesen wurde. Und das nicht nur anhand des gefundenen Neumagener Weinschiffs aus dem Jahr 200, das heute im Landesmuseum in Trier ausgestellt ist.

Das malerische Bernkastel-Kues ist einer der Touristenmagnete an der gesamten Mosel. Reich ausgestattet

Mit leichtem Gepäck am Rhein entlang – das macht Laune und nach wenigen Kilometern bereits den Kopf frei.

mit historischem Fachwerk rund um den imposanten Marktplatz, ist der Winzerort eine der bedeutendsten Stationen jeder Moselreise – zu Sommerzeiten stapeln sich hier sogar Busladungen japanischer »Europa-in-10-Tagen«-Touristen. Die Mosel selbst zeigt sich von alldem unbeeindruckt. Wenige Kilometer westlich von hier liegen übrigens die Manderscheider Burgen (auf unserem Buchtitel) – falls Sie einen Abstecher einbauen wollen.

Wir folgen der Uferstraße hautnah direkt hinein in das weithin bekannte Traben-Trarbach, wohl einen der schönsten Mosel-Weinorte inmitten atemberaubender Steillagen. 135 Hektar Weinberge umgeben die Stadt, 85 Prozent davon tragen Weißweinreben, der Rest die Grundlage für prämierte Rotweine.

In Enkirch, wenige Flusskilometer abwärts, verabschieden wir uns von der Mosel, aber nicht ohne das Versprechen, bald schon (s. Tour 25) zurückzukommen, um auch noch ihre restlichen Schätze intensiv zu erforschen. Doch heute gilt es erst einmal, noch eine ordentliche Portion Hunsrück zu erkunden. Vorbei am Flughafen Hahn – übrigens Deutschlands fünftgrößtem Frachtflughafen – düsen wir noch einmal mitten hinein in die waldreichen Hochebenen des westlichen Hunsrücks.

Bevor wir nun ein letztes Mal über Simmern und die Hügel des Hunsrücks retour nach Bingen am Rhein schwingen, gönnen wir uns noch einige fahrerische Leckerbissen abseits von Stau und Hektik. Von Büchenbeuren geht es über Rhaunen und Bundenbach zum eigentümlichen Teufelsfels, der mit immerhin 568 Metern Höhe aus dem Wald ragt. Auch hier können wir ein wenig auf den Spuren des legendären Schinderhannes' wandeln, der im Wald am Teufelsfels zeitweilig sein Hauptquartier hatte. Direkt auf dem Fels steht ein Aussichtsturm, der prächtige Rundumblicke über das Land gewährt – da stört es auch nicht, dass der ausgeschilderte Turm nur zu Fuß erreichbar ist.

Nach einem letzten Blick auf Gemünden, die »Perle des Hunsrücks«, geht es über Kirchberg und Simmern im letzten Licht des Tages zurück nach Bingen. Und dort erwarten uns auch spätabends noch weitere – kulinarische – Genüsse, die uns perfekt stärken für die kommenden Touren: z. B. im »Geschwollenen Herz« in der Vorstadt Nr. 21 (mit leckeren Schnitzel-Gerichten).

TOUR-CHECK

Region: Rhein und Hunsrück

Empfohlener Tourenstandort: Bingen am Rhein

Hotelempfehlung: Münsterer Hof Garni, Rheinstr. 35 in Münster-Sarmsheim, www.muensterer-hof.de

Länge in km: 350

Fahrzeit insgesamt: 7 Std.

Einkehrtipp am Mittag: Restaurant Graacher Tor, Graacher Str. 3 in Bernkastel-Kues

Kombinationsmöglichkeit: Mit Touren 16, 17, 18, 19, 20, 22, 23, 25

Beliebte Motorradtreffs: Motorradfreunde Gensingen (s. Tour 20); Gasthof Sonneneck in Idar-Oberstein (s. Tour 19)

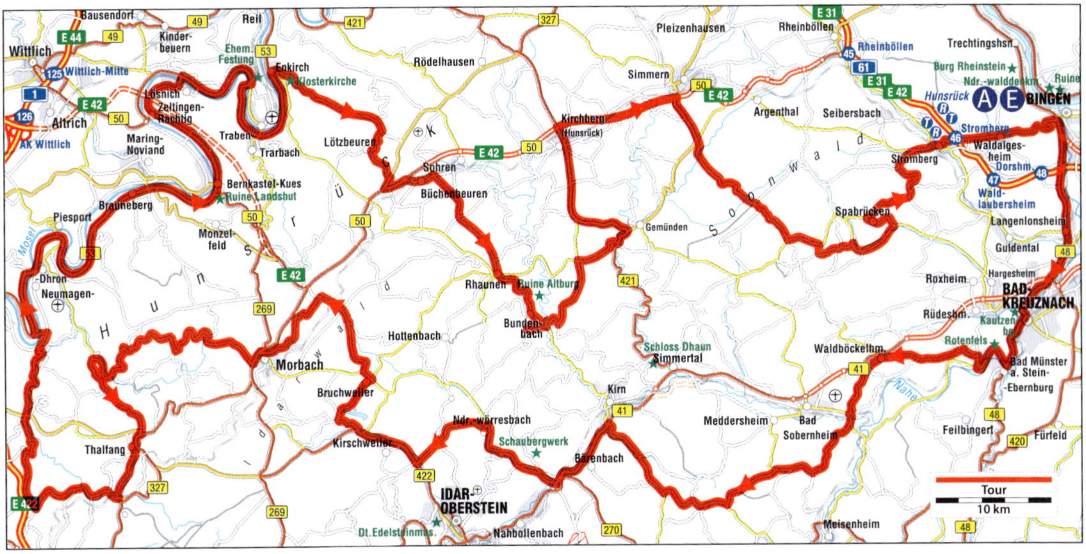

Mit dem historischen Rheinkran in Oestrich wurden einst Weinfässer, aber auch Baumstämme auf Rheinschiffe verladen.

NICHT NUR WEINFANS SCHWÄRMEN

Zwischen Bingen und Worms zeigt sich der Rhein von einer seiner vielen schönen Seiten – und das nicht nur für Weinkenner.

Dieses Mal düsen wir auf direktem Weg am Rhein entlang zur Fähre bei Ingelheim, setzen über nach Oestrich-Winkel und dort sogleich den Blinker links Richtung Geisenheim. 600 Jahre soll die mächtige Linde vor dem Rathaus der Stadt bereits auf dem Buckel haben – Respekt! Über Rüdesheim und Niederwald schwingen wir sodann schnurstracks flussabwärts und suchen uns im hübschen Lorch den Abzweig nach Ranselberg und Pfaffental.

Umgehend kommt Freude auf, denn die Straße vor dem Windshield schlängelt sich in prächtigen Rechts-links-Kombinationen dahin. Durch Bärstadt und Wambach erreichen wir schließlich den Weiler Schlangenbad, der eine ganz besondere Geschichte zu erzählen hat: die des Rheingauer Gebücks, eines lebenden Schutzwalls aus Gebückbäumen, die den Rheingau im Mittelalter auf einer Länge von gut 38 Kilometern perfekt vor Eindringlingen abschotteten. Speziell gestutzte Bäume wurden so miteinander verwoben, dass kein Durchkommen mehr war. Zumindest bis zur Erfindung mauerbrechender Waffen wie Kanonen.

Wiesbaden durchqueren wir dieses Mal auf seinen Rheinuferstraßen, bleiben auch in Mainz-Kastel rechtsrheinisch und düsen über Gustavsburg, Bauschheim und Trebur nach Groß-Gerau inmitten der Oberrheinischen Tiefebene. Hübsches Fachwerk und eine blitzsaubere Altstadt locken uns zu einem Rundgang, anschließend geht es über Büttelborn und Griesheim retour in die mächtigen Rheinauen.

Bei Gernsheim haben wir dann Gevatter Rhein wieder direkt vor dem Windshield, wechseln die Flussseite und fahren via Hamm und Rheindürkheim direkt in die erlebenswerte Altstadt von Worms. Ein legaler Parkplatz für das Motorrad sollte in den Altstadtgassen von Worms rasch zu finden sein, dann

TOUR-CHECK

Region: Mittelrhein

Empfohlener Tourenstandort: Bingen am Rhein

Hotelempfehlung: Germania Hajo's Hotel garni, Rheinstr. 10 in Rüdesheim am Rhein, www.hajos.de

Länge in km: 300

Fahrzeit insgesamt: 6 Std.

Einkehrtipp am Mittag: Restaurant Tivoli, Adenauerring 4 in Worms

Kombinationsmöglichkeit: Mit Touren 15, 16, 17, 20, 21, 23, 25

Beliebte Motorradtreffs: Gaststätte Zur Post Kleine Hexe in Ginsheim-Gustavsburg; Vereinsheim Steelers Point im Pferchweg in Griesheim

bleibt genügend Zeit, das Herz der geschichtsträchtigen Nibelungenstadt zu erkunden – z. B. auch zu einem leckeren Einkehrschwung – unser Tipp dazu steht im Infokasten. Und während Worms weiterhin mit Augsburg, Trier und Kempten um den Titel »Älteste Stadt Deutschlands« wetteifert, erinnern wir uns vielleicht noch an die spannenden Geschichten der Nibelungenkönige, die hier ihren Stammsitz hatten. In längst vergangenen Tagen.

Wohl gestärkt geht es anschließend wieder hinaus in die Weite der Rheinauen. Land- und Bundesstraßen führen uns nacheinander Richtung Flörsheim, Flomborn und Kirchheimbonlanden sowie in herrlichem Kurvengemenge nach Alzey. Hier schließt übrigens Tour 17 mit dem Pfälzerwald nahtlos an. Wir wenden uns nochmals dem Rhein zu und grüßen ihn in Oppenheim ein letztes Mal für heute, bevor wir über Nieder-olm und Wörrstadt zurück nach Bingen schwingen.

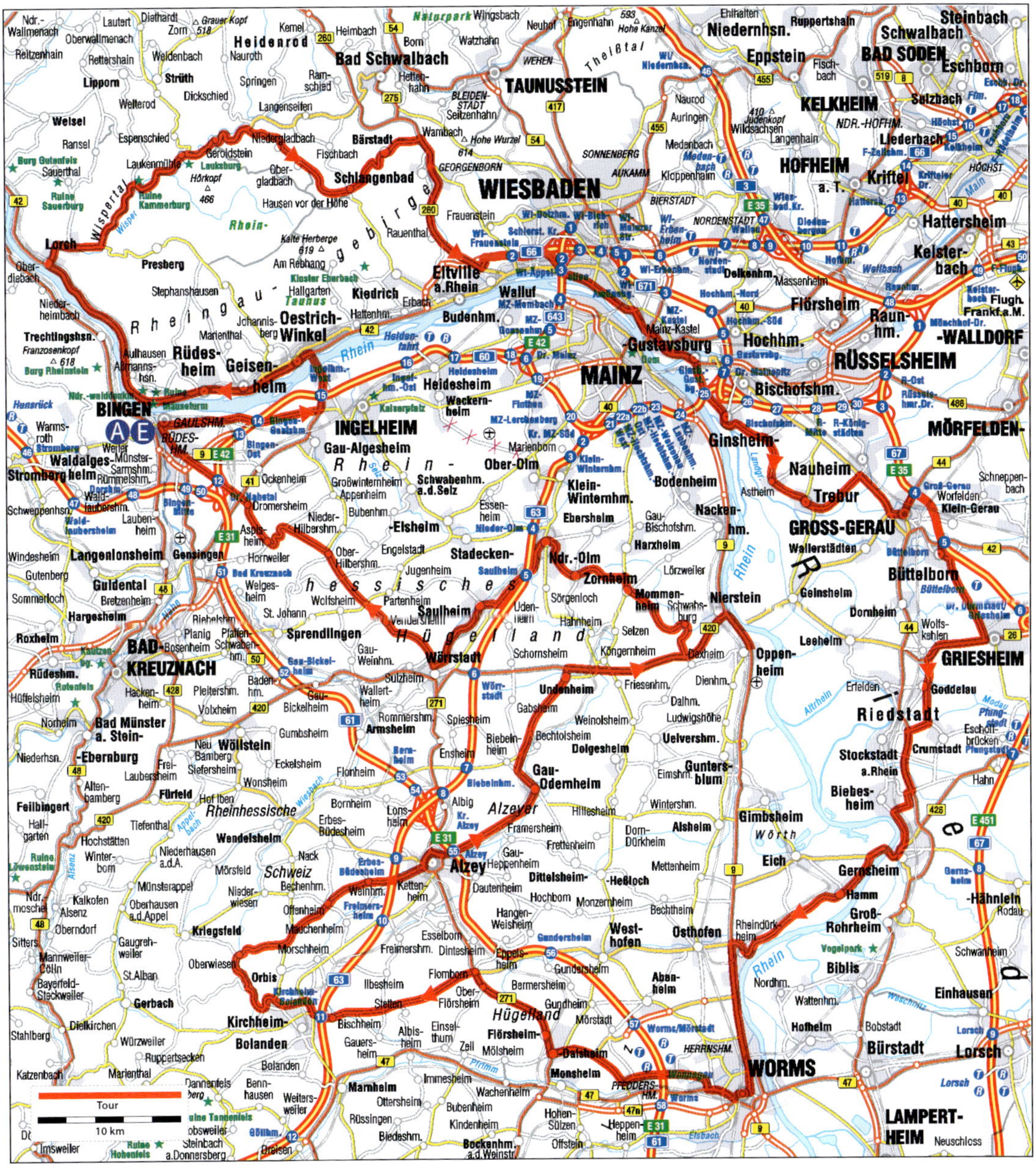

Herrliches Braunfels: Viel Arbeit, aber auch viel Freude macht der Erhalt von historischem Fachwerk.

PFLICHTTERMIN IM WALD

Der Taunus ist nicht nur die grüne Lunge Hessens, er ist auch ein prächtiges Tourenrevier. Schauen Sie mal!

In einer der eher seltenen Weiten des Lahntals liegt das quirlige Gießen, unser »Basislager« für die kommenden beiden Tage. Die junge Universitätsstadt besitzt eine erlebenswerte Kultur- und Kneipenszene, die unsere Abende abseits des Sattels bereichern kann. Und tagsüber gönnen wir uns auf der ersten Tour ausgiebiges Kurvenräubern im Taunus.

Die Lahn weist uns dazu die Richtung, über Dutenhofen huschen wir nach Wetzlar am Scheidepunkt zwischen Taunus und Westerwald. Letzteren gönnen wir uns demnächst noch intensiv, für heute aber bleiben wir tunlichst östlich der Lahn und damit bei unserem Thema. Und wieder sind es vor allem die Landstraßen mit dem berühmten grünen Band, die unsere Tour nachhaltig prägen.

Über Braunfels geht es nach Weilburg, über Edelsberg und Weinbach nach Falkenbach. Aber halt, nehmen wir uns doch etwas mehr Zeit, denn es gibt so manche Einmaligkeit zu entdecken, wie etwa den Weilburger Schifffahrtstunnel, den ältesten und längsten heute noch befahrbaren Schiffstunnel Deutschlands, der die Lahn durch den Mühlberg leitet. Oder die Kubacher Kristallhöhle, 1974 durch Zufall entdeckt und gefüllt mit glitzernden, schneeweißen Tropfsteinen samt Höhlensee – 45 Minuten dauert der Rundgang, wenn Sie mögen.

»Freie Fahrt für freie Biker« lautet das Motto der nun kommenden Stunden. Über Aumerau, Hasselbach und die Riedelbacher Heide geht es in ungezählten Kurven und Kehren nach Bad Camberg. 1281 erhielt das bekannte Kneipp-Heilbad von Kaiser Rudolf von Habsburg persönlich das Stadtrecht, und noch heute begeistert der Stadtkern mit gut erhaltenen Fachwerkhäusern und erkergeschmückten Höfen.

Wir queren die A 3 und kommen in einem weiten Bogen über Aarbergen und Hohenstein nach Bad Schwalbach, berühmt für seinen malerischen Ortskern und seine Wochenmärkte am Rathaus. Perfekt geeignet für unseren mittäglichen Boxenstopp.

TOUR-CHECK

Region: Taunus

Empfohlener Tourenstandort: Gießen

Hotelempfehlung: Sletz Parkhotel, Wolfstr. 26 in Gießen, www.parkhotel-sletz.de

Länge in km: 300

Fahrzeit insgesamt: 6 Std.

Einkehrtipp am Mittag: Bistro 33, Brunnenstr. 33 in Bad Schwalbach

Kombinationsmöglichkeit: Mit Touren 20, 22, 24, 27

Beliebte Motorradtreffs: Am Kiosk auf dem Großen Feldberg bei Schmitten

Über Taunusstein und Idstein erreichen wir dann das touristische »Dreigestirn« Königstein, Kronberg und Oberursel, drei erlebenswerte Perlen des Taunus, in denen wir uns trotz prall gefülltem Roadbook umsehen sollten. Vorbei am Großen Feldberg, der mit 880 Metern höchsten Erhebung des Taunus geht es nach Schmitten, Neu-Anspach und Wehrheim zum Freilichtmuseum Hessenpark mit originalen Ensembles an Bauernhöfen, Windmühlen und Fachwerkhäusern. Und südlich von Wehrheim erwartet uns die Saalburg, Deutschlands einziges restauriertes Römerkastell und Hessens bedeutendstes Denkmal. 1898 auf Weisung Kaiser Wilhelms II. nachgebaut, zeigt es eine 500 Mann starke römische Garnison am Limes. Sehr beeindruckend.

Um die Eschbacher Klippe huschend erreichen wir Butzbach – nicht minder »historisch wertvoll« – und können wenige Kilometer weiter in Gießen den Tourentag ausklingen lassen. Und uns genüsslich stärken für morgen. Unser Einkehrtipp für Gießen lautet: das »Gutburgerlich« in der Bahnhofstraße 22 – Burger einmal ganz anders.

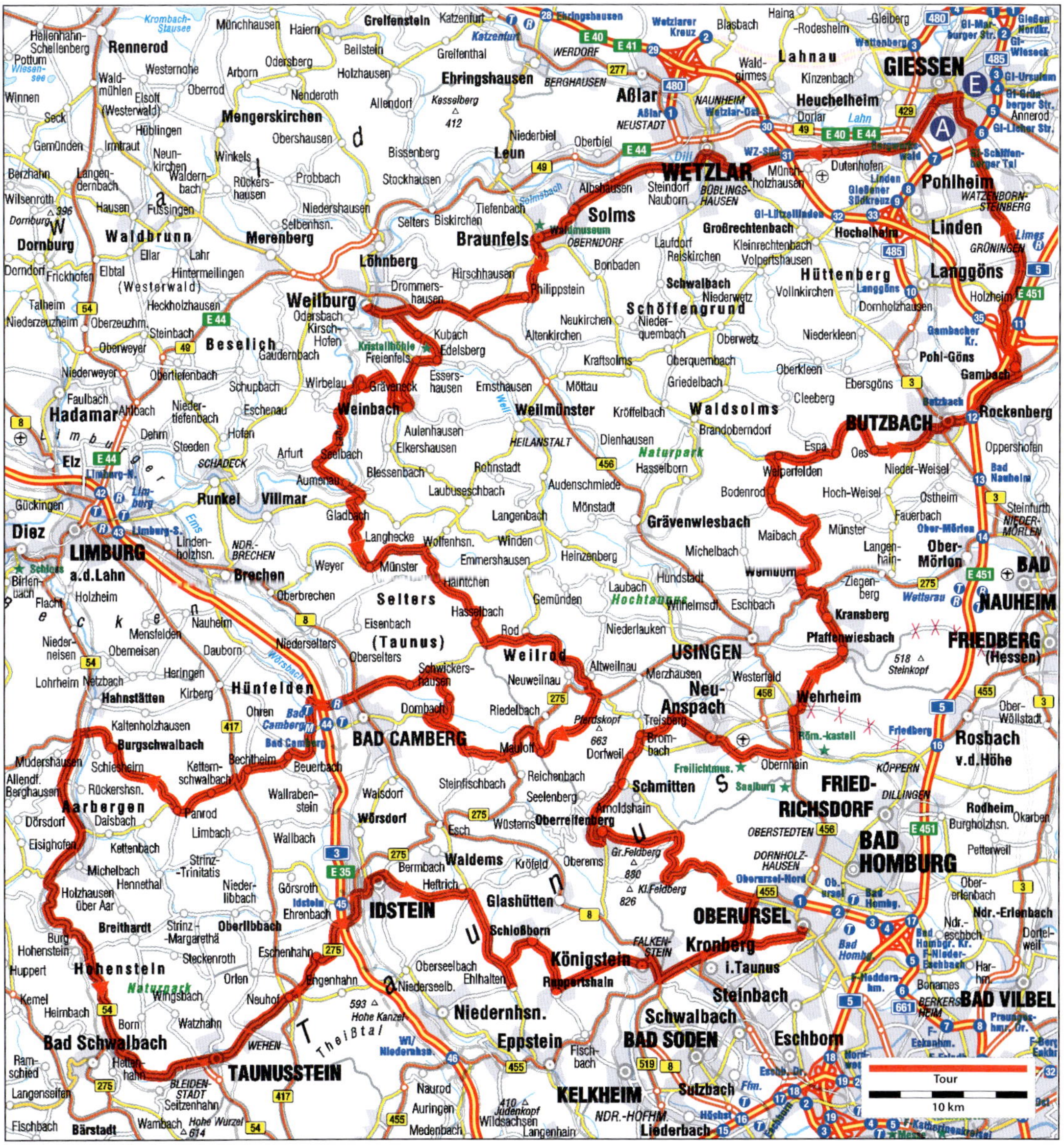

Immer an der Lahn entlang: Nehmen Sie es nicht zu wörtlich und suchen Sie ebenso schöne Abzweige.

IMMER AN DER LAHN LANG

Kombiniert man Hessens landschaftliche Perlen Taunus und Westerwald auf einer Tagestour miteinander, gibt es viel zu entdecken.

Die zweite Tour vom quirligen Städtchen Gießen aus wendet sich zunächst dem Norden der Region zu, dem Land zwischen Vogelsberg und Westerwald. Dazu folgen wir der Lahn flussaufwärts über Wettenberg und Staufenberg nach Hassenhausen und Weimar am gleichnamigen See. Achtung: Dieses Weimar hat nichts zu tun mit seinem Namensvetter in Thüringen – dort gastieren wir ab Tour 75.

Marburg, immerhin achtgrößte Stadt Hessens, begrüßt uns wenige Flusskilometer weiter und lädt mit seiner sehenswerten Fußgängerzone rund um einen fachwerkgeschmückten Marktplatz zumindest zu einem kurzen koffeinhaltigen Boxenstopp. Dominiert vom mächtigen Marburger Schloss hat die Stadt auch sonst viel Sehenswertes zu bieten, wie z. B. die Kugelgasse der Kugelherren oder eine Vielzahl an Brücken über die Lahn.

Eben jener Fluss leitet uns anschließend aus Marburg hinaus. Im Örtchen Wetter wenden wir uns gen Westen und folgen der Lahn über Lahntal, Dautphetal und Biedenkopf nach Bad Laasphe, unserem nördlichsten Punkt für heute.

Übrigens: Dem hier nordwestlich anschließenden Rothaargebirge und seinen fahrerischen Freuden widmen wir uns ab Tour 28. Für heute geht es wieder südwärts, denn dort warten noch ein paar »Taunus-Perlen« darauf, von uns entdeckt zu werden.

Über Fischelbach, Mandeln und Dietzhölztal geht es auf einsamen Pisten nach Eschenburg. Bereits die Kelten siedelten hier am Rand des Rothaargebirges, und im Ortsteil Hirzenhain gründete der Lehrer Emil Schäfer 1923 einen Segelflugverein. Zwar scheiterte er schmerzhaft mit seinen selbst gebauten Fluggeräten, doch Flugpioniere nutzten die Anlage später für eigene Tests. Und heute ist der Verein immerhin der zweitälteste der Welt. Helm ab!

Im nahen Herborn wird unser mittäglicher Einkehrschwung gewürzt mit einer wohl einmaligen historischen Altstadt, deren Baudenkmäler aus mehr als acht Jahrhunderten zu den schönsten Stadtanlagen Deutschlands gehören. Schauen Sie sich als »Nachtisch« ausgiebig um, es lohnt sich.

Zu »Kaffee und Kuchen« gönnen wir uns dann eine Portion Westerwald, sozusagen den »Appetizer« für Tour 25. Über Driedorf, Mengerskirchen und Westerburg erkunden wir den Ostrand des Westerwalds, dessen landschaftliche Vorzüge die Menschen nachweislich schon seit fast 3000 Jahren begeistern.

Und wenn wir am späten Nachmittag den Westerwald Richtung Limburg an der Lahn wieder verlassen, werden Sie sich bestimmt auf das bevorstehende Wiedersehen freuen. Doch zunächst werfen wir noch einen langen Blick hinein in die prächtige Limburger Altstadt mit Dom und reichem Fachwerk.

Dem Heimweg über Burg Runkel, übrigens eine der schönsten Ruinen Deutschlands, sowie Weilburg und Wetzlar findet unser Moped schon fast von allein – zumal wir diese Strecke auf der vorhergehenden Runde bereits in anderer Richtung erfahren hatten.

TOUR-CHECK

Region: Taunus und Westerwald

Empfohlener Tourenstandort: Gießen

Hotelempfehlung: Altes Eishaus, Wismarer Weg 45 in Gießen, www.hotel-giessen.de

Länge in km: 280

Fahrzeit insgesamt: 5–6 Std.

Einkehrtipp am Mittag: BistroRante Da Sabatino, Marktplatz 4 in Herborn

Kombinationsmöglichkeit: Mit Touren 23, 27, 28

Beliebte Motorradtreffs: Café Hardrock-Pub in Dreisbach nördlich von Westerburg

Ganz schöner Verkehr: Bernkastel-Kues direkt am Moselufer ist auch ein beliebtes Ziel unzähliger Schiffsreisen.

EINE FLUSSFAHRT MIT SCHLENKERN

Die Mosel ist einer der schönsten Flüsse Deutschlands. Ganz besonders die letzten 120 Flusskilometer haben es in sich.

Zugegeben: Unser Kartograf bekam eine leichte Krise beim Anblick des Verlaufs der heutigen tagesfüllenden Tour – lässt diese sich mit all ihren Schlenkern und Wechseln der Uferseite doch schwerlich im maximal möglichen Maßstab dieses Buchs darstellen. Nutzen Sie also bitte gern unseren GPS-Downloadservice (s. Einleitungsteil) und schaufeln Sie einfach den metergenauen Tourenverlauf auf Ihr Navigationssystem. Dann kann es auch schon losgehen!

Wir wählen zunächst das rechte Moselufer und kurven über Lay, Dieblich und Oberfell nach Alken mit Burg Thurant hoch über dem Winzerort. Kurz vor dem Verfall der 800-jährigen Gemäuer erwarb sie 1911 ein Privatmann und restaurierte sie; heutzutage kann man sie wieder besichtigen, und auch eine Ferienwohnung für bis zu sechs Biker mit garantiert einzigartiger Aussicht gibt es zu buchen.

Wir huschen zu einem Kurzbesuch an den Rhein bei Boppard und bekommen dafür nicht nur 18 waschechte Spitzkehren geschenkt – wer hätte das gedacht! –, sondern auch einen schönen Blick auf den Welterbe-Winzerort. Via Buchholz, Herschwiesen und Brodenbach surfen wir ausgiebig durch das Land zwischen den Flüssen und schwelgen in ständig wechselndem Schräglagenvergnügen.

Auch Cochem ist so ein Moselstädtchen wie aus dem Bilderbuch. Schauen Sie sich um, bevor Sie flussaufwärts zum »Dornröschen der Mosel«, dem beschaulichen Beilstein, huschen. Reich gesegnet mit prächtig restauriertem Fachwerk, lockt das Städtchen den Reisenden zu Fuß in die verwinkelten Gassen. Ein Parkplatz für das Bike ist dafür rasch gefunden. Viel Spaß!

Die weitere Navigation Richtung Traben-Trarbach orientiert sich weitgehend am Fluss. Der Doppelort an beiden Moselufern war übrigens einer der ersten Orte Deutschlands, der sich eine elektrische Straßenbeleuchtung gönnte, gebaut von der Edison-Gesellschaft (heute besser bekannt als AEG). In Bernkastel-Kues schließt nicht nur unsere Tour 21 nahtlos an, hier wechseln wir auch endgültig hinüber auf das linke Ufer. Und suchen uns immer wieder mal einen Abstecher ins Hinterland. Bei Kröv geht es dazu Richtung Bengel, vorbei an Burg Arras nach Alf, Sankt Adelgund und Bremm. Oberhalb von Bremm liegen übrigens einige

Ganz schön schmal in Traben-Trarbach! Den Schnitt und die Möblierung der Turmzimmer hätten wir uns gerne angeschaut.

Die Moselquelle bei Busang in Frankreich

TOUR-CHECK

Region: Mosel

Empfohlener Tourenstandort: Koblenz

Hotelempfehlung: Hotel Scholz, Moselweißer Str. 121 in Koblenz, www.hotelscholz.de

Länge in km: 340

Fahrzeit insgesamt: 7 Std.

Einkehrtipp am Mittag: Wirtshaus Alte Stadtmauer, Weingasse 8 in Beilstein

Kombinationsmöglichkeit: Mit Touren 19, 20, 21, 22, 26, 27

Beliebte Motorradtreffs: In Koblenz am Rheinufer-Parkplatz; an der Alten Moselbrücke in Cochem sowie an vielen Parkplätzen moselabwärts mit viel bikerfreundlicher Gastlichkeit

schöne Aussichtsplätze, von denen aus Sie herrliche Moselpanoramen fotografieren können. Müssten wir uns für den schönsten Ort an der Mosel entscheiden, käme Ediger-Eller sicherlich in die Endauswahl. 2010 war der Ort immerhin »Schönster Ort von Rheinland-Pfalz«, trotz seines merkwürdigen Namens.

Dann heißt es einmal mehr, den Blinker links zu setzen und die Höhenlagen des Moselufers zu erkunden. Über Brohl und Pillig erreichen wir Münstermaifeld und das Tal des Elzbachs mit Burg Eltz aus dem 12. Jahrhundert. Bei Kobern-Gondorf grüßen wir wieder den Fluss. Tja, und an den Stadtgrenzen von Koblenz endet dann unsere Mosel-Erfahrung. In Kombination mit den Touren 18, 19 und 21 haben wir diesen herrlichen Fluss gebührend gewürdigt. Oder zumindest den deutschen Anteil davon …

Bezauberndes Beilstein: Hier quirlt der Mosel-Tourismus beinahe 365 Tage im Jahr. Das ist okay und gehört dazu.

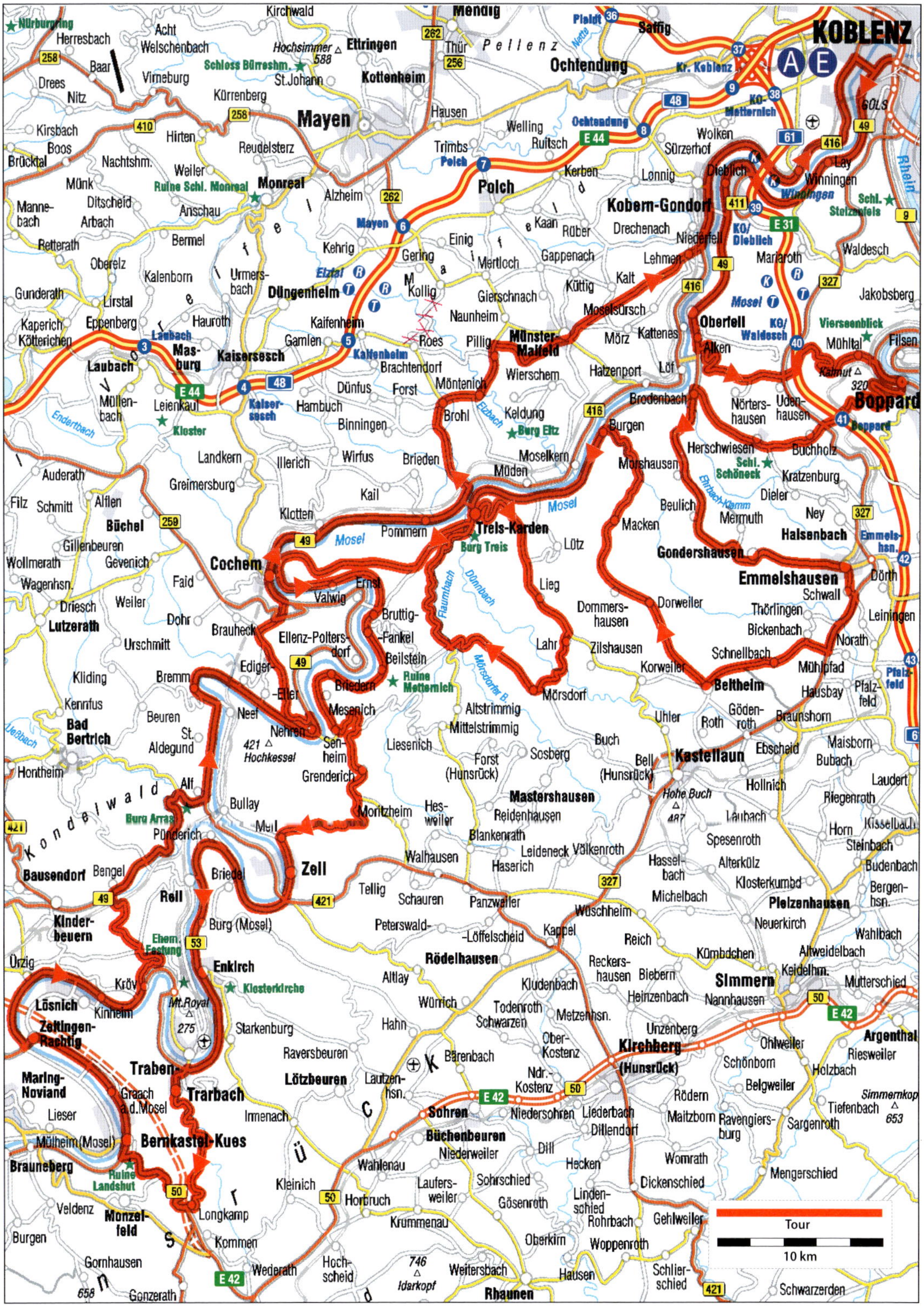
KOBLENZ
Mayen
Polch
Ochtendung
Kobern-Gondorf
Münster-Maifeld
Cochem
Treis-Karden
Zell
Boppard
Emmelshausen
Kastellaun
Simmern
Kirchberg (Hunsrück)
Traben-Trarbach
Bernkastel-Kues
Kaisersesch
Laubach
Masburg
Düngenheim
Monreal
Ulmen
Lutzerath
Bad Bertrich
Alf
Bullay
Beilstein
Ediger-Eller
Neef
Bremm
Senheim
Mesenich
Briedern
Ellenz-Poltersdorf
Bruttig-Fankel
Ernst
Valwig
Klotten
Pommern
Müden
Moselkern
Burgen
Brodenbach
Alken
Oberfell
Löf
Hatzenport
Kattenes
Dieblich
Winningen
Lay
Gondershausen
Beltheim
Mörsdorf
Lahr
Lieg
Lütz
Burg Eltz
Burg Treis
Ruine Metternich
Burg Arras
Ehem. Festung
Mt. Royal 275
Klosterkirche
Schl. Schöneck
Ruine Landshut
Enkirch
Reil
Kinderbeuern
Kröv
Lösnich
Zeltingen-Rachtig
Ürzig
Graach a.d. Mosel
Mülheim (Mosel)
Brauneberg
Monzelfeld
Sohren
Büchenbeuren
Lötzbeuren
Rhaunen
Mosel
Rhein
Pellenz
Kondelwald
Tour
10 km

Obstbaumblüte in den sonnenverwöhnten Tälern der Eifel: Schöner geht Natur fast nicht.

EIN DEUTSCHER PFLICHTTERMIN

Die Eifel ist ein Muss in diesem Tourenführer. Und spätestens heute Abend wissen auch Sie, warum.

Sträflich unvollständig wäre dieser Reiseführer ohne die Eifel, ohne jene gerade auch bei Motorradfahrern aus ganz Deutschland berühmte und beliebte Tourenregion im Westen der Republik. Die lässt sich auch von einem derart herrlichen Tourenstandort, wie Koblenz, perfekt erkunden. Und mit 370 Kilometern Länge füllt diese Runde einen ganzen Tourentag von Sonnenauf- bis -untergang. Lassen Sie uns früh in den Tag starten. Natürlich über jene Pisten der Eifel, die mit dem berühmten grünen Band versehen sind, jener Kennzeichnung für ganz besondere landschaftliche Schönheit.

Über Polch geht es nach Mayen am Südostrand der Eifel. Was lag da näher, als sich selbst den Beinamen »Tor zur Eifel« zu geben, dachten sich wohl die Stadtoberen. Gelegen an einem wichtigen römischen Handelsweg nach Trier, war Mayen schon im Mittelalter ein äußerst beliebter Siedlungsort. Wenn Sie mögen und es die Zeit erlaubt, können Sie jetzt vor der Weiterfahrt noch einen Abstecher hinauf ins Nettetal mit Schloss Bürresheim einbauen, zu einer der wenigen niemals eroberten Burgen in der Eifel.

Für uns geht es im Tal der Elz weiter nach Monreal, einem bildhübschen Fachwerkdorf unterhalb der Ruinen von Löwen- und Philippsburg. Via Bermel und Mannebach vorbei an Kelberg erreichen wir dann den Weiler Nürburg mitsamt Burg und – Sie hören es vielleicht schon am Dröhnen der Motoren – dem berühmten Nürburgring. Dessen reiche Geschichte zu erzählen, würde dem Umfang dieses Buchs komplett sprengen, das Wichtigste sei dennoch ganz kurz erwähnt: Auch nach der Insolvenz des Betreibers und dem Verkauf an einen russischen Milliardär sind private Testfahrten über die berühmte Nordschleife und Moto-GP-Strecke möglich – doch angesichts unserer weiteren Tourenplanung zumindest an diesem Tag wohl eher unpassend.

Über Adenau, dem selbst ernannten »Herz der Eifel«, geht es Richtung Westen, über grüne Pisten und den Ort Kerpen nach Hillesheim, unserem südlichsten Punkt für heute. Via Stadtkyll und Hellenthal streifen wir den Naturpark Vulkaneifel und die mächtige

Oleftalsperre, deren Pfeilerstaumauer einzigartig in Deutschland ist. So einzigartig wie wohl das Städtchen Monschau, dessen Geschichte immerhin bis ins Jahr 1198 zurückzuverfolgen ist. Das fachwerkreiche Örtchen ist ein beliebtes Etappenziel bei Eifel-Touristen und ebenso einzigartig wie der nahe Rursee, der volumenmäßig zweitgrößte Stausee Deutschlands. Die Strecken am Ufer entlang und über Rurberg und Woffelsbach schenken uns sogar einige echte Spitzkehren – genießen Sie die unbeschwerte Kurvenhatz sowie auch den anschließenden Einkehrschwung.

Herrliche Schräglagen am Rand des Naturparks Nordeifel bringen uns nachmittags dann nach Mechernich, dem nördlichen Tor zur Eifel respektive zum Nationalpark Eifel, der 2004 deklariert wurde. Heute besteht die einstige Bergbaustadt aus immerhin 44 Ortschaften; in ihrer Umgebung finden sich unzählige Relikte aus längst vergangenen Tagen, z. B. aus der Steinzeit und auch aus der Zeit der Römer.

TOUR-TIPP

Koblenz

Über 2000 Jahre hat diese wohl einzigartige Stadt bereits auf dem Buckel, doch man sieht es ihr kaum an. Vielleicht liegt das auch an der Vielzahl von Studenten, die sie bevölkern und ihr eine höchst aktive Musik- und Kneipenszene bescheren. Koblenz zählt zu den ältesten Städten Deutschlands, weite Teile der historischen Innenstadt sowie die angrenzende Kulturlandschaft Oberes Mittelrheintal stehen auf der Liste des UNESCO-Welterbes. Zu Recht, wie Sie nach einem ausgiebigen Rundgang feststellen werden. Preußische Festungsanlagen, kurfürstliche Schlösser und eine Vielzahl an Profanbauten zieren das Stadtbild, das Sie sich bequem und höchst informativ auch im Rahmen von Führungen anschauen können. Verlängern Sie doch einfach Ihren Tourenaufenthalt um ein, zwei Tage – Koblenz lohnt den »Aufwand« allemal. Unser Einkehrtipp am Abend lautet: Gasthof Altes Brauhaus in der Braugasse 4 – tolles Ambiente, leckeres Essen.

Ein Höhepunkt im malerischen Nettetal: Schloss Bürresheim ist ein historisches Highlight der Eifel.

Die Eifel zum Saisonstart im Frühling

Bad Münstereifel begrüßt uns ebenfalls mit reichhaltigen Relikten aus seiner bewegten Vergangenheit – das Fachwerk-Kleinod und Kneipp-Heilbad rühmt sich vor allem auch seiner nahezu vollständig erhaltenen (heute restaurierten) Stadtmauer aus dunklen Mittelaltertagen.

Das liebliche Ahrtal erwartet uns dann im Hier und Heute, und der von keiner Menschenhand jemals in ein Korsett betonierte Fluss mäandriert in ausgedehnten Schleifen durch eine Landschaft, in der das Leben wohl noch niemals überlaut brummte. Doch das Beste: Unsere Straße vor dem Windshield folgt der Ahr nahezu auf Tuchfühlung und schenkt uns damit eine prächtige Kurvenhatz. Und das, obwohl die Piste streckenweise als Bundesstraße ausgeschildert ist. Doch auch deutsche Straßenbauer scheinen ein Herz für Biker zu haben – Dankeschön!

Über Hönningen und Altenahr und über den sehenswert tief in die Weinberge eingebetteten Winzerort Mayschoß erreichen wir dann Bad Neuenahr-Ahrweiler inmitten einer Landschaft, in der schon die Kelten vor 3000 Jahren Ackerbau und Viehzucht betrieben haben, wie zahlreiche Relikte aus jenen gefährlichen Tagen beweisen. Der rote Rebensaft sowie kohlensäurehaltige Natronthermen sorgen heute neben dem Tourismus für ein gutes Auskommen der Bevölkerung – es lässt sich wahrlich gut leben hier, wie wir bei einem kleinen Rundgang feststellen.

Unzählige Rechts-links-Kombinationen bringen uns dann wieder Richtung Süden und leiten uns durch den Ostrand der Eifel, vorbei an beschaulichen Weilern und einsamen Gehöften, durch lichte Wälder und über weite Felder. Bis auch Sie vermutlich vor dem Ortsschild von Spessart im Tal des Flusses Brohl kurz stutzig werden. Nein, wir dürfen Sie beruhigen: Sie haben sich nicht verfahren, unser GPS-Download hat Sie nicht in die gut 220 Kilometer östlich liegende, ebenso erlebenswerte Motorradregion geleitet. Die werden wir uns ab Tour 84 näher anschauen – haben Sie bitte

Ein weithin bekanntes Motorradparadies: Die Eifel gehört in das Lebens-Roadbook jedes deutschen Bikers.

Ein Versprechen! Kurvenschild im Süden der Eifel

TOUR-CHECK

Region: Eifel

Empfohlener Tourenstandort: Koblenz

Hotelempfehlung: Hotel Hamm, St.-Josef-Str. 32 in Koblenz, www.cityhotel-hamm.de

Länge in km: 370

Fahrzeit insgesamt: 7 Std.

Einkehrtipp am Mittag: Restaurant Eifeler Hof, Hengebachstr. 43 in Heimbach

Kombinationsmöglichkeit: Mit Touren 20, 25, 27

Beliebte Motorradtreffs: Parkplätze und Eingang am Nürburgring; Imbiss Beim Hannes, Trierer Straße in Adenau; Raststation Waldhaustreff, Trierscheider Str. 2 in Dankerath; Imbiss am Damm in Rurberg; Café Fahrtwind, In den Weidenhecken 34 in Hönningen

noch etwas Geduld. Woher der Name der Ortschaft Spessart in der Osteifel stammt und ob er vielleicht mit der Region Spessart in Zusammenhang steht, lässt sich wohl nicht mehr erkunden. Macht aber auch nichts, genießen Sie den Kurvenschwung entlang des Brohltals und weiter über Kempenich zum idyllischen Laacher See im Herz der Vulkaneifel. Keine Sorge, der letzte Ausbruch des Laacher Vulkans, der den größten See in Rheinland-Pfalz schuf, liegt gute 13 000 Jahre zurück; vulkanische Aktivitäten sind heutzutage nicht mehr feststellbar. Ob sie allerdings auch sorgfältig überwacht werden, sei einmal dahingestellt.

Schauen Sie sich ausgiebig um – vielleicht auch in der hochmittelalterlichen Klosteranlage von Maria Laach, zu deren Besitzung dieser Vulkansee gehört, und suchen Sie anschließend den weiteren Weg hinab zum mächtigen Rhein. Denn dort erwartet uns noch einmal unser »Basislager« Koblenz, dem wir an dieser Stelle auch einen ausführlichen Tour-Tipp gönnen wollen. Und auch dieser herrliche Tourentag endet natürlich mit einer zünftigen Einkehr (s. Tipp).

Geheimnisvolles Siegerland: Wenn das Navi »Bitte wenden« signalisiert, dann wird's erst richtig interessant.

VIEL MEHR ALS NUR BÄUME

Tiefe Wälder, weite Felder und panoramareiche Höhenzüge – auch diese Tour kann süchtig machen.

Über den Westerwald haben wir ja in diesem Buch schon berichtet. Verlassen wir ihn Richtung Norden, stoßen wir automatisch auf das Siegerland, eine eher unbekannte Tourenregion, die wahrhaft lohnt, erfahren zu werden. Natürlich von ihrem Zentrum Siegen aus und ebenso natürlich in zwei tagesfüllenden Touren.

Die erste führt uns zunächst einmal noch ein Stück zurück; via Eisern und Neunkirchen queren wir – vermutlich ohne es zu merken – die Grenze zu Rheinland-Pfalz und finden uns in den herrlich grünen Nordausläufern des Westerwalds wieder. Blumenfeste, Bauernmärkte, Schützenfeste, aber auch international besetzte Radrennen lassen im nahen Betzdorf wohl selten im Jahr Langeweile aufkommen. Und Motorradfahrer finden in den umliegenden Landschaften ein derart dichtes Netz an grünen Pisten, dass die Auswahl wirklich schwerfällt.

Über Eisern und Neunkirchen geht es nach Betzdorf, und über Elben und Steinebach huschen wir ins Tal der Nister, in dem porentiefe Beschaulichkeit allerorten greifbar ist. Was aber kein Nachteil sein muss, wie wir alle wissen. Vorbei an kaum jemals horizontfüllenden Weihern und Fischteichen schwingen wir gen Süden, wählen an jedem Abzweig den schönsten Ausblick und erfreuen uns an Westerwälder Idylle. Ausgedehnte Mischwälder nehmen uns auf, was vor allem an heißen Sommertagen sehr angenehm ist und diesen Westerwald zu einem prächtigen Tourenrevier macht.

Wir queren die A 3 und fahren direkt ins Zentrum von Montabaur, unserer südlichsten Stadt für heute. Deren Besonderheit sind vor allem die eigenwillig schieferverkleideten Fachwerkhäuser aus dem 16. und 17. Jahrhundert, die wohl kleine »Unikate« sind. Westlich der Stadt liegt mit dem Köppel übrigens eine der höchsten Erhebungen des Westerwalds, mitsamt Aussichtsturm immerhin knapp 580 Meter hoch. Von eben dieser Aussichtsplattform hat man einen schönen Rundumblick, an klaren Tagen sogar bis zu Eifel, Taunus und Hunsrück.

Höhr-Grenzhausen empfängt uns wenig später im Herz des sogenannten »Kannenböckerlands«, der Region des Westerwalds, in der die größten Tonvorkom-

Mit so einem erfreulich wendigen Motorrad – einer Triumph Tiger Explorer kann man auf unbekannten Pisten herrlich räubern.

Der Herbst als Thema: Zierkürbisse am Wegesrand

TOUR-CHECK

Region: Westerwald und Siegerland

Empfohlener Tourenstandort: Siegen

Hotelempfehlung: Siegboot Stadt-gut-Hotel, Eiserfelder Str. 230–232 in Siegen, www.hotel-siegboot.de

Länge in km: 290

Fahrzeit insgesamt: 6 Std.

Einkehrtipp am Mittag: Schützenhof Bei Pino, Rheinstr. 1 in Höhr-Grenzhausen

Kombinationsmöglichkeit: Mit Touren 24, 25, 26, 28, 29, 30

Beliebte Motorradtreffs: Gasthaus Wirzenborner Liss in der Kapellenstr. 8 in Montabaur-Wirzenborn; am Parkplatz am Köppel nahe Montabaur

men Europas gefunden wurden, die die Wirtschaft in Form des »Kannenbackens« (Steingut) nachhaltig prägten.

Forst- und Landwirtschaft kennzeichnen heute die weiten Ebenen vor unserem Windshield, wenn wir über meist einsame Landstraßen Richtung Norden huschen. Via Puderbach und Altenkirchen geht es ins Tal der Sieg, bei Rosbach verlassen wir den Fluss aber bereits wieder und fahren weiter gen Norden. Über Birken-Honigsessen – ja, der Ort heißt tatsächlich so – geht es direkt zur Südgrenze des Siegerlands und nach Freudenberg. Die Stadt liegt übrigens an der »Oranier-Route«, einer bei Holländern beliebten Ferienstraße, die, von Amsterdam ausgehend, über insgesamt 2400 Kilometer durch die west- und norddeutschen Bundesländer führt, die dem Hause Oranien verbunden sind. Aber das ist dann doch wieder ein ganz anderes Thema. Wir wenden uns heimwärts gen Siegen.

Überraschung: Auch der Westerwald besitzt panoramareiche Höhenstraßen mit viel Ausblick.

Hilchenbach
KREUZTAL
NETPHEN
SIEGEN
WILNSDORF
Wenden
WIEHL
Reichshof
Nümbrecht
Waldbröl
Morsbach
Freudenberg
Ruppichteroth
Windeck
Eitorf
Hamm
Wissen
Betzdorf
Kirchen (Sieg)
Mudersbach
Niederfischbach
Neunkirchen
Herdorf
Daaden
Burbach
Altenkirchen (Westerwald)
Asbach
Hachenburg
Bad Marienberg
Neustadt (Wied)
Puderbach
Dierdorf
Selters (Westerwald)
Westerburg
Rennerod
Mengerskirchen
Waldbrunn
Driedorf
Breitscheid
Ransbach-Baumbach
Wirges
Montabaur
Höhr-Grenzhausen
Bendorf
NEUWIED
Vallendar
Hadamar
LIMBURG
Diez
Elz
Beselich
Runkel
Villmar
Merenberg
Nutscheid
Leuscheid
Westerwald
Kannenbäcker Land
Tour
10 km

Ganz legal befahrbar: Der Marktplatz von Bad Berleburg ist erlebenswert schön gestaltet.

DAS HISTORISCHE SIEGERLAND

Einsamkeit neu definiert – so könnte die folgende Tagestour durch Sieger- und Sauerland auch betitelt werden.

Das historische Siegerland, zu dem zumindest die Siegerländer auch den Westerwald gern rechnen würden – unter Protest der Westerwälder, vermute ich –, ist eine erlebenswerte Mischung aus Wäldern, Feldern und Auenlandschaften, verbunden durch ein enges Netz meist einsamer Landstraßen und Alleen.

Richtung Kreuztal verlassen wir früh am Morgen unser gastliches »Basislager« und huschen über die ersten Kurven dieses Tages nach Olpe. Und damit geografisch bereits in das hier fließend übergehende Sauerland. Die Ferienstadt »im Wald und am See« entstand irgendwann um 800 herum, erhielt 1311 die Stadtrechte und besitzt nicht nur eine reiche Geschichte, sondern auch ein ganz besonderes Kleinod direkt vor der Haustür: den riesigen Biggesee, einen gut neun Quadratkilometer großen Stausee, dessen Wasser nicht nur der Versorgung des Ruhrgebiets dient, sondern den Menschen der Region auch als überaus prächtiges Naherholungs-Refugium. Am Westufer einer der größten Talsperren Deutschlands geht es also dahin, und immer wieder überraschen uns herrliche Panoramablicke auf die gewaltigen Wassermengen, die an heißen Sommertagen auch für Biker so manche Erfrischung bereithalten.

Attendorn am Nordzipfel des Biggesees ist (nicht nur) eine der Hansestädte Deutschlands und reich geschmückt mit historischen Bauwerken. Ein gänzlich natürlicher Schatz Attendorns liegt tief unter der Erde und heißt Atta-Höhle: eine der größten und schönsten Tropfsteinhöhlen Deutschlands und neben der Pottensteiner Tropfsteinhöhle (s. Tour 82) die Schauhöhle mit den meisten Besuchern jährlich. Planen Sie für deren Besichtigung mindestens eine Stunde ein (wenngleich die begehbare Länge des Naturschauspiels deutlich geringer ist, als die Betreiber Ihnen erzählen wollen).

Über Finnentrop und Schmallenberg geht es weiter über verkehrsarme Landstraßen nach Olsberg im Hochsauerland – ideal für einen kräftigenden Einkehrschwung. Unseren Tipp dazu finden Sie im Infokasten – guten Appetit! Olsbergs Hausberg, der Langer Berg, ist übrigens mit 844 Metern der höchste Gipfel Nordrhein-Westfalens.

Mit Bad Berleburg haben wir dann nachmittags wieder das Siegerland in seinen historischen Grenzen erreicht; die sehenswerte Stadt empfiehlt sich auch perfekt für einen koffeinhaltigen Boxenstopp, wenn

Bedarf bestehen sollte. Der Nachmittag beinhaltet dann eine Mischung aus Wäldern, Wiesen, Auen und Kulturlandschaften, in die eingebettet eine Vielzahl an Dörfern auf unseren Besuch wartet. Über Wunderthausen, Hallenberg und Battenberg geht es kurvenreich dahin, mit Biedenkopf und Bad Laasphe haben wir übrigens den direkten Anschluss an Tour 24 erreicht. Bleiben Sie aber bitte »on track«, denn auf unserem Heimweg über Feudingerhütte, Walpersdorf und Deuz gibt es noch so manche Siegerländer Schönheit zu entdecken. Ganz zu schweigen vom abendlichen Einkehrschwung in unseren Tourenstandort Siegen selbst. Dazu unser Tipp: das Steakhaus »El Rancho« am Neumarkt 7 – absolut nicht geeignet für Veganer.

TOUR-CHECK

Region: Sieger- und Sauerland

Empfohlener Tourenstandort: Siegen

Hotelempfehlung: Hotel Schäfer, Rosterstr. 111 in Siegen, www.hotelschaefer.com

Länge in km: 290

Fahrzeit insgesamt: 5–6 Std.

Einkehrtipp am Mittag: Gasthof Zur Post, Markt 1 in Olsberg

Kombinationsmöglichkeit: Mit Touren 24, 27, 29, 30, 32

Beliebte Motorradtreffs: Uferparkplätze und Gastronomie am Biggesee; Herrloh's Biker-Hütte in Winterberg an der Sprungschanze

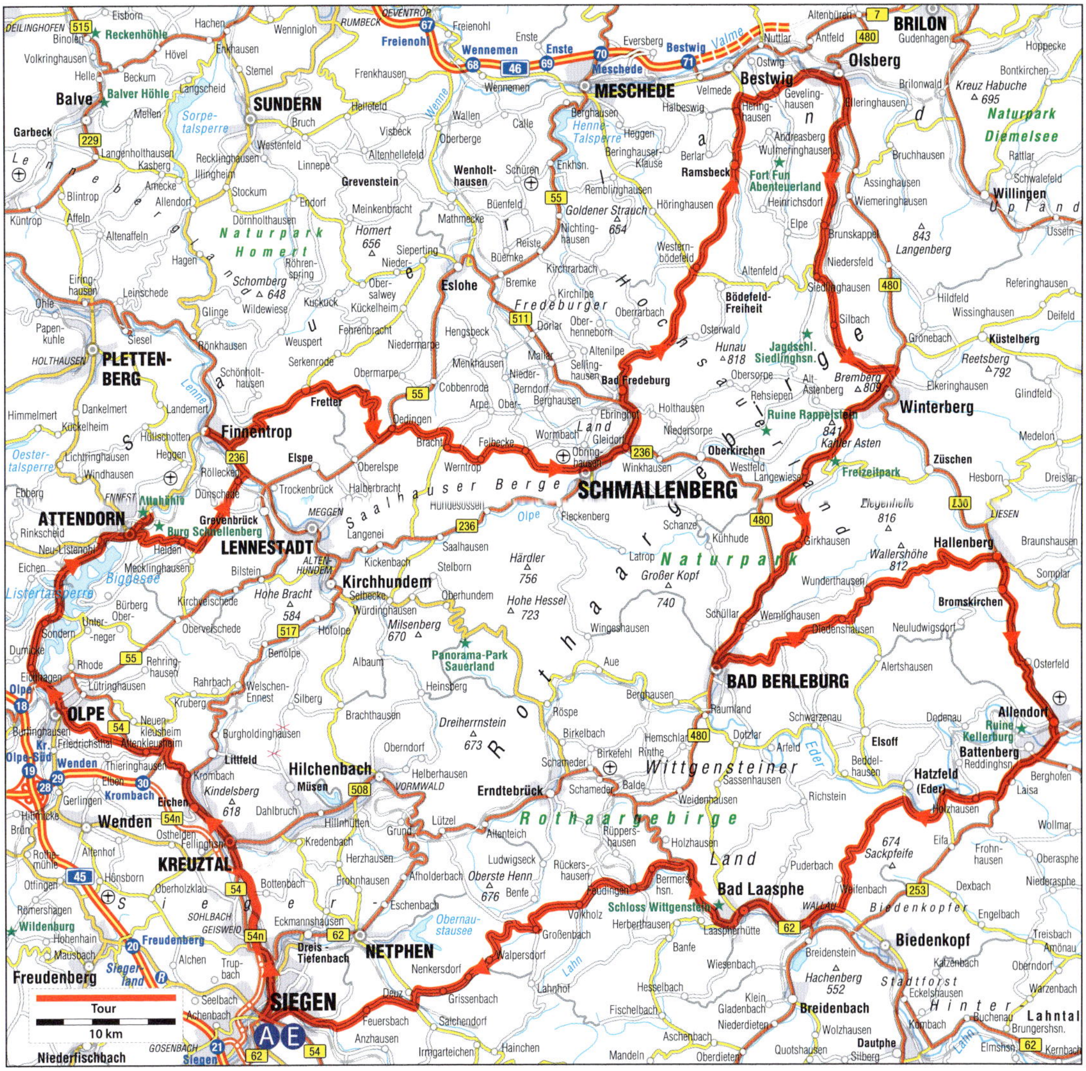

Unterwegs im Bergischen Land – und unser Blick zentriert sich bereits nach wenigen Kilometern auf »unendlich«.

AUF TUCHFÜHLUNG MIT DEM POTT

Das Bergische Land und das Ruhrgebiet sind untrennbar miteinander verbunden – nicht nur auf dieser Runde.

Zugegeben, bereits der erste Blick auf die Landkarte zeigt, dass das Bergische Land als westlicher Teil des Sauerlands – vor allem im Vergleich zu unseren bisherigen Tourengebieten – extrem besiedelt ist. Und damit auf den ersten Blick die Chancen auf herzhafte Kurvenhatz über »grünbandige« Landstraßen recht gering sind. Dennoch oder gerade deswegen lohnt es sich, dem Bergischen Land unsere Aufmerksamkeit zu widmen, denn es gibt viel Andersartiges zu entdecken.

Und sogleich überraschen uns an der südlichen Stadtgrenze Remscheids dann auch schon die ersten grünen Pisten. Über Wermelskirchen mit seiner sehr gepflegten Altstadt, prächtigem Fachwerk und einem 26 Meter hohen Mammutbaum in der Remscheider Straße geht es hinaus ins Land zur sehenswerten Wuppertalsperre, einer imposanten, 1989 in Betrieb genommenen Brauchwasser-Talsperre, in der so manche Ortschaften und Industrieanlagen versunken sind. Spannend nicht nur für Sporttaucher.

Die Altstadt von Hückeswagen zählt wohl zu den schönsten des Bergischen Lands, und das darauf folgende Wipperfürth soll sogar die älteste Stadt der Region sein, deren Wurzeln bis ins Jahr 1217 zurückreichen. Es gibt also viel zu erzählen und zu bestaunen. Nehmen Sie sich Zeit, denn für die kommenden Stunden war es das nun mit größeren Städten – der landschaftliche und fahrerische Genuss des südlichen Bergischen Lands überwiegt dann auf unserem Roadbook.

Via Dörrenbach, Lindlar und Vellingen schwingen wir über ein Netz an herrlich einsamen Landstraßen, und erst bei Kaule im Süden von Bergisch Gladbach endet der Drang gen Süden, und wir wenden uns wieder gen Norden. Auch Bergisch Gladbach hat eine lange Geschichte. »Gladebag« wurde der Ort 1271 genannt und gehörte später ebenfalls zum mittelalterlichen Herzogtum Berg, der geografischen Basis des

Wer behauptet, im Pott gäbe es keinerlei grüne Pisten, der war noch niemals entlang der Wupper unterwegs.

Frühling im Bergischen Land – ist es nicht eine Pracht für alle Sinne!?

heutigen Bergischen Lands. Heutzutage berühmt – oder sollte man sagen: »berüchtigt« – ist die Stadt durch den sogenannten Affenfelsen, das Rathaus im Stadtteil Bensberg, bei dem versucht wurde, Altes mit Neuem zu kombinieren. Nun ja, es gibt durchaus gelungenere Versuche.

Durch Dürscheid und Kürten geht es wieder hinaus in die Landschaft. Die wurde rund um die gewaltige Dhünntalsperre von Mensch und Natur prächtig modelliert. Die Sperre nimmt bei Vollstau über 80 Millionen Kubikmeter Wasser auf und ist damit das größte Trinkwasser-Reservoir Westdeutschlands. Wassersport ist nicht erlaubt, erwandern dürfen wir die Sperre aber gern.

TOUR-CHECK

Region: Bergisches Land

Empfohlener Tourenstandort: Remscheid

Hotelempfehlung: Ascot Garni, Hastener Str. 100 in Remscheid, www.ascothotel.de

Länge in km: 240

Fahrzeit insgesamt: 4–5 Std.

Einkehrtipp am Mittag: Restaurant Zum Schmuck-Kastl, Sträßchen 26 in Burscheid

Kombinationsmöglichkeit: Mit Touren 28, 30, 36

Beliebte Motorradtreffs: Am Parkplatz an der Bever-Talsperre; Musikkneipe Doc Holliday, Luisenstr. 74 in Burscheid

Über Bechen, Odenthal, Burscheid und Plattenscheid umfahren wir die Metropole Leverkusen und treffen bei Monheim das erste Mal heute auf Gevatter Rhein. Aber nur kurz, denn nach Langenfeld und Solingen wartet noch eine Runde durch den Norden des Bergischen Lands auf uns, bevor wir diesen Tag wieder im Herz von Remscheid ausklingen lassen – beispielsweise in der sehr empfehlenswerten Pizzeria »Pomodoro« in der Schwelmer Straße 43.

Das Sauerland als grüne Lunge des Westens ist auch ein abwechslungsreiches Tourenrevier.

ZWISCHEN WUPPERTAL UND OLPE

Der Ostrand des Ruhrgebiets bietet mit seiner herrlichen grünen Lunge eine erlebenswert abwechslungsreiche Mixtur.

Ein »Häppchen« Bergisches Land mit dem Süden des Sauerlands zu kombinieren, verspricht neben Sightseeing vor allem auch eine satte Portion Naturgenuss. Starten Sie also vollgetankt möglichst früh in den Tag.

Über Lennep und den Nordzipfel der Wuppertalsperre erreichen wir Radevormwald – von seinen Einwohnern übrigens nur »Rade« genannt –, eine der ältesten Städte des Bergischen Lands. Die Rodung vor dem Wald war wohl der Ursprung ihres Namens; heute begeistert die Stadt vor allem durch die unzähligen Talsperren und Stauseen in der Umgebung, die einen hohen Freizeitwert haben – wie auch für uns übrigens die Moto-Cross-Anlage bei Hahneberg.

Auf landschaftlich schöner Strecke geht es sodann nach Birkenbaum und Hückeswagen und damit fast einmal komplett um die Bever-Talsperre herum. Hückeswagen selbst wird geprägt von einer Vielzahl an prächtigen Fachwerkhäusern aus dem 16. Jahrhundert; der aus Schieferhäusern bestehende Altstadtkern zählt gar zu den schönsten im Bergischen Land.

Natur pur können wir auf den folgenden Kilometern genießen. Via Boxberg und Wipperfeld, über Jörgensmühle und Obersteinbach kommen wir nach Lindlar, und im nahen Engelskirchen möchte uns ein Wegweiser zur berühmten Aggertalhöhle schicken, eine der schönsten Schauhöhlen Westdeutschlands. Im Rahmen von Führungen ist ein Teil der Höhle begehbar.

Bei Ründeroth verlassen wir das Tal des Flusses Agger schon wieder und wedeln über Wallefeld und Berghausen nach Marienheide, einem sehenswerten Luftkurort im Quellgebiet der Wupper, in dem auch das älteste Bauernhaus des Oberbergischen Lands aus dem Jahr 1586 zu finden ist.

»Klein-Paris« nannten die Bewohner früher ihre Stadt – heute wird Gummersbach manchmal noch als »Lindenstadt« tituliert, da es erstaunlich reich an Linden ist. Das Städtchen Wiehl südlich von Gummersbach hat einen ganz anderen Genuss zu bieten: Eine typisch bergische Kaffeetafel mit Milchreis, frischen Waffeln, Korinthenstuten, Apfelkraut und natürlich

Kaffee, serviert in einem der zahlreichen Cafés im Ort. Lassen Sie es sich schmecken!

Anschließend gibt es die versprochene Portion Sauerland. Über Reichshof und Berlinghaus geht es mit einem kurzen Abstecher nach Olpe weiter nach Drolshagen. Dessen Marktplatz ist einer der schönsten in Westdeutschland und vermittelt Spannendes über die Geschichte des einstmals wichtigen Grenzpostens des Herzogtums Westfalen.

Über den gewaltigen Biggesee, der sich hier gen Osten nahtlos anschließt, und das Städtchen Attendorn haben wir ja bei Tour 28 schon berichtet. Das Ebbegebirge und sein Naturpark sind nun unser »Spielplatz« für die kommenden Kilometer. Mit Meinerzhagen und Halver umfahren wir den Großraum Lüdenscheid, können immer wieder einen Blick auf versteckt in den Wäldern liegende Trinkwassertalsperren werfen und erreichen nach einem weiten Bogen über Ennepetal und Schwelm mit seinem herrlichen Sammelsurium an Schieferhäusern wieder unser »Basislager« Remscheid.

TOUR-CHECK

Region: Bergisches Land und Sauerland

Empfohlener Tourenstandort: Remscheid

Hotelempfehlung: Abalone, Stockder Str. 31b in Remscheid, www.hotel-abalone.de

Länge in km: 290

Fahrzeit insgesamt: 5–6 Std.

Einkehrtipp am Mittag: Ristorante Galleria da Peppino, Hauptstr. 50 in Wiehl

Kombinationsmöglichkeit: Mit Touren 27, 28, 29

Beliebte Motorradtreffs: Am Parkplatz an der Bever-Talsperre; am Parkplatz und beim Imbiss am Turm auf dem Unnenberg bei Marienheide, Ortsteil-Dannenberg

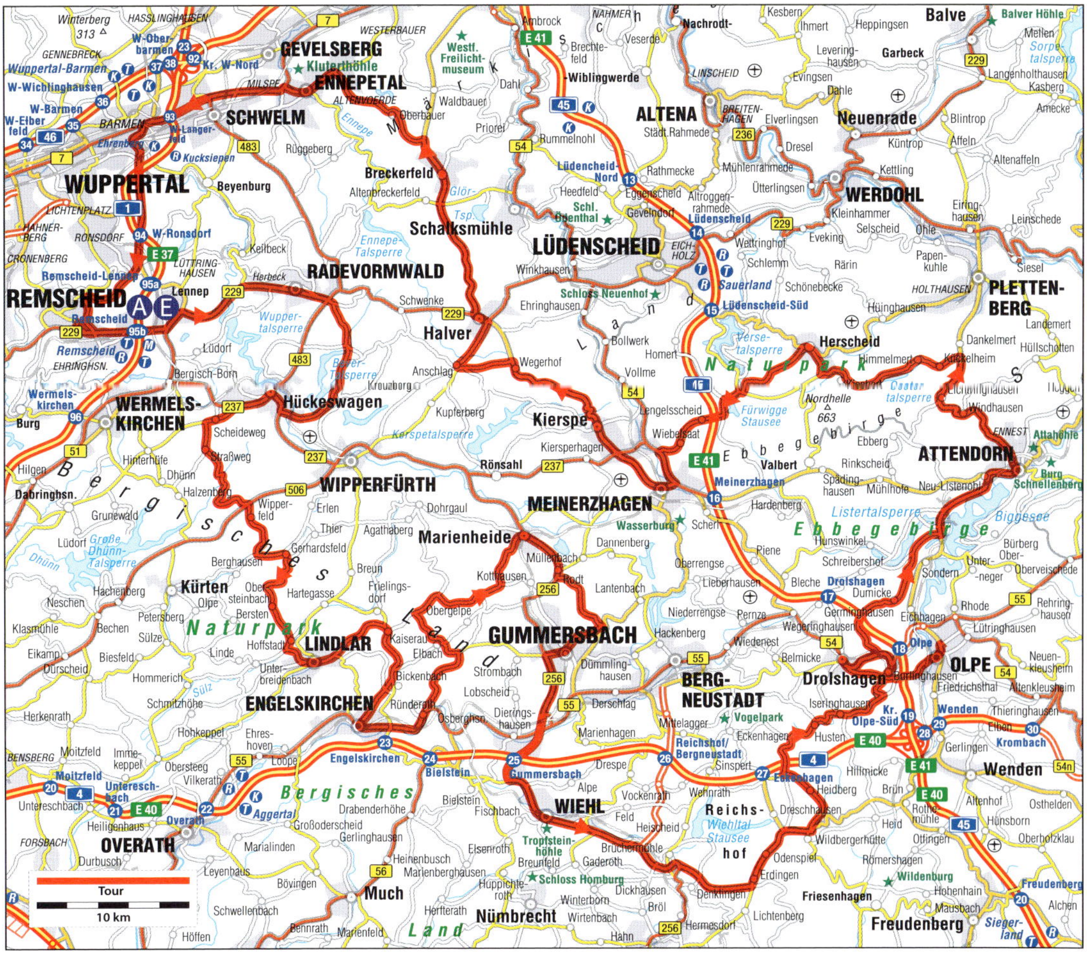

In Wirklichkeit »pfeilgerade«: Der Weitwinkel-Blick lässt den Turm von Schloss Bevern beinahe stürzen.

HEIMAT DEUTSCHER SAGEN UND MÄRCHEN

Das Weserbergland ist derart geschichtenreich, dass das schönste Hobby der Welt fast zur Nebensache wird.

Hannoversch Münden – oder Hann. Münden, wie die teiloffizielle Abkürzung lautet – gehört als Tourenstandort ohne Zweifel zu den sehenswertesten »Basislagern« dieses Buchs. Alle Details dazu im Tour-Tipp etwas später, jetzt sagen wir nur so viel: Genießen Sie es! So wie die Tagestour durchs Weserbergland, die wir für Sie geplant und vorab erfahren haben.

Richtung Reinhardshagen verlassen wir frühmorgens Hann. Münden, werfen einen raschen Blick in das mit prächtigem Fachwerk reich gesegnete Zentrum des Ortes und suchen dann den Abzweig zur Sababurg. Die wohl bekannteste Burgruine im sagenumwobenen Reinhardswald wird im Volksmund gern nach dem Gebrüder-Grimm-Märchen »Dornröschenschloss« genannt. Ihre Wurzeln gehen auf das Jahr 1334 zurück; aus der mittelalterlichen Burganlage ging ab 1490 das Jagdschloss Zapfenburg hervor. Ab 1957 wurde die Anlage restauriert, und seit 1959 beherbergt sie ein Hotel. Zusammen mit der Trendelburg und der Krukenburg gehört die heutige Ruine zu den drei bekanntesten Burgen der Reinhardswald-Region. Wie bei den Gebrüdern Grimm beschrieben, soll die Burg im Mittelalter lange Zeit von einer fünf Kilometer langen und drei Meter hohen Dornenhecke umgeben gewesen sein, die natürlich Basis unzähliger Sagen und Märchen war.

Rechts und links der sich gen Norden schlängelnden Weser drapiert sich das Weserbergland, unsere heutige Tourenregion. Sie ist nicht nur die Heimat der Weserrenaissance-Architektur, sondern auch unzähliger Märchen und Sagen. Allerorten trifft man auf die berühmten Gestalten aus unserer Kindheit, wie z. B. auf den Rattenfänger von Hameln oder auch auf den aus Bodenwerder stammenden »Lügenbaron« Karl Friedrich Hieronymus von Münchhausen. Auch viele Märchen der Gebrüder Grimm haben hier ihren Ursprung, wie »Schneewittchen«, »Rapunzel« oder eben »Dornröschen«.

Über Bad Karlshafen huschen wir weiter nach Norden und erreichen das Weserstädtchen Beverungen. Die liebenswerte Fachwerkstadt im Herz des Weserberglands hat sich einiges einfallen lassen für ihre Besucher. Wie wäre es beispielsweise mit einer Übernachtung in einem historischen Eisenbahnwaggon? Der Schlafwagen der Bundesbahn aus dem Jahr 1953 wurde zum kleinen Hotel »Wolke 7« umgebaut. Und kurz vor dem Ort überredet die »Villa Löwenherz« vielleicht auch Sie zu einem Boxenstopp – sie ist nämlich der berühmteste Bikertreff des Weserberglands!

Dann geht es ab in die Landschaft. Über Drenke, Tietelsen und Willebadessen mit Schloss und Klosteranlage erreichen wir Bad Driburg mit den Ruinen einer Fluchtburg sowie dem 80 Meter hohen Kaiser-Karl-Turm, einer herrlichen Aussichtsplattform hoch über dem Land.

Unendlich reich an Burgen, Schlössern und historischen Gemäuern ist auch unser weiterer Weg, der in einem Schlenker gen Osten über Brakel, Bredenborn und Steinheim schließlich in den Weiler Bevern führt, der mit seinem gut erhaltenen Schloss eines der bedeutendsten Denkmäler der Weserrenaissance bietet – sehenswert!

So wie auch Holzminden, seit 2003 offiziell als »Stadt der Düfte und Aromen« beworben, denn Holzminden ist Hauptsitz des größten deutschen Duft- und Geschmackstoffunternehmens Symrise. Wen wundert's, dass Holzmindens Besucher ein wohl einzigartig duftendes Leitsystem mit 15 über die Stadt verteilten

TOUR-TIPP

Hannoversch Münden

Alexander von Humboldt nannte sie »eine der sieben schönst gelegenen Städte der Welt« und konnte sich gar nicht sattsehen am Anblick Hann. Mündens direkt am Zusammenfluss von Werra und Fulda zur Weser. Und wirklich – die Stadt ist ein echtes Fachwerkjuwel. Über 700 prachtvolle Bauten der Weserrenaissance reihen sich Haustür an Haustür in den mittelalterlich anmutenden Gassen. Das Rathaus, das Welfenschloss und die alte Werrabrücke – sie wurde schon vor 1329 erbaut und ist eine der ältesten Steinbrücken Niedersachsens – sind ebenso touristische Highlights wie der berühmteste Wanderarzt der Barockzeit, Doktor Eisenbarth. Er war auch in Hann. Münden unterwegs und kurierte Augenleiden, Zahnschmerzen und Nierensteine. Ein durchaus genialer, aber auch umstrittener Operateur, der mit Hilfe von Komödianten mögliche Patienten anlockte. Doc Eisenbarth verstarb hier 1727, als er in Hann. Münden einmal mehr Station machte. Seine Spezialität war übrigens das »Star-Stechen«, bei dem der damals weit verbreitete Graue Star durch einen gezielten Nadelstich in den Augapfel »geheilt« werden sollte. Autsch!

Macht die Seele weit: Die Weser – hier bei Beverungen – strahlt Ruhe und Beschaulichkeit aus.

Duftstellen erwartet. Bekannt ist die Stadt aber auch durch das Internationale Straßentheater-Festival, bei dem die gesamte Innenstadt zu einer großen Bühne umfunktioniert wird. 2017 ist es wieder so weit.

Nur einen Katzensprung weiter lockt uns das Städtchen Höxter bereits erneut aus dem Mopedsattel. Mit absolut überzeugenden Argumenten, wie wir finden. Direkt an der Weser gelegen, im Herz des Weserberglands, ist Höxters Altstadt reich an malerischen Fachwerkfassaden im Stil der Weserrenaissance und bietet zahlreiche Straßencafés, die das Entdecken, Bummeln und Verweilen zu einem Genuss für alle Sinne machen. Und am Stadtrand erwartet uns das berühmte Kloster Corvey mit markanter Kirche, karolingischer Krypta sowie einem imposanten Baustil. Gleich neben der Kirche liegt übrigens das Grab von August Heinrich Hoffmann von Fallersleben, der u. a. das »Lied der Deutschen« textete, dessen dritte Strophe heute unsere Nationalhymne ist.

Richtung Osten verlassen wir Höxter, und durch Neuhaus und Dassel geht es dahin – einsame Landstraßen, aussichtsreiche Kuppen und weite landwirtschaftliche Flächen bestimmen das Bild vor dem Vorderreifen. Überall versteckt in Wäldern und hinter hohen Hecken dösen Burgen und Ruinen vor sich hin und erzählen dem, der sie oftmals nur zufällig entdeckt, von der bewegten Geschichte der gesamten Region rund um den Solling, einem bis zu 528 Meter hoch aufragenden Gebirgsrücken im Weserbergland.

Das weithin bekannte Einbeck, immerhin eine ehemalige Hansestadt, begeistert sowohl mit seiner Brau- als auch mit seiner Fachwerkkunst. In der malerischen Altstadt mit ihren mittelalterlichen Gassen sollen sage und schreibe bis zu 400 farbenprächtig restaurierte und reich verzierte Fachwerkbauten zu entdecken sein. Sie bilden das nahezu vollständig erhaltene Bild einer spätmittelalterlichen Stadt. Einbecks Braukunst feierte bereits vor 800 Jahren landesweite Triumphe, erfanden die Einbecker Brauer doch im 13. Jahrhundert die Methode, das süffige, aber schnell verderbliche Getränk durch Zugabe von Hopfen geschmacklich zu verfeinern und vor allem auch haltbarer zu machen. Ja, das Einbecker Bier wurde – zumindest damals – sogar bis nach Bayern exportiert, erzählt man stolz.

Da fällt uns angesichts dieser Einbecker Pracht die Entscheidung gar nicht so leicht, wo wir nun den Abend dieses Tourentags genießen werden. Entscheiden Sie bitte selbst – berücksichtigen Sie dabei aber auch die Infos des folgenden Tour-Tipps. Unser »Basislager« ist über Moringen und Hardegsen mit wenigen Schlucken aus dem Drehzahlkeller des Motorrads erreichbar.

Frei von Ampeln, Stress und Hektik: Die Abendstimmung im Weserbergland kann süchtig machen.

Herrliches Bodenwerder: Hier wird Münchhausen wieder lebendig

TOUR-CHECK

Region: Weserbergland

Empfohlener Tourenstandort: Hann. Münden

Hotelempfehlung: Schlafschön am Gasthaus Letzter Heller, Letzter Heller 5 in Hann. Münden, www.hotel-schlafschoen.de

Länge in km: 330

Fahrzeit insgesamt: 6 Std.

Einkehrtipp am Mittag: Bauernstube Schenken-Küche, Kapenberg 6 in Höxter

Kombinationsmöglichkeit: Mit Touren 32, 33, 34, 37, 73, 74

Beliebte Motorradtreffs: Gasthaus Zur Fähre, Fährstr. 30 in Hemeln bei Hann. Münden; Musikkneipe Beichtstuhl, Ostheimer Str. 30 in Brakel; Treff am Bollard an der B 241 nahe der Uslar-Schlarpe; Villa Löwenherz bei Beverungen

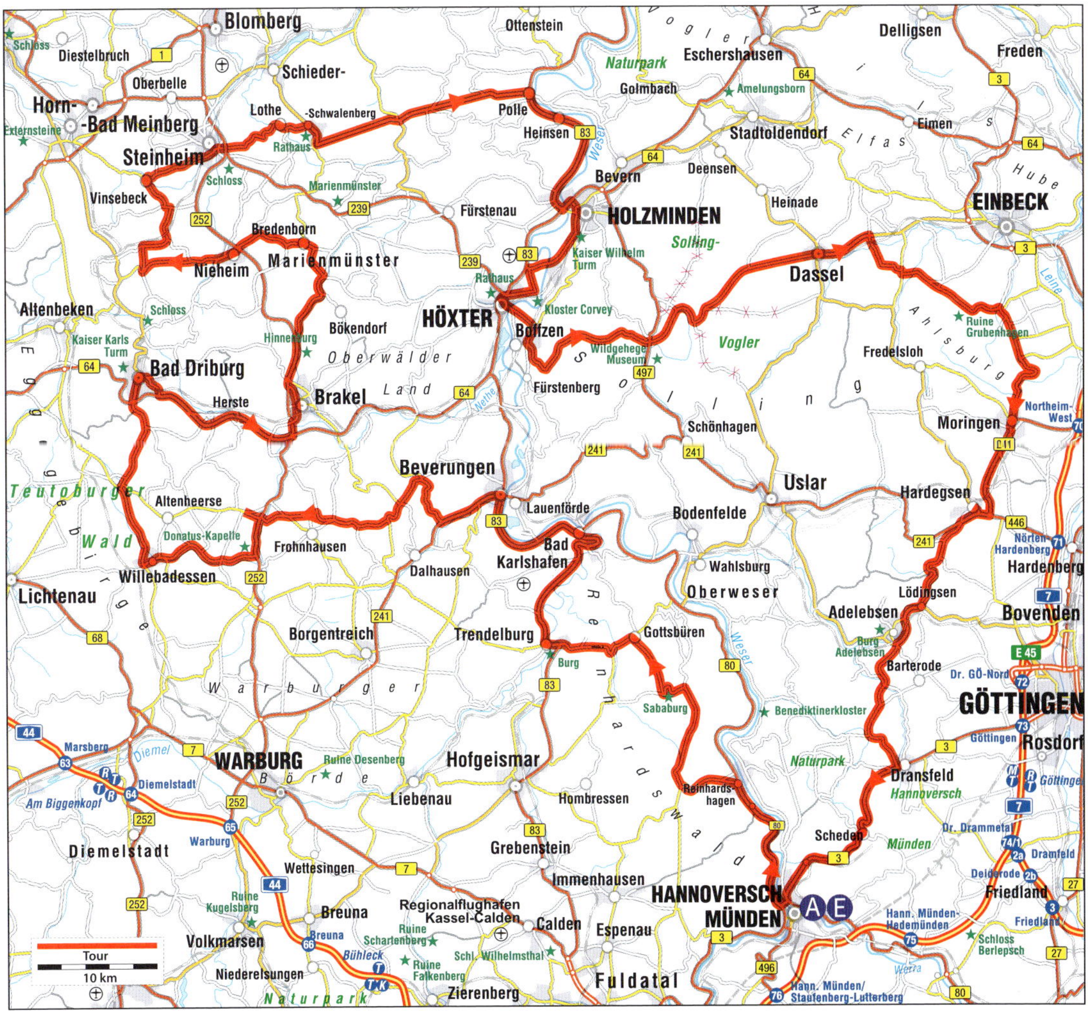

An Sommerwochenenden ein einziger Bikertreff: Auf dem Weg zum zum Edersee sind wir nicht allein.

UNTERWEGS BEI FREUNDEN

Auch die Geschichten und Eindrücke des Hessischen Berglands füllen einen Tourentag randvoll aus.

Unsere zweite Tagestour, in Hann. Münden startend, führt nach einem Besuch Kassels durch die Landschaften des Hessischen Berglands, einer waldreichen Region und ideal geeignet für ausgiebige Kurvenhatz. Doch davor gibt es noch eine echte Überraschung. Denn unser morgendlicher Weg Richtung Kassel führt über die B 496. Und die schenkt uns Richtung Lutterberg und A 7 doch glatt drei waschechte Spitzkehren. Wer hätte das gedacht?

Über Sichelnstein und Uschlag erreichen wir Kassel, die drittgrößte Stadt Hessens. Die »Hauptstadt« der Deutschen Märchenstraße ist ebenfalls weithin beliebt, weil rund ein Viertel ihrer Fläche Parkanlagen sind, wie etwa die Karls-Aue mit der Orangerie oder die Fulda-Aue mit Wassersportmöglichkeiten. Ein echtes Stück Lebensqualität sozusagen. Aufgrund der vergleichsweise geringen Länge unserer heutigen Tour haben Sie also genügend Zeit, sich ausgiebig umzuschauen und vielleicht auch ein zweites Frühstück zu genießen, beispielsweise im »Nordpol« in der Gottschalkstraße 12 mit dem wohl besten Frühstück der Stadt.

Dann geht es hinaus zu den Höhenzügen des Hessischen Berglands. Über Schauenburg, Niedenstein und Bad Emstal huschen wir über Landstraßen, deren grünes Band oftmals breiter ist als die Piste unter unseren Reifen. Via Elben und Kirchberg geht es nach Fritzlar oder »Friedeslar« – Ort des Friedens –, wie der Ort einstmals hieß. 1300 Jahre pralle Geschichte warten hier auf uns, das Rathaus von 1109 ist immerhin das älteste Amtshaus Deutschlands. Da hat es Bad Wildungen wenige Kilometer weiter nicht leicht, unsere Aufmerksamkeit zu packen. Obwohl – das Heil- und Staatsbad mit seiner malerischen Altstadt und seinen nachweislich heilenden Quellen, ja mit Europas größtem Kurpark kann schon auch bezaubern.

Ohne jeden Zweifel landschaftlich bezaubernd ist der nun folgende Abschnitt unserer Reise durch das berühmte Edertal. Der Flusslauf der Eder ist nicht nur Namensgeber vieler Gemeinden der Region, sondern auch des Edersees, einer der größten Talsperren Europas. Bei Vollstau bieten 200 Millionen Kubikmeter Wasser nahezu unbegrenzte Wassersportmöglichkeiten. Und die Pisten am Ostufer sind vor allem an Sommerwochenenden ein einziger kilometerlanger Bikertreff.

Durch Wälder und Flure fahren wir weiter nach Naumburg und Wolfhagen. Die Fachwerkstadt an der Deutschen Märchenstraße hat nicht nur Grimms Märchen »Der Wolf und die sieben Geißlein« in seine Stadtgeschichte mit eingebaut, in »Grimms Märchenkeller« im Alten Rathaus werden auch noch viele weitere Geschichten der einfallsreichen Brüder wieder lebendig. Da werden bei Kaffee und Kuchen doch so manche Kindheitserinnerungen wieder wach.

TOUR-CHECK

Region: Hessisches Bergland

Empfohlener Tourenstandort: Hann. Münden

Hotelempfehlung: Hotel Freizeit Auefeld, Hallenbadstr. 33 in Hann. Münden, www.freizeit-auefeld.de

Länge in km: 230

Fahrzeit insgesamt: 4 Std.

Einkehrtipp am Mittag: Taverne Athos, Markplatz 34 in 34560 Fritzlar

Kombinationsmöglichkeit: Mit Touren 28, 31, 33

Beliebte Motorradtreffs: Gasthaus Zündstoff, Am Weiher 1 in Edertal am Edersee; am See selbst rund um die Staumauer

Über Bad Arolsen, Breuna und Espenau schwingen wir spätnachmittags wieder zurück nach Hann. Münden und können dort den geschichtenreichen Tourentag stilvoll abschließen. Kulinarisch empfehlen wir dazu das »Ratsbrauhaus« am Marktplatz – rustikal, deftig und ordentlich stärkend.

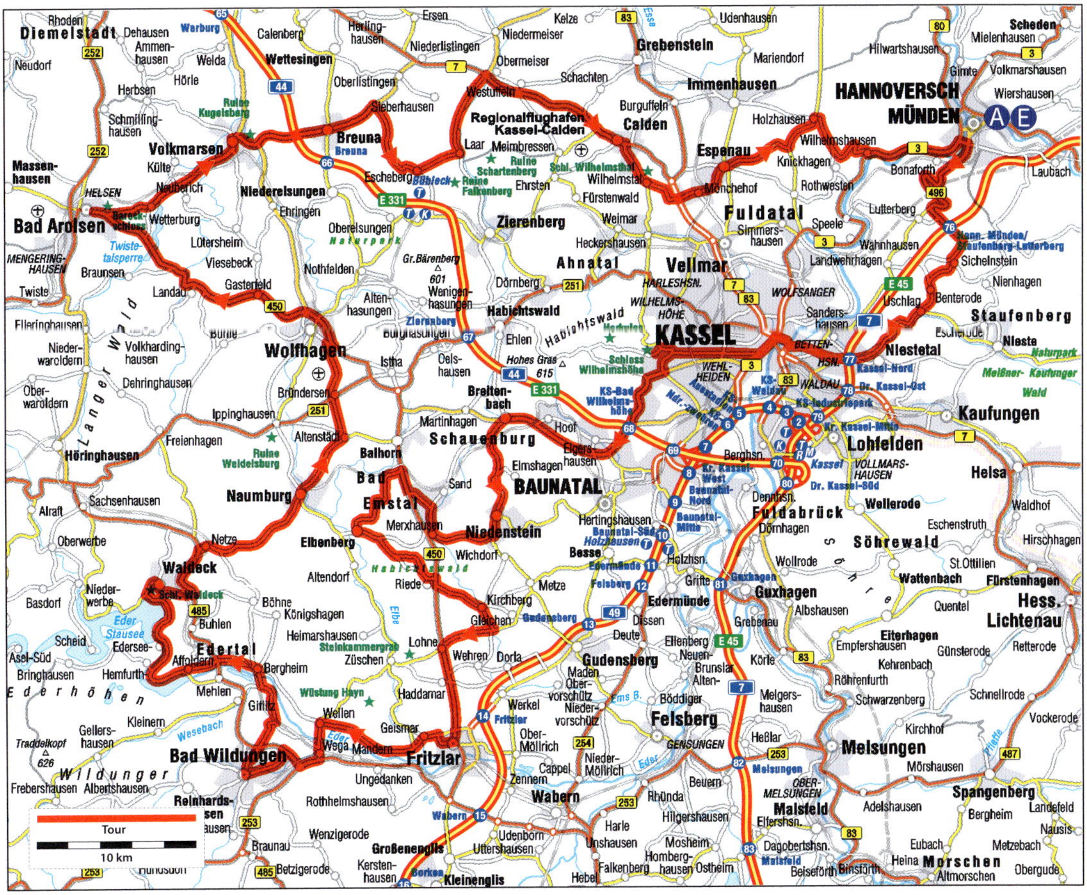

Auf Schattensuche: Ein Sommer im Leinebergland kann richtig heiß werden. Da sind Wälder willkommene Abwechslung.

ALLES GELOGEN? KEINESFALLS!

Hatten Sie bislang auch noch nie vom Leinebergland gehört? Das ist geradezu sträflich, wie wir festgestellt haben.

Vor etwas mehr als 700 Jahren kam ein geheimnisvoller Mann nach Hameln, um eine akute Rattenplage zu bekämpfen. Als der Job erledigt war, verweigerte man ihm allerdings den Lohn. Aus Rache entführte er alle Kinder der Stadt und verschwand mit ihnen auf Nimmerwiedersehen. Um 1284 soll der wahre Kern dieses Grimm'schen Märchens passiert sein, das Andenken an den auf der ganzen Welt berühmten Rattenfänger ist im prächtigen historischen Zentrum von Hameln allerorten präsent. Gönnen Sie sich nach unseren beiden Tourentagen unbedingt ausgiebige Exkursionen durch die Hamelner Geschichte.

Die B1 Richtung Coppenbrügge sorgt dafür, dass wir zügig hinab ins Tal der Leine schwingen können. Über Elze und Nordstemmen, vorbei am imposanten Schloss Marienburg, erreichen wir schließlich Hildesheim, dessen wunderschöner und an Fachwerk reicher Marktplatz uns von der über 1000-jährigen Geschichte der Stadt erzählt. Hören wir doch eine Weile zu, vielleicht bei einem koffeinhaltigen Heißgetränk in einem der umliegenden Cafés.

Dann geht es wieder hinaus in die Landschaft, und über Holle, Bondeburg und Lamspringe fahren wir um und durch das idyllische Leinebergland nach Seesen am Harz. Den gönnen wir uns übrigens ab Tour 73 ganz besonders intensiv, heute setzen wir jedoch erst mal den Blinker rechts und düsen direkt ins Zentrum von Bad Gandersheim zu einem der schönsten Renaissance-Rathäuser Niedersachsens. Doch dem nicht genug, auch der umliegende Marktplatz ist ein Augenschmaus, wie Sie bestätigen werden.

Viele der nun folgenden Städte und Dörfer besitzen durch ihre lange Geschichte eine überaus prächtige Gegenwart. Vor allem die historischen Zentren von Northeim und Einbeck sind eine Augenweide und Ansporn für jeden »Häuslebesitzer«. Und über Einbecks berühmte Braukunst haben wir Ihnen ja schon bei Tour 31 berichtet. Es soll auch alkoholfreie Biervarianten geben – für den Genuss während des Tourentags. Ob die allerdings Till Eulenspiegel gemundet hätten, ist zweifelhaft. Auf jeden Fall soll er in Einbeck bereits als Brauknecht gearbeitet haben, behaupten Historiker.

Das Tal der Leine nimmt uns wieder auf, und über Kreiensen fahren wir Richtung Alfeld. Rechts und links des Weges recken sich immer wieder Aussichtstürme in den Himmel und bieten schöne Rundumblicke. In Alfeld selbst wartet eine Kuriosität auf uns: das weltweit einzige Schnarchmuseum, mit gut 400 Exponaten aus vielen Jahrhunderten.

Berühmt ist unser letzter Höhepunkt für heute, das Städtchen Bodenwerder, vor allem als Geburtsort und langjähriger Wohnsitz des »Lügenbarons« Karl Friedrich Hieronymus von Münchhausen. Und wenngleich viele seiner Geschichten waschechte Lügen sind, halten ihm die Bürger Bodenwerders bis heute ein ehrendes Andenken mit Skulpturen, Denkmälern und Wandbildern überall in der Stadt. Die berichten in sehenswerter Manier von den fantastischen Erlebnissen des wohl ersten Vollblut-Entertainers unserer Welt. Perfekt eingestimmt geht es retour nach Hameln.

TOUR-CHECK

Region: Leinebergland

Empfohlener Tourenstandort: Hameln

Hotelempfehlung: Rattenfängerhotel, Berkeler Warte 2 in Hameln, www.rattenfaengerhotel.de

Länge in km: 280

Fahrzeit insgesamt: 5–6 Std.

Einkehrtipp am Mittag: Restaurant La Fattoria, Gehrenrode 6 in Bad Gandersheim

Kombinationsmöglichkeit: Mit Touren 31, 34, 73, 74

Beliebte Motorradtreffs: Keine benannt und keine entdeckt

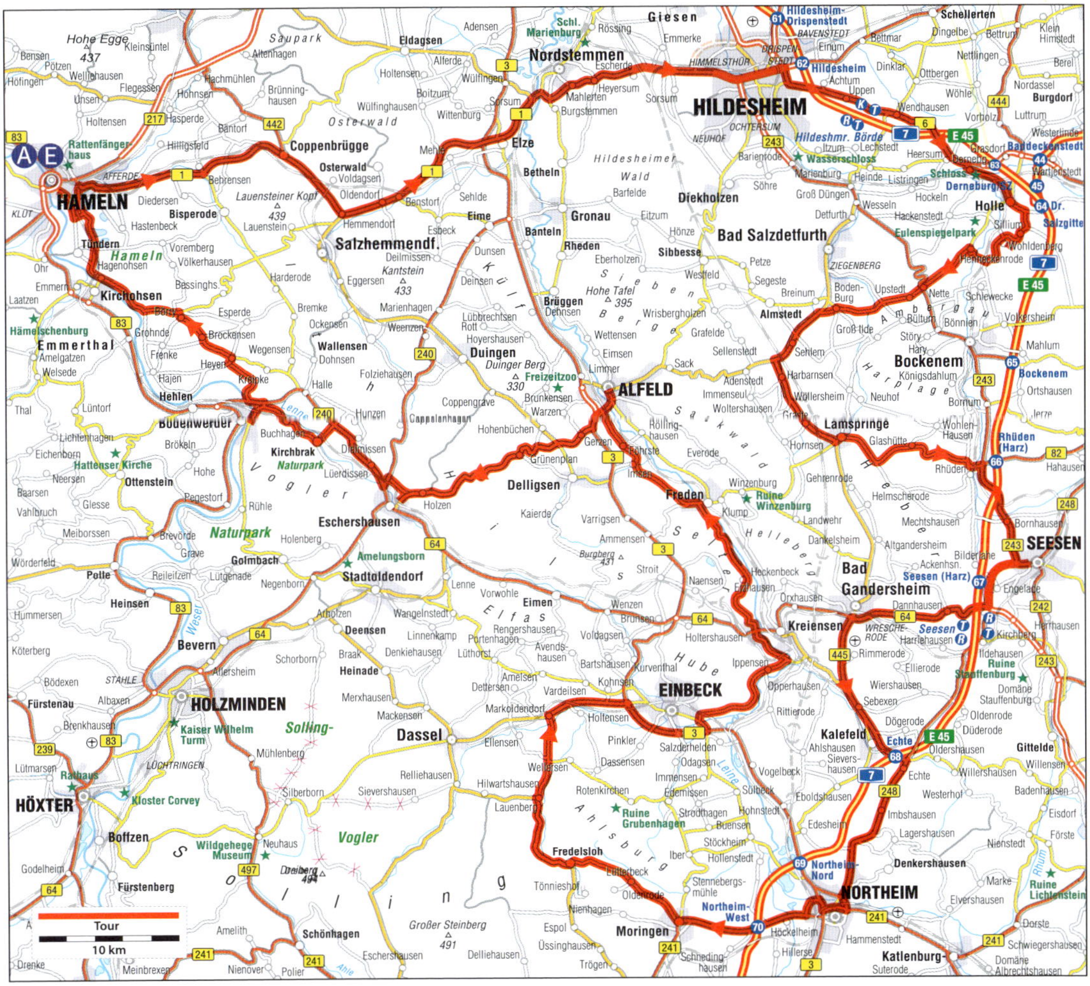

Freie Fahrt für freie Biker: Am Hochufer der Weser gehören viele Landstraßen tagsüber uns allein.

IM RATTENFÄNGERLAND

Ein Stück Weserbergland fehlt uns noch, um unser Tourengebiet zu vervollständigen – auf geht's also!

Das Leinetal in Kombination mit dem Norden des Weserberglands verspricht naturnahen Tourenspaß, weitgehend frei von roten Ampeln und Rushhour. Da können wir den kurzweiligen Tourentag auch mit einem mittäglichen Boxenstopp im sehenswerten Hannover kombinieren – so viel Zeit muss sein, und die haben wir auch.

Doch beginnen wir den Tag erst einmal mit einigen erfahrenswerten Schlenkern durch den Norden des Weserberglands. Das läuft nämlich vor den Toren Hannovers klammheimlich aus. Über Holtensen, Hasperde und Coppenbrügge geht es Richtung Osten; durch dichte Wälder und über weite landwirtschaftliche Nutzflächen pendelnd, suchen wir uns an jedem Abzweig einfach den schönsten Ausblick und erreichen das Örtchen Bad Münder am Deister. Ein schmuckes Rathaus mit Glockenturm, ein sorgfältig restauriertes Sammelsurium an Fachwerk und ein paar noch echte Tante-Emma-Läden – das Leben in Bad Münder war vermutlich noch niemals hektisch.

So wie unser weiterer Weg über Eimbeckhausen, Messenkamp und Auetal nach Hessisch Oldendorf. Die Stadt ist eines der nördlichen Tore zum märchenhaften Weserbergland, zu den sanften Hügeln, steilen Bergwäldern und idyllischen Tälern, die das blaue Band der Weser einst modellierte. Sehenswert ist u. a. der Münchhausen-Hof, der 1585 vom berühmten Freiherrn höchstpersönlich erbaut wurde.

Durch die Weserauen geht es weiter nach Rinteln mit einem der prächtigsten historischen Marktplätze der gesamten Region. Aufwendig restaurierte Fachwerkhäuser sowie zahlreiche Cafés und Bistros locken zu einem Rundgang, bevor wir über das nicht minder erlebenswerte Bückeburg Richtung Hannover einschwenken. Der Weg dorthin folgt natürlich nicht der Bundesstraße, sondern führt uns über Stadthagen, Bad Nenndorf und Barsighausen, fernab von Stau und Lieferverkehr. Die Hauptstadt Niedersachsens begrüßt uns dann mit ordentlich Verkehr – kämpfen Sie sich dennoch durch bis zum Zentrum. Dort lockt nicht nur unser Ein-

Atem holen: Picknickplatz am Weserufer

TOUR-CHECK

Region: Leinebergland und Weserbergland

Empfohlener Tourenstandort: Hameln

Hotelempfehlung: Hotel Bellevue, Klütstr. 34 in Hameln, www.hotel-bellevue-hameln.de

Länge in km: 250

Fahrzeit insgesamt: 4–5 Std.

Einkehrtipp am Mittag: Restaurant Royal City, Osterstr. 42 in Hannover

Kombinationsmöglichkeit: Mit Touren 31, 33, 37, 38, 39, 40

Beliebte Motorradtreffs: Am Hauptparkplatz an den Herrenhäuser Gärten in Hannover, Ortsteil Herrenhausen (immer sonntags)

kehrvorschlag, auch der lange Blick auf das Neue Rathaus oder die Mittellandkanal-Schleuse Anderten, einst die größte Binnenschleuse Europas, lohnt sich immer.

Die 280 Kilometer lange Leine hat südlich von Hannover idyllische Flussauen und eine Vielzahl an Fischteichen in die Landschaft modelliert; sie bilden den sehenswerten Rahmen unserer weiteren Tour Richtung Sarstedt und Nordstemmen. Über Gronau und Salzhemmendorf erreichen wir dann am späten Nachmittag wieder unseren Ausgangsort Hameln und können den Tourentag am malerischen Weserufer oder im historischen Zentrum Hamelns ausklingen lassen. Natürlich im steten »Beisein« des berühmten Rattenfängers – aber keine Angst, der will nur spielen. Flöte nämlich, und das auch noch umsonst. Er wäre bestimmt auch gern unserem Einkehrtipp gefolgt – dem »Paulaner im Rattenkrug« in der Bäckerstraße 16. Also, falls es das damals schon gegeben hätte …

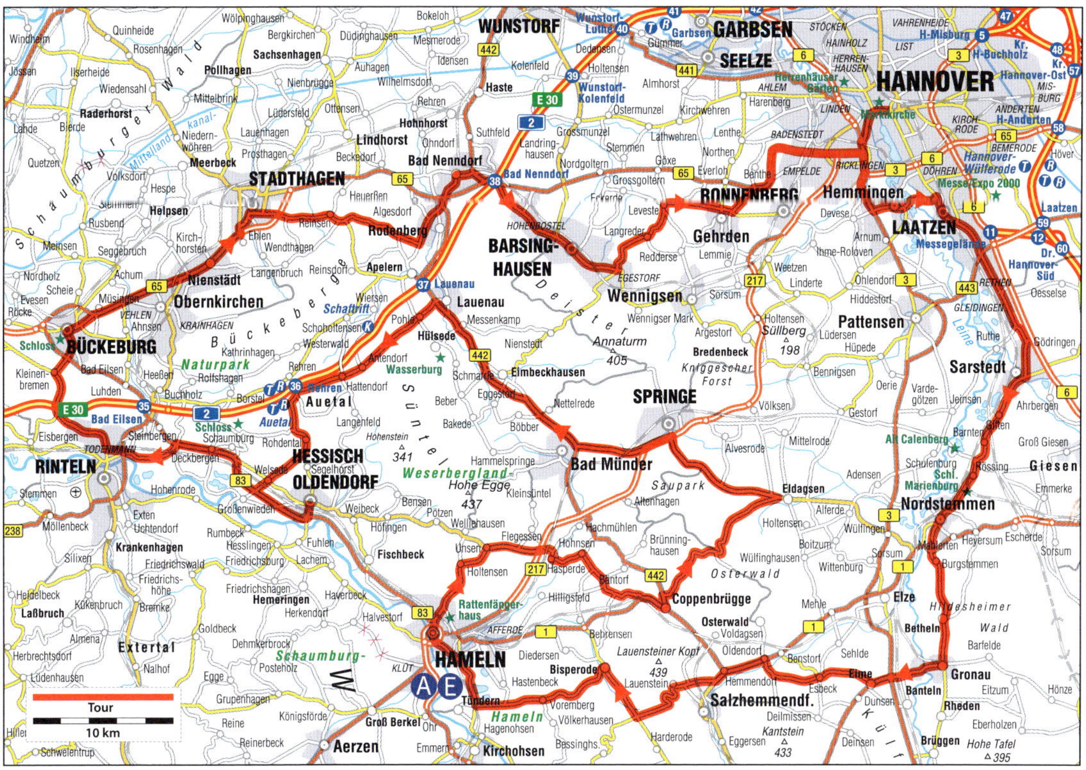

Jung, frech, gesellig: Das Image des Münsterlandes zeigt sich auch bei der Ausschilderung bekannter Bikertreffs.

DAS MÜNSTERLAND – NICHT NUR FÜR HEIZER

Münster ist eine der beliebtesten Unistädte Deutschlands – und das umliegende Land bietet für uns die perfekte Kurven-Garnitur dazu.

Auch die Studentenstadt Münster zählt zu jenen Tourenstandorten, in die wir immer wieder gern zurückkehren (Details und unsere Tipps dazu s. Tour 36). Heute widmen wir uns erst einmal den Kurvengemengen des umliegenden Münsterlands, einer historischen Region und einst Herrschaftsbereich der Münsteraner Bischöfe.

Wolbeck ist unser erstes Etappenziel, sogleich gefolgt vom Städtchen Everswinkel und von Warendorf an der Ems. In einem weiten Bogen »schlendern« wir anschließend über Beelen, Ostenfelde und das windmühlenverzierte Ennigerloh nach Beckum mit schönem Marktplatz und architektonisch eigenwilligem Stadtmuseum. Ahlen wenige Kilometer weiter überrascht hingegen mit einem himmelblauen, 44 Meter hohen Wasserturm, heute ein Industriedenkmal. Ländlich beschaulich geht es zu im nahen Drehnsteinfurt, sehenswert ist das Zentrum dennoch, vor allem auch rund um die Alte Post, einem prächtigen Fachwerkbürgerhaus.

Nicht nur der von deutschen Liedermachern gern besungene Hauptbahnhof von Hamm im Tal der Lippe ist einen Kurzbesuch wert, auch die Innenstadt, umgeben von ausgedehnten Grünflächen, lockt uns mit zahlreichen historischen Denkmälern. Dann geht es entlang der Lippe nach Werne, einem idyllischen Kleinstädtchen, das mit hübsch gepflegten Fachwerkhäusern aus dem 15. Jahrhundert bezaubert. Landschaftlich wertvoll sind die Pisten, die uns anschließend nach Nordkirchen führen mit seinem als das »Versailles Westfalens« titulierten Schloss. Zugegeben: Überraschend beeindruckend ist der im 16. Jahrhundert als private Wasserburg konzipierte, einstmals massiv befestigte Familiensitz schon. Heute residiert hier NRWs Fachhochschule für Finanzen – nun ja.

Dülmen hingegen rühmt sich gänzlich anderer Schönheiten: Die Dülmener Wildpferde, eine der ältesten Rassen Deutschlands, sind eine frei lebende Pony-

»Black Beauties«: Irgendwie passt die Kawasaki Z1000SX doch perfekt auf den Münsteraner Prinzipalmarkt. Oder?

Man sieht sich ganz bestimmt: Der Bikertreff in Nordkirchen gehört zum Münsteraner Pflichtprogramm.

Und ein Einkehrschwung gehört nicht nur zu dieser Tour.

rasse, die in einem großen Naturschutzgebiet vor den Toren der Stadt weitgehend unbeaufsichtigt lebt. Nottuln, die Stadt zu Füßen der Baumberge, empfängt uns zur mittäglichen Einkehr. Jene Baumberge sind mit gut 190 Metern die höchste Erhebung im Münsterland und erfreuen durch eine intakte Natur.

Eigentlich liegt unser »Basislager« Münster nur noch einen Katzensprung entfernt im Osten. Doch bevor wir uns in das studentisch geprägte Nachtleben der Stadt stürzen, schlagen wir noch einen weiten Bogen

TOUR-CHECK

Region: Münsterland

Empfohlener Tourenstandort: Münster

Hotelempfehlung: Stadthotel Münster, Aegidiistr. 21 in Münster, www.stadthotel-muenster.de

Länge in km: 330

Fahrzeit insgesamt: 7 Std.

Einkehrtipp am Mittag: Gasthaus Stevertal, Stevern 36 in Nottuln

Kombinationsmöglichkeit: Mit Touren 36, 37, 38

Beliebte Motorradtreffs: Gasthaus Kronen-Stübchen in Hamm-Sandbochum; Bikertreff Nordkirchen, Berger 25 in Nordkirchen; am Parkplatz Schöne Aussicht/Münsterlandblick in Tecklenburg (Richtung Ibbenbüren)

durch den Norden des Münsterlands. Über Havixbeck und Billerbeck, über Laer und Horstmar erreichen wir Steinfurt inmitten herrlicher Münsterländer Parklandschaften. Schauen Sie sich unbedingt hier um – nicht nur das Rathaus von 1561 lohnt einen langen Blick.

Bad Iburg ist unser östlichster Punkt für heute und das vorletzte Highlight mit seinem romantischen Stadtbild und unzähligen malerischen Gassen und Winkeln. Der letzte Höhepunkt erwartet uns nun mit der Stadt Münster. Viel Spaß!

Gelungener Wechsel: Wo früher Kohle geschürft wurde, wachsen heutzutage mancherorts Windmühlen in den Himmel.

EIN LETZTER BLICK IN DEN POTT

Das nördliche Ruhrgebiet ist anders – diese Runde beweist es auch dem letzten Kritiker.

Mit Tour 29 haben wir den Süden des legendären Ruhrgebiets bereits kurz gestreift, heute wenden wir uns dem Norden der Region zu. Über Oberort und Senden geht es nach Lüdinghausen mit sehenswerter Burg und Wassermühle. Apropos: Der hier verlaufende Dortmund-Ems-Kanal ist eine der wichtigsten künstlichen Wasserstraßen Richtung Norden, erbaut im Auftrag Kaiser Wilhelms II. und der Entlastung der Eisenbahn dienend. Über Nordkirchen, Selm und Olfen begegnen wir dem Kanal immer wieder, folgen ihm abschnittsweise auch ein Stück weit Richtung Datteln, einem auf das Jahr 1147 zurückgehenden Ruhrgebiets-Städtchen. Bereits hier wird sichtbar, wie sehr die Städte und Dörfer der Region im Laufe von Jahrzehnten zusammengewachsen, ja miteinander verschmolzen sind. Stadtgrenzen werden nur noch durch Ortsschilder markiert, ausgedehnte Wälder oder Felder zwischen den Siedlungen sind eine Seltenheit. Und zugegeben, echte Kurvengemenge sind das ab jetzt auch – aber dennoch: Den unzweifelhaft existierenden Reiz des Ruhrgebiets gilt es zu entdecken. Bleiben Sie also unbedingt »am Ball«!

Etwas zu entdecken ist gar nicht so schwer, wie wir bereits in Recklinghausen wenige Kilometer weiter konstatieren können. »Ricoldinchuson« hieß um 800 jener karolingische Königshof, aus dem die heutige Ruhrfestspielstadt Recklinghausen letztendlich erwuchs. Ihr Wahrzeichen ist das sogenannte »Vierte Rathaus«, immerhin eines der schönsten des Ruhrge-

TOUR-TIPP

Ruhrgebiet
Der Pott, das Revier oder das Ruhrgebiet: Es mag auf den ersten Blick als Tourenregion für den Motorradfahrer nicht unbedingt lohnenswert erscheinen. Doch zwei Dinge stehen unzweifelhaft fest: Der Ruhrpott gehört unbedingt in einen Tourenführer über Deutschland, und Sie sollten der sogenannten Metropolregion Rhein-Ruhr eine Chance geben – gerade auch vom Mopedsattel aus. 10 Millionen Menschen leben hier auf gut 7000 km² Fläche. Einstmals nur ein beliebter Siedlungsraum, begann um 1758 mit den ersten Eisenhütten die wohl einzigartige Industrialisierung dieser Region. Allerorten wuchsen Zechen aus dem Boden, und Kohle und Stahl wurden zum Exportschlager der Region, die in der Folge das größte Industriezentrum Europas wurde. Mit der Kohlekrise 1957 und dem Niedergang der Schwerindustrie begann der Strukturwandel des Ruhrgebiets, der bis heute nicht abgeschlossen ist.

biets. Weithin bekannt ist Recklinghausen auch für seine alljährlichen Ruhrfestspiele, eines der ältesten und größten Theaterfestivals Europas.

Über Herten und Westerholt gleiten wir weiter im Nordbereich des Ruhrgebiets dahin und erreichen Gladbeck. Wer an dieser Stelle noch tiefer in den Pott einsteigen möchte, sollte sich den einen oder anderen ausgeschilderten Abstecher gen Süden – z. B. Richtung Gelsenkirchen oder Bottrop – gönnen und in diese Tour mit einbauen. Zeit dafür bleibt immer.

Bis Ende des 19. Jahrhunderts war Gladbeck ein verträumtes Dorf, dann entdeckte man reiche Kohlevorkommen in der gesamten Region, und der Ort wandelte sich zu einer typischen Bergarbeitersiedlung. Im Zweiten Weltkrieg großflächig zerstört und anschließend wieder aufgebaut, blühte Gladbeck noch einige Jahre im Boom der Kohle. Doch bereits 1971 wurde die letzte Zeche geschlossen, seitdem sucht der Ort mit seiner sehenswerten Bausubstanz nach einer neuen Bestimmung.

Der Anblick der Kirchheller Heide, einer vergleichsweise riesigen Waldlandschaft westlich von Gladbeck, überrascht dann unser Auge. Mit 2000 Hektar Größe und mit urtümlicher Heide- und Moorlandschaft ist sie eines der wichtigsten Naherholungsgebiete des Ruhrgebiets. An dessen Ostrand pendeln wir tief durchatmend Richtung Norden und erreichen die noch weitgehend frei mäandrierende Lippe respektive den parallel dazu verlaufenden Weser-Datteln-Kanal.

Am Kanal entlang geht es hinein nach Dorsten im Grenzgebiet zwischen Ruhrgebiet und Münsterland. Seit 1251 besitzt der Ort bereits seine Stadtrechte; heute ist er nicht nur wegen seiner architektonisch interessanten Innenstadt bekannt, sondern auch wegen des Römerlagers Holsterhausen, den Resten eines der wohl wichtigsten römischen Marschlager Westfalens. Bis zu 10 000 Soldaten sollen hier vor mehr als 2000 Jahren gelebt haben – und das nur in Zeltstädten ohne feste Bauwerke. Echt harte Kerle eben.

Auch rund um den Halterner See haben bereits Römer gesiedelt, wenngleich es den Stausee damals noch nicht gab. 1930 wurde die Talsperre erbaut, 1972 vergrößerte man die gesamte Anlage auf ein Stauvolumen von heute 21 Millionen Kubikmeter, und heute ist sie nicht nur ein sehr beliebtes Freizeitgelände, sondern bietet auch einen der bekanntesten Bikertreffs der ge-

Nachtrag: Eine herbstliche Münsterland-Kulisse nahe Dülmen, die im vorigen Kapitel keinen Platz mehr hatte.

Recht klangvoll: das Rathaus von Haltern mit Glockenspiel

TOUR-TIPP

Münster
Die Zweiradmetropole Deutschlands hat ihren Ruf vor allem aufgrund der Vielzahl an muskelkraftbetriebenen Bikes, kann aber dennoch gerade auch Motorradfahrer begeistern. Die über 1500 Jahre alte Stadt wurde zwar im Zweiten Weltkrieg weitflächig zerstört, anschließend aber vor allem in ihrem historischen Kern weitgehend wieder aufgebaut. Gut 50 000 Studenten prägen und beleben heute die Stadt, deren Zentrum sich nicht nur für einen ausgiebigen Rundgang lohnt. Auch das tiefe Eintauchen in das überaus reichhaltige Kneipen- und Kulturangebot Münsters macht richtig Spaß und krönt unsere Tourentage mit Genüssen für alle Sinne. Besuchen Sie z. B. einmal »Pinkus Müllers Altbierküche« in der Kreuzstraße 4. Toll!

samten Region. Der Ort Haltern selbst gehört zu den archäologisch wertvollsten Fundstätten Deutschlands mit einer heute noch sehenswerten mittelalterlichen Struktur rund um den Gänsemarkt. Geradezu perfekt geeignet z. B. für den mittäglichen Einkehrschwung.

Eine satte Portion Natur überrascht uns dann auf der Weiterfahrt am Nachmittag. Über Lavesum und Reken fahren wir nach Heiden, suchen den Wegweiser Richtung Borken und dort den Weg mitten ins idyllische Zentrum mit Marktplatz, Cafés und Parkbänken. Schauen Sie sich in Ruhe um.

So wie auch im nahen Velen, in dessen Zentrum uns ein imposantes Schloss überrascht. Die Wurzeln der heute herrlich drapierten dreiflügeligen Vorburg reichen wohl bis ins Jahr 1221 zurück; 1744 wurde es aus- und umgebaut und 1933 nach einem Brand-Totalschaden nach alten Plänen wieder errichtet. Bis heute gehört es zum Eigentum der Grafen von Landsberg-Velen und

Frühling im Ruhrgebiet: Man glaubt es kaum, aber hier blühen heute sogar Blumenwiesen und Obstbäume.

wird mittlerweile auch als Veranstaltungshotel genutzt – mitsamt Orangerie, Fasanerie und Tierpark. Sehenswert!

Über Coesfeld und Lette erreichen wir die letzten beiden Höhepunkte der heutigen Tour – abgesehen von unserem Ziel Münster natürlich. Nottuln mit seinem gut erhaltenen Stadtkern kann ebenso überzeugen wie das fast auf Sichtweite liegende Havixbeck, das jeden Besucher mit sage und schreibe drei historischen Wasserburgen begeistert. Okay, diese sind im Münsterland nicht gerade selten, das Havixbecker Trio aus Burg Hülshoff, Haus Stapel und Haus Havixbeck gehört aber zweifelsohne zu den schönsten aller Münsterländer Wasserburgen. Gönnen Sie sich unbedingt einen Rundgang, bevor Sie zurück nach Münster fahren – zu abendlichen Genüssen ganz anderer Art.

TOUR-CHECK

Region: Ruhrgebiet

Empfohlener Tourenstandort: Münster

Hotelempfehlung: Hotel International am Theater, Neubrückenstr. 12–14 in Münster, www.hotel-international-am-theater.de

Länge in km: 260

Fahrzeit insgesamt: 5 Std.

Einkehrtipp am Mittag: Restaurant Uhlenhof, Holtwicker Str. 420 in Haltern am See

Kombinationsmöglichkeit: Mit Touren 29, 35, 37

Beliebte Motorradtreffs: Am Parkplatz Zur Grafenmühle, Alter Postweg 120 in Bottrop-Grafenwald (Kulttreff); Biker-Treff Drügen Pütt, Münsterstr. 317 in Haltern

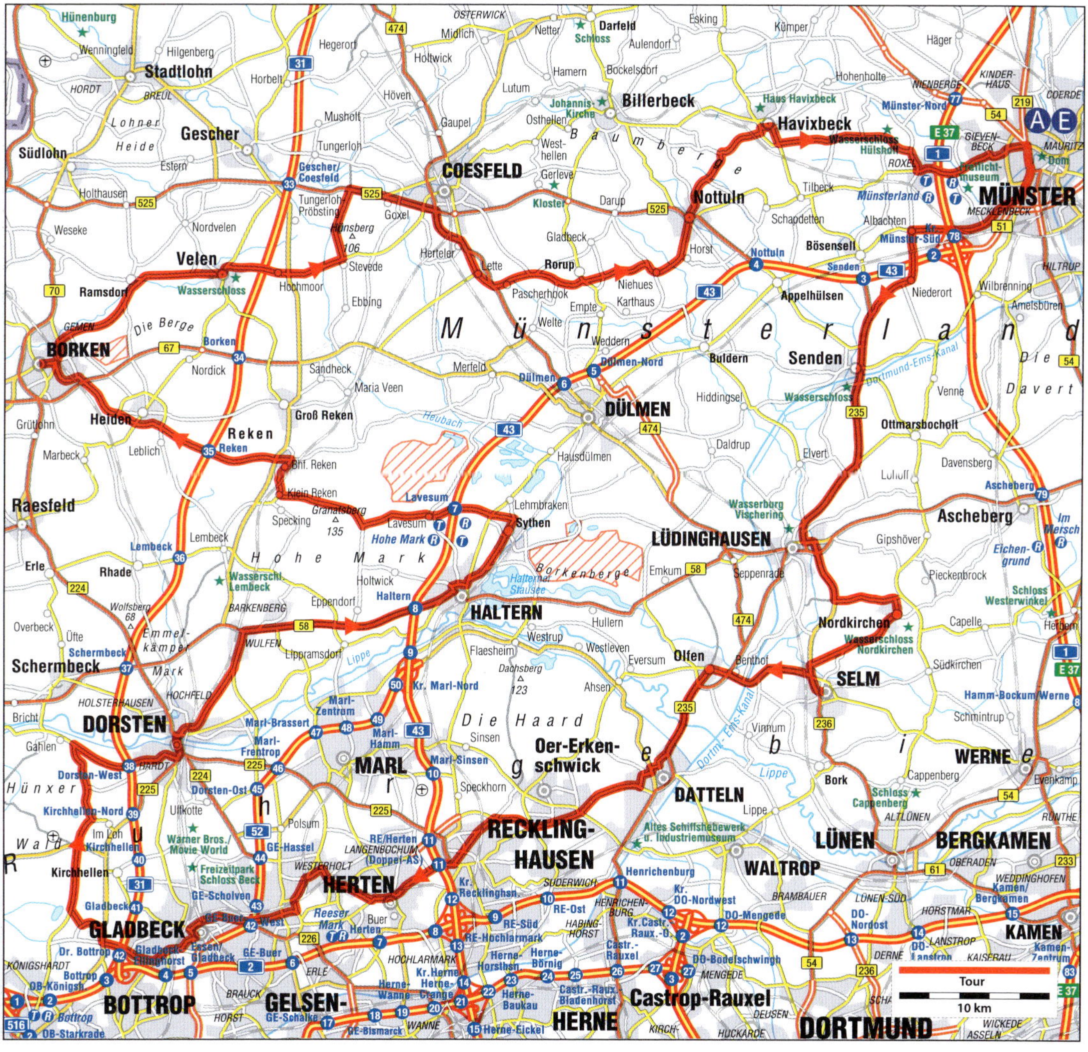

Eiskalt abgehängt: Der Teutoburger Wald ist ein Tourenrevier für flotte Heizer, die nebenbei auch auf Geschichte stehen.

IN DEUTSCHLANDS BERÜHMTESTEM WALDSTÜCK

Den Teutoburger Wald kennt jeder, ja fast sogar jeder »Europa in 10 Tagen«-Japaner. Schauen wir uns an, warum das so ist.

Einen Katzensprung gen Nordosten liegt unser nächstes »Basislager«, das sehenswerte Osnabrück im Herz des Osnabrücker Lands. Auch hier begeistert uns sofort die mit Fachwerk reich geschmückte Altstadt, in der wir spätestens am Ende des Tourentags ausgiebig spazieren gehen können. Doch zuvor lassen Sie uns genüsslich im Mopedsattel durch den Teutoburger Wald »flanieren«.

Dazu fahren wir Richtung Süden aus der Stadt hinaus nach Hagen am Teutoburger Wald und weiter nach Bad Iburg, einem staatlich anerkannten Kneipp-Heilbad, dessen Anblick vom hoch über der Stadt thronenden Schloss geprägt ist. Doch noch viele weitere historische Gebäude zieren den Stadtkern, der zu einer Besichtigung einlädt.

Über Hilter und Dissen schwingen wir anschließend nach Melle und auch dort direkt hinein ins historische Zentrum. Eingebettet zwischen Teutoburger Wald und Wiehengebirge, erfreut das Solebad mit einem sehenswerten Kirchplatz sowie der Alten Posthalterei, die einstmals den Post- und Reiseverkehr mit Osnabrück und Bielefeld regelte. Einige Innenräume sind heute noch originalgetreu wie im 17. Jahrhundert eingerichtet.

Über 40 restaurierte Mühlen werden in der Westfälischen Mühlenstraße zu einer Themenstraße zusammengefasst, die ihren Ausgangspunkt in Lübbecke hat, unserem nächsten Etappenziel. Sowohl im Ort als auch im Umland liegen bereits einige der schönsten Mühlen-Exemplare, die allesamt betriebsbereit sind und besichtigt werden können. Lübbecke selbst verwöhnt das Auge des Besuchers mit einem mittelalterlich anmutenden Stadtbild samt Rathaus aus dem 15. Jahrhundert, einem Bierbrunnen und dem obligatorischen Heimatmuseum.

Reich mit Geschichte und Fachwerk geschmückt ist auch unser weiterer Weg hinüber ins Herz des Teutoburger Walds. Über Bad Oeynhausen am Zusammenfluss von Werre und Weser fahren wir weiter nach Herford und Bad Salzuflen. Das beschauliche Detmold hat zwei Attraktionen zu bieten, die wahrlich einzigartig

Echt farbenfroh: Herbst im Teutoburger Wald

TOUR-CHECK

Region: Teutoburger Wald

Empfohlener Tourenstandort: Osnabrück

Hotelempfehlung: Klatte's Speisekammer, Atterstr. 117 in Osnabrück, www.klattes-speisekammer.de

Länge in km: 310

Fahrzeit insgesamt: 6 Std.

Einkehrtipp am Mittag: Strate's Brauhaus, Langestr. 35 in Detmold

Kombinationsmöglichkeit: Mit Touren 31, 34, 35, 36, 38, 42

Beliebte Motorradtreffs: Am Parkplatz beim Hermannsdenkmal (an den Wochenenden); Gasthaus froh & munter, Münsterlandstr. 65 in Gütersloh

sind: das LWL-Freilichtmuseum Detmold, das trotz seines sperrigen Namens das wohl bedeutendste Volkskundemuseum Europas ist und auf über 90 Hektar mehr als 100 originale historische Gebäude zeigt, und – Attraktion Nr. 2 – das nahe Hermannsdenkmal, das Wahrzeichen des Teutoburger Walds. Es erinnert an die berühmte Schlacht im Teutoburger Wald und ist mit einer Gesamthöhe von knapp 54 Metern immerhin die höchste Statue Deutschlands.

Gut 100 Kilometer lang und oft nur wenige Kilometer breit, ist Deutschlands berühmtester Wald recht rasch durchquert, wenn wir von Detmold aus gen Süden fahren. Über Schlangen und Bad Lippspringe geht's zu einem Kurzbesuch nach Paderborn, dann fahren wir am Südrand des »Teuto«, wie der Wald auch genannt wird, wieder Richtung Westen. Via Gütersloh und Harsewinkel erreichen wir am späten Nachmittag den Südrand Osnabrücks und können nach gelungenem Tagwerk den Feierabend einläuten. Richtig gut gefallen hat es uns z. B. im »Kartoffelhaus Dominikaner« in der Bierstraße – Name und Adresse sind Programm!

Fragen Sie bitte nicht, wie das Mädel dort hinaufkam: Bei Fotoproduktionen gibt Sozia Kirsten einfach alles.

WESTFÄLISCHE HEIMAT

Einer unserer Autoren wurde hier geboren. Erinnerungen daran besaß er kaum – jetzt hat er sie wieder.

Mit dem Osnabrücker Land, unserer heutigen Zielregion, erfahren wir eine historisch gewachsene Kulturlandschaft mit Osnabrück als natürlichem Zentrum. Plattdeutsch ist im Norden der Region allgegenwärtig, während Osnabrück und der Süden eher dem Westfälischen zugetan sind. Ein leichtes Hügelland mit Erhebungen von kaum über 200 Metern, mit Wäldern und weiten landwirtschaftlichen Flächen nimmt uns gleich nach Verlassen Osnabrücks auf.

Melle hatten wir ja auf der vorhergehenden Rundreise schon besichtigt, entscheiden Sie angesichts des prall gefüllten Roadbooks heute bitte selbst, wie viel Zeit Sie Melle widmen möchten. Anschließend suchen Sie den Weg gen Norden über Oldendorf nach Bad Essen durch dichte Wälder und über weite Felder. Jenes Bad Essen ist eines der Schmuckstücke der Deutschen Fachwerkstraße, einer um 1990 initiierten Ferienstraße, die von der Elbe bis zum Bodensee eine große Zahl historischer Städte und unterschiedlichster Landschaften miteinander verbindet. Auch ein sehr schönes Reisethema – nicht nur für Architekten.

Schauen wir uns um im Kern Bad Essens, bevor wir Richtung Osten nach Preußisch Oldendorf mit seinen imposanten Schlössern Hollwinkel und Crollage weiterfahren. Zwei »Einfamilienhäuser«, für deren Besitz beide Autoren sofort ihre Sparbücher plündern würden. Der mächtige Mittellandkanal, die mit 325 Kilometern längste künstliche Wasserstraße Deutschlands, kreuzt unseren weiteren Weg gen Norden und verbindet im weitesten Sinn Rhein und Oder miteinander. Welch ein gewaltiges Projekt, begonnen 1906 und bis heute stets im Ausbau.

Durch Espelkamp, Rahden und Sulingen schwingen wir anschließend in einem weiten Bogen übers Land, wählen eine Kombination aus herrlich einsamen Land- und wenig befahrenen Bundesstraßen, bevor wir kurz vor Twistringen wieder Richtung Südwesten abbiegen – in den vielversprechenden Norden Deutschlands starten wir erst ab Kapitel 41. Vorher schauen wir noch hinein nach Diepholz mit seinem glockenturmbestückten, sagen wir einmal: »recht eigenwilligen« Rathaus sowie einem sehenswerten Schloss aus dem 11. Jahrhundert. Nahe bei liegt jetzt übrigens der Dümmer See, auch nur »Dümmer« genannt, der zweitgrößte Natursee Niedersachsens und mit nur maximal 1,5 Metern Tiefe ein äußerst beliebtes Badeparadies.

»Herrlichkeit Dinklage« nennt sich der Heimatverein unseres nächsten Etappenziels – und verspricht nicht zu viel. Mit imposanter Burganlage, mit Mühle, Rentamt und bildhübschem Rathaus hat Dinklage dem Besucher viel zu zeigen. So wie Quakenbrück etwas später, das uns mit gut 100 Fachwerkhäusern und einer spannenden Geschichte zu begeistern weiß. Wie gut, dass der restliche Weg über Berge und Lütkeberge, Hopsten und Recke dann vor allem fahrerisch zu erfreuen weiß. Und via Ibbenbüren geht es pünktlich zum Abendprogramm wieder zurück nach Osnabrück.

TOUR-CHECK

Region: Osnabrücker Land

Empfohlener Tourenstandort: Osnabrück

Hotelempfehlung: Dom-Hotel, Kleine Domfreiheit 5 in Osnabrück, www.dom-hotel-osnabrueck.de

Länge in km: 330

Fahrzeit insgesamt: 6 Std.

Einkehrtipp am Mittag: Restaurant Die Kastanie, Hollen 30, Martfeld in Diepholz

Kombinationsmöglichkeit: Mit Touren 35, 37, 39, 41, 42

Beliebte Motorradtreffs: Motorradtreff Parc-Café, Vördener Str. 78 in Damme

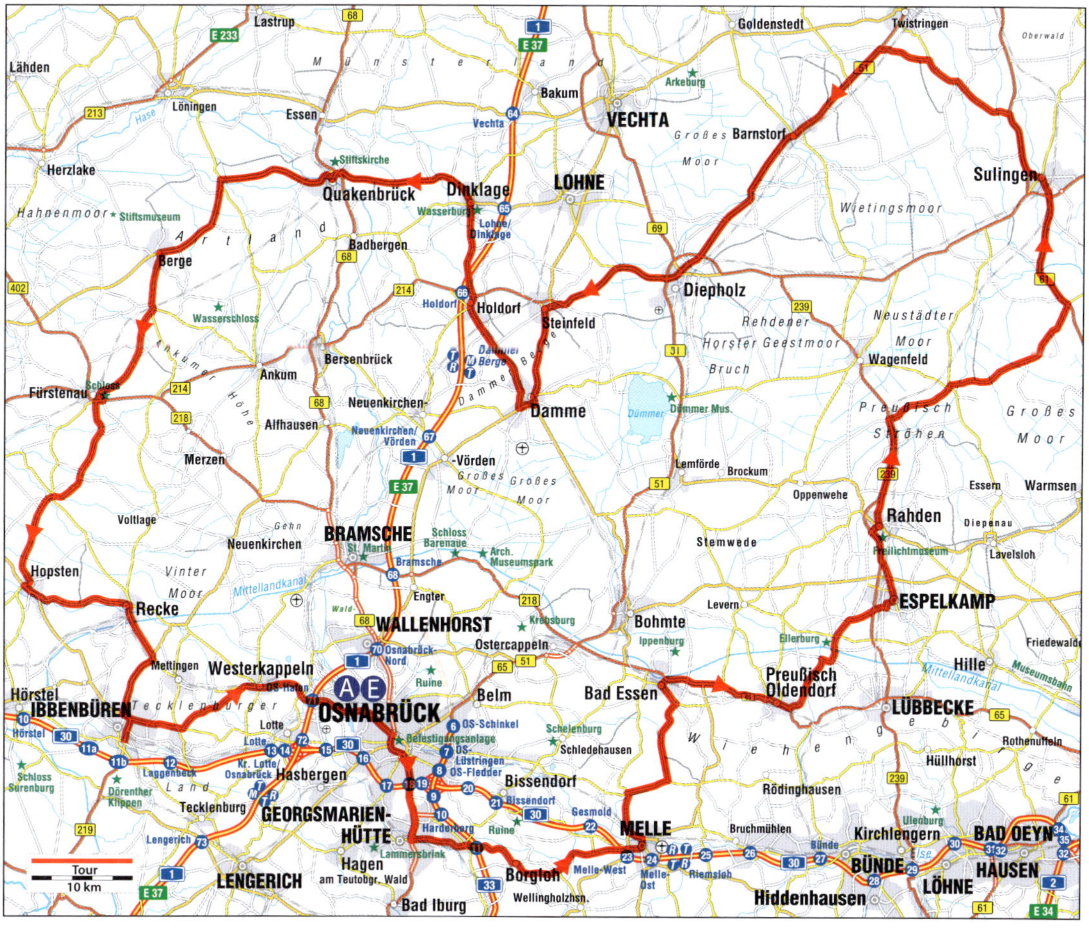

Sie fasziniert seit Jahrhunderten: Ganz berühmte und ganz unbekannte Maler waren und sind von der Heidelandschaft begeistert.

ZWISCHEN HEIDE UND HEIDSCHNUCKEN

Mit Büschen, Buchsbaum und Schafen wirbt die Lüneburger Heide. Ihr kurvenreiches Straßennetz verschweigt sie meist.

Die Lüneburger Heide gehört zu den bekanntesten Tourismusregionen des Nordens, ihr Name verspricht idyllische, von Menschenhand unberührte Natur in Kombination mit unendlicher Weite unter blauem Schäfchenwolken-Himmel. Ob dem tatsächlich so ist, wollen wir auf den kommenden beiden Touren erkunden. Ganz genüsslich vom Mopedsattel aus.

In der »Hermann-Löns-Stadt« Walsrode haben wir dazu unser Lager aufgeschlagen, hier hatte der berühmte Dichter Anfang des 20. Jahrhunderts seine neue Wahlheimat gefunden. Auch wegen der unmittelbaren Nähe zur Heidelandschaft, heißt es. Konsequent Richtung Süden wedeln wir aus der Stadt hinaus und folgen den Landstraßen nach Hodenhagen und Schwarmstedt im Westteil der Heide. Ein weites Land, reich an Flüssen, Bächen und Mooren, nimmt uns auf – die Blütezeit der Heide liegt übrigens zwischen August und September, dann leuchten viele Flecken in kräftigem Rot.

Neustadt am Rübenberge lädt uns einige Zeit später zu einem ausgiebigen Boxenstopp, und die Argumente dafür können sich durchaus sehen lassen: eine fachwerkreiche Fußgängerzone mit Cafés und Kneipen, das Schloss Landestrost, ein schmuckes Beispiel der Weserrenaissance und eine Bastion und Wallburg, plus zahlreiche Profanbauten. Und in Sichtweite ruft uns schon das berühmte Steinhuder Meer an seine Ufer, der mit 30 Quadratkilometern größte Natursee Norddeutschlands und ein aussichtsreiches Naherholungsgebiet mit der Festung Wilhelmstein mitten im Wasser, einem Ziel, das vor allem Bootsbesitzer begeistert.

Die Weser und ihre Auen begrenzen nicht nur die Lüneburger Heide im Westen, sie stoppen auch unseren Vorwärtsdrang in diese Richtung. Mit Nienburg erreichen wir dann ein 1000-jähriges Weserstädtchen,

Freiheit auf zwei Rädern: Ein weites Land nimmt uns in sich auf und leitet uns zum fernen Horizont.

Fast schon eine Portion zu viel »Rosamunde Pilcher«: Sonnenuntergang am Steinhuder Meer

dessen historisches Zentrum rund um Rathaus und dickem Wasserturm, mit Spargelbrunnen und Glasbläsern jeden Besucher begeistert. Und pünktlich zur Mittagszeit auch den Einkehrschwung erlaubt.

Rechts und links der zielstrebig nach Bremen strömenden Weser suchen wir uns dann den weiteren Weg des Nachmittags. Über Schweringen, Hoya und Bruchhausen geht es – für den Norden Deutschlands – recht kurvenreich dahin, erst die Stadt Syke stoppt unseren Drang in die Großstadt Bremen. »Siek« oder »Ort in der Niederung«, so lautet der Ursprung des Namens Syke – aber Achtung: Er wird nicht »Süke« ausgesprochen, das bedeutet im Plattdeutschen nämlich Seuche! Besonders sehenswert ist hier das am Stadtrand gelegene Kreismuseum, ein Heimat- und Freilichtmuseum mit vielen Attraktionen.

Ganz bestimmt: Hinterm Horizont geht's weiter.

TOUR-CHECK

Region: Lüneburger Heide

Empfohlener Tourenstandort: Walsrode

Hotelempfehlung: Stadtschänke, Lange Str. 73 in Walsrode, www.stadtschaenke-walsrode.de

Länge in km: 260

Fahrzeit insgesamt: 5 Std.

Einkehrtipp am Mittag: Restaurant Rossini da Enzo, Leinstraße in Nienburg

Kombinationsmöglichkeit: Mit Touren 34, 38, 40, 41, 45

Beliebte Motorradtreffs: Am Steinhuder Meer, z. B. Gasthaus Alter Winkel in Steinhude

Um die uns bereits lockende Hansestadt Bremen schlagen wir heute noch einen großen Bogen, bei Tour 45 werden wir sie noch genauer erkunden. Über Ottersberg und Rotenburg gönnen wir uns noch einen kräftigen »Schluck« Heide-Randlage und schwingen durch herrliche Natur mit weitem Horizont, bevor wir über Visselhövede zurück nach Walsrode fahren. Für die verdiente Stärkung empfiehlt sich jetzt übrigens der »Zauberkessel« in der Bergstraße 12 – ein Tipp nicht nur für Vegetarier.

Perfektes Kontrastprogramm zu den Weiten der Heide: Der Boxenstopp auf dem Lüneburger Markt macht Lust auf mehr.

DIE HEIDE AUF SCHLEICHWEGEN

Rund um Soltau zeigt sich die Lüneburger Heide von ihrer schönsten Seite. Gerade auch uns Bikern.

Noch einmal beschnuppern wir intensiv die Perle des Nordens, die Lüneburger Heide. Und diesmal huschen wir mitten hinein und genießen einen ganzen Tourentag, prall gefüllt mit Landschaften, weiten Horizonten und erlebenswerten Städten. Starten Sie früh am Morgen durch.

Bad Fallingbostel östlich unserer Basis Walsrode kann den frischen Kurvenschwung nicht bremsen, über Dorfmark geht es hurtig nach Soltau, dem »Herz der Heide«. Geografisch liegt der Ort tatsächlich mitten in der Lüneburger Heide und weiß diese Tatsache gut zu vermarkten, z. B. mit Attraktionen wie dem Heide-Park, einem der größten Freizeitparks Deutschlands. Aber auch die Soltauer Innenstadt mit Rathaus, Heiratsbrunnen und Spielzeugmuseum ist sehr sehenswert.

Schneverdingen wenige Kilometer nördlich hat sich ebenso den Heideprodukten verschrieben, vor allem auch rund um die Heidschnucken, einer ganz speziellen Schafart. Zudem ist »Schnevern«, wie der Ort auf Plattdeutsch heißt, Ausgangspunkt zahlreicher Heideerkundungen, u. a. auch in das Museumsdorf Wilsede mitten in der Heide, das nur per Kutsche, Rad oder zu Fuß erreichbar ist.

Über Buchholz, Seevetal und Winsen geht es in das mächtige Elbetal direkt vor den Toren Hamburgs; die Stadt selbst gönnen wir uns aber erst auf Tour 48. Für heute folgen wir der Elbe ein Stück flussaufwärts, erreichen Lüneburg und zirkeln direkt zum riesigen Stadtplatz, denn es gibt viel zu sehen in Lüneburg. Gab der Ort doch der Heide vor über 1000 Jahren ihren Namen. Reich geworden mit dem »weißen Gold« des Mittelalters, dem Salz, das unmittelbar im Stadtgebiet abgebaut werden konnte, ist Lüneburg heute ein wichtiger Knotenpunkt im Norden.

Unterwegs auf Güterwegen in der Heide: Das ist Motorradtouren von seiner schönsten Seite.

Bringen Sie viel Zeit mit für den Tourenspaß in der Lüneburger Heide. Es lohnt sich und bleibt in Erinnerung.

In einem weiten Bogen über Bavendorf, Bad Bevesen und Uelzen fahren wir noch einmal durch die Besen- und Glockenheide, an horizontweit emporwachsenden Wacholderbüschen und an all den anderen Schönheiten der Lüneburger Heide vorbei. Überaus reich an Fachwerk und sogenannter Backsteingotik präsentiert sich uns bald darauf die Altstadt Uelzens mit dem Hundertwasser-Bahnhof, dem letzten Werk des begnadeten Künstlers. Ein ideales Terrain für einen Einkehrschwung.

Als »Dessert« gibt es dann noch eine große Portion Heidevergnügen, u. a. mit einem Blick hinein nach Faßberg und Hermannsburg, zwei idyllischen Siedlungen mit langer Geschichte. In Celle hingegen, vor den Toren Hannovers, »brummt« das Leben schon wieder deut-

TOUR-CHECK

Region: Lüneburger Heide

Empfohlener Tourenstandort: Walsrode

Hotelempfehlung: Hotel Forellenhof, Hünzingen 3 in Walsrode, www.forellenhof.de

Länge in km: 360

Fahrzeit insgesamt: 6–7 Std.

Einkehrtipp am Mittag: Zorbas Gaststätte, Veerßer Str. 28 in Uelzen

Kombinationsmöglichkeit: Mit Touren 34, 39, 46, 47, 48, 61

Beliebte Motorradtreffs: Bei DBH-Motorradtechnik am Güterbahnhof in Lüneburg (mit historischen Münch-Motorrädern); an der Moto-Cross-Strecke mit Enduro-Treff am Uhlenkörper-Ring in Uelzen, OT-Klein-Pretzier

lich lauter, doch auch hier laden verträumte Altstadtgassen zu einem Spaziergang – so viel Zeit sollte immer sein.

In Burgdorf endet schließlich unser Drang gen Süden, über Burgwedel, Wedemark und Hodenhagen geht es ganz gemütlich zurück nach Walsrode.

Der Himmel ist weit und die Piste schnurgerade. Stimmt das?

Briefmarkenplatt, ewig windig, reich an schnurgeraden Alleen und unendlich viel Sand – so das wohl gängige Bild, das nicht nur wir Motorradfahrer deutlich südlich von Elbe und Weser über den hohen Norden Deutschlands im Kopf haben. Aber stimmt das wirklich? Gibt es dort oben am Rand der beiden großen Meere tatsächlich keine Kurven, keine Kehren, keine Hügel, rein gar kein Schräglagenvergnügen? Nun ja, eines gibt es dort tatsächlich nicht: echte Berge. Denn das, was unsere Freunde dort oben als solche bezeichnen, sind in Wahrheit eher Maulwurfshügel von nur wenigen Metern über dem Meeresspiegel. Doch zwischen diesen Hügeln, zwischen den Deichen, zwischen den mächtigen Flüssen und ihren noch mächtigeren Marschen und Mündungen erwartet uns eine Tourenregion, wie sie vielfältiger und überraschender kaum sein kann. Nur eben anders, als »Otto Normalbiker« es gewohnt ist. Doch den Norden Deutschlands komplett aus unserem Lebens-Roadbook zu streichen, wäre zweifelsohne einer der größten Fehler. Wir helfen Ihnen, diesen zu vermeiden. Kommen Sie einfach mit!

REGION NORD

Westerland
Sylt
Niebüll
Flensburg
50
52
51
Amrum
Föhr
E45
Schleswig
Husum
7
53
49
St.Peter-Ording
Heide
Rendsburg
Helgoland
Neumünster
Cuxhaven
47
Itzehoe
23
Wangerooge
Langeoog
Baltrum
Norderney
Spiekeroog
Elmshorn
E45
48
Norderstedt
Borkum
Juist
E234
Norden
Wilhelmshaven
46
Stade
HAMB
Aurich
44
Bremerhaven
Nordenham
Bremervörde
Buxtehude
Emden
Hesel
45
E22
23
Bad Zwischenahn
Leer
43
Weser
Osterholz-Scharmbeck
E22
Buchholz
E45
7
Oldenburg
Papenburg
Bremen
Delmenhorst
Rotenburg (Wümme)
Soltau
Munster
31
41
Cloppenburg
Walsrode
Bergen
E233
Meppen
E37
Celle
Lingen
42
1
Burgdorf
Rheine
30
Osnabrück
Minden
2
Hannover
Peine
Steinfurt
E30
Rinteln
Ahaus
31
Herford
Hameln
Hildeshm.
Bielefeld
Coesfeld
E34
Detmold
Alfeld (Leine)
E45
Münster
Gütersloh
E35
Borken
Bocholt
Kleve
E37
Ahlen
2
Haltern
E31
Dorsten
Hamm
Beckum
Wesel
Reckl.hsn.
E34
Lippstadt
Paderborn
3
Geldern
Gelsenk.
Soest
Unna
44
Essen
Dortmund
E331
Duisb.
E34
Bochum
Warstein
Wuppert.
Bad Arolsen
Krefeld
Rem-scheid
Iserlohn
Düsseldf.
Hagen
Meschede
Mönchen-gladbach
Solingen
Lüdensch.
Schmallenb.
Baunatal
Eschwege
Dormagen
Fritzlar
Lennestadt
Frankenberg
Melsungen
KÖLN
Leverkusen
E41
Olpe
Borken
42
49

REGION NORD

Rügen
Sassnitz
Neu Mukran
Bergen
Göhren
Stralsund
Fehmarn
Puttgarden
Oldenburg i.Holst.
Neustadt i.Holst.
Warnemünde
Bad Doberan
Rostock
Ribnitz-Damgarten
Greifswald
Wolgast
Travemünde
Wismar
Lübeck
Güstrow
Teterow
Demmin
Anklam
Ratzeburg
Schwerin
Waren
Neubrandenburg
Pasewalk
Parchim
Boizenburg
Ludwigslust
Neustrelitz
Prenzlau
Wittstock
Schwedt
Neuruppin
Eberswalde
Oranienburg
Bad Freienwalde
Rathenow
Nauen
BERLIN
Wolfsburg
Brandenburg
Genthin
Potsdam
Fürstenwalde
Frankfurt
Haldensleben
Burg
Storkow
Helmstedt
Magdeburg
Eisenhüttenstadt
Guben
Schönebeck
Lübben
Halberstadt
Quedlinburg
Dessau
Bernburg
Cottbus
Aschersleben
Köthen
Lutherstadt Eisleben
Spremberg
Senftenberg
Nordhausen
Sangerhsn.
Halle
Elsterwerda
Hoyerswerda
Wurzen
Merseburg
Leipzig
Riesa
Weißenfels
Radebeul
Straßfurt
Bautzen
Meißen
Döbeln
Naumburg
Dresden
Zeitz
55
56
57
58
59
60
E22
E47
E55
E251
E26
E28
E30
E36
E49
E51
E40
20
14
24
19
11
12
2
13
71
4
15
46
58
LUBMIN · SEEBAD

Typisch Emsland: Viele der Nebenstraßen und Güterwege haben wir ganztags für uns allein. Und viele der Kurven ...

ZUM HOLLAND-BLICK

Das Emsland ist speziell, es ist anders, und es ist flach. Aber es ist niemals langweilig – ganz im Gegenteil.

Mit dem Tourenstandort Meppen eröffnen wir den Teil dieses Buchs, der über den hohen Norden Deutschlands berichtet. Dass es auch dort prächtige Landschaften, geschichtenreiche Städte und jede Menge Sehenswürdigkeiten gibt, ist bekannt. Dass der Hohe Norden aber auch erlebenswerte Kurvenreviere für uns bereithält, dass beweisen wir Ihnen in den nun folgenden Kapiteln.

Bereits der erste Blick in die Meppener Altstadt mit Rathaus und Jesuitenkirche zeigt uns, dass es in der über 1200-jährigen Festungsstadt viel zu entdecken gibt. Auch und gerade abseits des Mopedsattels (mehr dazu am Ende dieser Tour). Einen großen Katzensprung entfernt im Westen erwartet uns bereits Nachbar Niederlande zu einem Besuch, den wir uns heute aber tunlichst verkneifen, denn unser Buch widmet sich ja den Schönheiten Deutschlands. Rechts und links des Dortmund-Ems-Kanals pendeln wir über Provinzialmoor und Fehndorf nach Haren, einem 23 000-Seelen-Städtchen mit ebenfalls über 1200 Jahren Geschichte. Sehenswert sind neben der Altstadt vor allem der »Emslanddom«, ein neubarocker Dom mit 58 Meter hoher Kuppel, sowie der Haren-Rütenbock-Kanal, auf dem uns einige Museumsschiffe erwarten. Spätestens beim Anblick des barocken Wasserschlosses Dankern wird sich dann auch der Speicherchip Ihrer Kamera rasch füllen.

Durch die Auen der Ems sowie immer wieder einmal den Dortmund-Ems-Kanal kreuzend, schwingen

TOUR-TIPP

Das Emsland

Nach der letzten Eiszeit vor gut 6000 Jahren begannen Jäger und Sammler das heutige Emsland zu besiedeln und urbar zu machen. Die Germanen breiteten sich aus, und die Römer nutzten wohl die Ems als Transportweg gen Norden, gerieten dabei aber nicht selten mit den Germanen aneinander. Im Mittelalter war die Region immer wieder Streitpunkt unzähliger Herzogtümer; auch die Niederländer beanspruchten Teile für sich, und seit 1814 gehörte es zum Königreich Hannover und damit ab 1866 zu Preußen. Nach dem Zweiten Weltkrieg versuchten die Niederlande nochmals, sich das Emsland einzuverleiben, aber vergeblich: Seit 1946 ist es nun Teil Niedersachsens. Heute begeistert es neben seiner Landschaft vor allem mit einer vielleicht einzigartigen Geschichte und einer daraus resultierenden vielfältigen Kultur und Architektur.

Die tief stehende Abendsonne verleiht diesem Emsländer Hofgut eine ganz besondere Stimmung.

Echt herrschaftlich: ein Cloppenburger Gymnasium

TOUR-TIPP

Die Fehn-Kolonien des Nordens

Hierbei handelt es sich um eine ursprünglich wohl aus Holland stammende Siedlungskultur, bei der sich die Häuser wie auf einer Perlenschnur entlang meist künstlicher Kanäle aufreihen. Die Kanäle selbst dienten der Entwässerung riesiger, ansonsten unbewohnbarer Moorgebiete und halfen so dabei, diese im Lauf der Jahrhunderte urbar zu machen. Der Torf wurde per Lastkahn auf den Kanälen »getreidelt«, also mit Seilen vom Kanalrand aus gezogen. Ganze 14 Kilometer lang sind die Kanäle Papenburgs und bilden so seit ihrer Entstehung um 1630 die längste und älteste Fehn-Kolonie Deutschlands.

wir über Lathen, Walchum und Heede nach Altenkamp vor den Toren Papenburgs. Die Nordgrenze des Emslands ist damit erreicht – schauen Sie sich gern ein wenig um, denn Papenburg besitzt eine der ältesten und längsten Fehn-Kolonien.

Anschließend begeben wir uns hinaus ins Land, gehen auf Kurvensuche und werden rasch fündig. Über Neuburlage, Esterwegen und Friesoythe geht es auf sogar grün ausgezeichneten, also landschaftlich wertvollen Pisten dahin. Via Bösel und Garrel erreichen wir am Südrand von Oldenburg Wardenburg mit wuchtigem Glockenturm, Wassermühle und hübschem Zentrum.

Natürlich können Sie jetzt einen Abstecher in Oldenburgs Innenstadt einbauen, es sei allerdings erwähnt, dass wir auf Tour 43 Oldenburg nochmals explizit unsere Aufwartung machen. Jetzt geht es auf dieser Tagestour noch einmal ab »aufs Land«. Über Huntlosen und Hatten nach Wildeshausen und – für zügiges Vorankommen – ein Stück auf der Bundesstraße fahren wir nach Cloppenburg und zu unserem Einkehrtipp für den Mittag. Heftig streiten sich die Gelehrten heutzutage über die Herkunft des Namens Cloppenburg. Basiert er etwa auf dem mundartlichen »Kloppen«, also dem Schlagen/Prügeln, was die Wurzeln der Stadt in einer mittelalterlichen

Der Reiz schnurgerader Betonplatten-Pisten: Sie werden uns auf den Reisen im Nordosten noch öfter begegnen.

Trutzburg erklären könnte? Sicher ist, dass bereits in der Bronzezeit ein Handelsweg hier entlangführte, der die Niederlande mit den Regionen um Ems und Weser verband. Heute überzeugt Cloppenburg mit einer schönen Fußgängerzone, einem Museumsdorf samt Bockwindmühle und einer reichen Kulturszene.

Weiter geht unsere Reise über Lindern und Werlte nach Sögel. Dort erwartet uns die barocke Schlossanlage Clemenswerth mit der wohl einzigartigen Architektur eines Jagdsterns. 1737–49 für den Kölner Erzbischof Clemens August I. von Bayern gebaut, ist das Jagdschloss Clemenswerth heute das am besten erhaltene barocke Lustschloss Europas. Die Anlage mit ihren herrlichen Gärten ist für Besucher zugänglich und beherbergt u. a. das Emslandmuseum.

Von Sögel aus ist unser »Basislager« schon fast in Sichtweite. Falls der Tourentag noch einige Sonnenstunden für Sie parat hält, empfehlen wir vor dem abendlichen Sightseeing- und Kulturprogramm in Meppen noch eine Hatz über die Dörfer im Osten der Stadt. Rund um Haselünne und Barwinkel gibt es viel Ursprüngliches zu entdecken. Und der Heimweg nach Meppen ist allerorten groß ausgeschildert, Sie können sich also kaum verfahren.

Das heutige Gesicht Meppens ist geprägt von seiner reichen Geschichte. Zahlreiche historische Bauwerke locken im Zentrum, ebenso wie Cafés, Kneipen und eine Vielzahl an Einkehrmöglichkeiten. Dazu gesellt sich ein reichhaltiges Kulturprogramm mit einem immer vollen Eventkalender, der keine Langeweile aufkommen lässt. Als Einkehrtipp am Abend empfehlen wir den »Schmidt am Markt« (Am Markt 17) mit leckerer niedersächsischer Traditionsküche. Und anschließend vielleicht noch einen Rundgang mit den historisch authentischen Nachtwächtern (nur eine von über zehn Stadtführungen, die Meppens Tourismus zu bieten hat), die uns nach Einbruch der Dunkelheit zu den Schauplätzen spannender Geschichten führen.

TOUR-CHECK

Region: Emsland

Empfohlener Tourenstandort: Meppen

Hotelempfehlung: Hermannshof Garni, Borsigstr. 12 in Meppen, www.hotel-hermannshof.de

Länge in km: 300

Fahrzeit insgesamt: 6 Std.

Einkehrtipp am Mittag: Restaurant Dorfkrug im Museumsdorf in Cloppenburg

Kombinationsmöglichkeit: Mit Touren 38, 39, 42, 43, 44, 45

Beliebte Motorradtreffs: Gasthaus Achternholter Krug, Böseler Str. 101 in Wardenburg, Ortsteil Achternholt

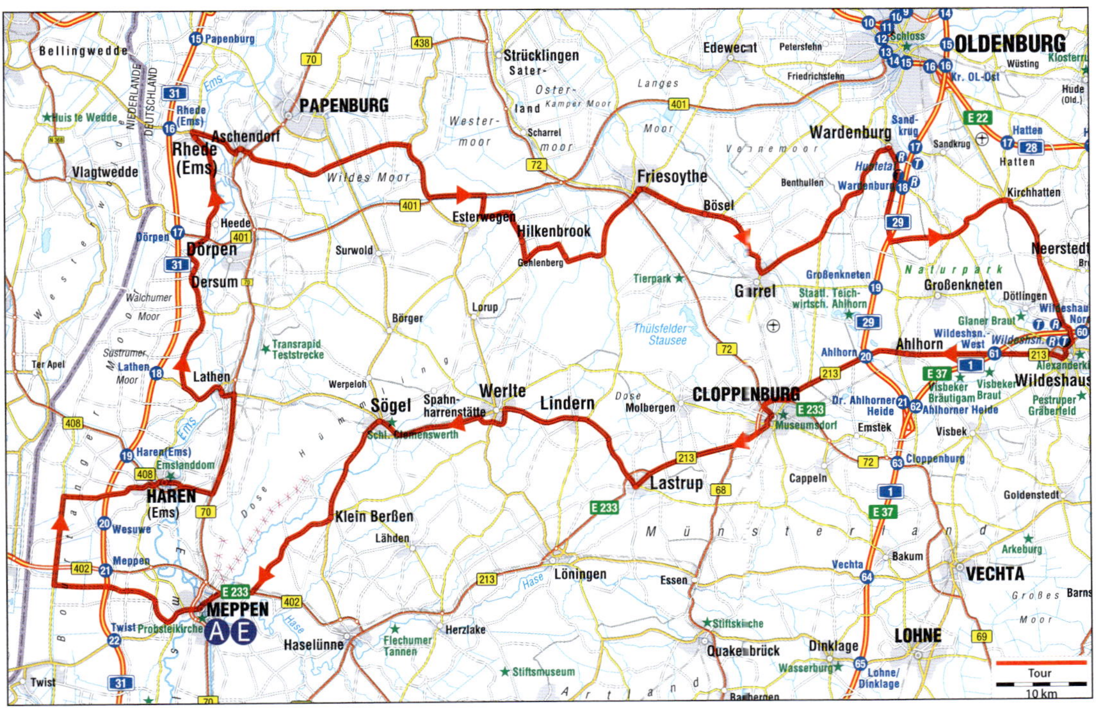

Weite neu definiert: Das Hinterland von Osnabrück ist ein perfektes Tourenrevier für den Entdecker in uns.

WEITES LAND

Zwischen Meppen und Rheine ist viel Platz, ganz besonders auch am windmühlenreichen Horizont.

Unsere zweite Tour, die wir von Meppen aus starten, widmet sich dem Süden des Emslands, einer Landschaft, die nachhaltig von der Ems, von ihren Zuflüssen und den unzähligen Auenlandschaften geprägt ist. Die Hase z. B. ist einer jener Zuflüsse der Ems, die das Land mit formten. Sie ist uns in Osnabrück auf den Touren 37 und 38 bereits begegnet. Heute geleitet sie uns direkt nach Haselünne, einem beschaulichen Fachwerkort, auf dessen Gebiet der Mensch schon in der Steinzeit siedelte. Durchaus verständlich, wenn man einmal in Ruhe den Blick über das Land schweifen lässt.

Aber nicht allzu lange, denn es wartet noch eine ausgiebige Motorradtour auf uns. Ein paar Kilometer B 213 erlauben via Herzlake durchaus forsches Vorankommen, dann geht es erneut ab in die Landschaft. Über Löningen im Urstromtal der Hase und Menslage schwingen wir durch eine – zumindest für Alpenvorland-Bewohner – flunderflache Gegend mit schier unendlich weitem Horizont. Das ändert sich auch wenig, wenn wir über Berge und Bippen in die Hügel der Ankumer Höhe huschen. Mit maximal 140 Metern über NN ist auch dort die Sauerstoff-Versorgung unseres Triebwerks niemals in Gefahr. Dennoch sollten wir dem Moped spätestens im hübschen Städtchen Fürstenau eine Pause gönnen. Denn nicht nur das fürstbischöfliche Schloss Fürstenau – heute Sitz der Stadtverwaltung – lohnt einen langen Blick, auch das historische Stadtbild ist sehenswert.

In weitem Bogen geht es anschließend über Lengerich und Freren, über Schapen und Hopsten mitten hinein nach Rheine, der immerhin zweitgrößten Stadt des Münsterlands und geradezu prädestiniert für einen erlebenswerten Rundgang durch den historischen Kern in Kombination mit einem mittäglichen Boxenstopp. Vor über 2000 Jahren schipperten hier die Römer auf der Ems entlang, um das nördliche Germanien zu unterwerfen. Doch auch die jüngere Geschichte Rheines ist spannend, und bei Stadtführungen wird sie wieder lebendig.

Den Nachmittag verbringen wir natürlich wieder im Mopedsattel, schwingen über Schüttdorf und Bad Bentheim zu einer Stippvisite nach Nordhorn. Anschließend geht es via Emsbüren zurück in das Tal der Ems, die uns nach Lingen begleitet. Werfen Sie dort einen Blick in die prächtig herausgeputzten Altstadtgassen – es lohnt sich ebenso wie ein Kaffee-und-Kuchen-Boxenstopp. Denn unser abendliches Ziel Meppen ist in direkter Verbindung nur noch einen Katzensprung entfernt.

Etwas ausgiebiger und vor allem kurvenreicher ist der Weg über Wietmarschen, Twist und Rühlerfeld, den Sie je nach fortgeschrittener Tageszeit noch mit weiteren Schlenkern garnieren können – es wird Ihnen gefallen.

TOUR-CHECK

Region: Emsland und Osnabrück

Empfohlener Tourenstandort: Meppen

Hotelempfehlung: Hotel von Euch, Kuhstr. 21–25 in Meppen, www.hotelvoneuch.de

Länge in km: 270

Fahrzeit insgesamt: 5 Std.

Einkehrtipp am Mittag: SunDays Café-Bar-Restaurant, Heiliggeistplatz 1a in Rheine

Kombinationsmöglichkeit: Mit Touren 35, 38, 41

Beliebte Motorradtreffs: Am Parkplatz Isterberg bei Nordhorn (vor allem an Wochenenden)

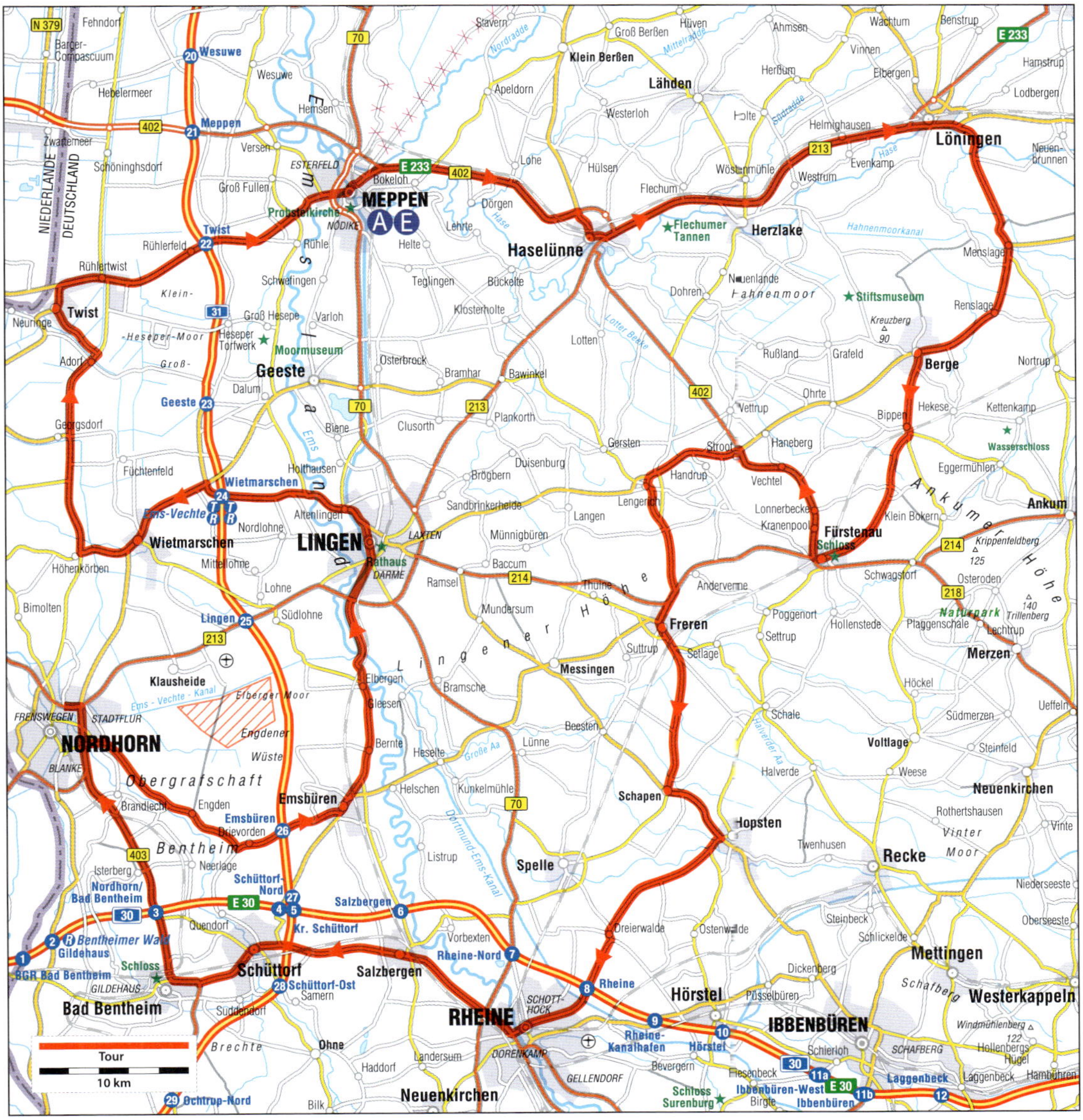

Ostfriesland ist so herrlich anders – und für viele Menschen dort der Grund, warum Kompassnadeln nach Norden weisen.

KURVENPARADIES OSTFRIESLAND – BEWEIS NR. 1

Flunderflach und ewig windig lautet das »vernichtende« Urteil über Ostfriesland am Moped-Stammtisch. Doch das ist nur die halbe Wahrheit.

So viel sei verraten: Es kostet stets ordentlich Überzeugungsarbeit, um als Motorradjournalist das Reisethema »Ostfriesland« platzieren zu können. Denn die Ressentiments gegen das nördliche Ende Deutschlands gerade auch in Bezug auf Schräglagen-Genuss und Kurvenhatz sind groß. Und mit unserem erlebenswert quirligen Tourenstandort Leer haben wir natürlich zusätzliches Potenzial für Geläster geschaffen. Doch wir sind sicher, es wird Ihnen gefallen!

Das »Tor Ostfrieslands« begeistert allein schon mit seiner prächtigen Altstadt: mit wundervoll restaurierten Bürgerhäusern aus dem 17. Jahrhundert, die die Geschichte der Handels- und Seefahrerstadt erzählen. Bevor wir uns anschließend dem Land drumherum widmen, werfen Sie bitte noch einen Blick auf die Evenburg im Osten von Leer. Die einstige Wasserburg wurde als neugotisch gestaltetes Wohnschloss umgebaut und zählt mitsamt Park, Vorburg von 1765 und prächtiger Allee zu einem der schönsten »Einfamilienhäuser« Deutschlands. Leider nicht zu mieten, wir haben nachgefragt.

Entlang der Ems geht es dann zu deren Mündung in die Nordsee bei Pogum. Via Bunde und Weener erreichen wir Papenburg und seine berühmten Fehn-Kolonien (s. Tour 41). Immer wieder Haken schlagend – hier dürfen wir nochmals unseren GPS-Datendownload empfehlen! – schwingen wir kurven- und alleenreich nach Rhauderfehn mit seiner Windmühle und seinen Zugbrücken wie aus längst vergangenen Tagen. Bad Zwischenahn ist das Herz des Ammerlands direkt am idyllischen Zwischenahner Meer, der »Perle des Ammerlands«, wie der knapp sechs Quadratkilometer große Binnensee gern auch genannt wird.

Oldenburg markiert unseren östlichsten Punkt für heute, auf Tour 41 waren wir hier schon einmal auf Sichtweite entlanggehuscht – heute schenken wir der Stadt einen ausgiebigen Boxenstopp, denn die studentisch geprägte Residenzstadt hat mit über 1400 Jahren Geschichte viel zu erzählen. Und ungezählte Einkehrmöglichkeiten für jede erdenkliche Geschmacksrichtung.

Richtung Norden locken uns dann die Weiten der Nordsee – und in Rastede auch noch ein anderes Highlight: All denjenigen, die im Mai nach Rastede kommen, sei das »Mittelalterlich Spectaculum« im Schlosspark mit

Wattwandern: auch mit Mopedstiefeln möglich

Gauklern, Händlern, Traumspektakel-Heerlager und vor allem »Mittelalter zum Anfassen« empfohlen. Eine erlebenswerte, mehrtägige Show.

TOUR-CHECK

Region: Ostfriesland

Empfohlener Tourenstandort: Leer

Hotelempfehlung: Hotel Lange, Zum Schöpfwerk 1–3 in Leer, www.hotel-lange-leer.de

Länge in km: 260

Fahrzeit insgesamt: 5 Std.

Einkehrtipp am Mittag: Restaurant Kleine Burg, Burgstr. 2 in Oldenburg

Kombinationsmöglichkeit: Mit Touren 41, 44, 45

Beliebte Motorradtreffs: Biker-Hotel Zur Schanze, Hauptstr. 717 in Apen-Holtgast; Gaststätte Paddocks, Bremer Heerstr. 401 in Oldenburg, Ortsteil Tweelbäke; Eili's Bikertreff, Neufirreler Str. 18 in Uplengen, Ortsteil Großoldendorf

Passend dazu präsentiert sich bald darauf das historische Zentrum von Bockhorn, ein seit dem Mittelalter beliebter Marktflecken etwas südlich von Wilhelmshaven. Dort schauen wir uns übrigens morgen um, heute geht es schwungvoll Richtung Westen, Richtung Sonnenuntergang und zurück nach Leer – wo wir uns dem anderen Genuss Ostfrieslands, nämlich seiner legendären Kulinarik, widmen. Bestes Beispiel dafür ist die »Hafenbar« am Nesseufer.

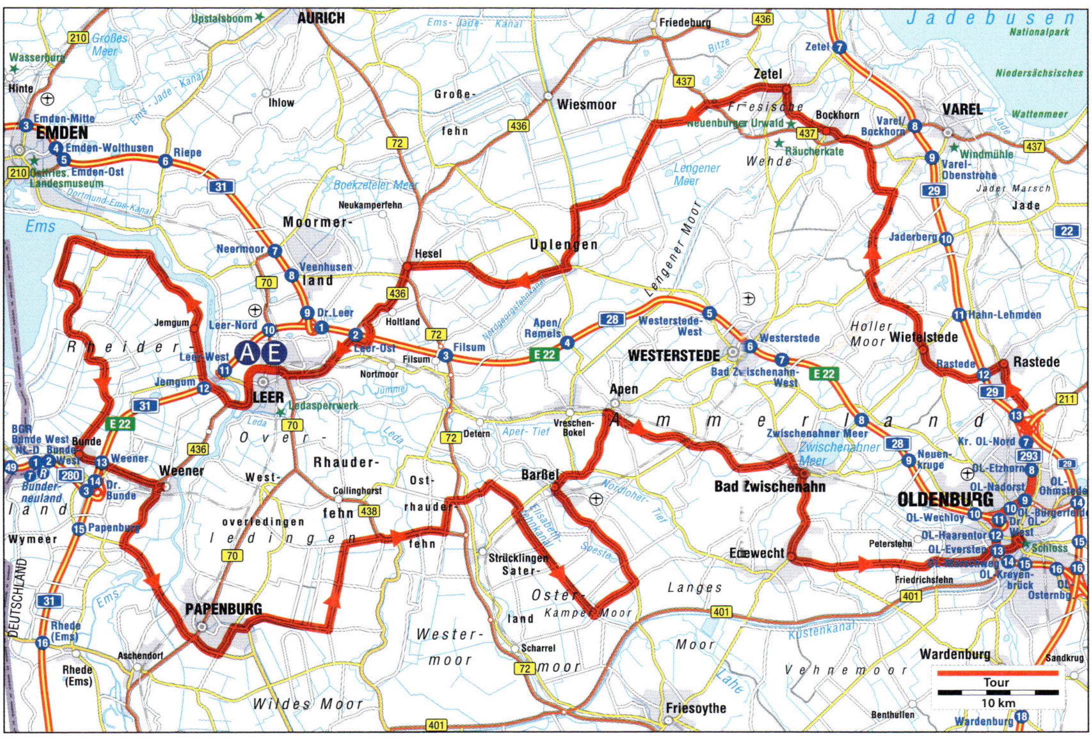

Wirklich herzlich willkommen: Die Windmühle von Greetsiel empfängt uns winkend gleich am Ortseingang.

KURVENPARADIES OSTFRIESLAND – BEWEIS NR. 2

Diese Tour präsentiert das Ostfriesland, wie man es kennt. Und den kürzesten Weg zwischen Amerika und Russland.

Tour Nr. 2 widmet sich dem Teil Ostfrieslands, der zur Sommerreisezeit geflutet wird mit Urlaubern. Unser Tipp: Planen Sie Ostfriesland im Frühling ab Mai bis Ende Juni und dann wieder ab Anfang September ein – dann sind auch die Ideallinien auf Frieslands Kurven und Alleen wieder frei befahrbar.

Über das Moormerland – einst die Heimat ostfriesischer Häuptlinge (ja, die gab es hier tatsächlich) – und über weitere, sehenswerte Fehn-Siedlungen geht es nach Großefehn und Wiesmoor sowie nach Friedeburg. Typisch flache Landschaften, eine Handvoll Windmühlen, zahlreiche Klappbrücken, Moore und Wälder sorgen für optische Abwechslung und lassen auf der Fahrt niemals Langeweile aufkommen.

Das Städtchen Friedeburg besitzt eine ganz andere Eigenart, eine, die man suchen muss. Denn hier gibt's eine echte ostfriesische Kuriosität zu bestaunen: nämlich den kürzesten Weg zwischen Russland und Amerika – ohne Grenzformalitäten, ohne Visa und absurde amerikanische Einreiseverhöre, ja sogar ohne zu tanken. Denn Friedeburgs Stadtteile Rußland und Amerika trennen gerade einmal fünf Kilometer Luftlinie. Woher diese kuriose Namensgebung stammt, können uns auch die Menschen am Wegesrand nicht beantworten, und auch auf der Homepage der Stadt liest man nur Vermutungen.

Wilhelmshaven empfängt uns am Mittag mit echtem Meerblick und langer, wechselvoller Geschichte. 1869 am strategisch wichtigen Jadebusen als preußischer Militärhafen unter Wilhelm I. erbaut, ist die Stadt bis heute wichtiger Militärstützpunkt und einer der größten Industriehäfen, dessen zweifelsohne vorhandener Charme gesucht und gefunden werden will. Schauen Sie sich um.

Immer am Deich entlang geht es anschließend in weitem Bogen über Hooksiel und Horumersiel nach Jever, einem ostfriesischen Pflichttermin zu jeder Jahreszeit. Freunde friesisch herben Genusses sollten sich eine Führung durch das »Friesische Brauhaus zu Jever« nicht entgehen lassen, an deren Anschluss man wie zufällig im brauereieigenen Shop all das erwerben kann, was die Stadt in aller Welt berühmt gemacht hat. Aber auch die sehenswerte Fußgängerzone, prallvoll mit Nippes und Tand, kann ebenso begeistern wie unser Einkehrtipp.

Der Nachmittag gehört dann der Küste Ostfrieslands mit ihrer ganz eigenen herben Schönheit. Über Neuharlingersiel, Bensersiel, Esens und Wittmund geht es nach Aurich und über Dornumersiel und Neßmersiel zwischen Ebbe und Flut dahin. Und falls Sie der Hunger quält: Einen leckeren Einkehrschwung mit wirklich frischem Fisch gibt es allerorten zu entdecken. Über Norddeich und Norden, über Greetsiel und seine »Zwillinge« sowie entlang Störtebekers berühmter Heimat Krummhörn erreichen wir schließlich Emden. Hier oder im nahen Leer können Sie diesen langen Tourentag perfekt ausklingen lassen.

TOUR-CHECK

Region: Ostfriesland

Empfohlener Tourenstandort: Leer

Hotelempfehlung: Ostfriesen-Hof, Groninger Str. 109 in Leer, www.ostfriesen-hof.de

Länge in km: 330

Fahrzeit insgesamt: 6–7 Std.

Einkehrtipp am Mittag: Restaurant Der Butt, Kattrepel 2 in Jever

Kombinationsmöglichkeit: Mit Touren 41, 43, 45, 46

Beliebte Motorradtreffs: Gasthaus Pütt am Alten Markt in Jever

Land hinterm Deich: So manche Piste ist sogar mit dem Motorrad offiziell frei befahrbar. Genießen Sie das.

GESCHICHTSREICHE WESER

Zwischen Bremen und der Nordsee prägt die Weser nicht nur das Land, sondern auch dessen Geschichte.

Bremerhaven gehört zu den Tourenstandorten mit echtem Weitblick. Denn die mächtige Mündung der Weser in die Nordsee dominiert das Bild der Stadt von unzähligen Positionen aus. Übrigens ist jene Weser der urdeutscheste aller deutschen Flüsse, da dessen Quellwasser ausschließlich aus Deutschland stammen. Auf Tour 31 haben wir das Land und seine Quelle kennengelernt. Und zu Bremerhaven gibt es im folgenden Kapitel auch noch einen Tour-Tipp.

Heute queren wir den mächtigen Strom gleich frühmorgens mit der Fähre nach Blexen und suchen uns den weiteren Weg nach Nordenham zu einer Erkundung des Marschlands zwischen Wesermündung und Jadebusen. Letzterer ist übrigens der Versuch des Meeres, bei Sturmfluten das Land (zurück)zuerobern. Aber das soll uns nicht weiter beunruhigen. Über Stollhamm und Ovelgönne geht es nach Brake, dort setzen wir erneut mit einer Weserfähre über nach Sandstedt, um eine ausgiebige Runde rechts der Weser über Land zu räubern, z. B. nach Hagen im Bremischen, einem bezaubernden Ort mit Burg, Windmühle und Martin-Luther-Kirche.

Noch einmal wechseln wir bei Rönnebeck kurz vor den Toren Bremens mittels Fähre das Weserufer, nicht nur weil es eine durchaus erlebenswerte wie günstige Art des Vorankommens ist, sondern auch, um das besondere Flair der Region einzufangen. Von Berne aus geht es südlich nach Hude und Ganderkesee, einer echten Idylle zwischen Marsch und Moor. Bevor wir uns nun der Hansestadt Bremen zuwenden, schlagen wir nochmals einen weiten Bogen über Wildeshausen und Delmenhorst. Hier schließt übrigens Tour 41 nahtlos an – für heute bleiben wir aber »on track« und widmen uns dem prächtigen Bremen.

Keine Angst, der Verkehr in der immerhin zehntgrößten Stadt Deutschlands ist meist erträglich, und zumindest mit kofferbefreitem Moped geht es rasch hinein in das historische Zentrum mit seinen imposanten Zeitzeugen, wie z. B. dem berühmten sechs Meter hohen Roland oder der Böttcherstraße, einer der wohl imposantesten Altstadtgassen Norddeutschlands. Und während Autofahrer über Bremens Parkmöglichkeiten heftig stöhnen, ist für das Moped ein Abstellplatz meist gut zu finden.

Sie gehören dazu: Frische Milch und frische Winde prägen den Norden wie keine andere Region Deutschlands.

Gilt von 0 bis 24 Uhr: Moin oder MoinMoin darf jeder sagen.

TOUR-CHECK

Region: Wesermarsch

Empfohlener Tourenstandort: Bremerhaven

Hotelempfehlung: Columbus, Lange Str. 141–145 in Bremerhaven, www.columbus-hotel.de

Länge in km: 300

Fahrzeit insgesamt: 6 Std.

Einkehrtipp am Mittag: Restaurant Edel Weiss, Bahnhofsplatz 8 in Bremen

Kombinationsmöglichkeit: Mit Touren 39, 41, 43, 44, 46

Beliebte Motorradtreffs: Bistro Stadtgespräch, Lange Str. 10 in Harpstedt (mit Güllepumpen-Freundeskreis); Gasthaus Lütje Schüün in Osterholz-Scharmbeck, Ortsteil Heilshorn

Am Nachmittag huschen wir hinaus ins Land der Wümme, und über das reizvolle Ottersberg mit seinem rustikalen Charakter und vielen ansässigen Künstlern erreichen wir Lilienthal, eine beschauliche Gemeinde am Rand des Teufelsmoors. Mächtige Steingräber erzählen rund um Osterholz-Scharmbeck von längst vergangenen Tagen – vor über 10 000 Jahren sollen sich hier schon Jäger und Sammler höchst wohlgefühlt haben. Heutzutage lockt ein gemütlicher Marktplatz zur Einkehr, z. B. um unseren Koffeinspiegel zu heben. Mitten durch das sagenreiche Teufelsmoor geht es sodann nach Hambergen und Beverstedt und mit einem letzten kräftigen Dreh am Gasgriff zurück nach Bremerhaven.

Gibt's fast jeden Tag: Ein Sonnenuntergang am Meer ist viel intensiver als in den Bergen oder im Hinterland.

BREMERHAVEN
Deutsches Schiffahrtsmuseum
Bremerhaven-Überseehäfen
Bremerhaven-Mitte
Bremerhaven-Geestemünde
Bremerhaven-Wulsdorf
Bremerhaven-Süd
Wedde-warden
Lehe
Spaden
Schiffdorf
Sellstedt
Bramel
Laven
Marschkamp
Elmlohe
Brink
Köhrste-lt
Hainmühlen
Großenhain
Hollen
Dornsode
Abbenseth
Ringstedt
Köhlen
Stühbusch
Alfstedt
Altluneberg
Heinschenwalde
Ebersdorf
Geestenseth
Tossens
Burhave
Süllwarden
Waddenser-deich
Butjadingen
Klein Eckwarden
Roddens
Neuburg
Schweewarden
Eckwarden
Blexen
Phiesewarden
Stollhamm
Einswarden
Nationalpark
Niedersächsisches
Wattenmeer
Stollhammer Ahndeich
NORDENHAM
Abbehausen
Ueterlande
Fleeste
Donnern
Wehdel
Bexhövede
Frelsdorf
Wollingst
Hipstedt
Gilnde
Oerel
Loxstedt
Stinstedt
Heerstedt
Abelhorst
Barchel
Seefeld
Reitlanderzoll
Kleinensiel
Dedesdorf
Holte
Esenshamm
Wiemsdorf
Stotel
Lunestedt
Ostersdorf
Appeln
Basdahl
Poggemühlen
Spreckens
Reitland
Augusthausen
Stadland
Büttel
Freschluneberg
Hollen
Beverstedt
Volkmarst
Osterwede
Oste-Hamme-Kanal
Lever dot as Siel
Drepte
Weser
Schwei
Süderschweiburg
Rodenkirchen
Langendammsmoor
Wittstedt
Stubben
Kirchwistedt
Altwistedt
Brillit
Wollen
Bokel
Brunshausen
Ahe
Altenburg
Kötermoor
Alserwurp
Gnarrenburg
Langenfelde
Hellingst
Driftsethe
Rechtenfleth
Oldendorf
Achterstadt
Frieschenmoor
Bramstedt
Steden
Kuhstedt
Ovelgönne
Jade
Nord-Mentzhsn.
Neustadt
Brake (Unterweser)
Golzwarden
Sandstedt
Hagen im Bremischen
Harrendorf
Axstedt
Wohlthöfen
Padewisch
Kolheim
Karlshöfenerberg
Glinstedt
Norderhofschlag
Nordbollenhagen
Osterstade
Wersabe
Schiffahrtsmuseum
Dorfhagen
Wulsbüttel
Albstedt
Lübberstedt
Hambergen
Vollersode
Friedensheim
Ostersode
Hanstedt
Jaderkreuzmoor
Südbollenhagen
Mittelort
Uthlede
Rechtebe
Ohlenstedt
Vorwohlde
Heißenbüttel
Breddorfermoor
Breddorf
Niederort
Süderosterstade
Garlstedt
Hülseberg
Oldenbüttel
Teufelsmoor
Salzendeich
Altendorf
Aschwarden
Meyenburg
Kattenhorn
Sandhausen
Hüttenbusch
Großenmeer
Neuenfelde
Rade
Lange Heide
Freissenbüttel
Teufelsmoor
Neu St. Jürgen
Kuhlen
Niederhörne
Schwanewede
Hepstedt
Loy
Oberhörne
Elsfleth
Neuenkirchen
Brundorf
Heilshorn
Pennigbüttel
Schlußdorf
Moorriem
Bardenfleth
Eggestedt
OSTERHOLZ-SCHARMBECK
Adolphsdorf
Burwinkel
Bockhorn
Tarmstedt
Farge
Blumenthal
Löhnhorst
Werschenrege
Scharmbeckstotel
Worpswede
Malerkolonie
Huntorf
Huntebrück
Wahnbek
Stendorf
Hamme
Waakhausen
Lüningsee
Worphausen
Moorende
Seehausen
Wilstedt
Ihlpohl
Neuenhuntorf
Berne
Vegesack
Lesum
Ihlpohl
HB-Nord
Niederende
Würden
Grasberg
Ohmstede
Nadorst
Campe
Motzen
Ritterhude
Vierhausen
Frankenburg
Trupermoor
Buchholz
Huxfeld
Stedingen
OLDENBURG
Köterende
Büttel
Ritzenbüttel
Butzhausen
Lemwerder
Burglesum
Dr. HB-Industriehäfen
Niederblockland
Heidberg
Dannenberg
Seebergen
Quelkhorn
Bäke
Neuenkoop
Maibusch
Hiddigwardermoor
Wümme
Lilienthal
Hunte
Bardewisch
Altenesch
Burg-Grambke
Oberblockland
Hinterm Reiherholz
Klosterruine
Hude (Old.)
Gröpelingen
Bremen-Überseestadt
Bremen-Horn/Lehe
Fischerhude
Helmathaus Irmintraut
Wümmewiesen
Kr. OL-Ost
Wüsting
Hasenbüren
Walle
Findorff
Schwachhausen
BREMEN
Sagehorn
Tweelbäke-Ost
Lintel
Bookholzberg
Deichhausen
Ochtum
Seehausen
Rablinghausen
HB-Woltmershsn.
Nordenholz
Altmoorhausen
Vielstedt
Stenum
Schierbrok
Woltmershausen
Hastedt
Sebaldsbrück
Oyten
Bassen
Neustadt
Kirchkimmen
Hasbergen
Delmenhorst
HB-Neustadt
Hemelingen
Osterholz
Sandkrug
Hatten
Dringstede
Ganderkesee-West
Ganderkesee-Ost
Flughafen Bremen
Habenhausen
HB-Hemelingen
Hatterwüsting
Falkenburg
DEL-Deichhorst
Huchting
Obervieland
Achim-Nord
Achim-Ost
Hatter-Mühle
Grashorn
Bergedorf
Ganderkesee
Immer
Stuhr
Bremen/Brinkum
HB-Arsten
Uphusen/HB-Mahndorf
Uphusen
Wardenburg
Westerburg
Osenberge
Kirchhatten
Sandhatten
Rahde
Nüttel
Klattenhof
Hoyerswege
Adelheide
Groß Mackenstedt
DEL-Ost
Brinkum
Dreye
ACHIM
Baden
Huntlosen
Barel
Havekost
Annen
Kirchweyhe
Ahausen
Eißel
Neerstedt
Geveshsn.
Seckenhausen
Leeste
Sudweyhe
Dibbersen
Döhlen
Westrittrum
Brettorf
Hengsterholz
Heiligenrode
Weyhe
Riede
Thedinghausen
Naturpark
Großenkneten
Groß Ippener
Warwe
Lunsen
Morsum
Dötlingen
Aschenstedt
Prinzhöfte
Fahrenhorst
Siedlung Gessel
Barrien
Felde
Horstedt
Ristedt
Okel
Beppen
Wulmstorf
Jackshöhe
Glane
Glaner Braut
Pfennigstedterfeld
Kirchseelte
Gräfinghsn.
Emtinghausen
Heinefelde
Leerßen
SYKE
Osterholz
Wackershsn.
Einste
Ahlhorn
Wildeshausen-Nord
Harpstedt
Dünsen
Klosterseelte
Pestinghausen
Schnepke
Bahlum
Mahlstadt
Klein Hollwedel
Nordwohlde
Schwarme
Hustedt
Alexanderkirche
Wildeshausen
Groß Köhren
Stühren
Gödestorf
Holzhausen
Klein-Bramstedt
Legenhausen
Spraken
Martfeld
Pestruper Gräberfeld
Reckum
Holzhausen
Gross Hollwedel
Dimhsn.
Wachendorf
Winkelsett
Bünte
Groß Hesstedt
Heiligenfelde
Süstedt
Tuschendorf
Ahlhorner Heide
Siedenbögen
Kleinenkneten
Pastrup
Beckeln
Bassum
Groß-Bramstedt
Tour
10 km

Genuss pur in der Nebensaison: Die Pisten hinterm Deich gehören im Juli und August Kohorten von Elektro-Radlern.

ZWISCHEN DEN STRÖMEN

Weser, Elbe und die Nordsee prägen die gesamte Region und damit auch unser heutiges Moped-Vergnügen.

Ein mit Kilometern, Fahrvergnügen und Sightseeing reich angefüllter Tourentag erwartet uns heute. Also trödeln Sie bitte nicht zu sehr am morgendlichen Frühstücksbüfett. Über Schiffdorf und Sellstedt geht es zunächst einmal hinaus in die Landschaft, und umgehend kehrt Ruhe ein vor unserem Windshield. Die Flussauen der etwas unscheinbaren, aber herrlich naturnah mäandrierenden Geeste begrenzen unseren Drang nach Osten nur kurz, und über Geestenseth und Beverstedt erreichen wir Gnarrenburg am geheimnisvollen Huvenhoopssee, einem Moorsee, der jeden Naturliebhaber bezaubert.

Über 1000 Jahre spannender Geschichte hat uns die Stadt Bremervörde wenige Kilometer weiter im Herzen des Elbe-Weser-Dreiecks zu erzählen. Bis zu einer wehrhaften Wasserburg an einer strategisch wichtigen Furt über den Fluss Oste reichen die urkundlich gesicherten Wurzeln Bremervördes zurück, der Grundstein der Stadtgeschichte. Doch bereits in

TOUR-TIPP

Bremerhaven
Sie ist eine der größten Hafenstädte Europas und eines der wichtigsten Exportzentren Deutschlands. Über 2,3 Millionen Kraftfahrzeuge werden von hier aus Jahr für Jahr in alle Welt verschifft, so viel wie nirgendwo sonst in Europa. Sie bildet mit dem 50 km entfernten Bremen den einzigen deutschen Zwei-Städte-Staat »Freie Hansestadt Bremen« – doch all das ist eigentlich nur statistisches Beiwerk für unseren Aufenthalt in einer der interessantesten Hafenstädte Deutschlands. Die Weite des Meers vermischt sich hier mit unzähligen Erlebniswelten, mit Shoppingvergnügen und Fischgenuss. Schauen Sie sich um im Deutschen Schifffahrtsmuseum, im Zoo am Meer oder in den Hafenwelten am Geestufer mit Historischem Museum und Wencke-Dock, dem ältesten Trockendock Deutschlands. Bremerhavens alter Fischereihafen lädt zum entspannten Bummeln ein und alljährlich Mitte Mai zum legendären, ja einmaligen Fischereihafen-Rennen mit 400 Motorradfahrern aus aller Welt und mehr als 20 000 Zuschauern. Kulinarisch lockt uns Bremerhaven ebenfalls zu herrlichen Genüssen, z. B. im Restaurant »Seute Deern« am Hans-Scharoun-Platz am Hafen.

der Steinzeit siedelte hier der Mensch unter Bedingungen, die in einer rekonstruierten Siedlung erfahren werden können.

Über Fredenbeck geht es sodann nach Horneburg und Jork am Ufer der mächtigen Elbe. Fern am Horizont lockt uns nun bereits die altehrwürdige Hansestadt Hamburg, doch die gönnen wir uns erst auf Tour 47 oder 48. Heute besuchen wir die zahlreichen Höhepunkte am linken Elbeufer.

Jork ist das Zentrum des berühmten Alten Lands, eines der größten Obstanbaugebiete Europas und Teil der Elbmarschen. Der Antrag auf Anerkennung als UNESCO-Welterbe läuft bereits – unserer Meinung nach müsste die Entscheidung einstimmig fallen, natürlich für das Alte Land. Niederländische Kolonisten machten ab 1130 die Region urbar, und ab 1312 begann man mit dem Obstanbau. Überaus reich an prunkvollen Fachwerkhöfen, an Mühlen und eben horizontweiten Obstwiesen präsentiert sich Jork mit seiner Umgebung. Daraus ergibt sich auch unser Reisetipp: Falls Sie zeitlich flexibel sind, gönnen Sie sich die Obstblüte im Alten Land alljährlich zwischen Ende April und Ende Mai – es ist ein optischer Genuss.

Die Elbe immer im Blick, geht es nach Nordwesten. Schauen Sie unbedingt in jedes Dorf, besuchen Sie das historische Zentrum auch von Steinkirchen, Grünendeich oder Hollern-Twielenfleth, denn es lohnt sich. Und spätestens in Stade parken Sie das Bike für einen Rundgang. Bereits im 10. Jahrhundert war der Ort als nahezu uneinnehmbare Festung bekannt; er war die berühmte letzte Bastion Heinrichs des Löwen in seinem Kampf gegen Kaiser Barbarossa sowie in der Folge eine der ersten Hansestädte Deutschlands. Heute begeistern unzählige verwinkelte Altstadtgassen ebenso wie die prächtig herausgeputzten Fachwerk-Bürgerhäuser aus der großen Zeit der Hanse.

Via Drochtersen und Wischhafen erreichen wir mit Freiburg den nördlichen Ausläufer des Alten Lands und wenden uns westwärts zur Oste. An deren Ufer entlang wedeln wir in einem weiten Bogen über Oberndorf und Hemmoor nach Neuhaus mit seinem gewaltigen Oste-Sperrwerk, dessen mächtige Sperrmauern das Land entlang des Flusses vor Überflutung schützen. Übrigens eines der wenigen öffentlichen Großbauwerke, das letzten Endes weniger gekostet

Schutz vor dem ewigen Wind: Wälder stehen oftmals unter besonderem Schutz im Norden der Republik.

Wattidylle: Dauerhaft konservieren geht aber nur digital.

TOUR-CHECK

Region: Cuxhaven

Empfohlener Tourenstandort: Bremerhaven

Hotelempfehlung: Atlantic Hotel am Floetenkiel, Nordstr. 80 in Bremerhaven, www.atlantic-hotel-amfloetenkiel.de

Länge in km: 360

Fahrzeit insgesamt: 7 Std.

Einkehrtipp am Mittag: Ristorante Al Porto, Neubourgstr. 11 in Stade

Kombinationsmöglichkeit: Mit Touren 44, 45, 47, 48, 49

Beliebte Motorradtreffs: Am Fähranleger Lühe an der Elbuferstraße in Jork (Spontantreff an Wochenenden); Clubhaus der Motorradfreunde Niederelbe in Wingst-Bargkamp; am Kutterhafen Dorumer Tief in Dorum-Neufeld, mit eigenem Motorradparkplatz

hat als veranschlagt. So etwas war in den 1960er-Jahren tatsächlich noch gang und gäbe ...

Doch genug der Spöttelei, gönnen wir uns Richtung Cuxhaven noch eine ordentliche Portion Fahrspaß. Das geht ganz einfach: zunlichst die B 73 meiden und über die Dörfer huschen. In des Wortes kühnster Bedeutung. Cuxhaven selbst ist einer der größten Fischereihäfen Deutschlands, dessen Wahrzeichen übrigens die sogenannte Kugelbake an der Elbmündung ist. Die signalisiert den Übergang von der Unter- zur Außenelbe und damit die Grenze zwischen Binnen- und Seeschifffahrt – wichtig nicht nur für die geltenden Kapitänspatente. Die Stadt selbst ist ebenfalls reich an Sehenswürdigkeiten, die sich allerdings weniger um einen historischen Kern zentrieren, sondern vielmehr über das Stadtgebiet verstreuen. Folgen Sie doch den Wegweisern »Alte Liebe« (Elbanleger mit Aussicht) oder »Schloss Ritzebüttel«, zur »Kugelbake« oder zum

Das Reich der Alleen: Im Hinterland der Küste sind sie zahlreich zu finden. Ob dicht oder eher lückenhaft wie hier

»Hamburger Leuchtturm«, erbaut von der Hansestadt Hamburg, zu der Cuxhaven einst gehörte.

Das »Cuxland« zwischen Weser und Elbe wollen wir am späten Nachmittag nochmals intensiver erkunden. Zugegeben: Es handelt sich um einen rein touristischen Kunstbegriff, unter dem sich sehenswerte Gemeinden der Region zusammengeschlossen haben. Aber das ist ja nicht verwerflich. Zumal es sich bei den teilnehmenden Gemeinden wie Sahlenburg, Duhnen, Döse und auch Otterndorf um sogenannte »Familienbadeorte« handelt, in denen das Preisgefüge vieler touristischer Attraktionen deutlich niedriger ist als anderswo. Das kann auch uns für den einen oder anderen Einkehrschwung mit Kaffee und Kuchen oder einer echten Teezeremonie begeistern.

Und wer schon immer einmal die weithin bekannte Insel Neuwerk inmitten der Elbemündung im Herz des Nationalparks Hamburgisches Wattenmeer besuchen wollte – vom Weiler Duhnen aus fahren täglich bei Ebbe die berühmten Wattwagen hinüber zur Insel und setzen uns dort trockenen Fußes ab. Zehn Kilometer einfache Strecke sind so gefahrlos zu bewältigen, sofern man orts- und wattkundige Führer an Bord hat.

Auch das ehemalige Fischerdorf Dorum lohnt einen Boxenstopp mit Rundgang, vor allem der alte Kutterhafen im Ortsteil Neufeld sowie der eigenartige Leuchtturm Obereversand sind sehenswert. Flögeln mit seinem Badeparadies Flögelner See sowie Bad Bederkesa bilden die letzten touristischen Höhepunkte unserer heutigen Reise. Inklusive der eigenwilligen Burg Bederkesa, deren Wurzeln auf das Jahr 1159 zurückgehen. Die Burganlage selbst stammt aus dem Jahr 1460 und gehörte einstmals dem Rat der Hansestadt Bremen. Heute beherbergt sie ein Natur- und Heimatkundliches Museum.

Wenige Kilometer weiter begrüßt uns dann unser »Basislager« Bremerhaven zu ganz anderen abendlichen Höhepunkten kulinarischer und kultureller Art (s. Tour-Tipp).

Sie konnte sich gar nicht sattsehen: Sozia Kirstens Erstkontakt mit der Nordseeküste verlangte viel Geduld.

ZWISCHEN GEEST UND MARSCH

Auch die Elbmarschen sind eine Tourenregion, die wir nicht unbeachtet lassen sollten.

Natürlich hätten wir die beiden folgenden Tagestouren auch von Hamburg aus starten lassen können, doch die unzweifelhaft erlebenswerte Hansestadt hat morgens viele Tage im Jahr ein Rushhour-Problem, dem wir mit dem Tourenstandort Elmshorn geschickt ausweichen. Für den kurzen Hamburger Stadtbummel ist auf Tour 48 noch Zeit, für eine ausgiebige Besichtigung nehmen Sie sich doch einfach einen weiteren Tag frei.

Richtung Westen verlassen wir Elmshorn und huschen direkt zum Ufer der mächtigen Elbe. Immer am Fluss entlang erreichen wir Glückstadt, eine der Perlen im Marschland der Elbe. Gegründet von Dänenkönig Christian IV. irgendwann um 1617, begeistert sie heute noch durch prächtige Barockbauten, Adelshäuser und zahlreiche andere Zeitzeugen aus längst vergangenen Tagen. Und sollten Sie Mitte Juni die Region bereisen, so besuchen oder besser gesagt: genießen Sie die berühmten »Glückstädter Matjeswochen« – guten Hunger!

Am Ufer der Stör entlang wedeln wir weiter nach Wilster, einem Städtchen, dessen Grund einst von Hunderten sogenannter Bockwindmühlen entwässert wurde. Eine davon ist heute noch zu besichtigen. Via Brunsbüttel und den Nord-Ostsee-Kanal mit seinen imposanten Schleusen erreichen wir Friedrichskoog, ganz am nördlichsten Zipfel der Elbemündung. Der 160 Jahre alte Hafen wurde inzwischen zu einem »Erlebnishafen« umgemodelt und erwartet uns zu einem Besuch.

Meldorf ist wenige Kilometer weiter unser nördlichster Punkt für heute, ein imposanter Dom sowie viel Backsteingotik verwöhnen das Auge des Besuchers. Dazu gesellt sich ein reichhaltiges Kulturprogramm inklusive Meisterschaften im Boßeln, diesem ganz besonderen Sport des Nordens. Der an so manchen Wochenenden auch auf unseren nun folgenden Landstraßen Richtung Süderhastedt gespielt wird – Schilder warnen aber dann davor. Ebenso wie vor einem ganz bestimmten Wochenende im nächsten Etappenziel Wacken – ja genau, jenem Dorf, das alljährlich Anfang August zum weltgrößten Metal-Festival lädt. In diesen Tagen sollten wir Wacken eventuell großräumig umfahren. Oder ganz einfach mitfeiern. Itzehoe beidseits der Stör begrüßt uns am Mittag und lädt zu einem Rundgang samt Einkehrschwung. Die Stadt ist reich an historischen Bauten, und so lohnt der anschließende Spaziergang durch das Zentrum einmal mehr. Zumal der Rest des Tourentags der freien Fahrt über freie Landstraßen gehört.

Die führen uns über Krempe und seine Fahnenschwenker nach Barnstedt und Quickborn in den nördlichen »Dunstkreis« von Hamburg. Über Pinneberg, Wedel und die idyllische Haseldorfer Marsch geht es zurück nach Elmshorn. Unser Tipp: Schauen Sie trotz eines vielleicht schon fortgeschrittenen Tourentags noch hinein in die Dörfer entlang des Weges – es lohnt sich auch hier.

TOUR-CHECK

Region: Elbmarschen und Nordseeküste

Empfohlener Tourenstandort: Elmshorn

Hotelempfehlung: Hotel Im Winkel, Langenmoor 41 in Elmshorn, www.hotel-im-winkel.de

Länge in km: 290

Fahrzeit insgesamt: 5–6 Std.

Einkehrtipp am Mittag: Restaurant La Grappa, Feldschmiede 78 in Itzehoe

Kombinationsmöglichkeit: Mit Touren 46, 48, 49, 53, 54

Beliebte Motorradtreffs: An der Schiffsbegrüßungsanlage Willkomm-Höft in Wedel (vor allem an Sommerwochenenden)

Ihnen gehört heute der Horizont: Windmühlen sind im Norden inzwischen üblich und sinnvoll, aber nicht jedermanns Geschmack.

HAMBURG AHOI!

Hamburg selbst sollten Sie einen Tagesausflug schenken, dem Umland dagegen diese Runde.

Die zweite Runde von Elmshorn aus haben wir so gelegt, dass Sie am Nachmittag dieses Tages im Herz von Hamburg unterwegs sind. Ideal z. B. für einen Kurzbesuch in der Hansestadt, für einen Spaziergang in der Altstadt oder eine hochinteressante Hafenrundfahrt.

Freundlich ist er ja, der Onkel Garmin.

Doch zunächst einmal schwingen wir in einem weiten Bogen im Uhrzeigersinn um die Metropole herum. Und klappen im prächtigen Barmstedt sogleich den Seitenständer wieder aus, denn der Ort gehört zweifelsohne zu den schönsten Norddeutschlands. Reich gesegnet mit historischer Bausubstanz wie dem Humburghaus von 1783 oder dem Predigerwitwenhaus von 1777. Und im Rantzauer See vor den Toren der Stadt »dümpelt« die Schlossinsel, eine mittelalterliche Festung irgendwann aus dem 13. Jahrhundert. Toll!

Fernab von Autobahnen und Bundesstraßen geht es anschließend dahin, über Kaltenkirchen und Sievershütten nach Bad Oldesloe und durch Sandesneben und Nusse in herrlichem Kurvengemenge nach Ratzeburg, berühmt für seinen Dom und den gleichnamigen See, der den Ort komplett umschließt. Drei Dämme verbinden die sehenswerte Stadt mit dem Festland, eine wahrlich einzigartige Konstruktion in Deutschland.

Nur einen Katzensprung entfernt erwartet uns dann im Süden das Städtchen Mölln zu einem Besuch. Den schönsten Blick auf die »Eulenspiegelstadt« hat man übrigens vom Wasserturm auf dem nahen Klüschenberg aus. Das historische Zentrum Möllns huldigt natürlich auch seinem wohl berühmtesten Bürger, dem legendären Till Eulenspiegel, der hier lebte und auch hier gestorben sein soll. Tatsächlich lässt sich in den Annalen der Stadt ein gewisser Tilo dictus Ulenspegel nachweisen, der hier 1350 verstarb. 1510 erschien das erste Eulenspiegelbuch, der Schelm selbst ist bis heute allerorten in Mölln »lebendig«.

Zwischen Lüttauer, Drüsen- und Krebssee hindurch lenken wir das Motorrad sodann nach Lehmrade, Gudow und weiter nach Büchen am Elbe-Lübeck-Kanal, einer nicht nur wichtigen Schifffahrtsroute – hier verläuft auch ein sehr beliebter Radwanderweg. Via Schwarzenbek und Geesthacht erreichen wir das Elbehochufer und folgen dem Fluss Richtung Hamburg. Aber halt: Werfen Sie doch vorher noch einen Blick auf die Baudenkmäler von Geesthacht, der Stadt, in der Alfred Nobel 1865 seine erste Sprengstofffabrik außerhalb Schwedens erbaute. Mit fettem Wasserturm für alle Fälle.

Je mehr wir uns nun Hamburg nähern, desto öfter werden auch Sie sich fragen: Wo nur beginnen mit der Erkundung? An der Binnenalster am historischen Rathaus der Stadt, lautet unser Tipp. Von dort sind auch die Sehenswürdigkeiten der Altstadt und die Hafencity niemals weit entfernt. Oder schenken Sie von Elmshorn aus kommend Hamburg einen kompletten Tagesauflug. Die erlebenswerte Hansestadt mit ihrer langen, spannenden Geschichte hat es wahrlich verdient. Und ist von Elmshorn auch ohne Moped bequem zu erreichen.

TOUR-CHECK

Region: Hamburg

Empfohlener Tourenstandort: Elmshorn

Hotelempfehlung: SH Hotel, Werner-von-Siemens-Str. 5 in Elmshorn, via HRS.de buchbar

Länge in km: 270

Fahrzeit insgesamt: 5 Std.

Einkehrtipp am Mittag: Restaurant Pamukkale, Hauptstr. 12 in Mölln

Kombinationsmöglichkeit: Mit Touren 46, 47, 54, 55, 56

Beliebte Motorradtreffs: Gasthof Zum Tannenbaum, Sandweg 160 in Klein Nordende südlich von Elmshorn; Gasthof Kalkgraben an der B 75 in Reinfeld; Dat-Bike-Huus, Dorfstr. 20 in Hollenbek

Das Leben ist bunt: Husums Innenstadt ist reich bestückt mit prächtigen Bürgerhäusern und guten Lokalen.

IM SÜDEN DES NORDENS

Im Gegensatz zu Tour 50 erkunden wir heute den weitgehend unbekannten Süden Nordfrieslands.

Das authentische Nordfriesenstädtchen Husum ist unser »wärmstens« empfohlener Ausgangspunkt für die Erkundung der gesamten Region. Denn die hat viel zu bieten. Vermutlich reizt sogleich am Morgen das Ortsschild von Witzwort südlich von Husum auch Ihren Fotofinger. Einig sind sich die Chronisten übrigens nur in der Tatsache, dass der Ortsname nichts mit dem Witz im eigentlichen Sinne zu tun hat – der Rest liegt tief in der fast 700-jährigen Geschichte des beschaulichen Ortes vergraben. Geben wir Gas.

Die direkte Küstenlinie mitsamt dem Weltnaturerbe Wattenmeer ist auf der Halbinsel Eiderstedt nur über den Deich erreichbar. Der allerdings gehört den »Rasenmähern« Frieslands, den Millionen Schafen, die ihn hegen und pflegen. Mit Ausnahme von Sankt Peter-Ording, Nordfrieslands führendem Seebad mit eigener Schwefelquelle, geht es auf Eiderstedt recht geruhsam zu; viele Straßen und Alleen laufen schnurgerade bis zum Horizont, rechts und links des Lenkers ducken sich einsam gelegene Gehöfte hinter Baumreihen und Hecken vor dem ewigen Nordseewind.

Ein ganz besonderes nordfriesisches Schatzkästlein erwartet uns mit Tönning, dessen winziger Fischereihafen einstmals Dreh- und Angelpunkt niederländischer Käseproduktion war. Bis zu drei Millionen Pfund Käse wurden um 1610 in Tönning verladen und in die weite Welt verschifft. Respekt!

Über die recht hässliche Betonkrone des gewaltigen Eidersperrwerks verlassen wir die Halbinsel Eiderstedt wieder. Jene gewaltige Flutsperre begeistert vor allem Technikfans, Infotafeln vermitteln viele interessante Details. In Büsum lohnt sich dann der Boxenstopp vor allem auch bei knurrendem Magen, denn die Heimat einer der größten Kutterflotten Nordfrieslands bietet frischen Fisch in wahrlich allen Variationen. Meldorf ist unser südlichster Punkt für heute; hier schließt Tour 47 nahtlos an. Erinnern möchten wir nochmals an den Nordfriesensport Boßeln, der sonntags auch hier entlang vieler Landstraßen ausgeübt wird. Fahren Sie daher vorsichtig!

Auf dem Marktplatz von Heide wäre wahrlich genügend Platz für allerlei sportliche Turniere, soll er mit fast fünf Hektar doch tatsächlich der größte Deutschlands sein und einstmals Versammlungsort aller umliegender Ortschaften. Beeindruckend sind auch das alte Pastorat sowie das einstige Stammhaus der Familie Brahms. Schauen Sie sich ausgiebig um.

Durch die weiten Flussauen der Eider geht es anschließend nordwärts nach Friedrichstadt. Die Wurzeln von sehenswerten, mit Kanälen durchzogenen Städtchens reichen gut 400 Jahre zurück, und ein Rundgang durch das historische Zentrum gleicht einer kostenlosen Geschichtsstunde.

Mit Blick auf die Eider geht es zu guter Letzt retour nach Husum. Bis 1864 und damit seit über 1000 Jahren markierte jener Fluss übrigens die Grenze zwischen Dänemark und Deutschland. Damals wäre hier Schluss gewesen mit diesem Buch. Also zumindest in Richtung Norden. Unser kulinarischer Tipp für heute lautet: das Fischrestaurant »Wiesendanger« in der Hafenstraße 2 – lecker und fangfrisch.

TOUR-CHECK

Region: Nordfriesland

Empfohlener Tourenstandort: Husum

Hotelempfehlung: Hotel Thomas, Zingel 7–9 in Husum, www.thomas-hotel.de

Länge in km: 240

Fahrzeit insgesamt: 4–5 Std.

Einkehrtipp am Mittag: Restaurant Am Ankerplatz, Fischerkai 1 in Büsum

Kombinationsmöglichkeit: Mit Touren 47, 50, 51, 52, 53

Beliebte Motorradtreffs: Am Parkplatz am Eidersperrwerk (vor allem an Wochenenden); am Marktplatz von Heide; am Parkplatz in Husum am Außenhafen (auch an Wochenenden)

Wehe, wenn die Fluten kommen: Die Hallig Hamburg ist ein echt sehenswertes nordfriesisches Unikat.

IM RICHTIG HOHEN NORDEN

Nordfriesland, wie wir es kennen – und lieben? Spätestens nach dieser Rundreise!

Unsere zweite Tour durch dieses so unterschätzte Nordfriesland startet mit einem Besuch auf Nordstrand, dem perfekten Warm-up des Tages. Entstanden aus eiszeitlichem Marschland wurde die Insel 1907 durch einen künstlichen Damm mit dem Festland verbunden. 1935 wurde darauf eine hochwasserfreie Straße erbaut, die uns bequem hinüber auf die Halbinsel bringt. Sehenswerte Gehöfte und winzige, klinkerverzierte Weiler ducken sich hinter dem Deich, hinter Bäumen und hohen Hecken vor dem allgegenwärtigen Wind. Übrigens: Auch das Nationalgetränk der Nordfriesen wurde hier auf Nordstrand vermutlich bei echtem »Schietwedder« erfunden: der berühmte »Pharisäer« (s. Tour-Tipp).

Richtung Norden auf Sichtweite zum Meer erreichen wir später das sehenswerte Bredstedt und huschen – nach einem ausgiebigen Boxenstopp – weiter zur Zufahrt der Hamburger Hallig, einer ganz besonderen Marschinsel draußen im Nationalpark Wattenmeer.

TOUR-TIPP

Kaffee mit ordentlich »Drehzahl«

Im 19. Jahrhundert praktizierte auf Nordstrand ein ganz besonders asketischer Pastor, in dessen Gegenwart Alkohol absolut verboten war. Bei einer Kindstaufe kam der Bauer des Pharisäerhofes auf die Idee, in seinen Kaffee heimlich einen ordentlichen Schuss Rum zu schütten. Damit der Alkohol seinen verräterischen Duft nicht verströmen konnte, gab der findige Bauer obendrauf einfach eine dicke Sahnehaube. Irgendwann entdeckte der Pastor doch den Schwindel und rief entsetzt: »Oh, du elender Pharisäer« – das Nationalgetränk der Nordfriesen hatte seinen Namen weg. Und wird bis heute genau so serviert.

Das gibt's nur einmal: Eine Single-Track-Road mitten durchs Watt führt offiziell zur Hallig Hamburg.

Achtung – ein Kaffee mit ordentlich »Drehzahl«: Das Rezept für den Pharisäer stammt von höchst schlauen Nordfriesen.

Eine schöne Möglichkeit, auch das Motorrad einmal gefahrlos durchs Wattenmeer zu treiben. Seit 2009 gehört das Wattenmeer der deutschen und niederländischen, seit 2014 auch das der angrenzenden dänischen Küste zum UNESCO-Weltnaturerbe. Eine Auszeichnung, die seine Einzigartigkeit auf diesem Planeten verdeutlicht.

Über Ockholm und Dagebüll mit seinen Fähren nach Amrum und Föhr erreichen wir am frühen Nachmittag bei Neukirchen die Grenze zu Dänemark. Übrigens auch ein herrliches Motorrad-Tourenrevier – aber nicht heute. Rasch die BMW gewendet, und via Krakebüll, Uphusum und Klixbüll geht es mitten hinein ins Zentrum von Niebüll, einem heute 10 000 Einwohner zählenden, schmu-

Reif für die Insel: Nordstrand ist Pflicht.

TOUR-CHECK

Region: Nordfriesland

Empfohlener Tourenstandort: Husum

Hotelempfehlung: Hotel Hinrichsen, Süderstr. 35–41 in Husum, www.hotel-hinrichsen.de

Länge in km: 240

Fahrzeit insgesamt: 4 Std.

Einkehrtipp am Mittag: Kaffeemaus/Ratskeller, Hauptstr. 44 in Niebüll

Kombinationsmöglichkeit: Mit Touren 49, 51, 52, 53

Beliebte Motorradtreffs: In Husum am Außenhafen (vor allem an den Wochenenden)

cken Städtchen, dessen Wortstamm »büll« (also »Dorf«) offensichtlich nicht mehr treffend ist. Wie wäre es nun mit einem erfrischenden Einkehrschwung?

In des Wortes kühnster Bedeutung geht es nachmittags über die Dörfer retour nach Husum, ja die unbeschwerte Hatz über einsame Landstraßen und alte Alleen beschert uns sogar einige Rechts-links-Kombinationen, die unseren tiefenentspannten Gleichgewichtssinn wach kitzeln können. Zumindest für ein paar viel zu kurze Augenblicke.

Flensburg und sein Hafen: Gegen das vermeintlich schlechte Image der Stadt hilft eines – schauen Sie sich um.

IHRE PUNKTE, BITTE

Flensburg ist bekannt, ja berüchtigt bei allen Motorisierten. Das Land drumherum ist dagegen ein Traum für Entdecker.

Wir wechseln das Meer – und damit ebenso die Landschaften vor unserem Windshield. Denn gleichwohl auch die Ostsee unseren Horizont mit grandioser Weite füllen kann, ist sie so ganz anders als ihre »Schwester« Nordsee im Westen. Mit Deutschland, Dänemark, Schweden, Finnland, Russland, Estland, Lettland, Litauen und Polen teilen sich gleich neun Staaten Europas die Ostseeküste. Mit durchschnittlich 52 Metern Tiefe ist sie ein flaches Binnengewässer, mit 413 000 Quadratkilometern das größte »Brackwassermeer« der Erde.

Im Mittelalter zur Zeit der Hanse spielte die Ostsee eine immense Rolle als Verkehrs- und Handelsweg. Hansestädte wie Lübeck, Wismar, Rostock, Stralsund und Greifswald brachte es in dieser Zeit zu großem Reichtum. Aber es gibt auch traurige Zeiten: Von 5000 DDR-Flüchtlingen, die über die Ostsee in die Freiheit zu fliehen versuchten, schafften es nur knapp 600. Doch das ist Geschichte: Heutzutage lebt man im Stile alter Bädertraditionen in einer wohl einzigartigen

TOUR-TIPP

Tourenstandort Flensburg

Die Punktekartei des Kraftfahrt-Bundesamts und ein großer Erotikversand sind untrennbar mit unserem heutigen Tourenstandort verbunden. Doch die 800 Jahre alte Handelsstadt direkt an der Flensburger Förde hat auch eine pralle Geschichte zu bieten, deren historische Zeitzeugen bis heute das erlebenswerte Stadtbild prägen. Natürlich ist das Meer, die Ostsee, niemals weit und ein wichtiger Teil der Flensburger Geschichte – prächtig zu besichtigen im historischen Hafen auf der Westseite der Förde. Aber auch die Altstadt lohnt einen ausgiebigen Rundgang, dies umso mehr, als sie oftmals schon Kulisse bekannter Filmproduktionen war: Vom »Landarzt« bis zu »Werner – Beinhart!«, dessen Realfilm-Sequenzen hier spielten, reicht die künstlerische Spannweite. Und vom Wasserturm im Stadtpark haben wir einen beeindruckenden Rundblick über die im 13. Jahrhundert gegründete Stadt. Vielleicht gönnen Sie sich nach den beiden folgenden Touren noch einen Extratag in Flensburg. Es lohnt sich!

Landschaft. Und die schauen wir uns auf den kommenden Touren besonders intensiv an. Auf geht's!

Am Südrand der Flensburger Förde geht es sodann hinaus aus der Stadt und nach Glücksburg. Das nördlichste Ostseeheilbad Deutschlands empfängt uns mit herrlichen Sandstränden, umrahmt von großen Waldgebieten. Und es lockt mit dem Zugang zur einzigartigen Halbinsel Holnis, einem beeindruckenden Naturreservat mit Steilklippen und ein Surferparadies. Immer am Meer entlang geht es anschließend Richtung Langballig, Nieby und Steinberg. Vor allem im Frühling begeistert die sogenannte Langballig-Au mit herrlichen bunten Blumenteppichen und blühenden Landschaften.

Nur einen Katzensprung entfernt scheint die Dänen-Insel Fünen zu liegen, wenn wir über Gelting und Nieby entlang der Küste schwingen. Aber das wäre dann doch weit außerhalb unseres Themas; bleiben wir also lieber »in der Spur« und folgen den Landstraßen über Kronsgaard und Wormshöft nach Kappeln. 1357 erstmals urkundlich erwähnt, kaufte 1408 die dänische Königin Margarete den Ort, um ihn wenig später dem Domkapitel zu Schleswig zu schenken. Heute ist der Erholungsort an der Schlei berühmt für seinen Heringsfang mit den einzigen noch funktionstüchtigen Heringszäunen in ganz Europa, deren Entstehung bis auf das 15. Jahrhundert zurückgeht.

Wir queren die Schlei und erreichen die Halbinsel Schwansen, einen bereits um 750 von Dänen besiedelten Landstrich. Via Karby und Damp huschen wir durch

TOUR-TIPP

Die Nordseewellen waren gar nicht gemeint …
Kennen Sie eigentlich Ostfrieslands heimliche Nationalhymne »Wo die Nordseewellen trecken an den Strand …«? Die Originalversion dieses Weltschlagers schwärmt eigentlich von den Ostseewellen, wurde als herzergreifendes Heimweh-Gedicht von Martha Müller-Grählert aus dem kleinen Örtchen Zingst nahe Stralsund geschrieben und erstmals 1807 unter der Überschrift »Mine Heimat« in der Meggendorfer Lokalzeitung veröffentlicht. Ein Wandergeselle trug die Verse als seine Erinnerung an die geliebte Heimat bis in die Schweiz, wo er sie mit Musik unterlegen ließ – ein Welthit war entstanden. Erst 1936 gelang es der inzwischen völlig verarmten Heimatdichterin, das Urheberrecht an den Versen zugesprochen zu bekommen. Doch noch bevor erste Tantiemen flossen, starb sie nahezu erblindet 1939 in einem Altersheim bei Stralsund.

Eines der schönsten Europas: Schloss Glücksburg, umgeben von tiefen Wassern, lohnt immer einen Abstecher.

Geselle des Windes: Mühle an der Förde

ein seen- und gewässerreiches Flachland, ein wahres Paradies für Ornithologen. Waabs ist einer der Hauptorte der Halbinsel Schwansen und erfreut mit kilometerlangen Naturstränden, einer Steilküste und einem Wasserschloss.

Eckernförde ist unser südlichster Punkt für heute; das malerische Ostseebad ist seit Mitte des 19. Jahrhunderts bekannt und beliebt. Und hat sich mit allerlei Annehmlichkeiten, wie z. B. einer sehenswerten Altstadt, dem Tourismus geöffnet. Ideal also für unseren mittäglichen Boxenstopp.

Den kürzesten Weg nach England zeigen wir in Tour 50.

Zum »Nachtisch« gibt es einen langen Blick auf das Windebyer Noor, einen knapp vier Quadratkilometer großen Binnensee, der weder Zu- noch Abfluss besitzt und nur von Grundwasser und Regen gespeist wird. Eine wohl einzigartige Naturbesonderheit und ein perfektes Naherholungsgelände mit Bootsbetrieb und Fischerei.

Einst war Schleswig eine wichtige Residenz der Herzöge von Schleswig, später sogar Hauptstadt der Provinz Schleswig-Holstein; heute ist sie eine der schönsten historischen Städte Norddeutschlands. Schauen wir uns in Ruhe ausgiebig um, bevor es wieder hinaus in die Landschaft geht, auf der Suche nach den Kurven des Flensburger Lands. Über 1200 Jahre hat dieses Schleswig übrigens bereits auf dem Buckel, eine Geschichte, die in den Altstadtgassen allerorten wieder lebendig zu werden scheint.

Am Nordufer der mächtigen Schlei geht es anschließend zunächst ein Stück weit Richtung Nordosten. Durch Brodersby, Taarstedt und Ketelsby erreichen wir Süderbrarup im Herz der Region »Schleidörfer«. Überregional bekannt ist der sehenswerte Ort durch seinen Brarup-Markt jeweils am letzten Juli-Wochenende. Der größte ländliche Jahrmarkt Schleswig-Holsteins existiert nachweislich seit 1593 – welch eine Schau!

Dem Nachmittag dieses sehr entspannten Tourentags gehört dann die freie Fahrt über freie Landstraßen der Halbinsel Angeln, die von der Schlei im Süden und der Flensburger Förde im Norden eingegrenzt und modelliert wird. Gleichwohl keine anerkannte politische Einheit, zeigen die Bewohner der Halbinsel – die Angelner oder Angeliter – ein starkes Zusammengehörigkeitsgefühl. Nicht zuletzt, da die Wurzeln ihres Volks bis ins Jahr 98 zurückreichen sollen. Ab dem 5. Jahrhundert begannen die Angeln nach Britannien auszu-

TOUR-CHECK

Region: Flensburger Land

Empfohlener Tourenstandort: Flensburg

Hotelempfehlung: Ibis Budget Flensburg City, Suderhofenenden 14 in Flensburg, www.www.ibis.com

Länge in km: 230

Fahrzeit insgesamt: 4 Std.

Einkehrtipp am Mittag: Restaurant Fischdeel, Kattsund 22 in Eckernförde

Kombinationsmöglichkeit: Mit Touren 49, 50, 52, 53, 54

Beliebte Motorradtreffs: An den Parkplätzen direkt am Südstrand von Eckernförde (an den Wochenenden)

wandern, sodass Historiker heutzutage davon ausgehen, dass sowohl England als auch die englische Sprache ihre Wurzeln auf der Halbinsel Angeln hat.

Aber nicht nur mit britischen Motorrädern können wir in den herrlichen Landschaften zwischen Süderbrarup und Sörup vollendeten Kurvengenuss zelebrieren, auch mit jeder anderen Motorradmarke und jeder anderen Art des zweirädrigen Reisens. Genießen Sie es, denn viel zu rasch endet die Kurvenhatz abends vor den Toren von Flensburg.

So ganz anders: Ein weites Land und Alleen bis zum Horizont prägen die Region zwischen Nord- und Ostsee – und deren Reiz.

ZWISCHEN DEN MEEREN

Das Gebiet zwischen Ost- und Nordsee ist ein ganz besonderer Flecken. Bringen Sie unbedingt viel Zeit mit!

Tagestour Nr. 2 von unserem Standort Flensburg aus beginnt eben dort, wo die gestrige Reise auspendelte: auf der idyllischen Halbinsel Angeln. Diesmal geht es in entgegengesetzter Richtung über Glücksburg und Munkbrarup gen Süden; wir erreichen Husby, zweigen rechts ab und huschen über Hürup und Großsolt nach Satrup in Mittelangeln. Das »Herz Angelns« nennt sich der Ort gern selbst, und geografisch hat er damit nicht Unrecht. Zahlreiche Relikte aus längst vergangenen Tagen erzählen von einer abwechslungsreichen Geschichte. Heute lässt man es in Satrup eher gemütlich angehen – das passt aber perfekt zu unserer eigenen »Gangart« heute Vormittag.

Über Uelsby und Böklund in Südangeln – jawohl, der Heimat der berühmten Würstchen – erreichen wir erneut das Städtchen Schleswig zu einem letzten Besuch im Rahmen dieses Reiseführers. Und falls Sie gestern keine Gelegenheit für einen koffeinhaltigen Boxenstopp hatten: Heute haben Sie sie. Unser Tipp dazu: das »Bistro Esch« am Hafengang 2.

Nahezu das gesamte Streckennetz des heutigen Nachmittags trägt das berühmte grüne Band besonderer landschaftlicher Schönheit. Nehmen Sie sich Zeit und genießen Sie die Fahrt Richtung Lürschau, am Arentholzer und am Idstedter See entlang nach Jübeck, Sollbrück und hinein nach Viöl. Hier schließt übrigens Tour 50 nahtlos an und bietet die optimale Ergänzung für die kommenden Tage Richtung Westen, Richtung Nordsee. In Tarp erwartet uns nicht nur eine imposante Holländerwindmühle plus Findlingsgarten, sondern wir können auch vielerorts unsere aufkommenden Hungergefühle stillen.

Der Nachmittag gehört dann erneut dem stillen, ja sogar kurvenreichen Land abseits von Autobahnen und Bundesstraßen. Über Wanderup und Großenwiehe, über Lindewitt und Knorburgfeld erreichen wir die alte Handelsstadt Leck, die unseren Vorwärtsdrang kurzerhand mit vielen sehenswerten »Argumenten« unterbricht. 1231 als Königsgut errichtet und erwähnt, begeistert Leck heute mit viel friesischem Barock, einem interessanten Rathaus, historischen Fischerhäusern und netten Cafés.

Wer nun einmal ordentlich Gas geben möchte, wähle die B199 Richtung Wallsbüll. Deutlich gemütlicher geht es nördlich davon über Sandacker und Sprakebüll dahin. Im Zentrum von Wallsbüll vereinen sich beide Strecken dann wieder zu einer Tour. Um das Schutzgebiet Jardelunder Moor und seine reichen Naturschätze schlagen wir einen weiten Bogen und treiben das Moped über Madelby, Böxlund und Handwitt zurück zu unserem Ausgangspunkt Flensburg.

Und falls Ihr Tourentag nun noch einige Sonnenstunden für Sie bereithält, schenken Sie diese doch der prächtigen Altstadt Flensburgs. Es lohnt sich, die vielleicht berühmteste Stadt Norddeutschlands auch einmal ausgiebig abseits des Mopedsattels zu Fuß zu erkunden. Und für den perfekten kulinarischen Ausklang lautet unser Tipp: »Hansens Brauerei« an der Schiffbrücke 16, direkt am Meer.

TOUR-CHECK

Region: Schleswig-Holstein, Flensburger Land

Empfohlener Tourenstandort: Flensburg

Hotelempfehlung: Hotel Figaro Alte Post, Rathausstr. 2 in Flensburg, www.ap-hotel.de

Länge in km: 230

Fahrzeit insgesamt: 4–5 Std.

Einkehrtipp am Mittag: Restaurant Chaplin, Stapelholmer Weg 8 in Tarp

Kombinationsmöglichkeit: Mit Touren 49, 50, 51, 53

Beliebte Motorradtreffs: Bistro Schnuppe, Birkstr. 5 in Leck

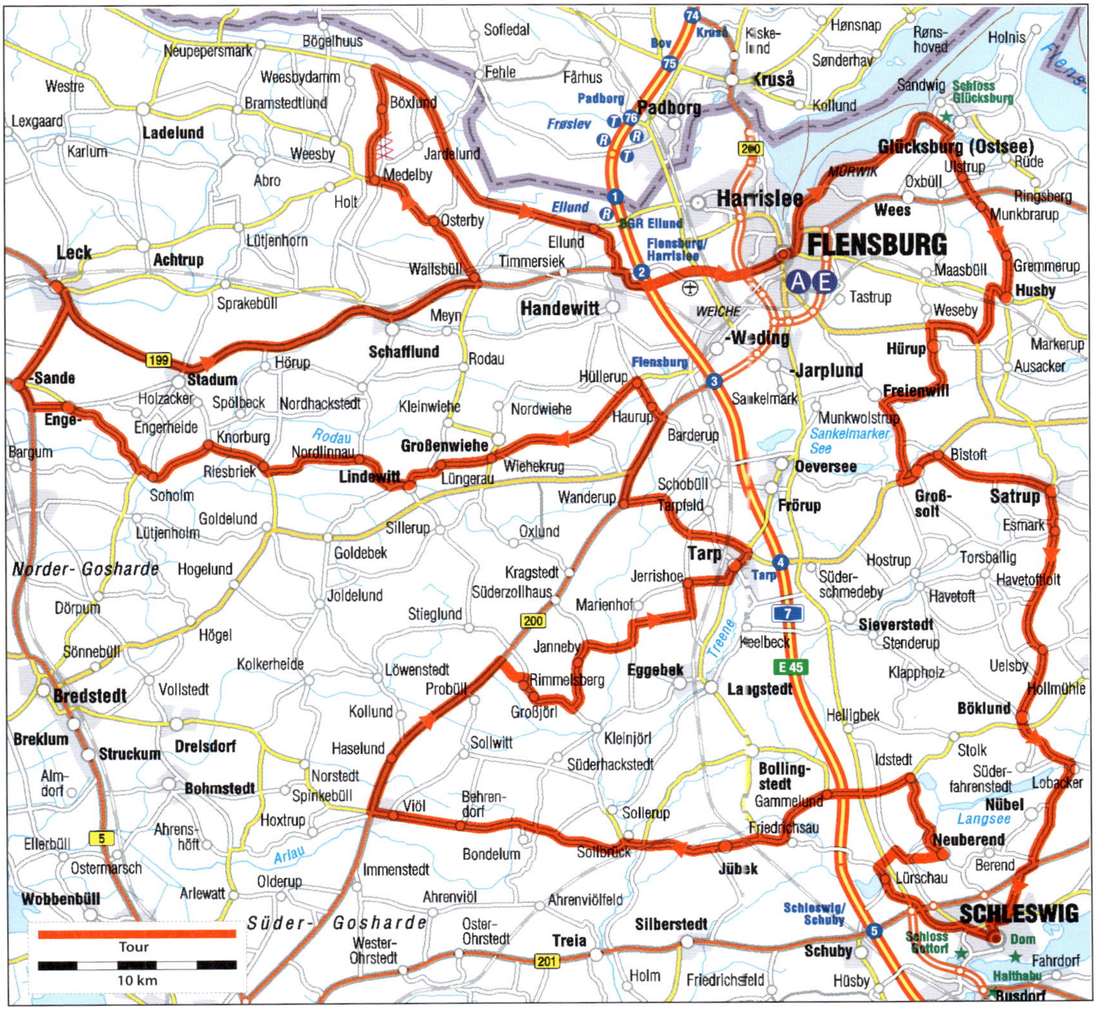

Nicht nur eine technische Meisterleistung: Der gewaltige Nord-Ostsee-Kanal prägt das Land zwischen den Meeren.

AUF DÄNISCHEM BODEN?

Geprägt von Flüssen und mächtigen Kanälen ist das Land zwischen Eckernförde und Kiel eine echte Schau.

Ein unendlich weites Land hinter vergleichsweise flachen Deichen erwartet uns rund um unseren nächsten Tourenstandort Kiel. Lichte Wälder, kleine Hügel und versteckte Seen bieten ebenso Abwechslung wie die oftmals einsamen Straßen vor unserem Windshield. Direkt an der Spitze der trichterförmigen und nicht nur in Seglerkreisen weltberühmten Kieler Förde erwartet uns die Landeshauptstadt Schleswig-Holsteins und zugleich nördlichste Großstadt Deutschlands mit einer reichen, spannenden Geschichte und u. a. mit einem markanten Rathausturm samt sehenswertem Zentrum. Und für die abendliche Einkehr haben wir auch einen Tipp – aber davon später mehr.

Jetzt geht es erst einmal hinaus ins Land des Nordens. Wir queren den mächtigen Nord-Ostsee-Kanal, mit knapp 33 000 Schiffen pro Jahr die meistbefahrene Kanalstraße der Welt. Über Friedrichsort und Schilksee erreichen wir Strande, einen auch heute noch malerischen Fischerort, der sich zu einem Ostseebad gemausert hat. Zahlreiche Dörfer und Ortschaften begrüßen uns auf der Runde über die Halbinsel Dänischer Wohld, nahezu alle Landstraßen tragen hier das grüne Band vollkommen zu Recht. Lassen Sie sich doch einfach treiben, die grobe Richtung ist ausgeschildert und lautet: Gettorf, der geografische Mittelpunkt der Halbinsel. Dessen Kirchturm soll der Sage nach übrigens durch den Steinwurf des Teufels in Schieflage geraten sein, gleichwohl der riesige Findling den Turm nur streifte.

Heute nähern wir uns von Süden der Stadt Eckernförde – Sie erinnern sich an die vorangegangenen Male – und wedeln Richtung Westen weiter. Via Osterby und Brekendorf erreichen wir den Südrand Schleswigs, setzen aber sogleich den Blinker links und tauchen ab in die Landschaft rund um Kropp am Och-

Nachsaison – vielleicht die schönste Zeit für die Küste.

TOUR-CHECK

Region: Dänischer Wohld

Empfohlener Tourenstandort: Kiel

Hotelempfehlung: City Apartments & Suiten, Holstenstr. 61 in Kiel, www.kiel-city-suites.de

Länge in km: 210

Fahrzeit insgesamt: 4 Std.

Einkehrtipp am Mittag: Restaurant Pane Vino, Paradeplatz 3 in Rendsburg

Kombinationsmöglichkeit: Mit Touren 49, 50, 51, 52, 54

Beliebte Motorradtreffs: Am Parkplatz am Nord-Ostsee-Kanal in Kiel-Wik (vor allem an den Wochenenden); in Eckernförde (s. Tour 51)

senweg. Jene historische Handels- und Heerstraße führte seit der Bronzezeit vom mittleren Dänemark ins Hamburger Umland und lebt heute vor allem noch als Radwanderweg weiter.

Auch unser mittäglicher Höhepunkt Rendsburg liegt an jenem Ochsenweg und stellt das Bindeglied zwischen Schleswig und Holstein dar. In der sehenswerten Altstadt wurde übrigens eine »Blue Line« in das Straßenpflaster eingelassen, an der entlang die schönsten Sehenswürdigkeiten der Stadt erwandert werden können. Ideal auch, falls Sie nach dem Essen ein wenig Bewegung wünschen. Soll ja gesund sein.

Am Nord-Ostsee-Kanal entlang geht es dann Richtung Osten zum beliebten Wittensee, der die bis zu 105 Meter (!) aufragenden Hüttener Berge im gleichnamigen Naturpark gen Süden begrenzt. Verzeihen Sie den leichten Spott, aber für einen überzeugten Alpenvorländer trifft der Begriff »Berg« erst ab 1000 Meter und höher zu.

Zurück in Kiel gehört der Abend nun der Stadt und ihren Besonderheiten, z. B. mittels einer Stadtführung, natürlich samt anschließendem Einkehrschwung. Unser Tipp dazu: das Restaurant »Der Bauch von Kiel« in der Legienstraße.

Aufbruch am frühen Morgen: Die Hansestadt Lübeck lohnt mehr als nur einen kurzen Boxenstopp.

ZU FISCH UND MARMELADE

In Ostholstein ist die Gemütlichkeit daheim. Achten Sie mal auf ihre innere Uhr, auch der wird diese Tour gefallen.

Mit gut 390 Kilometern ist die nun folgende Tagestour eine der längsten und abwechslungsreichsten in diesem Buch. Und das ganz oben im Norden der Republik, dort wartet nämlich südlich von Kiel eine Küstenregion auf uns, die mächtig viel zu bieten hat. Trödeln Sie bitte nicht allzu lange am Frühstücksbuffet.

Die legendäre Halbinsel Wagrien ist unser zentrales Thema dieser kilometermächtigen Tour. Slawische Stämme prägten nicht nur den Namen der Halbinsel zwischen Kieler Förde und Lübecker Bucht, sie kultivierten auch das weite und fruchtbare Land seit dem 8. Jahrhundert. Über Schönberg und Lütjenburg folgen wir der Küstenlinie nahezu stets in Sichtweite zum Meer Richtung Oldenburg in Holstein und Heiligenhafen, zu einem Kurzbesuch auf Deutschlands drittgrößter Insel Fehmarn. Beschauliche Siedlungen und weite Strände erwarten Sie hier.

Über eine Kombi aus Bundes- und Landstraßen geht es nun weiter um die Halbinsel Wagrien herum Richtung Lübeck. Gönnen Sie sich so oft wie möglich einen Abstecher hinüber ans Meer, an die Ostsee. So wie z. B. nach Grömitz mit seinem Arche-Noah-Zoo, in dem nicht nur die der Überlieferung nach für die Arche Noah auserwählten Tiere hautnah erlebt werden können. Oder ins beschauliche Sierksdorf mit dem Ersten Deutschen Bananenmuseum mit gut 10 000 Exponaten zur vielleicht gesündesten Frucht von Mutter Natur. Auf so ein Museumsthema muss man erst einmal kommen!

Bevor wir nun Lübeck einen Besuch abstatten, schlagen wir noch einen erlebnisreichen Bogen über Eutin mit seinem sehenswerten Schloss und das gemütliche Städtchen Plön inmitten der Holsteinischen Schweiz. Der Namenszusatz »Schweiz« geht übrigens auf das 19. Jahrhundert zurück, als Reisen in die reale

Schweiz der Hit waren. Ein findiger Hoteldirektor nannte sein Haus ganz einfach »Holsteinische Schweiz« und schuf damit einen touristisch wertvollen Begriff, der sich rasch auf die gesamte Region übertrug.

Um den mächtigen Plöner See und die »Marmeladenstadt« Bad Schwartau herum erreichen wir dann Scharbeutz samt berühmtem Timmendorfer Strand an der mächtigen Lübecker Bucht. Und wenige Kilometer weiter die Hansestadt Lübeck. Mit ihrer Altstadt und dem historischen Rathaus zählt es zu den schönsten Hansestädten Deutschlands. Auf Tour 56 kommen wir erneut hier vorbei – mit dann deutlich mehr Zeit im Tankrucksack.

Der Nachmittag gehört dem westlichen »Outback« der Halbinsel Wagrien, einer höchst abwechslungsreichen Landschaft, in der nicht nur Städte wie Bad Segeberg und Neumünster immer wieder quirlige Abwechslung bringen, sondern auch unzählige Möglichkeiten zu einem erfrischenden Boxenstopp bieten. Dafür dürfen wir dann in Anbetracht des deutlich fortgeschrittenen Tages als Verbindung auch einmal die B 205 wählen – für einen ordentlichen Schluck aus dem Drehmomentreservoir unseres Mopeds.

TOUR-CHECK

Region: Ostholstein mit Fehmarn

Empfohlener Tourenstandort: Kiel

Hotelempfehlung: Hotel Am Segelhafen, Schönberger Str. 32 in Kiel, www.am-segelhafen-hotel.com

Länge in km: 390

Fahrzeit insgesamt: 7–8 Std.

Einkehrtipp am Mittag: Café Erdapfel, Markt 1 in Lübeck

Kombinationsmöglichkeit Mit Touren 48, 51, 53, 55, 56

Beliebte Motorradtreffs: Treff am Kleinen Plöner See (mit Imbiss) in Plön; am Parkplatz am Timmendorfer Strand (Strandallee, vor allem an den Wochenenden); Rasthuus ant Krüz am Rastorfer Kreuz in Rastorf

Perle des Ostsee: Wismar gehört zweifelsohne zu den schönsten und geschichtenreichsten Städten Ostdeutschlands.

HINTERM EISERNEN VORHANG

Noch ist die deutsche Teilung nicht vergessen. Auch auf dieser Runde erinnert vieles daran.

Alle interessanten Details zu unserem nächsten Tourenstandort Rostock samt abendlichem Einkehrtipp gibt es aus Platzgründen erst im folgenden Kapitel. Heute berichten wir von einer tagesfüllenden Rundtour durch das abwechslungs- und geschichtslastige Mecklenburg-Vorpommern, jene Region, die vor etwas mehr als 25 Jahren noch hinter Stacheldraht und Todeszonen verborgen lag.

Über Sanitz und das Meckpommer'sche Tessin geht es nach Laage und in einem Schlenker östlich über Recknitz mitten hinein in das sehenswerte Güstrow, eine der städtebaulichen Perlen Mecklenburg-Vorpommerns. Besonders imposant sind das hoch aufragende Schloss, der Dom, aber auch die Gassen rund um Rathaus und Marktplatz.

Vorbei an Sumpf- und Inselsee, an Lohmer- und Breesensee huschen wir weiter durch das idyllische Sternberger Seengebiet, einen Teil der riesigen Mecklenburger Seenplatte. Goldberg, mitten zwischen Dobbertiner und Goldberger See gelegen, begrenzt heute unseren Drang nach Süden. Wir werfen einen

Herrlich! Dreimast-Segler im Hafen von Rostock.

Blick hinein in den Ort und setzen dann den Blinker rechts Richtung Crivitz und Schwerin am Rand der gleichnamigen Seenlandschaft.

1018 erstmals erwähnt, ist Schwerin heute die älteste Stadt in »Meckpomm«. Und eine der touristischen Perlen der Region mit einer Vielzahl an Sehenswürdigkeiten. Wie wäre es inmitten dieser Pracht mit einem Einkehrschwung? Unseren Tipp dazu lesen Sie in Infokasten.

Der Nachmittag des Tourentags gehört dem Hinterland der Mecklenburger Ostseeküste – die direkte Küstenlinie erkunden wir auf der morgigen Tour. Über Bobitz und Gadebusch erreichen wir Rehna und schwingen in einem weiten Bogen über Schönberg und Dassow auf verkehrsarmen, oftmals aber auch schnurgeraden Landstraßen und Alleen hinüber nach Grevesmühlen mit seinem ganz besonderen alljährlichen Höhepunkt: dem Grevesmühlener »Piraten-Open-Air«, einer der erfolgreichsten Theater-Veranstaltungen Ostdeutschlands, deren Beliebtheit nicht nur an der einmaligen Kulisse, sondern auch an der Zahl namhafter Schauspieler liegt, die das Vergnügen mitmachen.

Wismar ist unser letzter Höhepunkt für heute – sieht man einmal von unserem Tourenstandort Rostock ab. 1229 erstmals urkundlich erwähnt, zeigt die Altstadt Wismars auch heute noch das typische Bild einer Hansestadt aus dem 14. Jahrhundert. Über antikes Kopfsteinpflaster hoppelnd geht es zur sehenswerten Fußgängerzone. Und falls Sie nun eine Entscheidungshilfe benötigen, in welcher Stadt Sie diesen Tourenabend ausklingen lassen sollen, dann lautet unser Tipp: heute im prächtigen Wismar, z. B. mit Matjes und Bratkartoffeln im Restaurant »Alter Schwede« (Am Markt 20) und morgen Abend im so andersartigen Rostock, unserem »Basislager« der besonderen Art.

TOUR-CHECK

Region: Nordwest-Mecklenburg

Empfohlener Tourenstandort: Rostock

Hotelempfehlung: Apartmenthaus Unterwegs, Carl-Hopp-Str. 20a in Rostock, buchbar via HRS.de

Länge in km: 360

Fahrzeit insgesamt: 7 Std.

Einkehrtipp am Mittag: Restaurant Kartoffelhaus Schwerin, Buschstr. 14 in Schwerin

Kombinationsmöglichkeit: Mit Touren 48, 54, 56, 57, 58, 59, 60, 62

Beliebte Motorradtreffs: Direkt am Hafen von Wismar (großer Parkplatz) an der Kai-Kante (vor allem an Wochenenden)

Ist die lang, Mann: Die Fähre in Warnemünde hält sicheren Abstand vor diesem Riesen des Ozeans.

WO DIE OSTSEEWELLEN BRANDEN

Sehenswerte DDR-Bäderromantik und geschichtsreiche Touren ins Hinterland der Küste – ein Genuss der ganz besonderen Art!

Ein wenig mehr Zeit für das sehenswerte Lübeck sowie eine ausgiebige Erkundung der Küste zwischen Travemünde und Rostock stehen für heute auf dem Tourenprogramm. Denn vor allem jene Küstenlinie besitzt heute noch den Charme andernorts längst vergangener Bäderromantik, für den wir uns ordentlich Zeit nehmen sollten. Dies umso mehr, als deren Zugang uns Westdeutschen vor nicht allzu langer Zeit noch strikt verwehrt war.

Nein, die Narben der Teilung sind noch nicht verschwunden.

Doch beginnen wir noch einmal mit einer ausgiebigen Runde durch das Hinterland der Mecklenburger Küste. Über die Rostocker Südstadt geht es hinaus in den Tag und via Kritzmow und Heiligenhagen nach Satow mit seinen unzähligen historischen Gottes- und Gutshäusern. Wir streifen die Sternberger und die Mecklenburger Seenplatte, schlagen zunächst um Wismar einen weiten Bogen und erfreuen uns an den herrschaftlichen Häusern und Gutshöfen rund um den Tressower See – auch wenn wir die meisten davon nur von Ferne bewundern dürfen, da sie im Privatbesitz sind.

Dann erreichen wir westlich von Grevesmühlen die Wasser der Ostsee, hier zunächst noch versammelt im Dassower See. Der ist tatsächlich gar kein See, sondern eine mächtige Bucht der Travemündung, der sogenannten Traveförde. Am Südufer der weitläufigen

Mündung schwingen wir einige Kilometer weiter gen Westen und mitten hinein in das historische Herz Lübecks. Eine der zweifellos schönsten Hansestädte Deutschlands begeistert jeden Besucher mit ihrer historischen Altstadt, die seit 1987 bereits zum UNESCO-Welterbe gehört – und das vollkommen zu Recht, wie auch Sie bei einem Rundgang feststellen werden. Denn Lübecks Altstadt stellt »... als Gesamtkunstwerk ein hervorragendes Beispiel eines Siedlungsgebietes dar, das einen bedeutsamen Abschnitt in der Entwicklung der Menschheit versinnbildlicht«, so die begeisterte Begründung des UNESCO-Komitees.

Falls Sie nach dem Rundgang der »kleine Hunger« plagt: Unseren Einkehrtipp zu Lübeck finden Sie in Kapitel 54. Alternativ dürfen wir Ihnen für die heutige Rundreise das nun folgende Hafenstädtchen Travemünde ans Bikerherz legen, dessen Geschichte und Gegenwart nicht minder begeistern. Nicht nur die unmittelbare Nähe zur einstigen, heute erfreulich unsichtbaren innerdeutschen Grenze macht Travemünde erlebenswert. Auch der Hafen mit den richtig großen Pötten sowie die Fähre hinüber nach Priwall auf ehemaligem DDR-Grenzgebiet sind sehenswert.

Mit eben jener Fähre queren wir anschließend auch die Travemündung hinüber nach Priwall, einer natürlichen Halbinsel. Nur wenige Hundert Meter breit ist hier die Mündung des Flusses in die Ostsee, und so selbstverständlich dessen Querung heutzutage ist, so unmöglich, ja tödlich war die Überquerung zu DDR-Zeiten. Aber das alles ist nun Geschichte, widmen wir uns lieber der abwechslungsreichen Küstenlinie.

Über Pötenitz und Kalkhorst, über Warnkenhagen und Klütz erreichen wir Boltenhagen, eines der ältesten Ostseebäder mit einer berühmten Seebrücke. Seit 1810 existiert hier der Badetourismus, als die Bauern begannen, ihre Häuser für Gäste zu räumen und selbst in den Stallungen zu wohnen. Zumindest während der

TOUR-TIPP

Rostock

Rostock gehört ebenfalls zum Ostsee-Pflichtprogramm. Slawische Stämme nahmen vor gut 1400 Jahren das Land in Besitz und gründeten die Vorgängerin der heutigen Hansestadt, nannten sie »roztoc«, was sinngemäß so viel bedeutet wie »Auseinanderfließen eines Flusses«. Doch die Geschichte der ältesten Universitätsstadt Nordeuropas hat noch viel mehr zu bieten: von richtig guten Tagen, wie dem Reichtum der Hansezeit, oder auch von schlechten Zeiten während des Dreißigjährigen Kriegs oder des Zweiten Weltkriegs. Mein Tipp: Folgen Sie dem Zeichen »Tourist Info« einfach mitten hinein in die historische Altstadt zum Neuen Markt, parken Sie das Bike dort in einer der Seitenstraßen und schlendern Sie ausgiebig umher. Unser Einkehrtipp: das Gasthaus »Old Western« (Lange Str. 23).

Eindrucksvolle Geschichtsstunde: Eine Reise entlang der Ostseeküste lehrt mehr als jedes Museum.

Erfreulicherweise Vergangenheit: Grenzpfahl der »DDR«

Sommermonate. Zu DDR-Zeiten war Boltenhagen ein beliebtes Feriencamp, aber auch Todesfalle für 174 Flüchtlinge, die bei dem Versuch, das Land zu verlassen, ihr Leben verloren.

Von Wismar und seiner Pracht haben wir ja auf der vorhergehenden Rundreise bereits berichtet – ein zweiter Besuch an diesem Tourentag ist aber nicht minder lohnend. Die Insel Poel kann anschließend mit gänzlich anderen Ausblicken begeistern. Die Rundfahrt über die gut 40 Quadratkilometer große Insel führt uns zu endlosen Feinsandstränden in Kombination mit durchaus wilden Steilküsten. Aber auch die Ortschaften mit ihren oft malerischen Häfen lohnen es, den Seitenständer auszuklappen und eine Runde Sightseeing einzulegen.

Rerik, das wohl bedeutendste Ostseebad Deutschlands, erwartet uns weiter Richtung Norden. Mehr als 1000 Jahre pralle Geschichte hat das einstige Fischerdorf zu bieten; der kommerzielle Badebetrieb begann um das Jahr 1900. Reriks sehenswerter historischer Fischerhafen ist heute nicht nur Touristenmagnet, sondern auch Ausgangspunkt zahlreicher Fahrten hinaus in das sogenannte Salzhaff. Neun Reichstaler kostete 1857 eine Woche Badeurlaub samt Vollpension und Anwendungen in Kühlungsborn, 60 DDR-Mark musste man bis 1989 in dem bekannten Ostseebad für 14 Tage Vollpension berappen – das hat sich seit der Wende

Einstmals streng bewacht: Pötenitz und seine Fähren sorgen heute für ein Deutschland.

geändert. Ansonsten ist noch sehr viel Nostalgie zu entdecken in Kühlungsborn mit seiner reich verzierten Bäder-Architektur, seiner Seebrücke sowie den kilometerlangen Sandstränden. Ja, sogar eine Windmühle sowie einer der letzten Ostsee-Grenztürme sind noch erhalten geblieben – samt Erkundungsmöglichkeiten.

Der Name unseres nächsten Etappenziels, Heiligendamm, ist leider seit einigen Jahren recht negativ belegt, gehörte der G8-Gipfel im Sommer 2007 mit seiner demokratieunwürdigen Polizeiwillkür doch zu den dunkelsten Kapiteln des deutschen Politzirkus. Dafür kann aber der durchaus sehenswerte Nobelvorort von Bad Doberan im Grunde nichts – werfen wir also einen unvoreingenommen Blick auf das immerhin älteste Seebad Deutschlands. Danach geht es zu einer Stippvisite nach Bad Doberan, einer der schönsten Städte entlang der Mecklenburger Ostseeküste, deren Wurzeln immerhin auf ein um 1232 gegründetes Kloster zurückgehen sollen. Heute erfreut die Stadt das Auge des Betrachters mit einer gut erhaltenen Altstadt, einem mächtigen gotischen Münster sowie der »Bäderbahn Molli«, einer dampfgetriebenen Schmalspurbahn, die im Sommer Bad Doberan mit Heiligendamm und Kühlungsborn verbindet und eine der Touristenattraktionen ist.

Warnemünde ist unser letzter Sightseeing-Stopp für heute, bevor wir den Tourentag im Herz von Rostock ausklingen lassen. In Warnemünde erfand übrigens Wilhelm Bartelmann, seines Zeichens königlicher Korbmacher, 1882 den ersten Strandkorb. Reich wurde er allerdings nie, vergaß er doch glatt, seine Idee patentrechtlich zu schützen. Dafür eröffnete seine geschäftstüchtige Ehefrau im darauf folgenden Sommer nahe des Warnemünder Leuchtturms die erste Strandkorb-Vermietung. Eineinhalb alte Deutsche Mark kostete damals die Wochenmiete – na ja, unter Berücksichtigung des Inflationsausgleichs ist es heutzutage nur wenig mehr.

TOUR-CHECK

Region: Ostseeküste

Empfohlener Tourenstandort: Rostock

Hotelempfehlung: Gästehaus Villa S, Südring 81 in Rostock, buchbar via HRS.de

Länge in km: 320

Fahrzeit insgesamt: 6 Std.

Einkehrtipp am Mittag: Restaurant Villa Mare, Kaiserallee 6 in Travemünde

Kombinationsmöglichkeit: Mit Touren 48, 54, 55, 57

Beliebte Motorradtreffs: Riders Café, Leinweberstr. 4 in Lübeck-Buntekuh; am Hafen von Travemünde, am großen Parkplatz der Priwall-Fähre (an den Wochenenden); in Wismar (s. Tour 55); in Kühlungsborn am Parkplatz an der Seebrücke

Nur zu Fuß erreichbar: Die Zufahrt zum umweltsensiblen Kap Arkona ist weiträumig abgeriegelt. Das ist okay.

BESUCH AUF RÜGEN

Insel-Hopping kann richtig Spaß machen – gerade auch mit dem Motorrad. Versuchen Sie es doch mal.

Auch Greifswald ist einer der »Basisorte«, die neben einer spannenden Geschichte einen deutlichen Hauch DDR-Nostalgie verströmen. Reich an Giebel- und Backsteinhäusern, präsentiert sich die quirlige Universitätsstadt heute jung und weltoffen. Bereits ein Spaziergang über den Marktplatz mit seinem imposanten Rathaus und hinunter zum alten Hafen reicht aus, um jegliche von Plattenbauten geprägte Erwartungshaltung eines »Wessis« verschämt im Hafenbecken zu versenken. Sorry, Greifswald!

Erneut geht es einmal mehr hinaus ins Land, über Grimmen und Bad Sülze nach Marlow und Ribnitz-Damgarten. Hier wenden wir uns direkt dem Ostseestrand zu und wedeln nach Wustrow auf dem »Fischland«, einer Landbrücke an der Mecklenburger Bucht. Ein Ort mit langer Seefahrertradition, wurde hier doch 1846 die Großherzogliche Mecklenburgische Navigationsschule eröffnet.

In Ahrenshoop, einem Katzensprung nordöstlich, waren es allerdings Maler und andere Künstler, die dem Ort seinen wohl einzigartigen Charme verliehen. 1880 wurde hier eine über die Grenzen hinaus bekannte Künstlerkolonie gegründet, die sich heute noch mit Wechselausstellungen präsentiert. Im Kapitel 51 haben wir ja schon über das traurige Schicksal der Heimatdichterin Martha Müller-Grählert aus dem kleinen Örtchen Zingst berichtet, die hier 1807 Ostfrieslands heimliche Nationalhymne »Wo die Nordseewellen trecken an den Strand …« dichtete und eigentlich über die Ostseewellen schrieb. Das heutige Zingst präsentiert sich mit sehenswerter Bädertradition und vielen anderen Annehmlichkeiten.

Bevor wir uns nun dem nachmittäglichen Höhepunkt – der Insel Rügen – zuwenden, verdienen wir eine Stärkung: entweder direkt im beschaulichen Zingst oder aber einige Kilometer östlich im quirligen Stralsund, dem Tor zur Insel Rügen. 50 Kilometer lang und 43 Kilometer breit ist diese flächenmäßig größte Insel Deutschlands und mit dem Festland verbunden durch den bekannten Rügendamm. Über Gustow geht es ins sehenswerte Städtchen Putbus und via Göhren nach Binz, dem größten Seebad der Insel direkt an der Prorer Wiek, einer Bucht mit über 1800 Sonnenstunden pro Jahr – gezählt von einheimischen Statistikern.

Wenige Kilometer weiter stehen wir dann in Prora vor dem berüchtigten »Koloss von Rügen«, dessen Reste heute ein buntes Sammelsurium an Museen zur DDR-Geschichte beherbergen. Das einstige »Erholungsheim Walter Ulbricht« bot zu Honeckers Zeiten »inhaltsreichen und niveauvollen Familienurlaub«, bewacht von bewaffneten NVA-Soldaten. Ebenso erinnerungswürdig wie das berühmte Kap Arkona, das wir abschließend noch nach einem ordentlichen Fußmarsch besichtigen können.

Und falls Sie nun der Hunger quält – hier kommt wie versprochen unser abendlicher Einkehrtipp: das »Fritz-Brauhaus« mit äußerst leckerer Speis und Trank direkt im Herzen von Greifswald mit richtig guter Küche und selbst gebrautem Zwickelfritz.

TOUR-CHECK

Region: Vorpommern, Rügen

Empfohlener Tourenstandort: Greifswald

Hotelempfehlung: Hotel Utkiek, Am Hafen 19 in Greifswald, www.hotel-utkiek-greifswald.de

Länge in km: 330

Fahrzeit insgesamt: 7 Std.

Einkehrtipp am Mittag: Gasthof Zum Alten Fritz, Greifswalder Chaussee 84 in Stralsund

Kombinationsmöglichkeit: Mit Touren 55, 56, 58, 59

Beliebte Motorradtreffs: Am Parkplatz nahe der Seebrücke in Binz (vor allem an Wochenenden)

Gleichwohl die Zahnkronen wackeln: Historisches Kopfsteinpflaster begleitet uns durch die Altstadt von Greifswald.

AN DER POMMERSCHEN BUCHT

Ganz im Osten »Meckpomms« gibt's DDR-Geschichte noch zum Anfassen. Spannend!

Zugegeben: Im Angesicht von Rügen ist unser gestriger Besuch in Stralsund, dem Tor zur Insel Rügen, vermutlich sträflich kurz ausgefallen. Doch dieser Fehler lässt sich heute korrigieren, denn die altehrwürdige Hansestadt mit ihrem überaus prächtigen Rathaus lohnt mehr als einen Kurzbesuch.

Stralsunds Altstadt mit ihren zahlreichen Baudenkmälern und herrlichen Beispielen der Mecklenburger Backsteingotik gehört seit 2002 zusammen mit Wismar zum berühmten UNESCO-Weltkulturerbe, eine Auszeichnung, die Stralsund wohl wie kaum eine andere Stadt des Nordens verdient. Parken Sie das Motorrad z. B. nahe dem Fischmarkt oder Frankendamm, und genießen Sie den Rundgang durch pralle Geschichte.

Richtung Borgwallsee, Franzburg und Tribsees geht es anschließend hinaus aus der Hansestadt. Via Oberschlag und Gnoien erreichen wir Demmin im Dreistromland der Flüsse Trebel und Tollense, die hier in der Peene aufgehen. Durch das hoch aufragende Luisentor schwingen wir direkt hinein in das historische Zentrum des sehenswerten Orts, der immerhin zu den Hansestädten Deutschlands gehört.

Apropos Tor: Auch die Hansestadt Anklam ist stolz auf ein ganz besonders prächtiges Exemplar, das Steintor, an dessen Außenwand entlang wir wenig später in die Stadt fahren. Jene Stadt, in der 1848 Otto Lilienthal geboren wurde, der wohl berühmteste deutsche Flugpionier. 1896 stürzte er allerdings bei einem

Testflug mit seinem »Normalsegelapparat« ab und erlag einen Tag später in Berlin seinen schweren Verletzungen. Wie gut, dass unser schönstes Hobby der Welt immer wieder für ordentlich Bodenhaftung sorgt und uns Lilienthals Probleme wenig tangieren. Selbst bei der anschließenden Hatz Richtung Usedom.

Gute 450 Quadratkilometer groß ist die östlichste Insel Deutschlands, gesäumt von langen Sandstränden, Steilküsten und horizontweiten Dünen. Die angabegemäß sonnenreichste Region Deutschlands lockt mit bildhübschen Badeorten und berühmten Seebrücken hinaus ins Watt. Hinter Ahlbeck ist dann endgültig Schluss mit unserem Drang gen Osten, der Grenzübergang in den polnischen Inselteil bleibt allein Fußgängern vorbehalten. Grobe Kopfsteinpflastergassen führen uns nach Ahlbeck und Heringsdorf zum Mittagstisch mit Meerblick.

Peenemünde hat uns nachmittags ganz anderen Genuss zu bieten. 1630 ließ Schwedenkönig Gustav II. Adolf hier einem Heeresstützpunkt bauen; ab 1936 wurde der strategisch wichtige Ort eine der größten Versuchsanstalten für Mittelstreckenraketen. Exakt hier übte Wernher von Braun das Raketenbauen, bevor er 1945 in die USA emigrierte und Amerika den Weg in den Weltraum ebnete. Heute sind zahlreiche Museumsstücke, wie z. B. die Innereien des legendären U-Boots »Juliett U-461«, zugänglich.

Porentief friedlich verläuft unser Heimweg über das hübsche Lubmin mit seinen kilometerlangen Stränden retour nach Greifswald.

TOUR-CHECK

Region: Greifswald

Empfohlener Tourenstandort: Greifswald

Hotelempfehlung: Hotel Maria, Dorfstr. 45 in Greifswald, www.hotel-maria.de

Länge in km: 330

Fahrzeit insgesamt: 6–7 Std.

Einkehrtipp am Mittag: Restaurant Seebrücke, Dünenstr. 37 im Seebad Ahlbeck

Kombinationsmöglichkeit: Mit Touren 55, 56, 57, 59

Beliebte Motorradtreffs: Am Parkplatz direkt an der Hafenpromenade Peenemünde (vor allem an Wochenenden)

In Peenemünde ist fast alles museal angehaucht.

Wie schon einmal erwähnt: Historisches Betonplatten-Pflaster findet sich auch im Nordosten der Republik noch zuhauf.

EINMAL SEENPLATTE PLUS GARNITUR

Ganz im Nordosten Deutschlands scheint die Zeit oft stehen geblieben zu sein. Das schafft ganz besondere Reize.

Von Westen gekommen, im Norden das Meer, im Osten der Nachbar Polen – da bleibt uns nur noch eine Himmelsrichtung übrig: Wir machen einen Sprung gen Süden nach Neubrandenburg an der Mecklenburgischen Seenplatte. Die »Stadt der vier Tore« wird Neubrandenburg gern auch genannt und ist zu Recht stolz auf die wohl besterhaltene mittelalterliche Befestigungsanlage Europas. Deren Wurzeln reichen bis zum Januar 1248 zurück, als Neubrandenburg erstmals urkundlich erwähnt wurde. Natürlich schließt auch diese tagesfüllende Rundtour an die vorangehende Nr. 58 nahtlos an, damit Sie all die Touren dieses Buchs ganz bequem miteinander kombinieren können.

Der Tollensesee ist unsere erste Etappe gleich nach dem Start am frühen Morgen. 18 Quadratkilometer groß und bis zu 32 Meter tief, ist er ein sehr beliebtes Naherholungsrevier der gesamten Region. An seinem bewaldeten Westufer huschen wir über Penzlin und Ankershagen nach Groß Plasten mit imposantem Barockschloss, dem heutigen Schlosshotel.

Freunde raschen Vorankommens werden sich über den nun folgenden Abschnitt auf der B 194 freuen, den wir uns Richtung Stavenhagen gönnen wollen. Geschwind wie der Wind geht es direkt in das Zentrum der »Reuterstadt«, die allerorten an ihren Bürgermeistersohn Fritz Reuter erinnert, den wohl berühmtesten Dich-

Sehenswert: Rathaus samt Marktplatz in Stavenhagen

TOUR-CHECK

Region: Uckermark und Mecklenburger Seenplatte

Empfohlener Tourenstandort: Neubrandenburg

Hotelempfehlung: Hotel Am Ring, Große Krauthöferstr. 1 in Neubrandenburg, www.hotel-am-ring.de

Länge in km: 310

Fahrzeit insgesamt: 6 Std.

Einkehrtipp am Mittag: Restaurant De oll Dörpschaul, Dorfmitte 6 in Demmin

Kombinationsmöglichkeit: Mit Touren 55, 57, 58, 60

Beliebte Motorradtreffs: Am Parkplatz an der Dampfer-Anlegestelle in Neubrandenburg (an den Wochenenden)

ter niederdeutscher Literatur. Für Motorradfahrer ebenfalls nicht uninteressant dürfte sein, dass Stavenhagen schon zur regenärmsten Stadt Deutschlands gekürt wurde – ganz offiziell vom Deutschen Wetterdienst.

Erneut wählen wir einige Bundesstraßen-Kilometer für rasches Vorankommen und flitzen über Malchin und Teterow in weitem Bogen um den riesigen Kummerower See, immerhin den viertgrößten Mecklenburg-Vorpommerns und im Mittelalter heiß umstritten wegen seines Fischreichtums. In Demmin schließt die vorhergehende Runde nahtlos an – wir bleiben heute aber »auf Spur« und schwingen über landschaftlich schöne Pisten gen Osten. Dabei dürfen Sie gern so viele Haken schlagen, wie Sie möchten, sprich: an jedem Abzweig dem schönsten Ausblick folgen, solange Ihre grobe Richtung über Friedland nach Ueckermünde führt.

Die »amtsfreie« Hafenstadt, wie es auf Beamtendeutsch so schön heißt, ist bekannt für ihr gut erhaltenes historisches Zentrum, den hübschen Stadthafen sowie das herrliche Residenzschloss, dessen Grundmauern bis zu 800 Jahre zurückdatiert werden können. Landschaftlich begeistert vor allem das nahe Stettiner Haff, das mit über 900 Quadratkilometern zweitgrößte »Brackwasser« der Ostsee. Reich an Fischen und beliebt bei Wassersportlern, teilen sich Deutschland und Polen diese Perle der Natur. Durch lichte Wälder und über weite Felder suchen wir uns abends den Weg zurück zu unserem »Basislager«, und über Eggesin und Torgelow erreichen wir Neubrandenburg gerade rechtzeitig zu den anstehenden abendlichen Genüssen abseits des Mopedsattels – z. B. im Restaurant »Kontraste« am Güterbahnhof, mit netter Außenterrasse und Blick aufs Moped, wenn gewünscht.

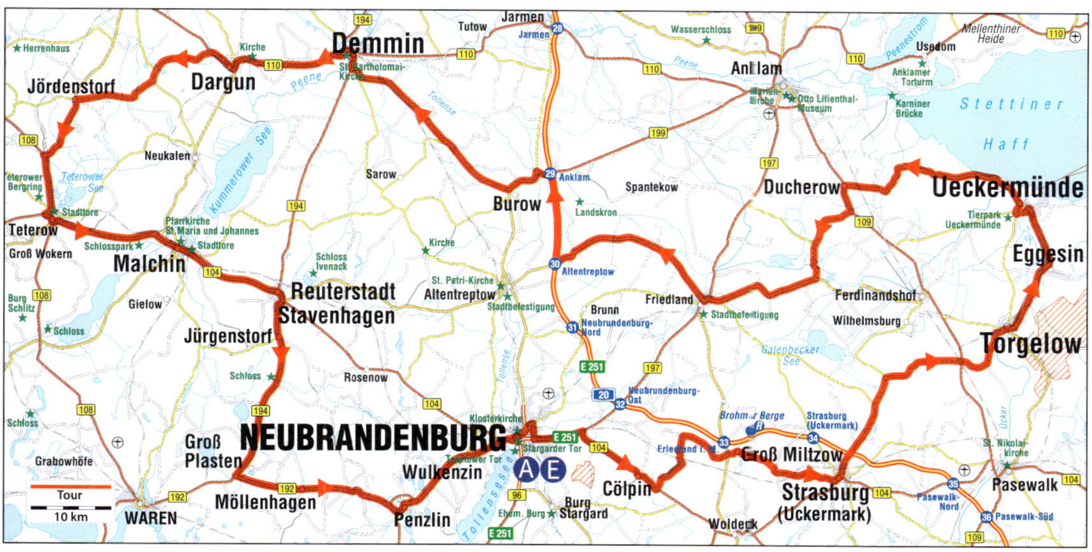

Vorbildlich: Die Landstraßen der Uckermark haben vielleicht etwas wenig Kurven, sie sind aber tadellos in Schuss.

WEIL ES SO SCHÖN WAR …

Sie ist ein Traum für Wassersportler und Kapitäne – aber auch einer für Motorradfahrer? Finden wir es heraus.

Die Mecklenburgische Seenplatte haben wir ja auf den vorhergehenden Touren schon gestreift – dieser Tourentag ist diesem Paradies für Wassersportler und Angler nun ganz besonders intensiv gewidmet. Denn Seenplatte und Landschaft drumherum haben auch uns Motorradfahrern viel zu bieten.

Über Penzlin und die B 192 geht es zügig in das Heilbad Waren an der Müritz, dem größten See der Seenplatte. Werfen Sie aber nicht nur einen Blick auf eben jenen 112 Quadratkilometer großen Müritzsee, dirigieren Sie das Motorrad unbedingt auch in die gut erhaltene Altstadt des Heilbads, dessen historische Wurzeln bis auf das Jahr 150 zurückgehen. Ein imposanter Wasserturm und viele Profanbauten erwarten Sie.

Über das Südufer des Malchiner Sees huschen wir sodann durch Wälder und entlang landwirtschaftlicher Nutzflächen kreuz und quer Richtung Westen, bis wir mit Krakow am See nicht nur ein weiteres sehenswertes Städtchen Mecklenburg-Vorpommerns erreicht haben – mit dem Krakower See haben wir gleichzeitig auch eines der saubersten Gewässer Norddeutschlands entdeckt. In Krakow selbst begeistern die eigenwillige Dorfkirche, zahlreiche Gutshäuser sowie das beeindruckende Schloss Bellin, einstmals erbaut für eine Hamburger Reederfamilie.

Die Gemeinde Goldberg, mitten zwischen Dobbertiner und Goldberger See gelegen, haben wir in Kapitel 55 bereits besucht; heute markiert sie unseren westlichsten Punkt der Tour. Erneut steht uns eine gut ausgebaute Bundesstraße zur Verfügung – die B 192 – und erlaubt uns, kräftig am Gasgriff zu ziehen. Doch spätestens nahe Alt Schwerin am Plauer See sollten Sie Ihren Vorwärtsdrang drosseln und sich erneut Land und Leuten widmen. Der Plauer See, mit knapp 40 Quadratkilometern immerhin siebtgrößter See Deutschlands, ist ein sehenswertes, weil touristisch perfekt erschlossenes Naherholungsgebiet. Und die nahe Inselstadt Malchow – auf einer Insel im gleichnamigen See erbaut – erwartet uns bereits zum Mittagstisch.

Der Nachmittag gehört dann dem Herz der Mecklenburger Seenplatte und damit automatisch auch den größten Seen der Region. Wie dem bereits erwähnten Müritzsee, an dessen Südufer uns schließlich die Landstraße direkt nach Röbel an der Müritz führt, einer der ältesten Kleinstädte Mecklenburgs. Parken Sie das Motorrad im Zentrum und schauen Sie sich um – es lohnt sich einmal mehr.

Weit über 50 namentlich benannte Seen mit eiszeitlicher Entstehungsgeschichte prägen das Gesicht der Mecklenburgischen Seenplatte – an diesem Tourennachmittag sind es vor allem die kleinen, sich oftmals hinter Bäumen und Feldern duckenden Gewässer, die das Land vor unserem Windshield bestimmt. Über Neustrelitz, Templin und das Städtchen Boitzenburger Land erreichen wir schließlich die Gemeinde Feldberger Seenlandschaft, entstanden aus dem Zusammenschluss zahlreicher um Feldberg herum liegender Gemeinden im Süden unseres Tourenstandorts. Zurück in unser »Basislager« ist es dann nur noch ein Katzensprung.

TOUR-CHECK

Region: Mecklenburger Seenplatte

Empfohlener Tourenstandort: Neubrandenburg

Hotelempfehlung: Landhotel Broda, Oelmühlenstr. 29 in Neubrandenburg, www.landhotel-broda.de

Länge in km: 350

Fahrzeit insgesamt: 7 Std.

Einkehrtipp am Mittag: Restaurant Lenzer Krug, Am Lenz 1 in Malchow

Kombinationsmöglichkeit: Mit Touren 55, 59, 62, 63, 64

Beliebte Motorradtreffs: Am Parkplatz an der Dampfer-Anlegestelle in Neubrandenburg (s. Tour 59)

Eigenwillig: Kirchturm in der Ortschaft Bellin bei Güstrow

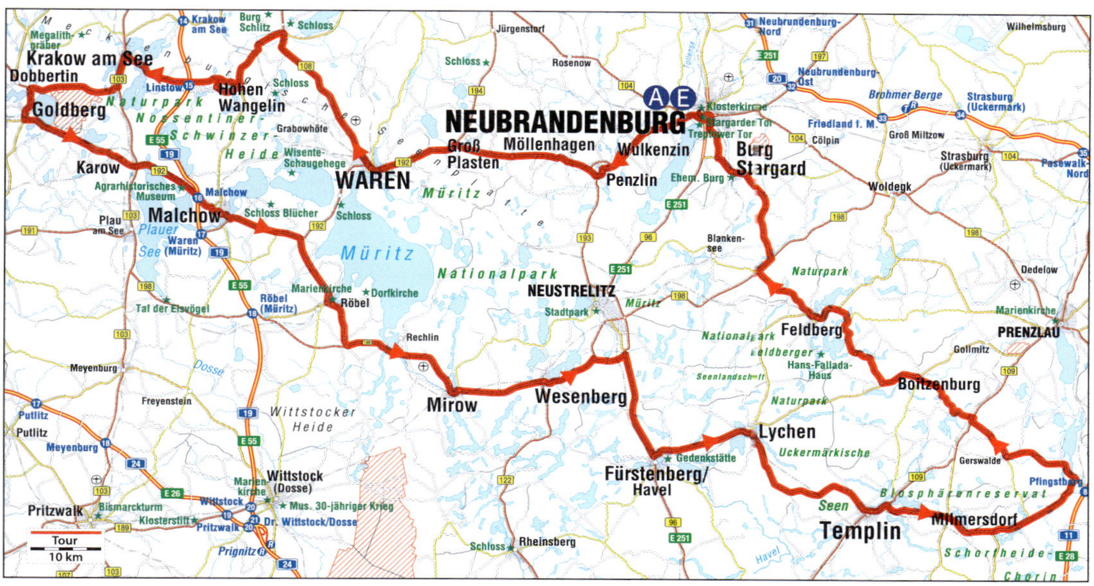

Einsamer Osten Deutschlands:
Hier gehören die Ideallinien uns allein.

Es ist erst zweieinhalb wie im Fluge vergangene Jahrzehnte her – damals waren die meisten Tourenregionen der nun folgenden Kapitel für uns West-Biker noch unerreichbar. Oder zumindest nur unter großen Einschränkungen und schon gar nicht frei von Willkür befahrbar. Doch die deutsche Wiedervereinigung – ein historisch weltweit wohl einmaliges Ereignis – machte es möglich, dass wir uns heute im Osten der Republik frei bewegen können. Und genau das sollten wir nun auch machen. Nehmen Sie sich eine gehörige Portion Zeit, und schenken Sie diese all den Landschaften Ostdeutschlands, die von uns erkundet werden. Düsen Sie über Seenplatten und durch alte Bäderromantik, durch die Heimat einer deutschen Kanzlerin oder den auch heute noch so geheimnisvollen Spreewald mit dem Volk der Sorben. Treffen Sie sich zur Kurvenhatz im Harz und im Thüringer Wald, im Erzgebirge und im Vogtland. Denn es lohnt sich ungemein, wie auch Sie am Ende dieses Kapitels nach Tour 80 festgestellt haben werden.

REGION OST

Borkum
Juist
Norden
Wilhelms-
haven
Bremerhaven
Stade
HAMB
Aurich
Nordenham
Bremervörde
Buxtehude
Emden
Hesel
E22
23
Bad
Zwischenahn
Osterholz-
Scharmbeck
Buchholz
Leer
Oldenburg
Bremen
E22
E45
Papenburg
Delmenhorst
Rotenburg
(Wümme)
Soltau
Weser
31
Cloppenburg
61
Bergen
E233
E37
Meppen
Celle
Lingen
Diepholz
1
Burgd
Rheine
30
Osnabrück
Steinfurt
E30
Rinteln
Herford
Hameln
Hildeshm.
Ahaus
31
Bielefeld
E34
Detmold
Alfeld
(Leine)
E45
Coesfeld
Münster
Gütersloh
E35
Borken
68
Bocholt
Kleve
Haltern
E37
Ahlen
2
Einbeck
Dorsten
Hamm
E31
Reckl.hsn.
Wesel
E34
Northei
3
Soest
Geldern
Gelsenk.
Unna
Essen
Dortmund
Göttin
E34
Duisb.
Bochum
Hann.
Münden
Wuppert.
Krefeld
Rem-
scheid
Iserlohn
7
Hagen
Düsseldf.
Kaufungen
Mönchen-
gladbach
Solingen
Lüdensch.
Eschwe
Dormagen
Fritzlar
Lennestadt
Frankenberg
Melsungen
E41
Olpe
KÖLN
Leverkusen
Borken
Bebra
E40
Kreuztal
45
E45
Kerpen
Aachen
E40
Siegen
Bad Hersfeld
Düren
Eschweiler
70
Marburg
Alsfeld
E41
E40
Dillenburg
5
Hünfeld
Euskirchen
E29
Rennerod
E40
Wetzlar
Gießen
79
E44
Blankenheim
E451
Bad Nauheim
Bad
Homburg
Prüm
Cochem
Wiesbaden
Frankfurt
Hanau
60
Offenb
E44
E31
Bitburg
Bernkastel-Kues
Bingen
E42
Mainz
Rüsselshm.
E42
E35
Aschaffenburg
Echternach
Bad Kreuznach
E41
Würzburg
Darmstadt
Trier
1
Alzey
Idar-Oberstein
Bensheim

Teterow
E251
20
atzeburg
Schwerin
14
Waren
Neubrandenburg
Pasewalk
E26
Parchim
Neustrelitz
Prenzlau
E28
Boizenburg
24
19
Ludwigslust
Elbe
61
Pritzwalk
E26
Wittstock
Havel
11
Schwedt
Perleberg
Dannenberg
Wittenberge
E251
Neuruppin
65
62
Eberswalde
64
Salzwedel
E26
E55
Oranienburg
Bad
Freienwalde
Oder
Stendal
Rathenow
Nauen
Gardelegen
63
BERLIN
66
Wolfsburg
Brandenburg
Fürstenwalde
Frankfurt
Genthin
Potsdam
67
12
E30
Haldensleben
Storkow
Burg
2
E30
70
ig
Helmstedt
Magdeburg
Treuenbrietzen
E55
Eisenhüttenstadt
69
E36
Luckenwalde
71
Guben
E51
13
14
Schönebeck
Jüterbog
Lübben
68
E49
Spree
lberstadt
Dessau
Wittenberg
Quedlinburg
Bernburg
E36
Cottbus
73
9
15
Aschersleben
Köthen
Wölfen
Herzberg
age
Elbe
72
Lutherstadt
Eisleben
Torgau
Spremberg
74
Senftenberg
Nordhausen
Delitzsch
Sangerhsn.
Halle
Elsterwerda
Hoyerswerda
78
13
Merseburg
Wurzen
E55
Leipzig
Riesa
Unstrut
71
75
Rade-
beul
en
Weißenfels
14
Straußfurt
4
Bautzen
Meißen
Döbeln
Dresden
77
Naumburg
E49
Pirna
E51
Zeitz
E40
a
Weimar
Mulde
Zittau
Altenburg
Erfurt
Jena
4
Freiberg
E40
Gera
Chemnitz
nstadt
Rudolstadt
Zwickau
Zschopau
E441
Saalfeld
Saale
Annaberg-
Buchholz
Greiz
72
Suhl
Reichenbach
79
E49
Plauen
REGION
OST
80
Eisfeld
Sonneberg
9
Hof
Coburg
Kronach
93
Main
Münchberg
Kulmbach
E51
E48
70
Marktredwitz
Bayreuth
nberg
73

Fährmann, hol über: Die Elbfähre bei Bleckede macht es uns leicht, das Ufer zu wechseln.

ABWECHSLUNGSREICHE GRENZERFAHRUNG

Durch diese Landschaft zog sich einst der deutsche Todesstreifen. Gehen wir auf Spurensuche.

Wittenberge als unser »Basislager« für die kommenden beiden Tagestouren hat auch abseits des Motorradsattels viel zu bieten. Im Grunde fast selbstverständlich, denn ansonsten hätten wir die Stadt wohl kaum gewählt. Doch Wittenberge in den weiten Auen der Mittelelbe besitzt nicht nur eine interessante Vergangenheit in der DDR. Es liegt auch mitten in jenem Abschnitt der Elbe, der 1997 als UNESCO-Biosphärenreservat ausgerufen und unter einen besonderen Schutz gestellt wurde. Jenem geschichts- und schicksalsträchtigen Grenzfluss zu Ehren organisiert Wittenberge seit 1998 alljährlich seine berühmten Elblandfestspiele mit einer Mischung aus Operette, Musical und Filmmusik. Doch auch außerhalb jener Festwochen hält die Stadt ein volles Unterhaltungsprogramm für uns bereit. Unsere Einkehrempfehlung für den Abend geben wir Ihnen am Ende dieses Kapitels.

Am Morgen dieses Tourentags widmen wir uns erst einmal jener mittleren Elbe und ihren horizontweiten Auenlandschaften. Am Nordufer geht es flussabwärts, über Cumlosen und Lanz erreichen wir Lenzen. Übrigens: Alternativ kann man auch über die B 195 oder aber Haken schlagend auf winzigen Landstraßen über die Weiler Wustrow und Gandow dorthin kommen.

Lenzen an der Elbe, die Dreiländerstadt im Dreieck Brandenburg-Mecklenburg-Vorpommern-Niedersachsen hat pralle 1100 Jahre Geschichte »auf dem Buckel«, doch man sieht es der Stadt kaum an. Trotz mehrerer vernichtender Stadtbrände immer noch vergleichsweise reich an denkmalgeschützten Bauwerken und Gehöften wie dem »Stumpfen Turm« oder der Burg, präsentiert sich Lenzen als idealer Boxenstopp für ein zweites Frühstück im Café »Kietz« in der Ringstraße.

Dann genießen wir die weitere Fahrt elbaufwärts nach Dömitz und seinem legendären Ortsteil Rüterberg. Werfen Sie unbedingt einen Blick auf das imposante Rathaus der Stadt und schwingen Sie dann einige Kilometer nördlich hinein nach Rüterberg. Hier gibt es »Geschichte satt« zum Anfassen.

Wir queren die Elbe und folgen den Wegweisern nach Dannenberg und weiter nach Hitzacker. Auch dieser Ort direkt an der Elbe wurde durch große Brände im Mittelalter weitgehend zerstört und immer wieder aufgebaut. Heute erfreut den Besucher ein Potpourri an Fachwerkbauten, wie z.B. das Museum »Altes Zollhaus« oder auch das Rathaus am sehenswerten Marktplatz. Schauen Sie sich um. So wie auf dem weiteren Weg direkt am Fluss entlang. Über Tiessau und Drethem erreichen wir Neu Darchau mit seiner historischen Elbfähre »Tanja« und weitem Blick hinein ins Land.

Einsame Gehöfte entlang noch einsamerer, manches Mal sogar kurvenreicher Landstraßen würzen unseren Drang gen Norden, ja lassen den Gleichgewichtssinn sogar ein paarmal munter schunkeln. Erst an der Fähre Bleckede erwartet uns dann einer dieser grauen,

TOUR-TIPP

Dorfrepublik Rüterberg

Die Dorfrepublik Rüterberg inmitten einer Elbschleife hat eine außergewöhnliche Geschichte. In diesem heute beschaulichen Weiler mit Kopfsteinpflasterstraßen und schmucken Backsteinhäusern lebte man 22 Jahre lang mit ganz besonderen Repressalien. Gleich von drei Seiten an den feindlichen Westen grenzend, umgab die Staatssicherheit der DDR das Grenzdorf nicht nur mit den bekannten Wachanlagen, nein, Rüterberg selbst war bis zur Wende zusätzlich von allen Seiten durch einen meterhohen Stacheldrahtzaun mit Wachhunden und Stolperfallen auch vollständig gegen das Hoheitsgebiet der DDR hin abgeriegelt. Für jeden Einkauf, für jeden Arztbesuch im nahen Dömitz mussten Passierscheine beantragt werden. Besuche von außerhalb waren grundsätzlich verboten, und wer versehentlich erst nach 23 Uhr heim nach Rüterberg wollte, fand sein Dorf bis zum anderen Morgen abgeriegelt vor und musste im nahen Wald übernachten. In Anerkennung dieser ganz besonderen Geschichte erhielt die Gemeinde 1991 das Recht verliehen, sich fortan Dorfrepublik Rüterberg zu nennen. Ein sehenswertes Kuriosum.

Einstmals beinahe uneinnehmbar: Die Festungsmauern von Dömitz beeindrucken auch heute noch jeden Betrachter.

Betongraue Mahnung: DDR-Grenzanlagen finden wir heute kaum noch.

turmhohen Gesellen aus Honeckers gescheitertem Überwachungsstaat als Mahnmal deutscher Geschichte. Auch das hinter Bäumen versteckt liegende Elbschloss Bleckede hat spannende Geschichten nicht nur aus Honeckers Tagen zu erzählen.

Jetzt queren wir auf der Fähre »Bleckede« die mächtige Elbe und düsen weiter nach Boizenburg, die 750 Jahre alte »Fliesenstadt« mit eigenem Elbhafen. Nachdem im Mai 1945 zunächst alliierte Truppen die Stadt befreiten, fiel sie wenige Wochen später in russische Hände, wurde zu einer der DDR-Grenzstädte. Nicht viel erinnert heutzutage noch an diese Zeiten, man will auch hier ganz offensichtlich lieber vergessen. Das hübsche Rathaus thront inmitten sehenswerter Fachwerk-Ensembles, und am idyllischen Elbhafen können wir uns ausgiebig die Beine vertreten. Oder zum mittäglichen Boxenstopp einkehren.

Der Nachmittag dieses abwechslungsreichen Tourentags gehört dem Hinterland der Elbauen, den nördlichen Ausläufern des UNESCO-Biosphärenreservats Mittlere Elbe. Und er gehört im Gegensatz zum Vormittag vor allem den kleinen, einsamen Landstraßen, denen mit dem berühmten grünen Band. Via Bengerstorf und Bennin geht es nach Wittenburg mit seinem wuchtigen Amtsbergturm sowie weiter nach Hagenow, einem sehenswerten Beispiel mecklenburgischer Ackerbürger-Altstädte. Will sagen, Hagenows historisches Zentrum ist reich gesegnet mit sehenswerter Fachwerkkunst aus dem 17. bis 19. Jahrhundert. Das

Idylle hinterm Deich: Inmitten der Elbauen liegen sehenswerte Höfe und Weiler, in denen die Zeit oftmals stillsteht.

Ganze verziert mit »aufrüttelndem« Kopfsteinpflaster und einigen Einkehrmöglichkeiten, in denen wir pausieren und die ganz besondere Stimmung des Ortes inhalieren können.

Auch das nach außen hin eher unscheinbare Lübtheen besitzt einige sehenswerte Gutshäuser aus längst vergangenen Zeiten, z. B. das wunderschön gelegene Gutshaus Quassel aus dem 18. Jahrhundert, in dem die SED eine ihrer Parteischulen – die Quassel-Schule! – eingerichtet hatte. Manchmal besitzt die deutsche Sprache doch einen herrlich subtilen Humor.

Der Humor der Bürger des Städtchens Ludwigslust hingegen ist mehr offensichtlicher Natur, nennen sie ihre Stadt doch schlichtweg »Lulu«. Reich an einzigartigen Bauwerken rund um das imposante Barockschloss bezeichnet sich Ludwigslust selbst gern auch als das »Versailles des Nordens« und lohnt zweifelsohne einen ausgiebigen Rundgang.

Dies umso mehr, als der Rest unseres heutigen Wegs nur noch einem Katzensprung gleicht. Über die Weiler Grabow, Steesow und Nebelin erreichen wir auf verkehrsarmen Landstraßen schließlich Perleberg am Rand des Elbe-Urstromtals. Das DDR-Museum in der Feldstraße erzählt von Perlebergs jüngster Geschichte, zahlreiche Fachwerkhäuser von mittelalterlichen Tagen. Und wir verraten Ihnen an dieser Stelle nun wie versprochen unseren Einkehrtipp im »Basislager« Wittenberge: »Tante Emmas Bier- u. Café-Haus« am Markt 9 im Zentrum der Stadt – ein Muss, unserer Meinung nach.

TOUR-CHECK

Region: Ludwigslust-Parchim

Empfohlener Tourenstandort: Wittenberge

Hotelempfehlung: Hotel Alte Ölmühle, Bad Wilsnacker Str. 52 in Wittenberge, www.oelmuehle-wittenberge.de

Länge in km: 300

Fahrzeit insgesamt: 6 Std.

Einkehrtipp am Mittag: Restaurant No. 16, Reichenstr. 16 in Boizenburg

Kombinationsmöglichkeit: Mit Touren 48, 55, 62, 65

Beliebte Motorradtreffs: Am Parkplatz am Elbe-Aussichtsturm nahe Neu Darchau; am Parkplatz am historischen Hafen von Boizenburg

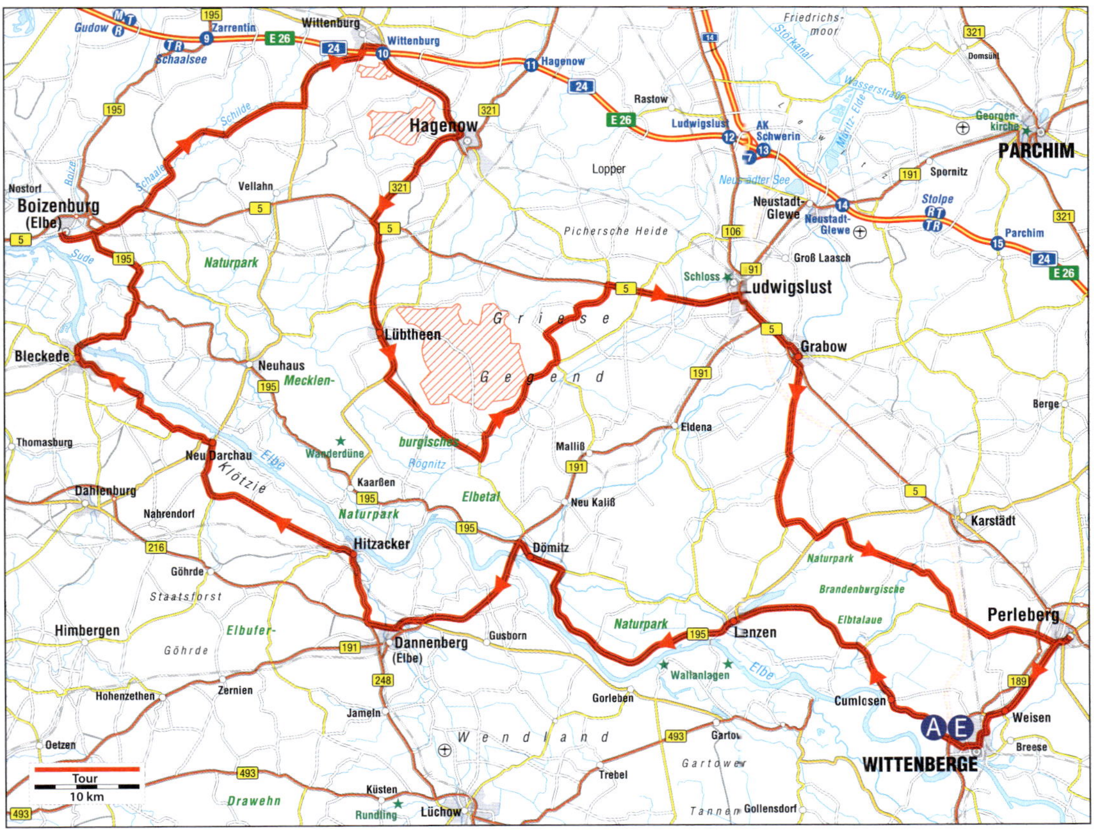

Einsames Land: Die Flucht der Jugend in Großstädte und den Westen hat auch das beschauliche Bad Wilsnack verändert.

VON FLÜSSEN UND SEEN

Nein, Sie benötigen keine Schwimmflügelchen auf dieser Tour. Auch hier findet alles »onroad« statt.

Tour Nr. 2, im beschaulichen Wittenberge startend, kombiniert die Elbauen mit den von uns noch unentdeckten Schönheiten der Mecklenburgischen Seenplatte und ergänzt deren Erkundung (s. Tour 60) Richtung Süden.

Immer an der Elbe entlang huschen wir früh am Morgen flussaufwärts Richtung Süden nach Bad Wilsnack. Das heutige Moor-Rheuma-Heilbad war im 14. Jahrhundert sogar ein weithin bekannter Wallfahrtsort mit drei Hostien samt »Wunderblut«. Kein Geringerer als Martin Luther beendete aber diesen Kult, und bald schon kehrte Ruhe ein im Ort. Die wuchtige »Wunderblutkirche« steht allerdings heute noch zentral im historischen Areal des Ortes. Sehenswert einige Kilometer östlich ist die ausgeschilderte Wasserburg, 1319 erstmals urkundlich erwähnt und damit eine der ältesten Deutschlands.

Apropos Wasser: Im hübschen Havelberg, einer Inselstadt zwischen Havel und Elbe, verlassen wir die weiten Elbauen, allerdings nicht ohne vorher noch einen Blick in die Altstadt zu werfen. Deren Besuch gleicht einer Reise ins Mittelalter – sehr sehenswert. Übrigens nicht nur rund um das erste September-Wochenende, wenn der größte Pferdemarkt Europas hier stattfindet.

TOUR-CHECK

Region: Mecklenburger Seenplatte

Empfohlener Tourenstandort: Wittenberge

Hotelempfehlung: Apartment-Hotel, Schillerplatz 1 in Wittenberge, www.hotel-wittenberge.de

Länge in km: 330

Fahrzeit insgesamt: 6–7 Std.

Einkehrtipp am Mittag: Restaurant Marktstübchen, Poststr. 2 in Wittstock

Kombinationsmöglichkeit: Mit Touren 55, 60, 61, 65, 66

Beliebte Motorradtreffs: Am Parkplatz Dampferfahrten am Hafen von Neuruppin (vor allem an den Wochenenden)

In einem weiten Bogen schwingen wir nun über Neustadt und Neuruppin, dem »Tor zur Ruppiner Schweiz« und Geburtsort Theodor Fontanes, hinüber in die landschaftlich so gänzlich andersartige Mecklenburgische Seenplatte rund um Rheinsberg. Berühmt wurde der Ort spätestens, als Theodor Fontane in seinem fünfbändigen Werk »Wanderungen durch die Mark Brandenburg« darüber berichtete. Dass Schloss Rheinsberg – eine einstige mittelalterliche Wasserburg – sogar als Vorlage für Schloss Sanssouci in Potsdam diente, glaubt man beim Anblick des Rokoko-Prunkbauwerkes sofort.

Auch Wittstock/Dosse ist eine echte Brandenburger Perle historischer Städtebaukunst und lohnt nicht nur einen Rundgang zu Fuß. Eine ansehnliche Handvoll Lokale bietet uns zudem abwechslungsreiche Stärkung – parken Sie einfach das Motorrad am weitläufigen Marktplatz, und wählen Sie Ihre persönliche Geschmacksrichtung. Oder unseren Einkehrtipp im Infokasten.

Via Pritzwalk geht es am Nachmittag dann zunächst Richtung Norden; in Plau am See streifen wir Tour 60, die hier gen Nordosten nahtlos anschließt. Parchim, unser nächstes Etappenziel, liegt exakt auf der Schnittstelle zwischen Mecklenburgischer und Sternberger Seenplatte und lockt nicht nur mit über 800-jähriger Geschichte, sondern ebenfalls mit einem sehenswerten historischen Zentrum samt mächtigem Wasserturm und quer gestreiftem »Kaiserlichem Postamt«. Da werden Erinnerungen an die »gute alte Zeit« rasch wieder wach.

Für die letzten Kilometer des heutigen Tages gönnen wir uns noch ein Bündel an landschaftlich prächtigen Pisten und wedeln über Ziegendorf, Balow und Karstädt heimwärts nach Wittenberge.

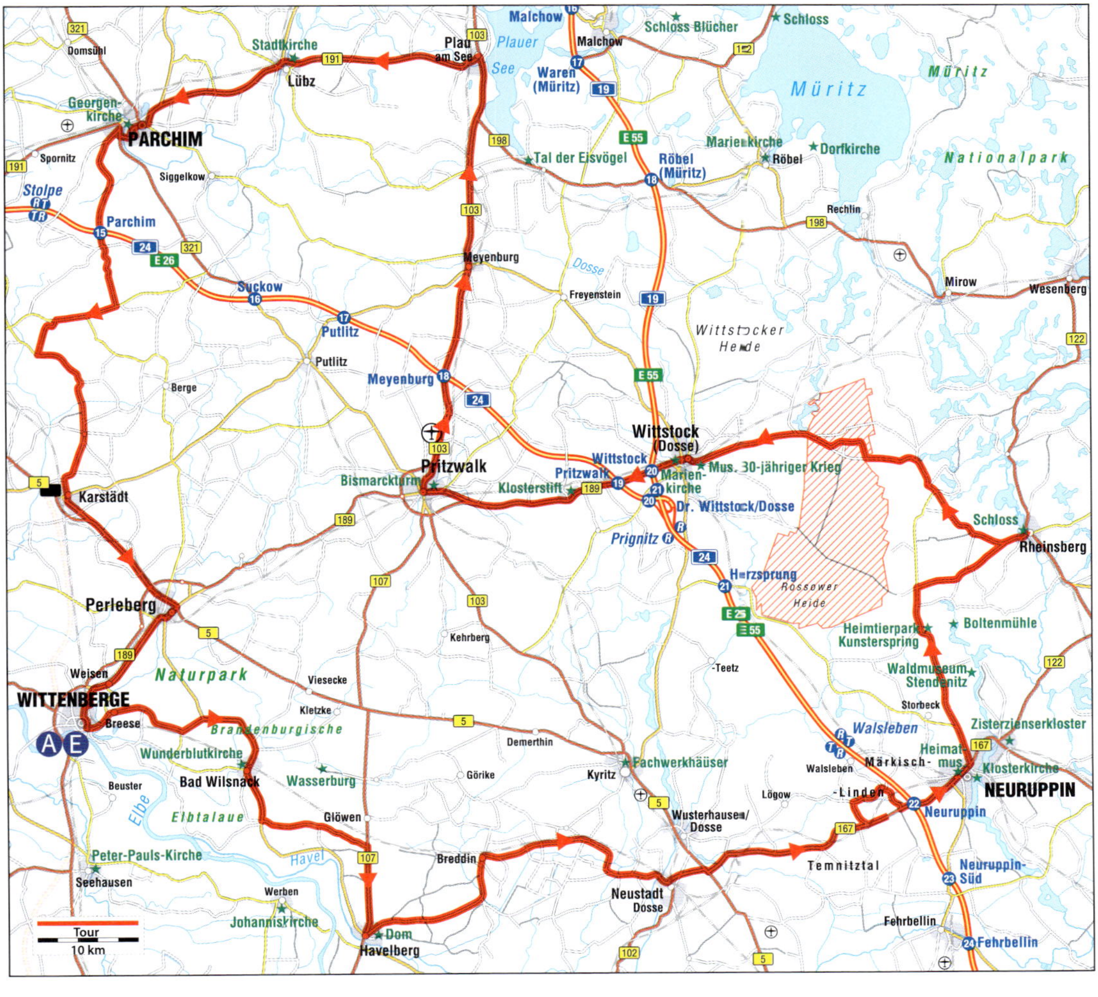

Jetzt aber hurtig: Ein Fotostopp auf dem Rasen von Schloss Bellevue muss zügig ablaufen. Sonst kommt die Security.

RUNDE UM DIE HAUPTSTADT

Berlin mit dem Motorrad macht kaum Spaß. Das Umland der Stadt dagegen schon deutlich mehr.

Lange haben wir überlegt, ob wir Berlin in eine Tagestour einbeziehen sollen. Denn dieser verkehrstechnische Moloch schafft selbst kofferbefreiten Motorradfahrern oftmals am Tag mehr Frust als Lust. Dass die Bundeshauptstadt in einen Deutschland-Reiseführer gehört, steht außer Zweifel. Unser Tipp: Kombinieren Sie diese Tagestour »einmal drumherum« mit einem separaten ausgiebigen Tagesausflug via gut ausgebautem ÖPNV-Netz ins Herz Berlins. Das macht deutlich mehr Sinn und Laune.

Auch Eberswalde, unser Standort für die beiden kommenden Touren, hat viel Sehenswertes zu bieten und schafft es nach unserer Ankunft mit Leichtigkeit, sein etwas »ramponiertes« Image abzulegen. Da freut man sich bereits am Morgen auf die abendliche Abwechslung. Über Schorfheide und Wandlitz am gleichnamigen See geht es direkt ins Herz Oranienburgs, einer Gemeinde an der Havel mit slawischen Wurzeln. Zahlreiche Gedenkstätten erinnern heute an die Gräuel des Zweiten Weltkriegs (nicht nur das prächtig herausgeputzte Schloss Oranienburg), aber auch an heitere Tage der Geschichte.

Im weiteren Verlauf schlagen wir einen Südbogen um das stets proppenvolle Zentrum Berlins und wählen eine Mischung aus Land- und Bundesstraßen für unser Vorankommen Richtung Nauen. Techniker wird hier die berühmte Großfunkstelle begeistern, die älteste noch existierende Sendeanlage der Welt, erbaut 1906. Alle Besucher schwärmen hingegen von den historischen Schätzen im Altstadtbereich Nauens mit Schloss, Gutshäusern, Brennerei und vielem mehr.

Bei Ketzin kreuzen wir die Havel und folgen dem Fluss hinein ins Havelland. Caputh am Schwielowsee amüsiert uns nicht nur aufgrund seines merkwürdigen Namens. Sehenswert ist neben Schloss und Havelfähre auch das Sommeridyll Albert Einsteins, der hier bis zu seiner Auswanderung in die USA seine Urlaube verbrachte. Über die Schönheiten des direkt anschließenden Potsdam viele Worte zu verlieren, ist uns in Anbetracht der begrenzten Seitenzahl dieses Buchs diesmal verwehrt; zudem kehren wir ab Tour 69 nochmals hierher zurück. Für heute begnügen wir uns mit einer schmackhaften Einkehr (s. Infokasten).

Zugegeben: Auf unserer Südumfahrung Berlins kommen wir dem Zentrum – und damit dem drohenden Verkehrsinfarkt – recht nahe. Nutzen Sie einfach unseren GPS-Download, um in der Spur zu bleiben. Die führt uns schließlich über Stahnsdorf und Teltow, über Marienfelde und Köpenick an die Spree und zum Großen Müggelsee. Um 1906 machten die Eskapaden des Schuhmachers Friedrich Wilhelm Voigt den Berliner Vorort »Cöpenik« weltberühmt – als Hauptmann von Köpenick besetzte dieser kurzerhand das Rathaus und plünderte die Stadtkasse.

Den Nachmittag beschließen wir mit einer Runde um den Osten Berlins – via Grünheide und Rehfelde geht es nach Strausberg, mit 95 Metern (!) eines der höchstgelegenen Städtchen der Mark Brandenburg. Über das mittelalterlich anmutende Altlandsberg und Bernau erreichen wir spätabends wieder Eberswalde.

TOUR-CHECK

Region: Berlin

Empfohlener Tourenstandort: Eberswalde

Hotelempfehlung: Hotel Am Brunnenberg, Brunnenstr. 7 in Eberswalde, www.brunnenberg-web.de

Länge in km: 300

Fahrzeit insgesamt: 6 Std.

Einkehrtipp am Mittag: Restaurant Assaggi, Luisenplatz 3 in Potsdam

Kombinationsmöglichkeit: Mit Touren 62, 64, 69, 70

Beliebte Motorradtreffs: Gasthaus Zum Schleusenkrug, Berliner Str. 1 in Zerpenschleuse bei Schorfheide; Biergarten Loretta am Wannsee, Kronprinzessinnenweg 260 in Berlin-Wannsee und viele auch direkt in Berlin

Ein weites, einsames Land mit wenigen Hügeln am Horizont – das verspricht Tourenspaß vom Feinsten.

GRÜSSE NACH POLEN

Die Uckermark und deren Umland sind heutzutage in aller Munde. Ergründen wir einmal, ob das berechtigt ist.

Die zweite Tagestour startet in Eberswalde und führt schnurstracks Richtung Osten, an die Oder und zur polnischen Grenze. Welch ein Kontrastprogramm zum gestrigen Tourentag!

Vorbei am idyllischen Werbellin- und am Grimnitzsee schwingen wir entlang der sogenannten Schorfheide, einer leicht hügeligen, seenreichen Landschaft, geformt während der letzten Eiszeit. Auch das beschauliche Joachimsthal kann unseren Vorwärtsdrang durch die weiten Landschaften der Uckermark, einer der wohl bekanntesten historischen Landschaften Ostdeutschlands, kaum bremsen. Ungezählte Seen und

Einst unüberwindbare Grenze, heute ein Naturreservat par excellence: Die Oder – ...

Recht einfach, aber dennoch unbedingt sehenswert: Schloss Jahnsfelde im Städtchen Müncheberg

Fischweiher säumen den Weg über einsame Landstraßen; viele der Orte mit ihren kopfsteingepflasterten Zentren verschwinden sicherlich zu Unrecht viel zu schnell in unseren Rückspiegeln. Doch 350 Kilometer Tagesleistung sind auf den Buckelpisten hier im Grenzland zu Polen nicht zu unterschätzen.

Via Temmen und Wilmersdorf, über Schmiedeberg und Gramzow dringen wir immer weiter gen Nordosten in das eigenartig menschenleere Grenzland vor. Auch in Gartz, einer 7000-Seelen-Gemeinde unmittelbar am Grenzstreifen zu Polen, sind zumindest tagsüber die Gehsteige wie leergefegt, trifft man die Menschen höchstens beim Bäcker oder in der Apotheke. Ab hier bis hinunter nach Eisenhüttenstadt bildet die knapp 900 Kilometer lange Oder, einer der bedeutendsten Flüsse Europas, die natürliche Grenze zwischen Polen und Deutschland.

Gemächlich folgen wir dem Fluss stromaufwärts bis nach Schwedt, der »Nationalparkstadt« direkt am Nationalpark Unteres Odertal, einer der grünen Lungen der Uckermark. Einige historische Bauten wie ein alter Tabakspeicher und eine Burgruine würzen den Rundgang, bevor es wieder hinaus in die Landschaft geht. Angermünde lockt mit noch mehr historischem

... sie gehört zu einem der bedeutendsten Flüsse Europas und trennt heute noch Deutschland und Polen.

Grenzlanderfahrung: Auf einsamen Pisten huschen wir am einstigen »Eisernen Vorhang« entlang. Das macht Laune und Lust auf mehr ...

»Material« und einem erlebenswert quirligen Zentrum – ideal auch für unseren Einkehrschwung.

Der Rest unseres Tourentags gehört wieder einmal der freien Fahrt über – oftmals – freie Pisten. Oderaufwärts huschen wir über die Dörfer und durch ein Grenzland, dessen einstmals tödlicher »Eiserner Vorhang« inzwischen vor allem von der Natur zurückerobert und damit auch optisch vollständig »entschärft« wurde. Nehmen Sie sich unbedingt etwas Zeit zum Schauen auf der Fahrt über Oderberg, Oderaue, Wriezen und Letschin nach Seelow, unserem südlichsten Punkt für heute.

Herrlich und mein: Landstraße im Oderbruch

TOUR-CHECK

Region: Uckermark und Oberland

Empfohlener Tourenstandort: Eberswalde

Hotelempfehlung: Seehotel Mühlenhaus, Ragöser Mühle 1 in Chorin-Sandkrug, etwas nördlich von Eberswalde, www.seehotel-muehlenhaus.de

Länge in km: 350

Fahrzeit insgesamt: 7 Std.

Einkehrtipp am Mittag: Restaurant Wallenstein, Markt 23 in Angermünde

Kombinationsmöglichkeit: Mit Touren 60, 63, 70

Beliebte Motorradtreffs: Schorfheide (s. Tour 63)

Beinahe 800 Jahre pralle Geschichte hat unser nächstes Etappenziel, das Städtchen Müncheberg, vorzuweisen. Sehenswert sind neben einigen historischen Kirchen vor allem auch die beiden Schlösser Trebnitz und Jahnsfelde, die das Stadtbild optisch nochmals aufwerten. Durch das Blumenthaler Wald- und Seengebiet geht es auf »landschaftlich wertvollen« Pisten sodann zurück nach Eberswalde. Und falls Sie jetzt zu Recht der Hunger plagt – hier ist unser Einkehrtipp: das Restaurant »Shiva« in der Kreuzstraße 1.

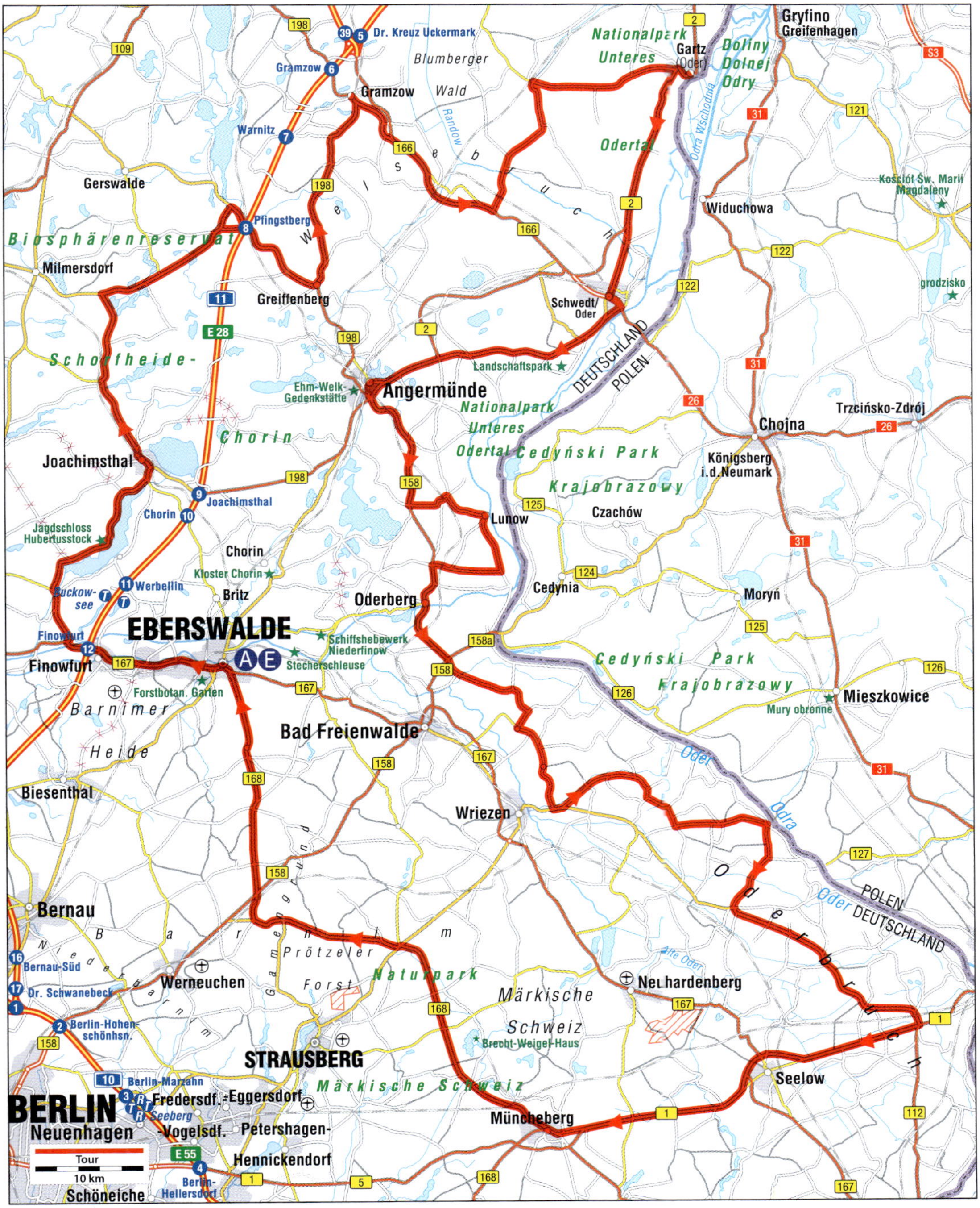

Vom Zahn der Zeit akut bedroht: Die »Rinderbesamungsanstalt« von Osterburg musste einfach digital verewigt werden.

DIE WIEGE PREUSSENS

Rund um Stendal sind sie noch zu finden, die groben Runden. Was das ist? Sehen Sie selbst!

Die Elbe ist uns ja auf den bisherigen Touren schon einige Male begegnet. Auch die Region der beiden nun folgenden Tagestouren hat sie nachhaltig geprägt: die Altmark. Ein ausführlicher Tour-Tipp dazu folgt im nächsten Kapitel; heute widmen wir uns erst einmal intensiv dem fahrerischen Potenzial dieser Region.

In Stendal im Herz der Altmark haben wir unser »Basislager« aufgeschlagen. Beinahe 1000 Jahre hat die sehenswerte Stadt bereits auf dem Buckel, aber man sieht es ihr kaum an. Im 13. Jahrhundert schipperte die Stendaler Seefahrergilde im gesamten Ost- und Nordseeraum umher, von 1358 bis 1518 war Stendal sogar Teil der Hanse, jener berühmten Kaufmannsgilde. Wir »schippern« erst einmal Richtung Norden elbabwärts aus der Stadt hinaus.

Rasch noch ein Fotostopp am Uenglinger Tor eingelegt – einem der Wahrzeichen Stendals – erwarten uns schnurgerade, überraschend perfekt asphaltierte Alleen Richtung Arneburg, einer der ältesten Städte der Altmark. Die Elbe bildet hier die Altmärker Ostgrenze, und entlang des Elbhochufers geht es nach Osterburg. Blitzsauber restauriert präsentiert sich das fachwerkreiche historische Zentrum, nur an den Gemäuern der »Rinderbesamungsanstalt« bröckelt der Putz. Bitte nicht unnötig hupen.

Spannende Geschichten hat uns bald darauf auch Salzwedel zu berichten. Über schnurgerade Alleen fahren wir in die Hansestadt ganz am Westrand der Altmark. Eine der wichtigen norddeutschen Salzhandelsstraßen führte hier entlang und verschaffte den Menschen Arbeit und Auskommen. Rund um den markanten Rathausturm drapiert sich eine prächtig herausgeputzte Altstadt, und im Bistro »Amadeus« direkt am Turm lohnt der Einkehrschwung, bevor es wieder hinaus ins Land geht.

Fernab jeglichen Verkehrs fahren wir hinüber zum Arendsee, der einstigen Perle der Altmark, ein Natursee, dessen Strandbad zu DDR-Zeiten als beliebter Ersatz für den oftmals unerreichbaren Urlaub am Meer gebucht wurde. Vor Wittenberge kreuzen wir schließlich die Elbe und düsen mitten hinein in die sehenswerte Stadt. Kommt Sie Ihnen bekannt vor? Sie war unser »Basislager« in den Kapiteln 61 und 62. Erinnern Sie sich auch noch an unseren Einkehrtipp »Tante Emma's Bier- und Café-Haus« im Zentrum der Stadt?

Östlich der Elbe geht es nachmittags über Bad Wilsnack und Havelberg auf bekannter Piste zurück. Ab Havelberg befahren wir dann »Neuland« und schlagen einen weiten Bogen über Schollene und Schönhausen – übrigens Geburtsort des Reichskanzlers Otto von Bismarck – nach Tangermünde, einem wahrlich perfekten Tourenausklangsort. Innerhalb der beeindruckend massiv gebauten Stadtbefestigung begrüßt uns ein Sammelsurium an prächtigem Fachwerk samt einzigartigem Rathaus. Wie wäre es jetzt, vor dem Heimweg mit einer Thüringer Bratwurstsemmel hinunter an die Elbe zum Sonnenuntergang zu schlendern?

TOUR-CHECK

Region: Altmark

Empfohlener Tourenstandort: Stendal

Hotelempfehlung: Pension Sellent, Blücherstr. 21 in Stendal, www.hotel-stendal.de

Länge in km: 290

Fahrzeit insgesamt: 5–6 Std.

Einkehrtipp am Mittag: Tante Emma's Bier- und Café-Haus am Markt 9 in Wittenberge

Kombinationsmöglichkeit: Mit Touren 40, 61, 62, 66, 67

Beliebte Motorradtreffs: Imbiss Goldmann, direkt an der B 6 bei Syke-Heiligenfelde; am Parkplatz beim Seebad Arendsee (vor allem an Wochenenden)

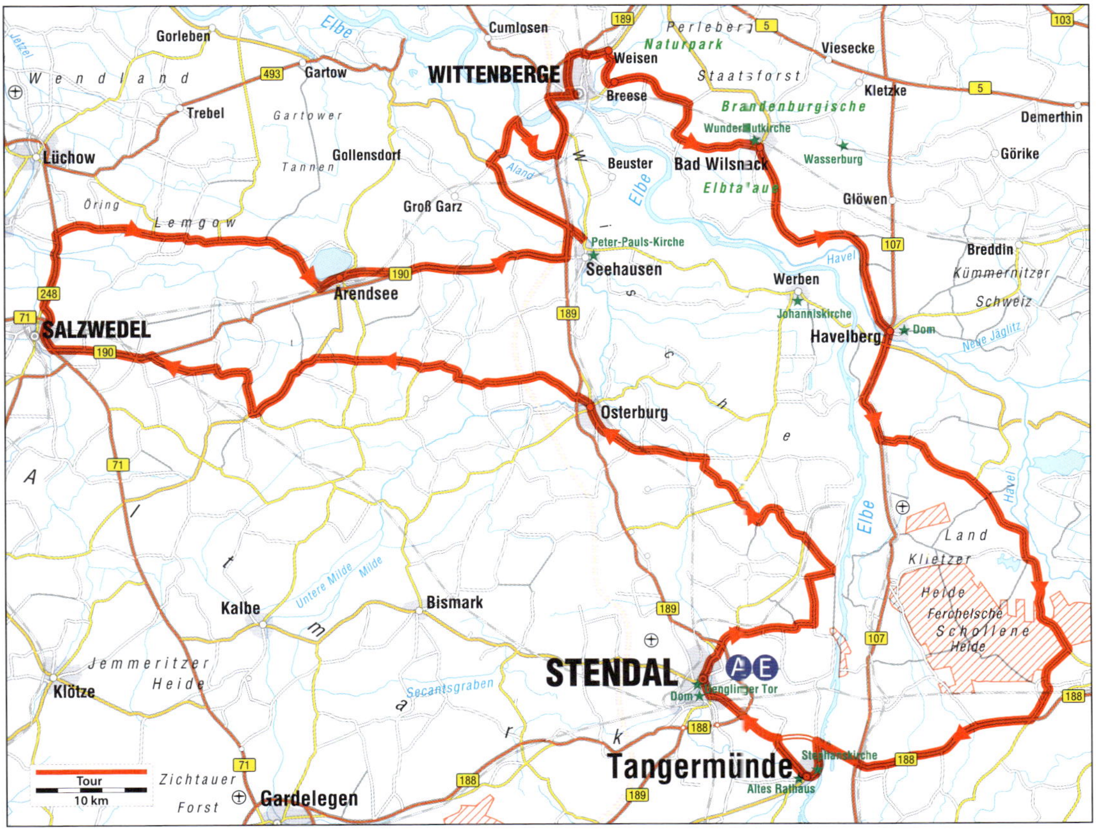

Für wenig Geld geht es bequem und sicher ans andere Ufer der Elbe. Was will Biker mehr?

IM SÜDEN VIEL NEUES

Auch der Südteil der Altmark hat viel zu bieten – und ja, die Straßen werden etwas besser.

Der abwechslungsreiche Süden der Altmark steht für heute auf unserem Tourenplan. Und mit gut 260 Kilometern Länge lässt uns diese Rundreise auch viel Zeit, uns ausgiebig umzuschauen. Noch einmal huschen wir über den Südrand Stendals nach Tangermünde und queren die Elbauen hinein ins Jerichower Land. Doch halt, bevor wir uns Jerichow näher anschauen, fahren wir erst noch einen großen Bogen Richtung Schönhausen, Klietz und Schollene, um nahtlos an die gestrige Rundreise anzuknüpfen.

Rathenow im Havelland ist vielleicht die Stadt Deutschlands mit dem größten Durchblick. Schon zu DDR-Zeiten war dies der einzige Produktionsstandort für Brillengläser; heute produziert hier einer der größten Brillenfabrikanten Deutschlands. Wen wundert's, dass Rathenow sich auch »Stadt der Optik« nennt.

Via Premnitz und Schmetzdorf erreichen wir dann das sehenswerte Städtchen Jerichow. Die sogenannte Einheitsgemeinde gehört mit 270 Quadratkilometern Fläche übrigens zu den größten Kommunen Deutschlands. Berühmt ist der Ort allerdings für sein imposantes Kloster aus dem Gründungsjahr 1144, einem der ältesten Backsteinbauten Norddeutschlands. Sowohl hier in Jerichow als auch im südlich angrenzenden Genthin begeistert zweifelsohne das Ergebnis des offensichtlich sorgfältig investierten Solidaritätszuschlags – das imposante Rathaus am Marktplatz ist nur ein Beispiel dafür.

TOUR-TIPP

Altmark
Die historische Kulturlandschaft der Altmark liegt im Norden Sachsen-Anhalts und reicht von Salzwedel im Westen bis an die Elbe im Osten; sie grenzt im Süden an die Magdeburger Börde und im Norden an das Wendland. Als »Antiqua Marchia«, also als Alte Mark, war die Region einstmals eines der Urgebiete der Mark Brandenburg. Daraus resultierend nennt sie sich heute gern auch »Wiege Brandenburgs«, ja sogar »Wiege Preußens«. Vor allem im Hinblick auf die zaghafte Öffnung für den Tourismus ein durchaus wertvolles Prädikat, denn die Altmark begeistert nicht allein durch weite, oftmals unberührte Landschaften, sondern auch mit sehr geschichtsträchtigen Städten und Dörfern, die sich zwei Jahrzehnte nach der Wende oft als optisch perfekt restaurierte »Leckerbissen« präsentieren.

Alles Backstein, oder was? Die Stadtbefestigung von Tangermünde ist gut erha ten und sehenswert.

Das umliegende Genthiner Land bildet den südöstlichsten Zipfel der Altmark, und über Ferchland erreichen wir erneut die Elbe und winken die Fähre zu uns herüber. 2,50 Euro für Mensch und Motorrad und eine Überfahrt – das ist okay, der Umweg über die Brücke vor Tangermünde hätte vermutlich sogar mehr Benzin verbrannt. Tangerhütte, Groß- und Klein Schwarzlosen und einige namenlose Weiler säumen den Weg an diesem Vormittag; am Ortsrand von Lüderitz erwartet uns sogar noch eine waschechte Betonplatten-Rüttelpiste, vermutlich noch original aus DDR-Zeiten. Eine gelungene Teststrecke, um die Nehmerqualitäten verbauter Federelemente ausgiebig bis in Grenzbereiche zu testen …

Über Jävenitz erreichen wir schließlich Gardelegen mit unserem Einkehrtipp am Mittag. Übrigens: Gardelegen ist flächenmäßig die drittgrößte Stadt Deutschlands. Wer hätte das beim Anblick des eher beschaulich wirkenden 23 000-Seelen-Orts gedacht. Klappen Sie doch nahe des imposanten Rathauses im Zentrum einmal den Seitenständer aus, und erkunden Sie den historischen Teil der Stadt inmitten einer alten Wallanlage intensiv zu Fuß. Zeit dafür haben wir genug – übrigens auch für ein Selfie mit dem Roland von Gardelegen, jener Ritterstatue mit Schwert und Symbol für die Eigenständigkeit einer Stadt. 1450 wurde die Statue erstmals urkundlich erwähnt, 1727 fiel sie einem Stadtbrand zum Opfer, und erst 2002 konnte am gleichen Standort eine neue feierlich enthüllt werden.

Schnurgerade Pisten, baumbestandene Alleen und satte Portionen Kopfsteinpflaster würzen den Nachmittag dieser Rundfahrt. Über Algenstedt erreichen wir Kalbe mit den Resten seiner einstmals sicherlich eindrucksvollen Burg. Weit über 1000 Jahre hat der beschauliche Flecken bereits auf dem Buckel; dass die Festung einst eine weithin bekannte Wasserburg mit drei Gräben und vier Vorburgen war, davon ist heute allerdings nicht mehr viel zu sehen.

Auch rund um Bismark treffen wir immer wieder auf das in der Altmark besonders grobe – dafür allerdings historisch authentische – Kopfsteinpflaster, das alle nicht ordnungsgemäß verschraubten Teile des Mopeds gnadenlos offenbart, weil möglicherweise abrüttelt. Neben historischen Aspekten hat dieses Kopfsteinpflaster allerdings auch einen – vermutlich ebenso gewollten – erzieherischen Effekt: Geschwindigkeitslimits werden auf diesen Rüttelpisten penibel genau beachtet.

Schon die Schreibweise des Orts Bismark deutet an, dass er mit Deutschlands berühmtestem Reichskanzler nichts zu tun hat – der Name des Flusses Biese und das althochdeutsche »Mark« für Gebiet bilden die Wurzeln des Ortsnamens. Wäre das also gleich einmal

Wie mit dem Lineal gezogen präsentiert sich die Klosteranlage von Jerichow samt umliegender Ortschaft.

geklärt, bevor wir uns im Zentrum umsehen. Ein hübscher, weitläufiger Marktplatz, verziert mit sorgfältig restauriertem Fachwerk, ein paar originale Tante-Emma-Läden, ein Café – et voilà, das war's auch schon. Bismarks Wahrzeichen soll übrigens die »Goldene Laus« sein, ein romanischer Turm aus Feldsteinen, der einstmals eine Kirche zierte. In ihm soll vor langer Zeit eine riesige Laus in Ketten gefangen gehalten worden sein, die der Teufel gesandt hatte – daher der für einen Kirchturm doch sehr merkwürdige Name.

Noch einmal geht es hinaus in die Landschaft, und wir schwingen über weite Ebenen, durch lichte Wälder und einsame Weiler inmitten einer altehrwürdigen Kulturlandschaft, die ihresgleichen sucht.

Über Garlipp und Steinfeld erreichen wir schließlich wieder unseren Ausgangspunkt Stendal und können uns den Rest dieses abwechslungsreichen Tages mit dieser sehenswerten Stadt im Herzen der Altmark befassen. Übrigens eine der regenärmsten Regionen Deutschlands – eine Information, die speziell uns Motorradfahrer wohl auf ewig interessieren wird. Um 1160 wurde »Stendale« von Markgraf Albrecht der Bär gegründet; im 13. Jahrhundert befuhr die Stendaler Seefahrergilde den gesamten Nord-und Ostseeraum und sorgte mit regem Warenhandel für einen bescheidenen Wohlstand in der Hansestadt. Zu DDR-Zeiten war Stendal ein wichtiger Industriestandort, und seit 2010 erinnert man sich ganz offiziell wieder gern an die Zeiten mittelalterlichen Wohlstands und nennt sich seitdem wieder »Hansestadt Stendal«.

Wenn Ihnen jetzt nach all den geschichtsreichen Exkursionen des heutigen Tages, nach all den Buckelpisten der Altmark so richtig der Magen knurrt, dann haben wir natürlich auch noch einen Tipp für Sie: die Szenekneipe »Rad der Stadt«, das nach eigener Einschätzung urigste Gasthaus Stendals (Birkenhagen 9, hinter dem Kornmarkt) – für einen erinnerungswürdigen Ausklang unserer Reise durch die »Wiege Preußens«.

TOUR-CHECK

Region: Jerichower Land

Empfohlener Tourenstandort: Stendal

Hotelempfehlung: Hotel Am Uenglinger Tor, Moltkestr. 17 in Stendal, www.hotel-stendal.de

Länge in km: 260

Fahrzeit insgesamt: 5 Std.

Einkehrtipp am Mittag: Fischerhof Gahrns, Am Rottweg 1 in Gardelegen

Kombinationsmöglichkeit: Mit Touren 62, 65, 67, 69

Beliebte Motorradtreffs: Am Parkplatz an der Fähre Ferchland–Grieben (hauptsächlich an den Wochenenden)

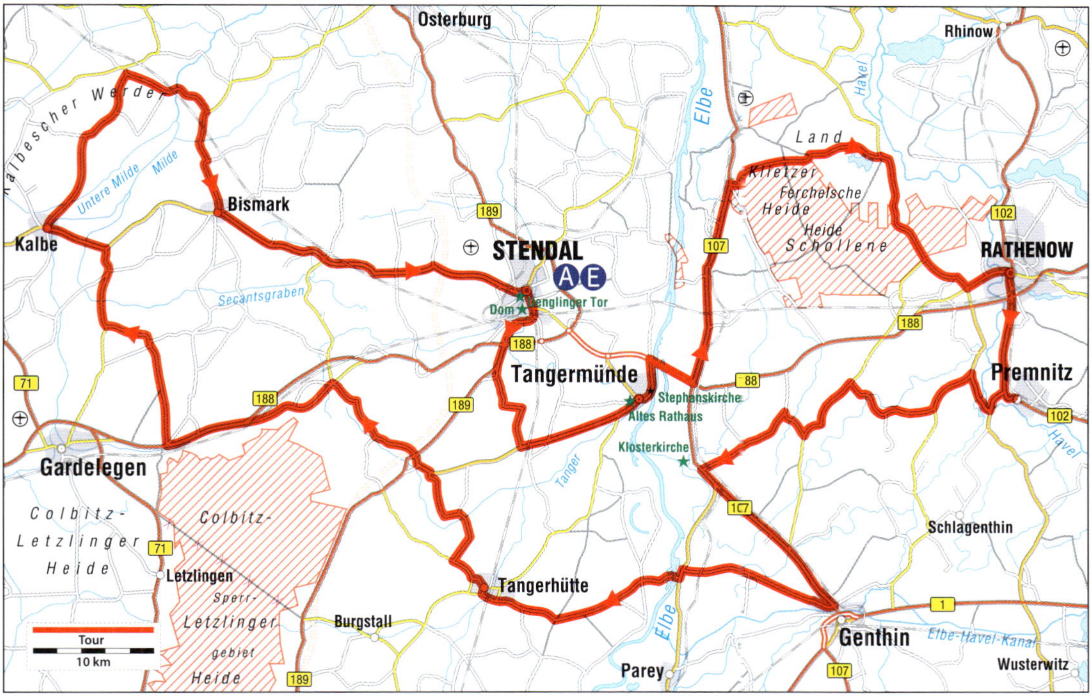

Inmitten der Vergessenheit: Das Grenzlandmuseum von Marienborn war sicherlich irgendwann einmal eine gute Idee.

BITTE EINMAL NACHSCHLAG

Im Herz von Sachsen-Anhalt sind wir nicht nur großen deutschen Denkern auf der Spur.

Eine letzte Portion Altmark sowie ein erlebenswertes Stückchen Grenzland bilden das zentrale Thema dieser tagesfüllenden Tour. Die startet und endet im wunderschönen Magdeburg, einer der bedeutendsten Städte Deutschlands. Und das nicht nur heute, war das inzwischen über 1200 Jahre alte Magdeburg doch im Mittelalter sowohl das Zentrum der Reformation als auch Preußens stärkste Festung. Es gibt somit mächtig viel zu entdecken auf unseren abendlichen Streifzügen durch die quirlige Universitätsstadt.

Doch zunächst einmal ist die deutsche Teilung unser Thema, wenn wir über Meitzendorf nach Haldensleben und sodann Richtung Helmstedt fahren, tief im Grenzland der einstigen Teilung Deutschlands. Helmstedt-Marienborn war der größte und wichtigste Grenzübergang in den Osten, und bei einem Spaziergang über die frei zugänglichen Areale des ausgeschilderten Grenzübergangs kommt eine eigenartige Stimmung auf. So wie im nahen Hötensleben etwas südlich von Helmstedt mit einer der letzten noch existierenden Grenzpatrouillenstrecken samt jenem Wachturm, in dem NVA-Schergen mit der Lizenz zum Töten saßen.

Läuft Ihnen jetzt ein leichter Schauer über den Rücken, ist vielleicht sogar die Stimmung »flöten«? Dann lassen Sie uns rasch weiterfahren und über Grasleben und Flechtingen abtauchen in heute unberührte Landschaften. Das macht neue Laune und bestimmt auch Lust auf mehr Geschichte. Das kleine Museum Burg Brome lockt uns ebenso in den unscheinbaren Ort wie der versteckt in lichtem Mischwald liegende Grenzlehrpfad Böckwitz-Zicherie mit originalen Maueranlagen, Stacheldrahtverhau und (entschärften!) Minenfeldern. Gute 1400 Kilometer war die innerdeutsche Grenze lang, wie gut, dass nur noch wenig an sie erinnert.

Über Klötze im Altmarkkreis, idyllisch eingebettet inmitten von Hügeln und Wäldern, geht es nach Kalbe und Gardelegen. Hier schließt Tour 66 direkt an – erinnern Sie sich an unseren Einkehrtipp? Der lohnt auch einen zweiten Besuch. Via Lüderitz und Tangerhütte erreichen wir nachmittags erneut die weiten Auen der Elbe, rufen in Rogätz »Fährmann, hol über!« und errei-

Erledigt! Glorifizierter Sozialismus hat sich überlebt.

TOUR-CHECK

Region: Jerichower Land und Börde

Empfohlener Tourenstandort: Magdeburg

Hotelempfehlung: Motel One in Magdeburg, Domplatz 5 in Magdeburg, www.motel-one.com

Länge in km: 380

Fahrzeit insgesamt: 7 Std.

Einkehrtipp am Mittag: Pizzeria Napoli, Aschberg 15 in Gardelegen

Kombinationsmöglichkeit: Mit Touren 65, 66, 68, 69

Beliebte Motorradtreffs: Keine benannt bzw. keine gefunden

chen für 2,50 Euro mitsamt Moped wohlbehalten das andere Ufer. Burg, die »Stadt der Türme« mit einem mächtigen Roland, erwartet uns wenige Kilometer weiter. Zahlreiche Türme ganz unterschiedlicher Bauweise prägen heute das Stadtbild. Schauen Sie sich ruhig um.

Zumal der Rest des heutigen Weges nur noch kurz ist. Über Gladau geht es nach Ziesar mit imposanter und gut erhaltener Burganlage und über Lübars schließlich retour nach Magdeburg.

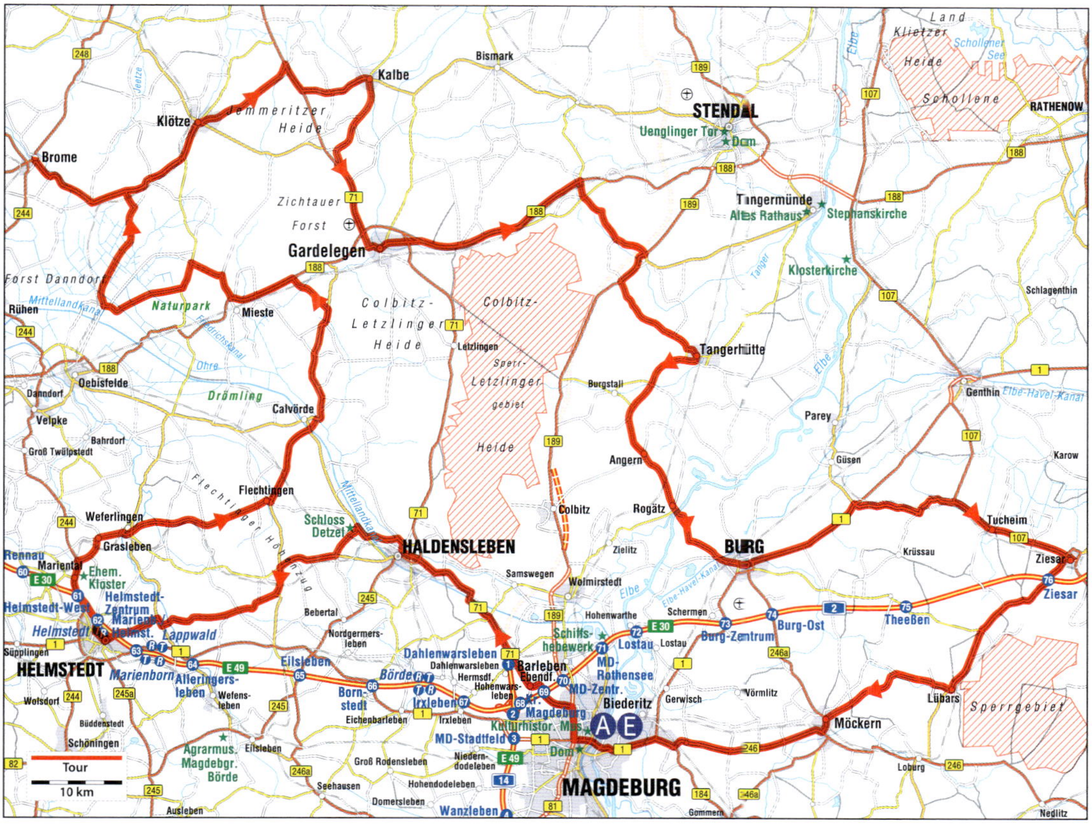

Imposant bei Tag und Nacht: Magdeburg und sein vom Dom geprägtes Stadtbild sind echte Hingucker.

HERRLICHE MAGDEBURGER BÖRDE

Wir pendeln zwischen Elbe und berühmten Rennstrecken – das verspricht Abwechslung pur.

Einer der fruchtbarsten Böden Deutschlands findet sich in der Magdeburger Börde, der Heimat der Menschen seit vielen Tausend Jahren. Und heute Heimat einer berühmten Motorrad-Rennstrecke – aber davon gleich mehr.

Die Elbe begrenzt die Bördelandschaft mit ihrer berühmten Schwarzerde gen Nordosten, und in einem Bogen über Gommern erreichen wir Schönebeck an eben jenem Fluss. Das »weiße Gold« des Mittelalters hat die Geschichte der Stadt geprägt: Das Zechsteinmeer, das vor 250 Millionen Jahren weite Teile Europas bedeckte, schuf reiche Salzlager in bergmännisch erreichbarer Tiefe unter der Stadt, die bis in die 1950er-Jahre abgebaut wurden. Heute erinnern das älteste Solebad sowie das älteste Gradierwerk Deutschlands an diese Zeiten.

Über Barby geht es weiter nach Calbe – bitte nicht verwechseln mit dem Kalbe aus unseren Altmark-Touren – und Bernburg im sogenannten Salzlandkreis. Staßfurt im Westen war im Januar 1851 Ursprungsort des Kalibergbaus, also des Untertage-Abbaus von Salz, und mit gleich zwei Schächten das erste Kalibergwerk der Welt.

Der Unterschied zwischen Aschersleben und Oschersleben besteht zwar orthografisch nur aus einem Buchstaben, doch während man sich in Aschersleben, der ältesten Stadt Sachsen-Anhalts, vor allem um den Majoran-Anbau kümmert, liegt wenige Kilometer weiter in Oschersleben wahrlich Benzin in der Luft. Denn die über 1000 Jahre alte Stadt Oschersleben besitzt mit der 1997 erbauten Motorsport-Arena eine der nur fünf permanent aktiven Rennstrecken Deutschlands. Neben DTM- und WTCC-Rennen finden auf der knapp vier Kilometer langen Strecke auch zahlreiche Testfahrten sowie Open-Air-Events statt. Angegliedert sind zudem ein großes Offroad-Gelände sowie eine Kartbahn. Und das mitten im Herz und im natürlichen Einklang mit der Bördelandschaft.

Halberstadt am Südrand der Börde begrüßt uns wenig später als »Tor zum Harz«, doch dessen so ganz andere Genüsse gönnen wir uns erst bei den Touren 73 und 74. Bitte bis dahin noch ein wenig Geduld – Zeit für einen stärkenden Einkehrschwung haben wir hier aber allemal.

In Dedeleben steht dann ein geschichtlicher Schatz der ganz besonderen Art: Deutschlands älteste Wasserburg, die Westerburg – heute zwar ein Viersternehotel, aber zumindest im Außenbereich zu besichtigen. Oder falls Sie ein Zimmer buchen möchten: www.hrs.de.

Schöppenstedt am Südrand des Elm, eines großen Waldgebiets, begeistert uns hingegen mit prächtigem Fachwerk, einem von weitem sichtbar schiefen Turm sowie der Geschichte Till Eulenspiegels, der im 12. Jahrhundert in der Nähe geboren worden sein soll. Heimwärts geht es durch besagten Elm hindurch nach Königslutter und weiter über Schöningen und Seehausen durch den Norden der so abwechslungs- und geschichtsreichen Magdeburger Börde.

TOUR-CHECK

Region: Magdeburger Börde und Salzlandkreis

Empfohlener Tourenstandort: Magdeburg

Hotelempfehlung: Hotel Elbrivera Alt Prester, Alt Prester 102 in Magdeburg, www.hotel-elbrivera.de

Länge in km: 330

Fahrzeit insgesamt: 6–7 Std.

Einkehrtipp am Mittag: Gaststätte Am Sommerbad, Gebr.-Rehse-Str. 10 in Halberstadt

Kombinationsmöglichkeit: Mit Touren 67, 69, 73, 74

Beliebte Motorradtreffs: Historische Waldgaststätte Tetzelstein mit großem Parkplatz, südlich von Königslutter; am Parkplatz direkt am Zugang der Motorsport-Arena Oschersleben

Rechte Winkel im Überfluss: Die Anlage von Oranienbaum ist wahrlich einzigartig, nicht nur in Deutschland.

ZWISCHEN POTSDAM UND DESSAU

Historischer Prunk und Dessauer Bauhaus – kann ein einziger Tourentag noch abwechslungsreicher werden?

Potsdam im Südwesten Berlins als Tourenstandort – das klingt nach reichlich Verkehr, nach reichlich Rushhour. Deshalb liegt unsere Hotelempfehlung auch etwas außerhalb des Stadtkerns und damit weitgehend außerhalb von Stau & Co.

Über Templiner und Schwielowsee geht es frühmorgens raus aus der Metropole, aber bereits im verträumten Ort Glindow erwartet uns erneut pralle Geschichte, war Glindow doch seit dem Mittelalter ein Zentrum der Ziegelindustrie. Das sehenswerte Ziegeleimuseum mit seinem markanten Turm erzählt alle Details.

Wilde Schleifen hat die Havel hier in Jahrtausenden ins Land gegraben, so wild, dass heutzutage keine Straße ihnen in Ufernähe folgen will. Deshalb gönnen wir uns eine Portion rasches Vorankommen und wählen die B1 Richtung Brandenburg an der Havel, die 1000-jährige »Wiege der Mark Brandenburg«. Reich an historischen Bauten wie dem Paulikloster oder dem markanten Rathenower Turm lohnt die Stadt einen Rundgang. Und das nicht nur, um dem mächtigen Roland einmal die Stiefel zu putzen.

Dann geht es weiter über Wusterwitz nach Ziesar mit imposanter Burganlage und über Görzke nach Bad Belzig. Eine Burg mit mächtigem Bergfried, eine Postmeilensäule, ein prächtiges Rathaus und eine lebendige Altstadt – Bad Belzig macht uns die Entscheidung für einen Boxenstopp leicht. Unser Tipp dazu: das »See-Café Belzig« in der Martin-Luther-Straße – sehr zu empfehlen.

Warum den Landstraßen Richtung Zerbst, Roßlau und Dessau bis heute das grüne Band als Auszeich-

Reich an Geschichte und Geschichten: Auch Potsdam ist mehr als eine Reise wert.

Luthers Arbeitsstube auf der Wartburg bot damals wenig Komfort, heute aber Anlass für prächtige Geschichten.

nung verwehrt blieb, können wir auch nach mehreren Besuchen vor Ort nicht verstehen. Genießen Sie die panoramareiche Kurvenhatz, und schauen Sie sich in allen genannten Orten ausgiebig um. In Zerbst lockt eine mächtige Stadtbefestigung aus dem Mittelalter, in Roßlau u. a. die spannende Geschichte einer Schiffswerft und in Dessau nicht nur unser mittäglicher Einkehrschwung. Mitten in einer ausgedehnten Auenlandschaft präsentiert sich die mit Roßlau inzwischen fusionierte Stadt mit praller, spannender Geschichte –

Das Rokoko-Schloss Mosigkau in Dessau

TOUR-CHECK

Region: Potsdam

Empfohlener Tourenstandort: Potsdam

Hotelempfehlung: Ascot Bristol, Asta-Nielsen-Str. 2 in Potsdam, www.hotel-ascot-bristol.de

Länge in km: 340

Fahrzeit insgesamt: 6–7 Std.

Einkehrtipp am Mittag: Brauhaus Zum Alten Dessauer, Lange Gasse 16 in Dessau

Kombinationsmöglichkeit: Mit Touren 63, 65, 66, 67, 68, 70

Beliebte Motorradtreffs: Gasthaus Castello (ehemals Quietsch-Eck), Fritz-Hesse-Str. 3 in Dessau; Gasthaus Teuchler Hof am Teuchler Anger 6 in der Lutherstadt Wittenberg

Stichwort: Schlacht bei Dessau – und sehenswerter Bauhaus-Architektur.

Kontrastprogramm par excellence bietet uns wenige Kilometer östlich Oranienbaum, ein auf streng geometrischem Grundriss errichtetes Ensemble aus Ort und Schloss, das ein in Deutschland seltenes Beispiel niederländisch geprägter Barockbauten darstellen soll. Vor allem aus der Vogelperspektive ein optischer Genuss.

Bevor wir uns auf den Rückweg nach Potsdam begeben, sei Ihnen noch ein letzter Boxenstopp ans Bikerherz gelegt: die Lutherstadt. Bereits vor dem 16. Jahrhundert eines der wichtigsten Zentren kulturgeschichtlichen Schaffens, gelangte Wittenberg endgültig zu Berühmtheit, als Martin Luther seine Wirkungsstätte dorthin verlegte, in einer Nacht- und Nebelaktion seine berühmten 95 Thesen am Portal der Schlosskirche anschlug und damit publik machte. 1996 wurden gleich vier historische Bauwerke Wittenbergs in das UNESCO-Welterbe aufgenommen. Eine rundherum gute Entscheidung!

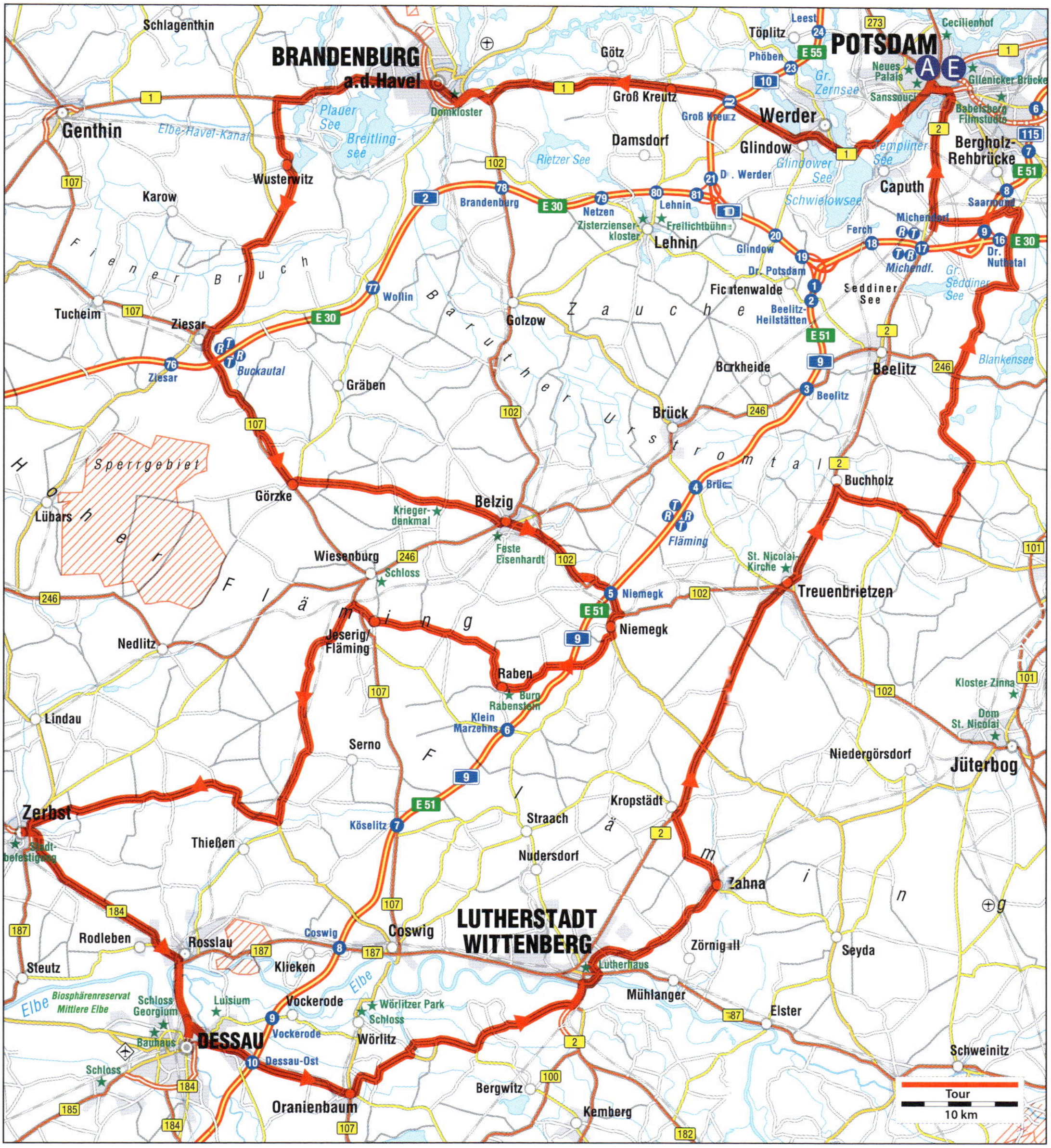

Dem Moped lassen wir die Zügel lang: Herrlich, so eine Kurvenhatz durch das Umland der Bundeshauptstadt!

RUND UMS SCHENKENLÄNDCHEN

Zwischen den Seen im Süden Berlins lässt es sich ungeahnt herrlich Kurvensurfen.

Bevor wir uns nun endgültig aus dem Raum Berlin verabschieden, wollen wir noch eine tagesfüllende Reise durch den Südosten der Bundeshauptstadt unternehmen. Eine Reise mit viel Natur, praller Geschichte und so manch sehenswert verträumtem Ort. Auf geht's!

Mit dem Durchqueren von Ludwigsfelde und Zossen dringen wir zügig vor Richtung Südosten und umfahren wohl jegliche Staugefahr des Molochs Berlin. Bereits in Königs Wusterhausen haben wir das Titelthema dieses Kapitels erreicht: das bezaubernde Schenkenländchen, ein historisches Gebiet in Brandenburg, dessen Name bis ins 14. Jahrhundert zurückzuverfolgen ist. Damals erwarb die Ritterfamilie der Schenken von Landsberg und Seyda einige Dörfer rund um Königs Wusterhausen und gab damit dem Land ihren Namen. Das heutige Amt Schenkenländchen mit Sitz in Teupitz ist geprägt durch ungezählte Seen der Dahme und gehört zum Naturpark Dahme-Heideseen.

»KaWe« nennen die Einwohner von Königs Wusterhausen ihre Stadt pragmatisch, das sehenswerte Schloss war der liebste Urlaubsort für Friedrich Wilhelm I. von Preußen, und auch heute lebt es sich gut in »KaWe«. Ein Grund dafür sind natürlich auch die zahllosen Seen und Fischteiche in den Auen der Dahme, die den Erholungswert der Region maßgeblich steigern. Über Heidesee und Storkow huschen wir anschließend durch die Niederungen von Dahme und Spree nach Fürstenwalde. Die »Grüne Stadt an der Spree« war bereits im 13. Jahrhundert ein wichtiger Handelsplatz zwischen Berlin und Polen; heute begeistert sie durch eine Vielzahl an »grünen Lungen«, an Parks und Alleen inmitten historischer Bausubstanz.

Am Ostufer des Scharmützelsees fahren wir nach Lindenberg, setzen dort den Blinker rechts und weiter geht die Fahrt über Alt-Schadow und Schlepzig nach Krausnick-Groß Wasserburg mit den Krausnicker Bergen, die auf bis zu 144 Meter Höhe ansteigen und zum Biosphärenreservat Spreewald gehören.

Düsen wir lieber weiter nach Teupitz, dem heutigen Zentrum des erwähnten Schenkenländchens und direkt am Teupitzer See gelegen, einem beliebten Naherholungsrefugium mit drei verträumten Inseln. Landschaftlich »wertvolle« Straßen und Alleen führen uns schließlich Haken schlagend über Wünsdorf, Neuhof und Sperenberg nach Luckenwalde, eine der Perlen Brandenburgs. Schauen Sie sich unbedingt um, es gibt viel zu entdecken. Wie z. B. das Kloster Zinna oder Luckenwaldes Bierbrauer-Geschichte, von der schon Theodor Fontane schwärmte. Drei historische Stadtrundgänge bietet Luckenwalde an – der beste Beweis für eine pralle Stadtgeschichte.

Der Rest unserer heutigen Rundfahrt ist dann nur noch ein Katzensprung über Hennickendorf, Beelitz und Michendorf, dann haben wir wieder unser »Basislager« im Süden von Potsdam erreicht.

TOUR-CHECK

Region: Spree und Oder

Empfohlener Tourenstandort: Potsdam

Hotelempfehlung: Pension Zeitlos, Rudolf-Breitscheid-Str. 63 in Potsdam, www.zeitlos-potsdam.de

Länge in km: 320

Fahrzeit insgesamt: 6 Std.

Einkehrtipp am Mittag: Restaurant Schenk von Landsberg, Lindenstr. 5 in Teupitz

Kombinationsmöglichkeit: Mit Touren 63, 64, 69, 71

Beliebte Motorradtreffs: Treff Märkisches Buffet am Scharmützelsee mit zahlreichen Veranstaltungen, Beeskower Chaussee 9 in Wendisch-Rietz

Verlangt eine gute Federung: Betonplatten-Piste im Osten Potsdams

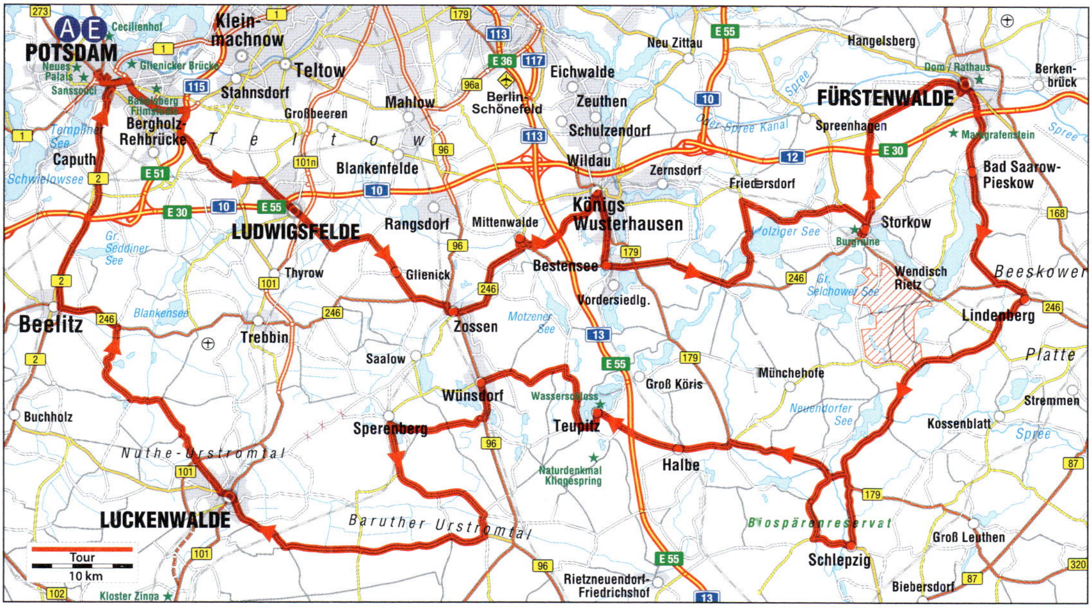

Tatort schauriger »Verbrechen«: Der auch heute noch so geheimnisvolle Spreewald ist beliebter Schauplatz deutscher Krimi-Produktionen.

ZWISCHEN SPREE UND NEISSE

Flüsse und Seen gibt es wahrlich zuhauf in der Region. Aber auch Tourenspaß? Finden wir es heraus.

Raus aus der Großstadt und hinüber in den Osten der Republik – so lautet unsere Devise für die kommenden beiden Touren. Denn die starten und enden jeweils im erlebenswerten Städtchen Cottbus, im so andersartigen Grenzland zu Polen.

Der berühmte und in weiten Teilen fast schon mystische Spreewald ist das Ziel unseres ersten Tourentags, ausgehend von Cottbus. Über Kolkwitz und Limberg erreichen wir Vetschau am Südrand des Spreewalds, mit sehenswertem Markt, hoch aufragendem Renaissanceschloss und dem originalgetreuen Nachbau einer Slawenburg, einer imposanten ringförmigen Wallanlage.

Das nahe Calau hat uns dagegen etwas gänzlich anderes zu bieten: die Heimat der berühmten Kalauer nämlich. Das von 1848 bis 1944 und damit nahezu 100 Jahre lang sehr beliebte Satiremagazin »Kladderadatsch« hatte nämlich eine eigene Rubrik erfunden, die unter der Schlagzeile »Aus Kalau wird berichtet ...« kuriose Begebenheiten nicht nur aus Calau und Umgebung erzählte. 2011 hat Calau daraufhin einen eigenen »Witze-Rundweg« eröffnet, der mit 25 Tafeln durch die Altstadt führt. Lustig!

Über Crinitz und Luckau schlagen wir zunächst einen großen Bogen um den Westrand des Spreewalds, nur um dann umso tiefer in diese historische Kulturlandschaft einzudringen – soweit das »onroad« möglich ist, denn weite Teile des Walds und der Auenlandschaften der Spree sind nur auf dem Wasser erfahrbar. Lübbenau nennt sich selbst gern das »Tor zum Spreewald«, und geografisch betrachtet stimmt das auch. Die auf eine Burg aus dem 14. Jahrhundert zurückgehende Stadt ist nicht nur reich an historischer Bausubstanz, sondern besitzt auch die größte Hafenanlage iin der Region. Von hier aus können Sie den Spreewald mit Booten erkunden, falls Sie mögen. Planen Sie dazu aber mindestens zwei Stunden Extra-Zeit ein.

Auch Lübbens Wurzeln wenige Kilometer nördlich gehen auf das westslawische Volk der Sorben zurück. Heute eines der zentralen Ziele des Spreewald-Tourismus, besitzt Lübben zudem noch sehenswerte Bausubstanz wie das Schloss Lübben aus längst vergangenen Tagen, das seit der Wiedervereinigung liebevoll restauriert wurde.

Wir fahren weiter durch das Herz des Spreewalds, über Golßen und Baruth nach Teupitz – hier schließt Tour 70 an – sowie über Halbe und Kuschkow nach Beeskow am Nordufer des Glower Sees. Ein wenig außerhalb unseres heutigen Hauptthemas, aber dennoch sehenswert. Wie z. B. Burg Beeskow, eine der recht gut erhaltenen Wasserburgen Brandenburgs aus dem Jahr 1272.

Auf »landschaftlich wertvoll« markierten Strecken geht es anschließend wieder zurück in den Spreewald und in dessen nördliche Bereiche. Über Hoffnungsbay, Alt- und Neu Zauche fahren wir nach Straupitz. Der Ort ist zwar durch einen Hochwasserschutz vom eigentlichen Wasserwegenetz des Spreewalds abgetrennt, mit markanter Dorfkirche, intakter Windmühle und ansehnlichen Gutshäusern hat Straupitz dennoch Sehenswertes zu bieten.

TOUR-TIPP

Der mysteriöse Spreewald

Nicht nur Spreewald-Krimis im TV locken immer wieder mit den oft geheimnisvoll anmutenden Welten des Spreewalds. Die uralte Kulturlandschaft entstand durch natürliche Verzweigungen der Spree, die im Lauf von Jahrhunderten mittels künstlicher Kanäle zu einem riesigen Netz an Wasserwegen ausgebaut wurden, um die Niederungen und Sumpfgebiete der Spree nutzbar zu machen. Das Volk der Sorben hatte einen großen Anteil an dieser Kultivierung. Heute steht der gesamte Spreewald mit gut 3200 km2 Fläche und 18 000 Tier- und Pflanzenarten als Biosphärenreservat unter ganz besonderem Schutz. Der auch nötig ist, denn das bekannteste Touristikziel Brandenburgs ist durch umliegende Braunkohlereviere und deren Schadstoffeinleitungen in die Flüsse stets gefährdet. Das Spreewaldmuseum in Lübbenau erzählt die ganze Geschichte dieser einzigartigen Region.

Cottbus gehört zu den schönsten Städten des Ostens, hier wurde unser »Soli« in viel Sinnvolles, wie das Stadtmuseum, investiert.

Ganz schön »einflussreich«: Die Wasser der mächtigen Spree prägen nicht nur das Gesicht von Berlin.

Die Gemeinde Burg im Spreewald liegt zwar auf einem kleinen Abstecher unserer Tour, doch es lohnt sich, dem beschaulichen Ort einen Besuch abzustatten. Und das nicht nur, um in dem seit 1970 stillgelegten bildhübschen Bahnhof der einstigen Spreewaldbahn einen Boxenstopp einzulegen. Das dortige Café-Restaurant hat eine lange Geschichte und eine interessante Speisekarte. Burg selbst liegt in einer intakten Landschaft mit

Für Technikfans: Dampflok der Spreewaldbahn

TOUR-TIPP

Cottbus

Spuren im heutigen Altstadtkern von Cottbus beweisen, das hier in den Niederungen der Lausitz an den Ufern der Spree die Menschen bereits vor mehr als 2000 Jahren siedelten. Es folgten die Germanen und die Slawen, und im Mittelalter legten Pest und Kriege die Stadt in Schutt und Asche. Französische Hugenotten erkannten im 18. Jh. die immer noch gegebene Lebensqualität an diesem Ort und sorgten für den Aufschwung. Von der professionellen Seidenraupenzucht bis zum Bau von Jagdflugzeugen reicht Cottbus wirtschaftliche Bandbreite. Heute ist die quirlige Stadt nicht nur ein wichtiges Zentrum für Wissenschaft und Dienstleistung, die studentisch geprägte Hochschulstadt überzeugt auch mit einem reichhaltigen Kultur- und Szeneprogramm, das unsere Tourenabende abseits des Mopedsattels kräftig würzen kann.

sage und schreibe 300 Wasserläufen und erfreut den Besucher mit klassizistischer Kirche, Bismarckturm, Kur- und Sagenpark sowie – auf Wunsch – auch mit einem Ausflug nach Leipe, einem der letzten hoch authentischen Spreewald-Dörfer, in dem heute noch gut 150 Menschen leben. Komplett umgeben von Wasserläufen mitten im Spreewald, erhalten wir in diesem Ort einen sehenswerten Einblick in längst vergangene Tage. Da stört es auch nicht, das Leipe von allen umliegenden Ortschaften nur mit Spreewald-Kähnen oder dem Rad angefahren werden kann.

Bevor wir uns abschließend dem vielfältigen Abendprogramm in Cottbus widmen, lassen Sie uns noch einen Blick hinein nach Peitz werfen. Nicht nur die Tatsache, dass weit über 20 Teiche die Stadt gen Süden abgrenzen – und damit das größte zusammenhängende Teichgebiet Deutschlands bilden – macht Peitz reizvoll, es ist auch eines der Zentren im Siedlungsgebiet der Sorben. Sehenswert sind die mächtigen Reste der einstigen Festung sowie der historische Ortskern mit Rathaus und zahlreichen Museen. Und die in der südlich liegenden Teichanlage gezüchteten Karpfen stehen auch auf den Speisekarten der Peitzer Restaurants. Falls Sie sich also vor dem Abendprogramm in Cottbus mit frischem Fisch stärken möchten, wäre dies hier die wohl leckerste Möglichkeit.

Oder Sie folgen dann zurück in Cottbus unserem folgenden Einkehrtipp und besuchen das Restaurant »Brau & Bistro« am Altmarkt 18 mit aussichtsreicher Außenterrasse zum Sehen und Gesehenwerden.

TOUR-CHECK

Region: Spreewald

Empfohlener Tourenstandort: Cottbus

Hotelempfehlung: Sorat Hotel, Schlosskirchstr. 2 in Cottbus, www.sorat-hotels.com

Länge in km: 350

Fahrzeit insgesamt: 7 Std.

Einkehrtipp am Mittag: Restaurant Kirchenklause, Kirchgasse 11 in Beeskow

Kombinationsmöglichkeit: Mit Touren 63, 69, 70, 72

Beliebte Motorradtreffs: Gaststätte Frischer Wind, Ernst-Barlach-Str. 52 in Cottbus-Ströbitz; Gasthaus Zum Keiler in Babben, südlich von Crinitz

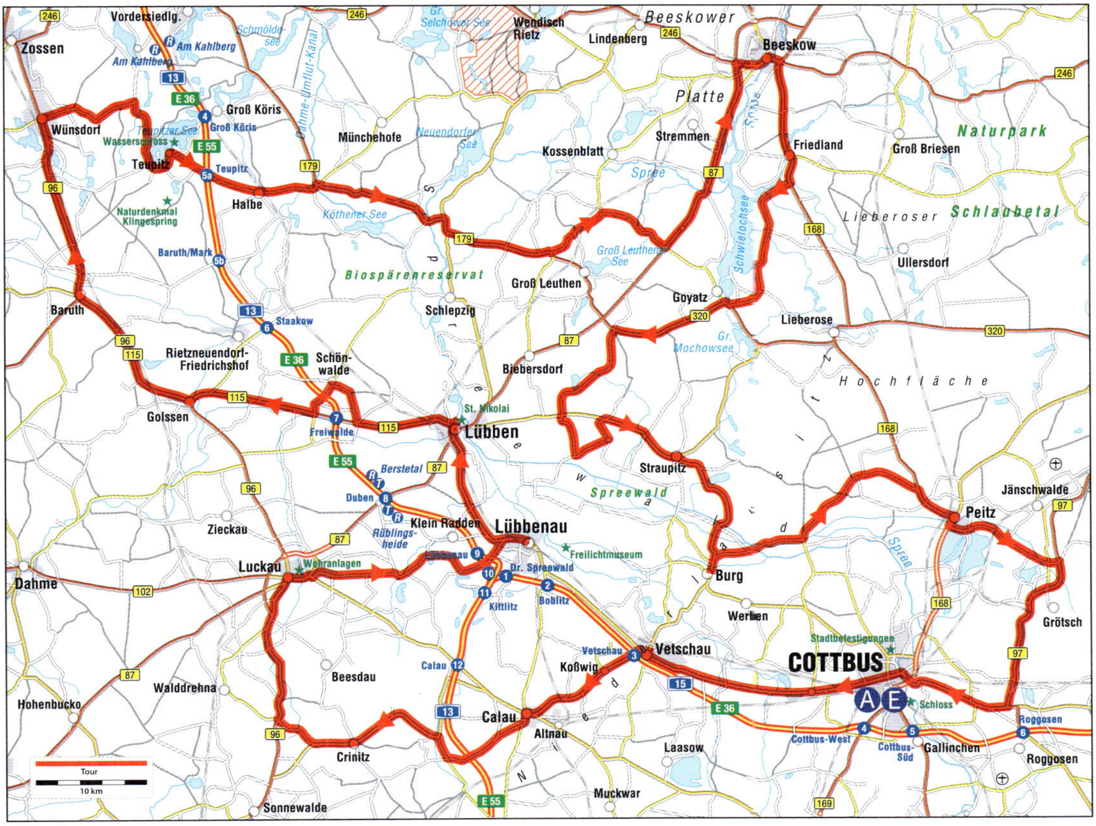

Landstraßen-Surfen mit einem Bajuwaren-Boxer in der Oberlausitz: einer der Höhepunkte unseres schönsten Hobbys der Welt.

ZWISCHEN NIEDER- UND OBERLAUSITZ

Berühmt ist die Region für ihren Reichtum an Natur. Biker finden hier aber noch viel mehr – sogar Rennstrecken.

Das Volk der Sorben – heute noch aus gut 60 000 Mitgliedern als anerkannte nationale Minderheit bestehend – ist uns ja auf der vorhergehenden Rundfahrt schon einige Male begegnet. Auf dieser Tour tauchen wir ganz tief ein in die Lausitz, der Stammregion dieses über 1400 Jahre alten Volkes.

Dazu huschen wir Richtung Süden aus Cottbus hinaus und suchen die Landstraße nach Spremberg, die uns am Ostufer der gewaltigen Spremberger Talsperre entlang mitten ins Zentrum des Orts an der Spree führt. »Grodk« heißt die Stadt übrigens in sorbischer Sprache; sie gründet auf einer 1301 erstmals erwähnten Siedlung. Die selbst ernannte »Perle der Lausitz« überrascht den Besucher mit einem historischen Stadtkern mitten auf einer Insel in der Spree. Und trotz einiger verheerender Brände konnte sehenswerte Substanz gerettet werden.

Die B 156 führt uns anschließend über Elsterheide und Sedlitz hinein in die alte Bergarbeiterstadt Senftenberg mit ihrer langen, spannenden Geschichte. Über 150 Jahre wurde hier Braunkohle abgebaut; die perfekt rekultivierten Kohlegruben bilden heute als Senftenberger See einen der größten Binnenseen Deutschlands mit sehr guter Wasserqualität und sind ein beliebtes Naherholungsgebiet. Rund um den Markt erwartet uns zudem ein hübscher Altstadtkern mit einer Vielzahl an historischen Bauten.

Weder der schwindende Sorgenteich noch das geruhsame Ruhland können anschließend unseren Vorwärtsdrang Richtung Schönfeld stoppen. Wir kreuzen die A 13 und folgen den Landstraßen über Lindenau und Tettau hinein nach Lauchhammer. Um

1725 begann die lange Bergbautradition der Stadt, die damit zu den ältesten Industriestandorten Brandenburgs gehört. Heute hat die »Windenergiestadt« auch den Titel »Ort der Vielfalt« – und das vollkommen zu Recht. Wie wäre es jetzt mit einem Einkehrschwung?

Finsterwalde hingegen wurde auf andere, musikalische Weise deutschlandweit berühmt: Alle zwei Jahre feiern die Bewohner der südbrandenburgischen Stadt das bekannte Finsterwalder Sängerfest, ein Volksfest mit über 100-jähriger Tradition, das auf das Finsterwalder Sängerlied aus dem 19. Jahrhundert zurückgeht. Das nächste Fest findet übrigens Ende August 2016 statt – falls Sie zu dieser Zeit durch den Ort kommen, planen Sie genügend Zeit für einen Besuch des Festes ein. Es lohnt sich aber auch außerhalb dieser Festtage, dem Ort mit seinem hübschen Marktplatz einen Besuch abzustatten.

Über das rebellische Örtchen Sallgast, das sich erfolgreich gegen den Kohletagebau und damit gegen seine Vernichtung wehrte, erreichen wir den legendären Lausitzring bei Klettwitz, eine der berühmtesten Rennstrecken Ostdeutschlands mit durchaus bewegter Geschichte. Ab 2016 finden hier auch wieder Superbike-Meisterschaften statt. Wie erfreulich! Mit derart guten Nachrichten geht's dann heimwärts.

TOUR-CHECK

Region: Lausitz

Empfohlener Tourenstandort: Cottbus

Hotelempfehlung: City Hotel, Rudolf-Breitscheid-Str. 10 in Cottbus, www.cityhotelcottbus.de

Länge in km: 260

Fahrzeit insgesamt: 5 Std.

Einkehrtipp am Mittag: Gasthaus Zur Erholung, Mückenberger Str. 13 in Lauchhammer

Kombinationsmöglichkeit: Mit Touren 71, 77, 78

Beliebte Motorradtreffs: In Cottbus (s. Tour 71); am großen Parkplatz direkt am Lausitzring (vor allem an den Wochenenden)

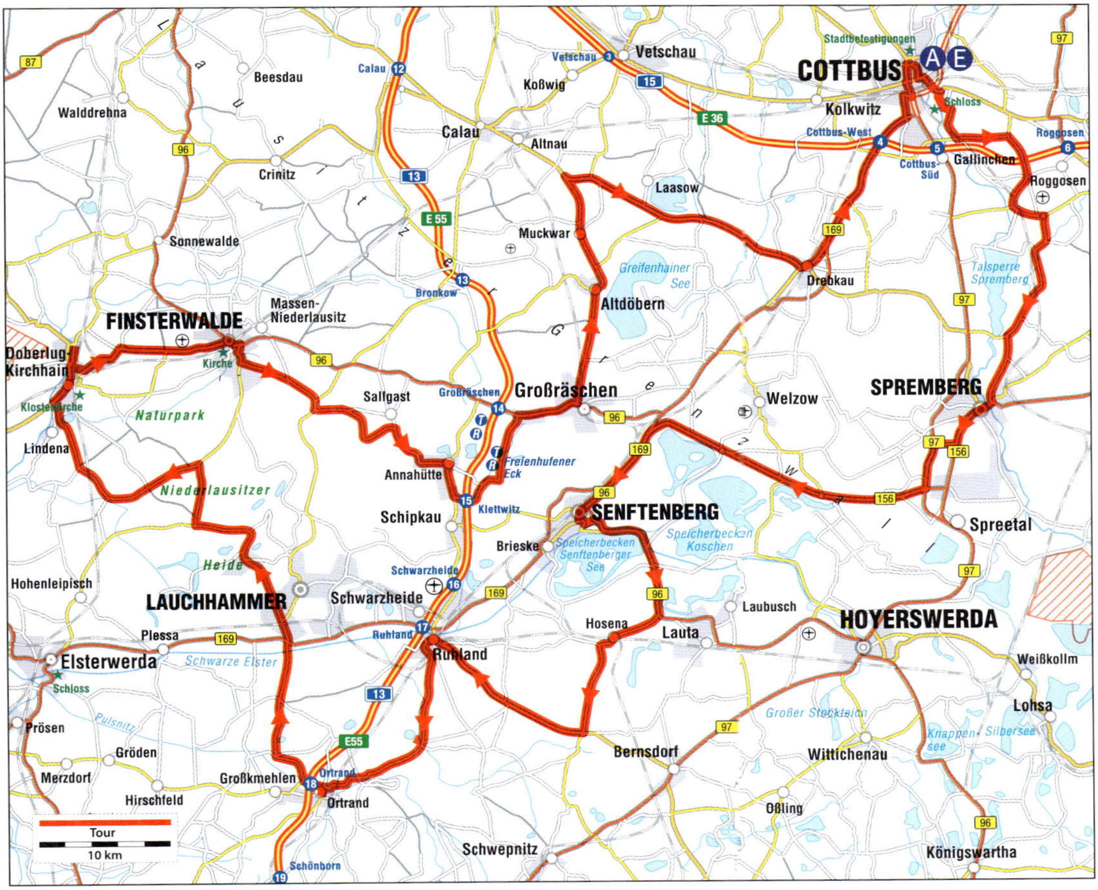

Wie es einstmals war: Mit viel Liebe zum Detail wurde in Ballenstedt die Uhr zurückgedreht und Historie modelliert.

HARZER GENÜSSE – TEIL 1

Auch am Motorradstammtisch ist der Harz ein gern diskutiertes Thema. Wir zeigen Ihnen auf zwei Touren, warum.

Der Harz, das höchste und vielleicht sogar bekannteste Mittelgebirge Deutschlands, gehört selbstverständlich in unseren Reiseführer. Denn die überschaubare, 110 Kilometer lange und bis zu 40 Kilometer breite Region ist fahrerisch derart vielfältig, dass wir ihr gleich zwei Kapitel reserviert haben.

Heute erkunden wir den Norden, schwingen aus dem »Basislager« Eisleben frühmorgens Richtung Westen nach Hermerode, Königerode und Harzgerode. König Otto III. gab dem Ort im Jahr 993 das wertvolle Markt-, Münz- und Zollrecht. Heute begeistert der irgendwie recht verträumte Ort mit einen ungeahnten Reichtum an Fachwerk und historischen Bauten.

Und was Biker am Thema Harz ganz besonders begeistert, ist die Tatsache, dass selbst Bundesstraßen hier eine fahrerische Freude darstellen. Wie die B 242 über Hasselfelde nach Braunlage, einer Waldsiedlung aus dem 13. Jahrhundert mit sehenswertem Zentrum und vielen Gründen, auch abseits des Mopedsattels garantiert frische Luft zu schnappen. Apropos Frischluft: Bereits Goethe soll zu den Besuchern des Silbererz-Bergwerks Samson in Sankt Andreasberg gehört haben, einer Erzgrube, die von 1520 bis 1910 in Betrieb war und deren Fahrkunst, also der Lift der Bergleute, allein durch Wasserkraft betrieben wurde. Sehenswert!

Über Altenau erreichen wir schließlich die riesige Okertalsperre, deren Staumauer immer wieder ein beliebter Bikertreff ist. Auch Clausthal-Zellerfeld profitiert von der guten Harzer Luft – der bekannte Kurort wird bei Sportlern, Asthmatikern und Pollenallergikern sehr geschätzt. Wegen seiner (allerdings recht langen) schneereichen Winter nennen die Studenten ihre TU Clausthal gern auch die »einzige Uni mit zwei Wintersemestern«.

Alternativ können Sie aber auch in das nahe Städtchen Goslar ausweichen, eine der städtebaulichen Perlen am Harz. Ab 1009 war Goslar eine zentrale Pfalz des Heiligen Römischen Reichs; heute zählt die historische Altstadt zu den schönsten Deutschlands. Streifen Sie unbedingt umher, bevor Sie sich ausgiebig für den Nachmittag stärken.

Am Nordrand des Harzes entlang fahren wir nun über Bad Harzburg nach Wernigerode, der »bunten Stadt am Harz«, wie Hermann Löns sie einst nannte. Prächtiges niedersächsisches Fachwerk begeistert ebenso wie die Harzer Schmalspurbahn, die von hier aus über Schierke zum Brocken sowie quer über den Harz nach Nordhausen in Thüringen tuckert. Für die erlebenswerte Fahrt auf den Brocken sollten Sie aber mindestens zwei bis drei Stunden einplanen.

Oder doch lieber unserer Tour weiterhin folgen und gemütlich über Elbingerode und das Kalte Tal durch die Landschaft des Ostharzes huschen. Vielleicht mit zwei abschließenden Boxenstopps in Blankenburg und Ballenstedt. Blitzsauber und fein herausgeputzt präsentieren sich beide Orte am Nordrand des Harzes und begeistern mit einer abwechslungsreichen Stadtgeschichte und einem ebensolchen Stadtbild, mit Schlössern und Raubritterburgen und germanischen Kultstätten. Toll! Lassen Sie sich Zeit für den Heimweg.

TOUR-CHECK

Region: Harz

Empfohlener Tourenstandort: Lutherstadt Eisleben

Hotelempfehlung: Hotel Graf von Mansfeld, Markt 56 in Lutherstadt Eisleben, www.hotel-eisleben.de

Länge in km: 330

Fahrzeit insgesamt: 6–7 Std.

Einkehrtipp am Mittag: Gasthaus Ratsstuben, Rathausstr. 1a in Goslar

Kombinationsmöglichkeit: Mit Touren 31, 33, 68, 74, 75

Beliebte Motorradtreffs: Im Café Tina Stammtisch der Bikerunion Ostharz, Steigerstr. 101 in Neudorf bei Harzgerode; am Parkplatz mit Imbiss am Ortsende von Elend; an der Staumauer der Okertalsperre; am Parkplatz am Torfhaus bei Bad Harzburg

Im Harz niemals allein: Gründe für den Bikertreff gibts haufenweise.

Inzwischen soll es ja wieder geöffnet haben: Das historische Hotel im Ilsental war viel zu lange unbewohnt.

HARZER GENÜSSE – TEIL 2

Jawohl, da fehlt noch ein wichtiger Teil des Themas: der Harzer Süden. Diesen erkunden wir auf einer prall gefüllten Tagestour.

Falls Sie nach unserer ersten Runde durch den Harz keine Gelegenheit mehr hatten, Eisleben zu genießen, dann vielleicht heute, denn Harztour Nr. 2 ist etwas kürzer. Starten Sie dennoch früh am Morgen in den ausgefüllten Tourentag.

Über Sangerhausen mit seinen historischen Schätzen im Zentrum schwingen wir fernab von Autobahn und Bundesstraßen durch den südlichen Harz nach Kelbra an der gleichnamigen Talsperre. Und zu dem berühmten Kyffhäuser-Denkmal, einer imposanten Kaiser-Wilhelm-Statue auf der Kuppe des Kyffhäuserbergs südlich von Kelbra. 1896 zu Ehren von Kaiser Wilhelm I. feierlich eingeweiht, ist das Kyffhäuser-Monument immerhin das drittgrößte Denkmal Deutschlands.

Via Nordhausen, Ellrich und Bad Sachsa geht es weiter nach Bad Lauterberg im Harz, direkt an der Oder. Die ehemalige Bergbaustadt erkannte schon 1839, dass es wichtig war, sich ein zweites Standbein zu schaffen – die erste Kaltwasserheilanstalt wurde gegründet. Seit 1949 ist Bad Lauterberg offiziell Kneipp-Heilbad, seit 1982 auch Schrothkurort. Gesünder geht es ja wohl kaum noch.

Osterode bildet den südwestlichsten Zipfel unserer Harzreisen. Der einstige verträumte Herrensitz blühte im Mittelalter prächtig auf und begeistert heute seine zahlreichen Besucher mit dem sehenswerten historischen Stadtkern rund um den imposanten Kornmarkt. Dessen gewaltiges Kornspeicherhaus ist übrigens das heutige Osteroder Rathaus. Zahlreiche Cafés und Restaurants laden uns zu einem Mittagstisch, falls Ihnen jetzt danach ist.

Der zweite und letzte Nachmittag im Harz gehört dann noch einmal dem Kern der geschichtsträchtigen Region, z. B. dem Weiler Wildemann, der kleinsten der sieben Bergstädte im Oberharz, tief versteckt im Innerstetal. 1529 entdeckten Bergleute auf der Suche nach Erzvorkommen dort einen wilden Mann, der mit einer wilden Frau zusammenlebte. Man fing ihn ein, verletzte ihn dabei aber so schwer, dass er starb. Doch an jenem Ort fanden die Bergleute riesige Silbervorkommen und gründeten zum Dank die Siedlung Wildemann.

Über Clausthal-Zellerfeld und den Oderteich geht es dahin. Wir verlassen die B 242 Richtung Sankt Andreasberg und werfen einen Blick auf den Oder-Stausee. Die Talsperre gehört zu einem Netz aus 17 Stauseen, die den Wasserreichtum des Harzes regulieren. Zwei Wegweiser zaubern dann wohl allen Besuchern im Harz ein Schmunzeln auf die Lippen: Kurz hinter Braunlage geht es linker Hand nach Elend, rechter Hand nach Sorge – welch trefflich passende Ortsnamen inmitten des ehemaligen Grenzsperrgebiets! Heutzutage empfehlen sich der schmucke Luftkurort Elend und das Bergdorf Sorge vor allem für Wander- und Erholungsurlaube rund um den Harzer Brocken.

Und wir empfehlen für den Ausklang dieses Tourentags den historischen Kern Eislebens – und dort insbesondere »Deckert's Restaurant« in der Friedensstraße 1.

TOUR-CHECK

Region: Harz

Empfohlener Tourenstandort: Lutherstadt Eisleben

Hotelempfehlung: Deckert's Hotel am Katharinenstift, Sangerhäuser Str. 12 in Lutherstadt Eisleben, www.deckerts-hotel.de

Länge in km: 3 0

Fahrzeit insgesamt: 6 Std.

Einkehrtipp am Mittag: Restaurant Piccolo Mondo, Northeimer Str. 3 in Osterode

Kombinationsmöglichkeit: Mit Touren 31, 33, 68, 73, 75

Beliebte Motorradtreffs: Der viel besuchte Parkplatz am Kyffhäuser südlich von Kelbra; Hotel Alte Post, Bowlweg 9 in Wieda (mit Tourenplänen); Café Tina (s. Tour 73)

Postadresse »Elend« – nicht Jedermanns Geschmack

Einer der zahlreichen Höhepunkte von Sondershausen: das Schloss mit seiner wohl einzigartigen Formgebung

THÜRINGEN AUF SCHLEICHWEGEN

Tief in die spannende deutsche Geschichte eintauchen können wir auch auf dieser Tour.

Auch unser nächstes »Basislager« Weimar besitzt eine lange und spannende Geschichte – nicht nur aus DDR-Zeiten. Alle wichtigen Details dazu samt Einkehrtipp am Abend gibt es im Infokasten bei Tour 76.

Zunächst einmal schaffen wir den Anschluss an vorausgegangene Freuden und schauen uns intensiv um im Herz von Thüringen. Wir folgen den Wegweisern Richtung Sömmerda und wählen die Landstraße über Berlstedt und Schloßvippach. Sömmerda, die Heimat von Johann Nikolaus Dreyse, dem legendären Erfinder des Zündnadelgewehres, hat sich heute einen weithin bekannten Namen in der Elektroindustrie gemacht, erinnert sich aber auch gern an die spannenden Zeiten, als es sich von einer reinen Bauernstadt zum Industriestandort entwickelte.

Über Weißensee und Heldrungen dringen wir dann nochmals zum Südrand des Harzes vor, denn dort gibt es noch so manch Harzer Schmuckstück zu entdecken. Z. B. dieses Kyffhäusergebirge mit dem bereits erwähnten, mehr als imposanten Kyffhäuser-Denkmal, der Kaiser-Wilhelm-Statue auf der Kuppe des Kyffhäuserberges am östlichen Rand der Reichsburg Kyffhausen. Oder die einstige Reichsfeste Kyffhausen, die im Mittelalter eine der größten Burgen Deutschlands war. Noch heute zeugen die Überreste von ihrer einstigen Größe.

Auch Sondershausen sollten Sie sich anschauen, denn die historisch wertvolle Bergbaustadt besitzt nicht nur das älteste und tiefste heute noch befahrbare Kalibergwerk der Welt, mit Konzertsaal und Kegelbahn 700 Meter unter Tage, auch oben im Sonnenlicht gibt es eine Vielzahl an geschichtsträchtigen Sehenswürdigkeiten zu bewundern, wie z. B. das Residenzschloss mit seinem Konglomerat aus sieben verschiedenen Baustilen.

Über Nordhausen, unseren nördlichsten Punkt für heute, haben wir ja bei Tour 73 schon kurz berichtet.

Heute empfiehlt sich das Städtchen am Harz für einen Einkehrschwung am Mittag – aber vielleicht ohne den echten »Nordhäuser Doppelkorn« als Nachtisch. Der seit 1507 gebrannte Kornschnaps besitzt nämlich satte 38 Prozent Alkohol und damit zu viel »Umdrehung« für eine entspannte Weiterfahrt am Nachmittag.

Die führt uns über Sangerhausen mit seinem mittelalterlichen Stadtkern samt größter Rosensammlung der Welt nach Wiehe und Bad Bibra in den Nordosten Thüringens. Weite Landschaften, leichte Hügel und lichte Wälder würzen unseren Kurvenschwung, der wahlweise über Bundes-, aber auch über Landstraßen führt. Sie dürfen entscheiden, wie – die grobe Richtung lautet Apolda, die Stadt der Glockengießer. Ab 1722 trugen die Glocken Apoldas die Kunst des Glockengießens hinaus in alle fünf Kontinente; fast 20 000 Stück sollen es heute noch sein. Ein Museum und das Weltglockengeläut erinnern an Apoldas große Tradition.

TOUR-CHECK

Region: Thüringen

Empfohlener Tourenstandort: Weimar

Hotelempfehlung: Hotel Amalienhof, Amalienstr. 2 in Weimar, www.amalienhof-weimar.de

Länge in km: 300

Fahrzeit insgesamt: 6 Std.

Einkehrtipp am Mittag: Restaurant Akropolis, Grimmelallee 45 in Nordhausen

Kombinationsmöglichkeit: Mit Touren 73, 74, 76

Beliebte Motorradtreffs: Beim Parkplatz am Kyffhäuser (s. Tour 73)

Für den heutigen Tourenabend erwartet uns nun das Städtchen Weimar mit nicht minder erlebenswerten Traditionen. Auch und explizit in Sachen Kulinarik und Kultur. Apropos Kulinarik – unser Einkehrtipp für Weimar lautet: »Altweimarsche Bierstube« am Frauenplan 13, nahe dem Wielandplatz. Urig und gemütlich.

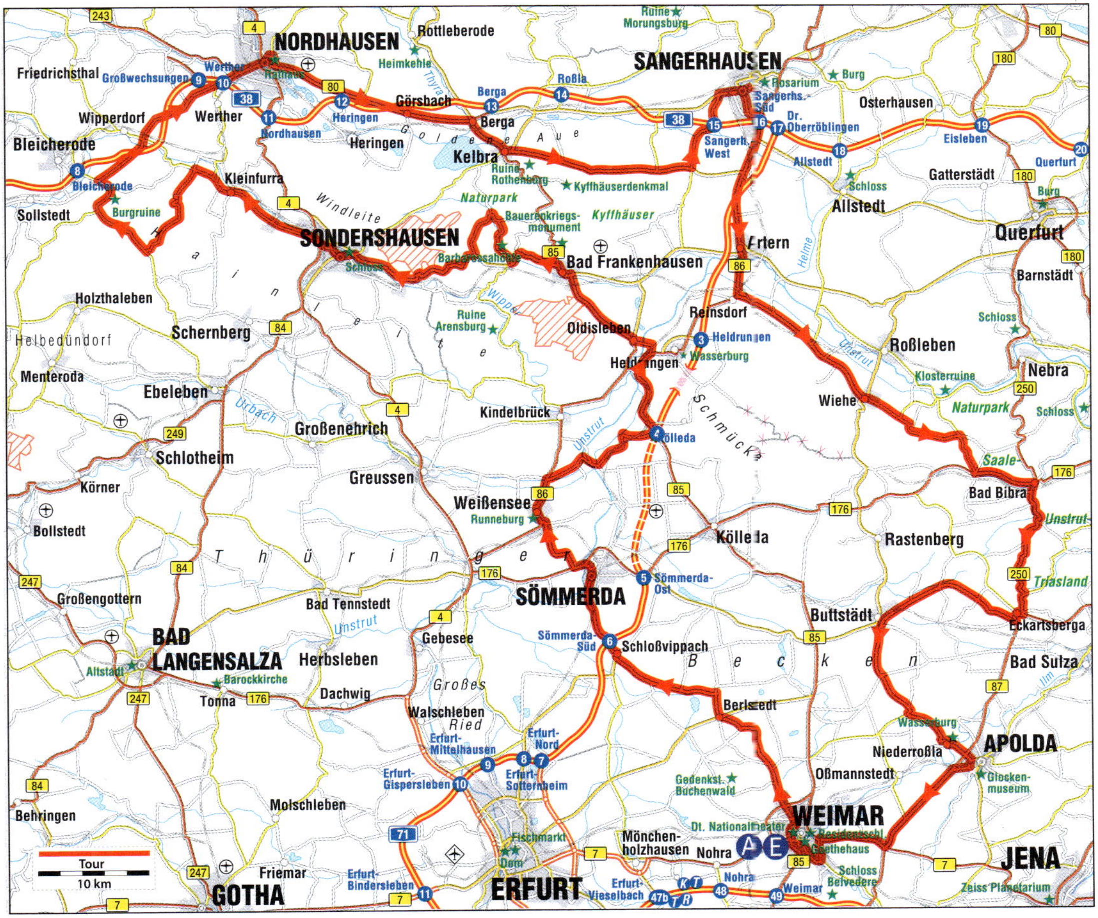

Ein Erlebnis für alle Sinne: Markttage in Eisenach sind etwas ganz Besonderes – immer mittwochs, freitags und samstags.

WALDSPAZIERGANG

Luther und Goethe schwärmten schon von dieser Region – und Sie am Ende dieses Tages bestimmt auch.

Das Herz Thüringens sowie die schönsten Regionen des Thüringer Walds, das sind die Ziele dieser tagesfüllenden Tour. Und die wird nicht nur durch eine satte Portion Fahrspaß gewürzt, sie führt uns mit dem Besuch historischer Städte und mit vielen Abstechern auch tief hinein in die deutsche Geschichte.

Erfurt, nur wenige Kilometer westlich unseres Ausgangsorts, ist ein gutes Beispiel dafür. Die Hauptstadt des Freistaats Thüringen ist zugleich die größte Stadt des Bundeslands und neben Jena und Gera eines der drei Zentren Thüringens. Erstmals 742 urkundlich erwähnt, war Erfurt damals schon eine Großsiedlung, die sich zum Zentrum des Thüringer Raums entwickelte. Erfurts pralle Geschichte ist heute noch allerorten lebendig, wie wir auf einer Runde durch die engen Altstadtgassen Richtung historischem Zentrum, vorbei an prächtig restaurierten

TOUR-TIPP

Eisenach

Die Lutherstadt Eisenach gehört wie Weimar zu den Pflichtterminen in Thüringen. Hoch oben auf der Wartburg versteckte sich 1521 der von Kirche und Kaiser verbannte Martin Luther als »Junker Jörg« und übersetzte ganz nebenbei das Neue Testament in Rekordzeit von nur 10 Wochen in die Sprache des Volkes, ins Deutsche. Selbst Goethe wohnte 200 Jahre später auf eben jener Burg, und unten in den engen Gassen der Stadt wurde am 21. März 1685 kein Geringerer als Johann Sebastian Bach als Sohn des obersten Eisenacher Stadtmusikers geboren. Aufgrund dieser historischen Trümpfe passte Eisenach gut in das Heile-Welt-Wunschbild des DDR-Parteiapparats und wurde entsprechend gefördert. Dass der Trabant-Konkurrent »Wartburg« hieß, liegt schlichtweg an der Tatsache, dass die Plaste-Autos von 1952 bis April 1991 im Eisenacher Fahrzeugwerk gebaut wurden. Damit zählte die Stadt ebenfalls zu einem der wichtigsten Wirtschaftsstandorte der DDR. Heute existiert die Marke Wartburg allerdings nur noch in den Annalen und ab und zu auch noch als liebenswerter, aber mächtig stinkender Zweitakter vor unserem Windshield.

Patrizierhäusern und malerischen Plätzen, feststellen werden.

Arnstadt im Süden Erfurts bezeichnet sich selbst gern als »Tor zum Thüringer Wald«, was geografisch betrachtet auch stimmt – wenn wir den Zusatz »nördliches« hinzufügen. Gleich im Süden Arnstadts beginnen jene ausgedehnten Waldregionen, die auch heute noch eine geheimnisvolle Aura ausstrahlen. Und das nicht nur an Herbstnebeltagen.

Doch bevor wir uns nun tief im Wald vergnügen, lassen Sie uns noch einen Blick hinein nach Gotha werfen. Es ist nicht nur der Stammsitz des Herzogtums Sachsen-Gotha, sondern war 1820 auch Gründungsstadt des deutschen Versicherungswesens. Wahrzeichen der Stadt heute ist das imposante Schloss Friedenstein, der größte Schlossbau Deutschlands mit dem ältesten Englischen Garten Europas. Sehenswert!

So wie die Landschaften rund um Friedrichroda und Wutha-Farnroda, die uns entlang des Nordrands des Thüringer Walds erwarten. Via B 88 geht es kurvenreich nach Eisenach, der Perle am Nordende des Thüringer Walds.

So tief uns der Vormittag dieses Tourentags in die Geschichte Deutschlands entführt hat, so intensiv bringt uns der weitere Verlauf der Tour in die Tiefen des Thüringer Walds. Über Bad Liebenstein und Trusetal erreichen wir Schmalkalden, über Zella-Mehlis schließlich Suhl, die ehemalige »Waffenkammer Europas«. Idyllisch eingebettet zwischen den Flüsschen Lauter und Hasel, streitet historisch gewachsene Bausubstanz mit moderner Betonarchitektur um die Gunst des Betrachters. Bereits vor mehr als 2000 Jahren wurde in den umliegenden Bergen qualitativ hochwertiges Eisen für die Waffenproduktion gefördert. Ein sehenswertes Museum erzählt die lange Geschichte Suhls, auch als berühmter Standort diverser Rüstungs- und Jagdwaffen-Hersteller. Seit 1991 nennt sich Suhl allerdings »Stadt des Friedens« und erinnert sich gern auch an die Tatsache, die Wiege der DDR-Kraftradmarke Simson gewesen zu sein. Über sechs Millionen Zweiräder wurden in Suhl produziert – damit war Simson bis dato wohl Deutschlands größter Zweiradhersteller.

Der Rest dieser Rundfahrt gehört nun noch einmal den landschaftlichen Schätzen des Thüringer Walds. Über Schmiedefeld geht es am berühmten Rennsteig entlang, Thüringens beliebtestem Wanderweg. Kuriere und fliegende Händler nutzten den einst schmalen Weg auf den Kammhöhen des Waldes für rasches Vorankommen. Heutzutage verbindet dieser knapp 170 Kilometer lange und perfekt ausgeschilderte Wan-

Die kennen selbst Urlauber aus fernen Ländern: Historischer Blick auf die Wartburg bei Eisenach, das Wahrzeichen der Stadt.

Trefflicher Grund für einen Spaziergang: Der Besuch der Wartburg gehört zum Pflichtprogramm in Eisenach.

derweg den Thüringer Wald mit dem Östlichen Schiefergebirge und mit den Nordausläufern des Frankenwalds in Bayern. Falls Sie also ein paar Wanderschuhe im Gepäck und noch ein, zwei freie Tage zusätzlich haben – dies wäre ein lohnendes Betätigungsfeld.

Lenkerbreite Sträßchen zwischen hoch aufragenden Fichten führen uns zielstrebig weiter nach Oberhof, dem vielleicht bekanntesten Leistungszentrum des »weißen Sports«. Vor mehr als 600 Jahren fand der »Obere Hof« als Fuhr- und Poststation bereits urkundliche Erwäh-

Er prägte nicht nur eine ganze Epoche: Martin Luther

TOUR-TIPP

Thüringer Wald

Dicht bewaldete Höhen wechseln in rascher Folge mit tief eingeschnittenen Tälern, in denen oft die Zeit vor 50 oder mehr Jahren stehengeblieben zu sein scheint. Auch heute noch ist der Thüringer Wald kein Tummelplatz des Pauschaltouristen, sondern das Revier des Genussreisenden, des Entdeckers. Schon Goethe ließ sich begeistern von der waldreichen und oftmals abgeschiedenen Landschaft mit ihren zurückhaltenden, aber nichtsdestotrotz gastfreundlichen Menschen. Der Thüringer Wald ist durchzogen von kleinen, kurvenreichen Landstraßen, die in lockerem Auf und Ab durch dichten Tann führen. Aussichtsberge sind meist nur über schmale Stichstraßen zu erreichen und würzen den Fahrspaß zusätzlich.

nung. Damals dachte allerdings noch niemand an den Bau von Sprungschanzen, Rodelbahnen, Schießanlagen und Skipisten. Heute hadert der Ort ein wenig mit den Altlasten seiner Vergangenheit und befindet sich noch auf der Suche nach einer neuen Zukunft.

Ganz anders Ilmenau, das einstige Ausflugsziel Weimarer Dichter und Denker. Womit wir letztendlich auch wieder zurück bei unserem prächtigen Start- und Zielpunkt wären, dem Städtchen Weimar. Über Bad Blankenburg und Rudolstadt – übrigens Schillers Inspiration für sein »Lied von der Glocke« – erreichen wir wieder die »Perle Thüringens«. Bis zu 250 000 Jahre soll die Siedlungsgeschichte Weimars zurückreichen; um 899 wurde der Ort erstmals urkundlich erwähnt. Doch wirklich berühmt gemacht hat es die Zeit der Weimarer Klassik im ausgehenden 18. Jahrhundert, als Deutschlands größte Dichter Goethe, Herder, Schiller und Wieland in der Stadt lebten und wirkten. Die Nationalversammlung von 1919 gründete hier die Weimarer Republik, und die UNESCO erklärte 1998 das klassische Weimar zum Weltkulturerbe – eine Auszeichnung, die wohl kaum eine andere Stadt Deutschlands mehr verdient hätte. Heute bezaubert die quicklebendige Universitätsstadt nicht nur mit jener spannenden Geschichte, sondern auch mit einer studentisch geprägten Kultur- und auch Kneipenszene. Versuchen Sie unbedingt unseren Einkehrtipp für den Abend, den Gasthof »Zum Siechenbräu« in der Ferdinand-Freiligrath-Str. 17, mit den vielleicht besten Rippchen Deutschlands.

TOUR-CHECK

Region: Thüringer Wald

Empfohlener Tourenstandort: Weimar

Hotelempfehlung: Hotel Schwartze, Holzdorfer Weg 7 in Weimar, www.hotel-schwartze.de

Länge in km: 370

Fahrzeit insgesamt: 7–8 Std.

Einkehrtipp am Mittag: Restaurant Delphi, Steinweg 13 in Suhl

Kombinationsmöglichkeit: Mit Touren 75, 84

Beliebte Motorradtreffs: Gasthaus Arnstädter Bierstübchen in Arnstadt (vor allem auch an Wochenenden) Bikerhütte FRIZ (Hotel) in der Neundorfer Str. 28 in Suhl

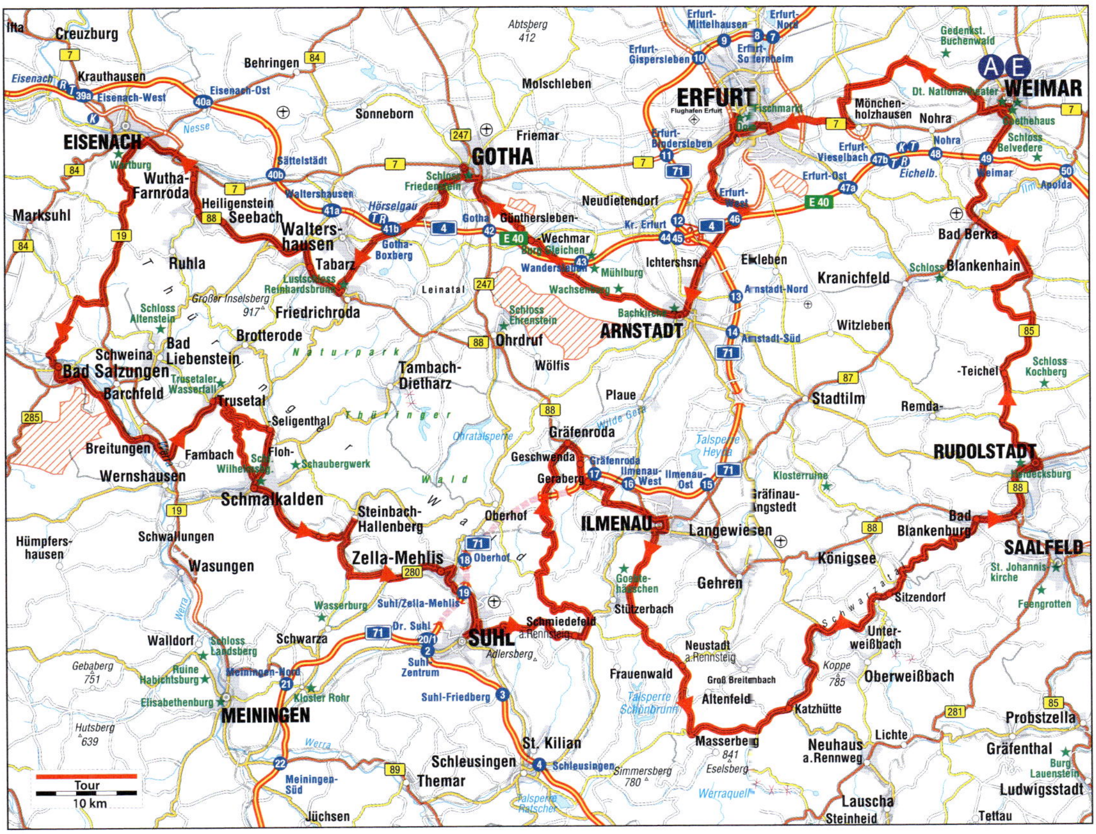

Allein schon der erste Blick auf Meißen macht Lust auf mehr: Nehmen Sie sich Zeit für eine ausgiebige Erkundung – auch abends.

GANZ TIEF IM OSTEN

Im Grenzland zu Tschechien gehen nicht nur die Uhren anders – hier liegt auch eine der schönsten Städte Deutschlands.

Das Aushängeschild unseres nächsten Tourenstandortes sollten Sie, wenn Sie es mögen, tunlichst perfekt verpackt in Topcase oder Seitenkoffern transportieren, ist es doch in hohem Maße zerbrechlich und auch noch teuer. 1708 begann der Aufstieg Meißens mit der ersten Produktion Meissner Porzellans – übrigens international geschützt in der Schreibweise mit Doppel-S. Natürlich beherrscht das Thema »Porzellan« denn auch das heutige Stadtbild Meißens, das mit zahlreichen historischen Bauten begeistern kann. Fantastisch ist auch die Nähe zu Dresden und zur Sächsischen Schweiz, einer Landschaft, prädestiniert nicht nur für Wanderer, sondern gerade auch für Motorradfahrer mit Erkundungsdrang.

Lassen Sie uns also frühzeitig aufbrechen und Dresden am Morgen zunächst weiträumig umfahren. Über Moritzburg und Radeburg geht es nach Königsbruck und weiter in die Pfefferkuchenstadt Pulsnitz. 1558 erhielten Pulsnitzer Bäcker das Recht, Pfefferkuchen zu backen, und verteidigten dieses gegen alle Widrigkeiten. Heute bezaubert der Ort mit seinem mittelalterlich anmutenden Marktplatz und mit vielen historischen Bauten.

Bischofswerda ist unser heutiges Nordtor in die Sächsische Schweiz. Über Burg Stolpen, eine einst zu einer Festung auf einem Basaltfelsen ausgebaute Höhenburg, schwingen wir südwärts und erreichen bei Neustadt den östlichen Zipfel der Sächsischen Schweiz. Ab hier heißt es, das Reisetempo deutlich zu drosseln. Nicht nur, um nicht versehentlich auf tschechisches Territorium zu geraten, sondern um vor allem die landschaftlichen Höhepunkte der Region nicht zu übersehen. Wie die Kirnitzschklamm bei Sebnitz, einer beeindruckenden Schlucht, gegraben vom Grenzfluss Kirnitzsch.

Auch der Kneipp-Kurort Bad Schandau, direkt an der Elbe, mit dem Charme historischer Bäderromantik, kann durchaus bezaubern. Und das nicht nur als kleinster deutscher Ort mit eigener Straßenbahn, der Kirnitzschtalbahn. In weiten Bögen und ungezählten Kurven schwingen wir anschließend durch das Herz der Sächsischen Schweiz nahe der Grenze zu Tschechien. Über Biela und Bad Gottleuba, über Liebenau und Altenberg wenden wir uns wieder gen Norden, erreichen Pirna und das Städtchen Heidenau, die bekannte Produktionsstätte der wohl besten Diagonal-Motorradreifen Deutschlands. Leider ohne offiziellen Werksverkauf, dafür aber mit ausgezeichneter Beratung.

Von dort aus ist es nur noch ein Katzensprung bis nach Dresden, der Landeshauptstadt Sachsens, die mit einer einzigartigen historischen Altstadt lockt. Schauen Sie sich ausgiebig um, und falls Sie mögen können Sie diesen Tourentag auch in Dresden ausklingen lassen. Der Heimweg nach Meißen ist dann spätabends nur noch ein Kinderspiel. Unser Einkehrtipp in Dresdens Altstadt lautet übrigens: »Sophienkeller« am Taschenberg 3 – aber unbedingt vorab reservieren!

TOUR-CHECK

Region: Sächsische Schweiz

Empfohlener Tourenstandort: Meißen

Hotelempfehlung: Schwerter Schankhaus & Hotel, Am Markt 6 in Meißen, www.schwerterschankhaus.de

Länge in km: 320

Fahrzeit insgesamt: 6 Std.

Einkehrtipp am Mittag: Gaststätte Amtshof, Pirnaer Str. 30 in Königstein

Kombinationsmöglichkeit: Mit Touren 72, 78

Beliebte Motorradtreffs: Gasthof Köhlerhütte in Weixdorf bei Dresden; Club Groove Station mit Bikerstammtisch, Katharinenstr. 11 in Dresden

Unterwegs im Burggraben: Schloss Rochlitz und Kawasakis VN2000 Classic passen auch optisch gut zusammen.

ZU BURGEN UND BÄREN

Das Sächsische Burgen- und Heideland bemüht sich redlich um uns Reisende – und hat richtig viel zu bieten.

Tag Nr. 2, startend von unserem Standort Meißen, widmet sich einem nicht nur bei Motorradfahrern weitgehend unbekannten Schatz Sachsens: dem Sächsischen Burgen- und Heideland östlich von Leipzig. Ganz gleich ob als Fan historischer Rittergeschichten, als Freund abwechslungsreicher Landschaften und sehenswerter Städte oder als entdeckungsfreudiger Biker – das Sächsische Burgen- und Heideland begeistert mit beschaulichen Dörfern und sehenswert quirligen Städten, verbunden durch ein dichtes Netz höchst kurvenreicher Landstraßen, auf denen Stau und rote Ampeln unbekannt sind.

Elbabwärts geht es aus Meißen hinaus, über Nünchritz und den Ostrand von Riesa huschen wir immer in Sichtweite zum Fluss dahin und erreichen Belgern. Dort begrüßt uns sogleich Herr Roland mit seinem Flammenschwert, ein über fünf Meter hohes Sandstein-Wahrzeichen, das bis weit in das 17. Jahrhundert hinein landesweit das stolze Symbol verliehener Stadtrechte darstellte. Der Belgerner Roland wurde 1502 erstmals erwähnt; heute ist er der Letzte seiner Art in ganz Sachsen.

Eine gänzlich andere Attraktion sind Bea, Bruno und Jette im mächtigen Schloss Hartenfels im nahen Torgau: drei schwergewichtige Braunbären, die nach jahrhundertealter Tradition den Schlossgraben bevölkern. Nachwuchs können die drei und ihre zahlreichen Besucher allerdings nicht erwarten, wurde Bruno doch im Herbst 2015 kastriert. Was seiner erkennbar guten Laune allerdings nicht geschadet hat.

Wir verlassen die Elbauen und wenden uns westwärts. Über Großwig und Eilenburg erreichen wir Wurzen, einen beschaulichen Ort, in dem 1883 der Dichter Joachim Ringelnatz das Licht der Welt erblickte – ein Ereignis, an das sich die Stadt gern erinnert. Weite Felder wechseln mit schattigen Waldpassagen, und Kurven und freie Pisten begeistern uns ebenso wie der blitzsaubere Marktplatz von Grimma mit seinen sorgfältig restaurierten Fachwerk- und Bürgerhäusern. Ideal für einen Einkehrschwung, wie wir finden.

Die Wurzeln von Schloss Rochlitz einige Kilometer südlich reichen zurück bis in das 10. Jahrhundert. Als

Residenz des sächsischen Fürstenhauses, als Witwensitz, Justizamt, ja sogar als Haftanstalt wurde das prächtige Anwesen im Lauf der Jahrhunderte genützt; heute kann man auf Rundgängen tief in die wechselvolle Vergangenheit des immer noch geheimnisvollen Gemäuers eintauchen. Angesichts des fortgeschrittenen Tages bleiben wir aber lieber draußen und schwingen entlang der Zwickauer Mulde nach Colditz, dessen nicht minder imposantes Schloss früher nicht nur als Armenhaus und Irrenanstalt benutzt wurde, sondern im Zweiten Weltkrieg auch berühmt-berüchtigtes Hochsicherheitslager für prominente Kriegsgefangene war. Die Neffen von Winston Churchill saßen in diesem einzigen deutschen Knast ein, der mehr Wachen als Insassen hatte.

Noch ein letztes Mal geht es hinaus in die Landschaft und über Wermsdorf, Dahlen und Oschatz gemütlich zurück nach Meißen. Haben Sie jetzt Lust auf eine Stärkung? Probieren Sie doch einmal das »Gasthaus zur Altstadt« in der Görnischen Gasse 42 mit sehr guter Küche aus.

TOUR-CHECK

Region: Sächsisches Burgen- und Heideland

Empfohlener Tourenstandort: Meißen

Hotelempfehlung: Pension Schönitz, Neugasse 22 in Meißen, www.schoenitz-meissen.de

Länge in km: 310

Fahrzeit insgesamt: 6 Std.

Einkehrtipp am Mittag: Restaurant Athos, Markt 14 in Grimma

Kombinationsmöglichkeit: Mit Touren 69, 72, 77, 79

Beliebte Motorradtreffs: Keine genannt und keine entdeckt

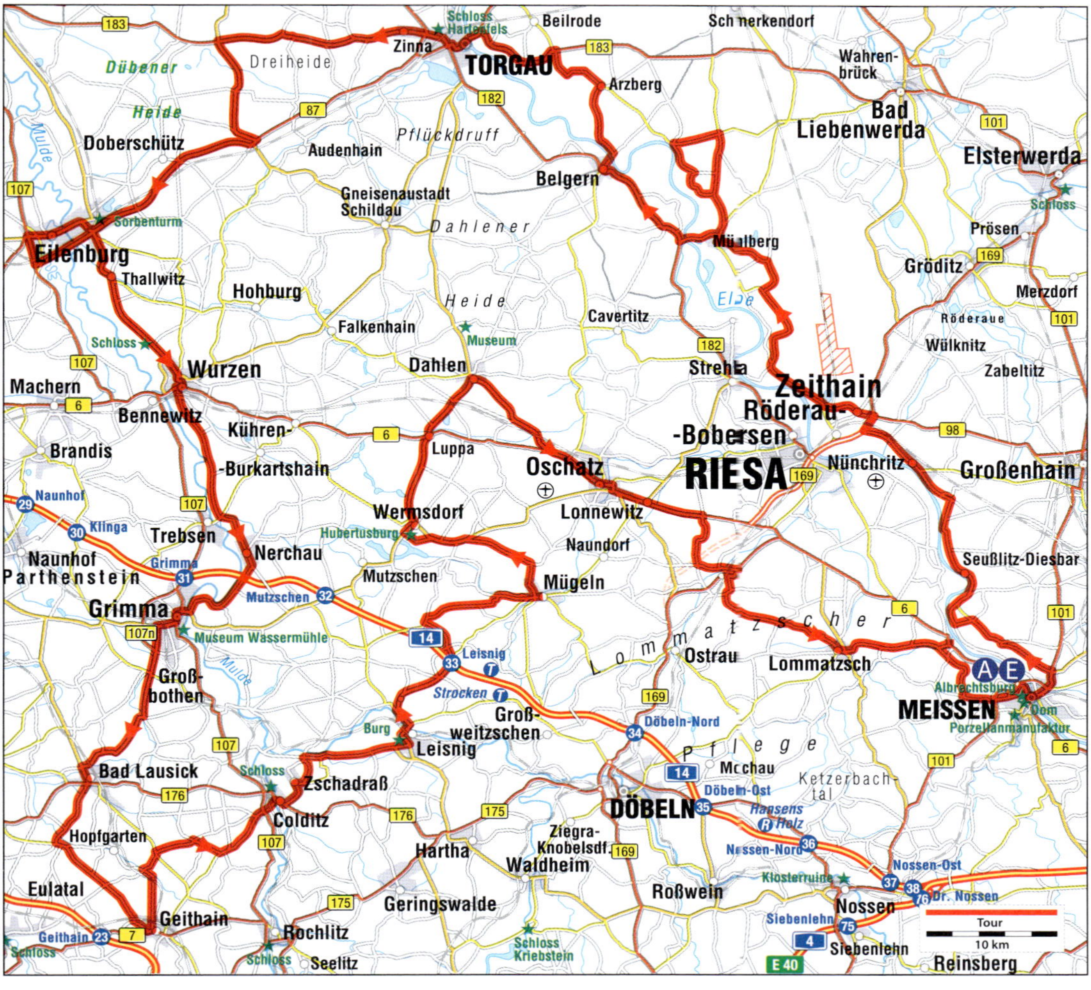

Keine Chance: Gegen ein Jagdflugzeug hat auch Kawasakis Hubraum-Bolide wohl keine Chance.

ERZGEBIRGE UND MEHR

Das Vogtland und das Erzgebirge sind untrennbar miteinander verbunden – was sich für uns als großer Vorteil erweist.

Unser letzter Tourenstandort im Osten Deutschlands ist das erlebenswerte Städtchen Plauen in Sichtweite der Nahtstelle zwischen Erzgebirge und Vogtland. Und damit direkt an zwei prächtigen ostdeutschen Tourengebieten gelegen, die auf Bikers Lebens-Roadbook nicht fehlen dürfen.

Eben jenes Erzgebirge bildet auch den zentralen Teil unserer heutigen Tour. Um tief in diese Region einzutauchen, müssen wir aber erst einmal das östliche Vogtland als umgebenden »Gürtel« durchstoßen. Über die mächtige Talsperre Pöhl geht es nach Netzschkau und Reichenbach im Vogtland. Aber halt, nicht so rasch. Erst bitte noch einen Blick auf die gewaltige Göltzschtalbrücke werfen, eine vier Etagen hohe Eisenbahnbrücke aus 26 Millionen Ziegeln – nicht nachgezählt! – erbaut und damit immerhin die größte Ziegelbrücke der Welt. Eindrucksvoll!

Über die Große Kreisstadt Reichenbach im Vogtland geht es weiter Richtung Osten. Ein wenig schüchtern linst bald darauf Burg Schönfels von einer dicht bewaldeten Kuppe zu uns herüber; satte 800 Jahre hat die ehemalige Grenzfeste bereits auf ihrem Buckel. Noch einmal geht es ab in die Landschaft, von der das Vogtland mächtig viel zu bieten hat. Zwickau, die Wiege der sächsischen Automobilindustrie, lebte einst von traditionsreichen Marken wie Horch und Audi. Heute führt VW mit einem der größten Standorte in Deutschland diese Tradition fort.

Stollberg ist dann unser nördliches Tor in das Erzgebirge; werfen Sie unbedingt auch einen Blick auf dessen Schloss Hoheneck. Das Königlich-Sächsische Weiberzuchthaus und größte Frauengefängnis der

DDR kann heute gänzlich undramatisch besichtigt werden. So wie Annaberg-Buchholz, einst eine der größten Städte Sachsens und Heimat des Adam Ries, der 1522 nach Annaberg zog, bis zu seinem Lebensende als Rechenmeister tätig war und fälschlicherweise heute immer mit dem Nachnamen »Riese« genannt wird.

Via Crottendorf und Aue geht es weiter nach Schwarzenberg, der »Perle des Erzgebirges« inmitten reizvoller Landschaften und einmaliger Traditionen. Früher Mittelpunkt eines bis nach Böhmen reichenden Bergreviers, erzählen noch heute geheimnisvolle Stolleneingänge vom einstigen Wohlstand durch den Bergbau. Über Johanngeorgenstadt erreichen wir schließlich Morgenröthe-Rautenkranz, das wohl einzige Städtchen des Erzgebirges, das Weltraumgeschichte geschrieben hat. Wurde hier doch 1937 Sigmund Jähn geboren, 1978 immerhin Deutschlands erster Mann im All. Die »Deutsche Raumfahrtausstellung« erzählt dazu die ganze Geschichte.

Gar fließend sind hier die Grenzen zwischen Erzgebirge und Vogtland, und über Klingenthal und Schöneck erreichen wir Oelsnitz am Fuß von Schloss Voigtsberg. Das um 1249 erbaute Anwesen inmitten weiter Kornfelder und immer wieder hoch aufragender Windparkanlagen war einst ein wichtiger Amtssitz in Sachsen. Welch fruchtbares Land – unter wie über der Erdkrume!

TOUR-CHECK

Region: Erzgebirge und Vogtland

Empfohlener Tourenstandort: Plauen

Hotelempfehlung: Hotel Am Klostermarkt, Klostermarkt 4 in Plauen, www.hotel-am-klostermarkt.de

Länge in km: 270

Fahrzeit insgesamt: 5 Std.

Einkehrtipp am Mittag: Gasthaus Zum Türmer, Große Kirchgasse 19 in Annaberg-Buchholz

Kombinationsmöglichkeit: Mit Touren 78, 80, 81

Beliebte Motorradtreffs: Am Parkplatz an der Talsperre Pöhl (vor allem an den Wochenenden); am Hauptparkplatz des Sachsenring direkt beim Zugang; an den Parkplätzen der B 283 am Ufer der Talsperre Eibenstock

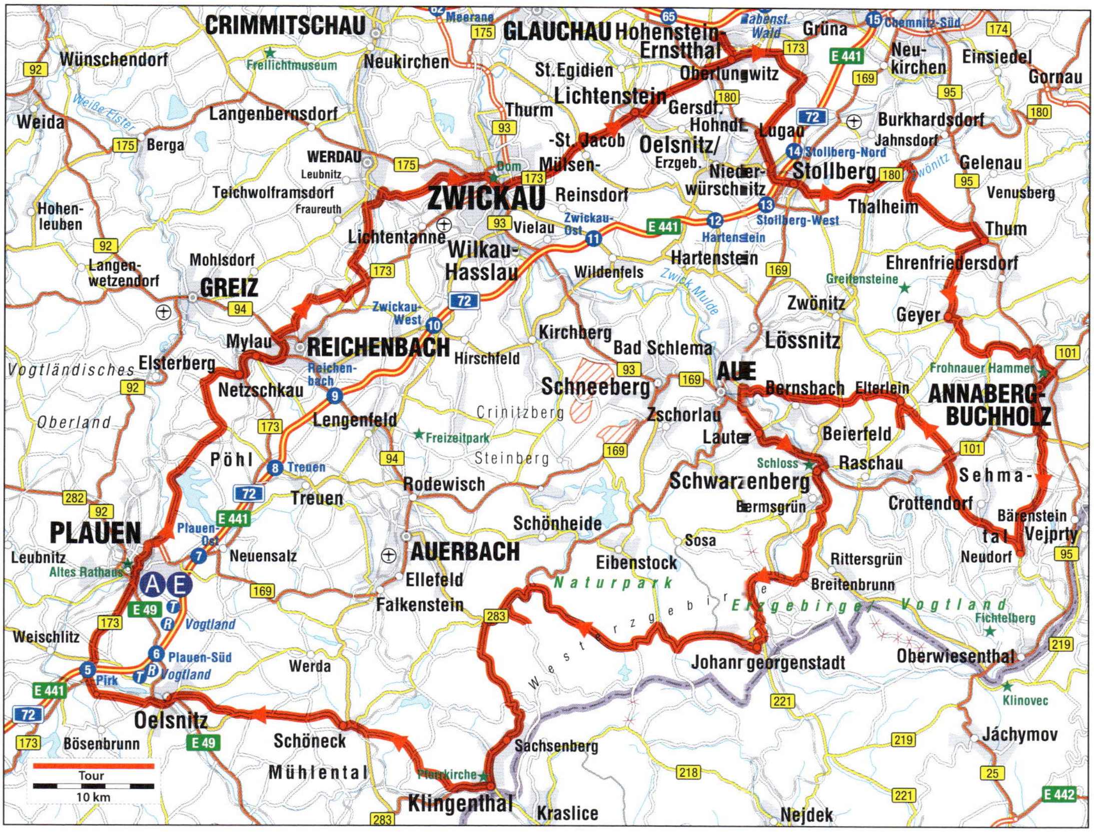

Summerfeeling: Die Landstraßen des Vogtlandes sind auch zur Sommerferienzeit frei von »Dosenfahrern«.

GRENZERFAHRUNG

Das Vogtland vereint Ost und West, Sachsen und Bayern. Die Grenzen sind auch hier allerorten fließend.

Sanft gewellte Hügel im Westen, steil aufragende Felsen im Osten – das Vogtland gehört zu den noch weitgehend naturbelassenen Regionen Sachsens. Sein Name geht bis auf Kaiser Friedrich I. Barbarossa zurück, der hier im 12. Jahrhundert Landvogte einsetzte, die das Gebiet in seinem Sinne zu kontrollieren hatten. Unmittelbar an wichtigen Handelswegen gelegen, ist das Vogtland seit dem Mittelalter eine »Erfolgsstory«, die wir uns auf dieser zweiten Tour nochmals ganz intensiv zu Gemüte führen wollen.

Über Treuen geht es nach Auerbach, dem Zentrum des östlichen Vogtlands. 1282 erstmals urkundlich erwähnt, präsentiert sich uns hier heute eine kopfsteingepflasterte Altstadt mit hübschen Bürgerhäusern, einigen Kneipen und Restaurants – eigentlich perfekt geeignet für einen Boxenstopp, doch das wäre dann wirklich zu früh am Tag. Durch schattige Wälder, über Lichtungen und entlang weiter Felder schwingen wir entspannt Richtung Falkenstein, einer »Freien Bergstadt«, deren Ursprünge immerhin bis ins Jahr 1362 zurückreichen.

Von Muldenberg nach Schöneck und Markneukirchen ist es eigentlich nur ein Katzensprung, aber einer über herrlich freie Landstraßen, geschmückt mit jenem grünen Band besonderer Schönheit. Die »Musikstadt« Markneukirchen ist weit über die Grenzen Sachsens hinaus bekannt für ihre nunmehr 350-jährige Tradition im Bau von Musikinstrumenten mit hervorragender Qualität. Wie wäre es mit einem kurzen Besuch in einer originalen Instrumentenmacher-Werkstatt?

Bad Elster an der Grenze zu Tschechien im Dreiländereck von Sachsen, Bayern und Böhmen setzt auf gänzlich andere Traditionen: Das Moorheilbad zählt zu den ältesten Deutschlands. Aber Achtung: So ein Moorbad macht rechtschaffen müde. Entlang der grünen Grenze zu Tschechien huschen wir gen Westen über Regnitzlosau und mitten hinein nach Hof auf bayerischem Boden. Zwischen Frankenwald, Fichtelgebirge und Vogtland gelegen, gehört das Zentrum von Hof immerhin zu den bedeutendsten historischen

Stadtkernen Deutschlands. Eine perfekte Kulisse auch für die wohlverdiente mittägliche Rast.

Der Nachmittag unserer Rundfahrt gehört dann dem Grenzland zwischen sächsischem und bayerischem Vogtland, sofern man diese Grenze überhaupt noch ziehen muss. Apropos Grenze: Über Oelsnitz, das wir ja gestern bereits besucht haben, geht es an der imposanten Talsperre Pirk entlang nochmals nach Westen, und über Burgstein und Töpen erreichen wir Mödlareuth mit seinem sehenswerten Deutsch-Deutschen Museum. Durch den 50-Seelen-Ort verlief einstmals die DDR-Grenze, samt Mauer, Stacheldraht und Minenfeldern; ein Teil der Grenzanlagen blieb als Denkmal erhalten. Heute teilt rechtlich gesehen eine Grenze Mödlareuth in einen thüringischen und einen bayerischen Ortsteil – mit zwei Postleitzahlen, zwei Vorwahlen und auch zwei Steuersätzen. Verrückt, oder?

Entlang dieser Grenze gönnen wir uns noch eine große Portion Vogtländer Landschaften und fahren über Langenbach, Pausa und Leubnitz schließlich zurück nach Plauen. Und besuchen dort direkt die »Matsch«, Plauens älteste Gastwirtschaft gleich rechts neben dem Rathaus. Goethe hatte am 3. Juli 1795 keine Zeit, einer Einladung in die »Matsch« zu folgen – ein kleines Schild über dem Eingang zeigt, dass man ihm das bis heute nicht verziehen hat.

TOUR-CHECK

Region: Vogtland

Empfohlener Tourenstandort: Plauen

Hotelempfehlung: Matsch, Gastwirtschaft & Pension, Nobelstr. 1–5 in Plauen, www.matsch-plauen.de

Länge in km: 240

Fahrzeit insgesamt: 4–5 Std.

Einkehrtipp am Mittag: Restaurant Il Ristorante, Ludwigstr. 33 in Hof

Kombinationsmöglichkeit: Mit Touren 76, 79, 81

Beliebte Motorradtreffs: Am Parkplatz bei Karlas Truckstop, Mittlerer Ring 6 in Treuen

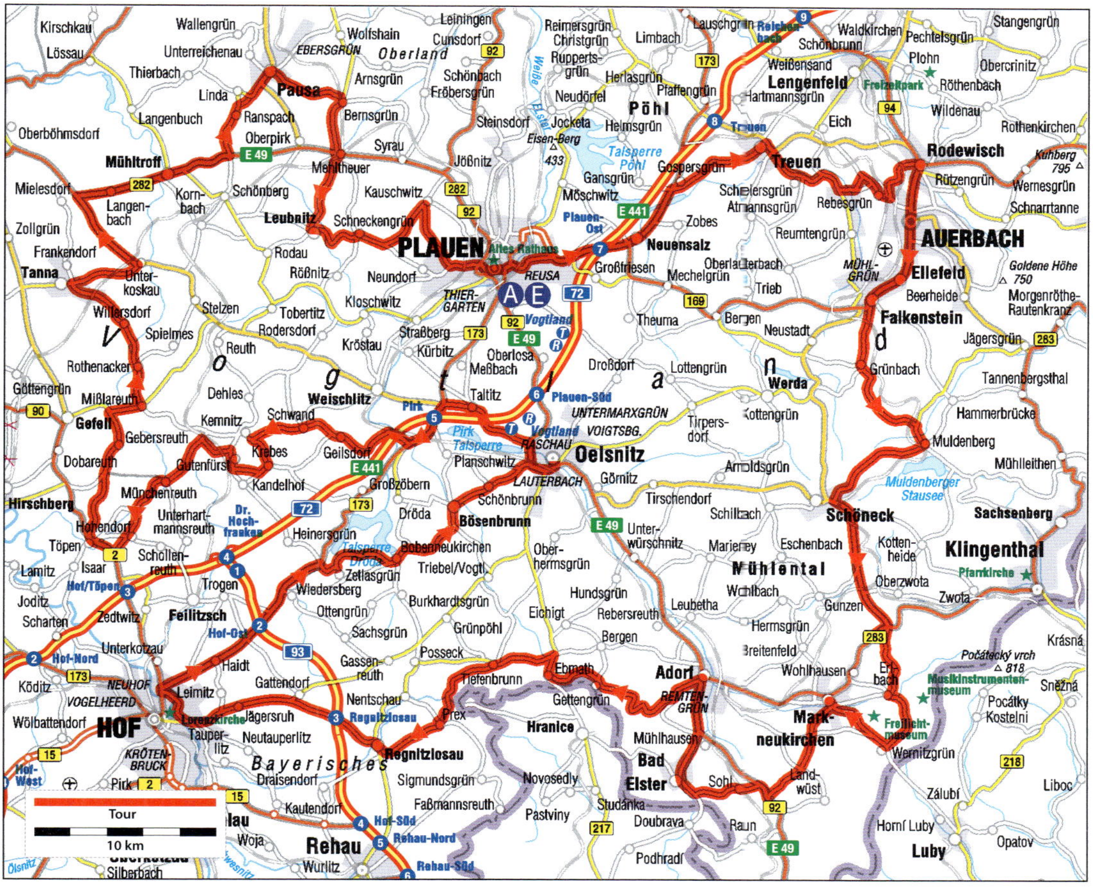

Pralle Heimatgefühle: die Chiemgauer Alpen als einzigartiges Tourenrevier

Viel haben wir bislang nun schon über und von Deutschland »erfahren«, unzählige Landschaften durchstöbert und neue, ja sogar grüne Kurvenreviere entdeckt, wo die grob gerasterten Landkarten oft nur Betonwüste zeigten. Die letzten 20 Rundtouren haben wir nun ganz bewusst in jenen Teil Deutschlands gelegt, der uns einerseits gut bekannt ist – Stichwort Bayern – und der andererseits für diesen Tourenführer nochmals eine deutliche Steigerung bedeutet: Nicht nur in Sachen Bergeshöhen, sondern vor allem auch eine fahrerische Steigerung. Mögen dazu vielleicht auch die Geschichten von Land und Leuten nicht mehr ganz so prall sein: Dem Genuss im und abseits des Motorradsattels tut das keinerlei Abbruch. Ganz im Gegenteil, wie Sie gleich merken werden. Und für das »Finale grandioso« dieses Buchs haben wir uns den allseits anerkannt schönsten Zipfel Deutschlands aufgespart. Genug der Worte, lassen Sie uns den Motor ein letztes Mal starten!

REGION SÜDOST

Dormagen
Solingen
Schmallenb.
Lennestadt
Frankenberg
Leverkusen
Olpe
KÖLN
Kreuztal
Kerpen
Siegen
Aachen
Eschweiler
Marburg
Dillenburg
Rennerod
Gießen
Wetzlar
Blanken
Limburg
Bad Nauheim
Bad Homburg
Prüm
Cochem
Wiesbaden
Frankfurt
Hanau
Offenbach
Bingen
Rüsselshm.
Bitburg
Bernkastel-Kues
Mainz
Aschaffenburg
Darmstadt
Echternach
Bad Kreuznach
Trier
Idar-Ober
Bensheim
Merzig
Kaisersla
nnheim
Neunkirche
Heidelberg
Saarbrücken
Heilbronn
Karlsruhe
Pforzheim
Baden-Baden
Böblingen
Kehl
Offen
Freiburg i.Br.
Müll-heim
Singen
Radolfszell
Schaffhsn.
Konstanz
Rhein-felden
Waldsh.-Tiengen
82
83
86
92
99

REGION SÜDOST

Es gibt viel zu erzählen: Selbst harmlos dreinschauende Fischweiher nahe Tirschenreuth haben etwas zu berichten.

ENTSPANNTE GRENZLANDTOUREN

Im Osten Oberfrankens erwartet uns mit dem Grenzland zu Tschechien eine Region nicht nur reich an Fichten.

Sie ist weltberühmt, sie ist prächtig anzuschauen, und sie ist Frankens bekannteste Enklave für Künstler und Kreative. Richard Wagner lebte und arbeitete hier, er schuf unsterbliche Werke, und der Komponist Franz Liszt begeisterte mit seinen Klavierkompositionen. Reizvolle Schlösser, die historische Parkanlage Eremitage mit verträumten Grotten und Wasserspielen sowie das Festspielhaus mit seiner einzigartigen Akustik locken alljährlich Gäste aus der ganzen Welt. Wovon die Rede ist, fragen Sie? Natürlich von unserem neuen Touren-Basisort Bayreuth, einer der touristischen und historischen Perlen Deutschlands.

Unser Einkehrtipp zu Bayreuth folgt am Ende dieser Tour, jetzt geht es erst einmal früh am Morgen Richtung Südosten hinaus aus der Stadt und über Wolfsbach und Troschenreuth, über Speichersdorf und Kemnath durch das sogenannte Oberpfälzische Hügelland direkt in den Süden des Fichtelgebirges, unserem heutigen Thema.

Windischeschenbach und Neustadt an der Waldnaab können unseren Kurvenschwung kaum einbremsen, über verträumte Weiler wie Plößberg und Ödwaldhausen geht es direkt zum einstigen Eisernen Vorhang, an die Grenze zu Tschechien. Und weiter nach Tirschenreuth, dem Tuchmacher-Städtchen, über das Goethe 1786 auf seiner Reise nach Italien schrieb: »Das Tuchmacher-Städtchen Tirschenreuth liegt gar herrlich schön.« Wohl wahr, liegt die Stadt doch mitten im »Land der tausend Teiche«. Fast 4000 Gewässer prägen die Region; deren Höhepunkt sind die alljährlich im Herbst stattfindenden »Erlebniswochen Fisch«. Und das dann explizit nicht nur freitags. Lecker und gesund!

Mitten durch diese Teichlandschaft führt unser weiterer Weg über Falkenberg nach Marktredwitz.

Klein, überschaubar, aber höchst lebendig präsentiert sich dessen historischer Stadtkern mit zwei Stadtführungen der besonderen Art: die mit dem Nachtwächter und seinen Anekdoten vom »Zapfenkober« und von »echten« Gespenstern, oder die historische Führung mit der österreichischen Kaiserin Maria Theresia und dem »Dörflaser Kartoffelkrieg«. Toll gemacht, liebe Marktredwitzer! Da kehren wir doch gern zu Mittag ein.

Frisch gestärkt geht es anschließend wieder hinaus ins Land und via Arzberg und Schirnding unmittelbar zum Grenzstreifen zu Tschechien. Das uralte Sechsämterstädtchen Hohenberg an der Eger wird auch heute noch geprägt vom »weißen Gold«. Karl Hutschenreuther gründete hier Anfang des 19. Jahrhunderts seine erste Porzellanfabrik. Apropos: Auf Sichtweite zur tschechischen Grenze erreichen wir sodann das Porzellanstädtchen Selb. Auch dessen Entwicklung ist eng mit dem »weißen Gold« verknüpft. Noch heute prägen die Werke von Hutschenreuther und Rosenthal nicht nur die Geschichte der Stadt, sondern auch deren Anblick. Vor allem im historischen Zentrum als Brun-

TOUR-TIPP

Fichtelgebirge

Gleichwohl bereits Johann Wolfgang von Goethe zwischen 1785 und 1822 auf drei ausgedehnten Reisen durch das Fichtelgebirge als dessen »Testimonial« auftrat und euphorisch verkündete: »Das Granit lässt mich einfach nicht mehr los«, ist die heute touristisch gut erschlossene Region eines der eher unbekannten deutschen Mittelgebirge. Im Dreieck Hof–Bayreuth–Weiden gelegen, wurde sie früher gern auch als der »Brunnen Europas« bezeichnet, da in ihr zahlreiche, z. T. auch bedeutende Flüsse entspringen und in alle vier Himmelsrichtungen strömen. Richtung Osten begrenzte einst der »Eiserne Vorhang« das Land, seit der Öffnung Tschechiens Richtung Westen ist der Grenzübertritt aber jederzeit und problemlos möglich. Schneeberg und Ochsenkopf sind mit knapp über 1000 m die höchsten Erhebungen der Region; nicht nur an deren Hängen wurde seit dem frühen Mittelalter intensiv nach Erzen gegraben. Vor allem Gold, Zinn und Eisen kamen direkt zur Weiterverarbeitung in die Eisenhämmer entlang der Flüsse. Heute ist der Bergbau nur noch von historischem Interesse, der sanfte Tourismus ist der bedeutendste Wirtschaftszweig des Fichtelgebirges.

Im Regenbogenland: Dieses farbenfrohe Betriebsgebäude in Selb ist ein echter Hingucker.

Prächtig: Bad Berneck im Herbstkleid

nen, als Wegmarkierung oder als Museum, in dem die Kunst der Porzellanherstellung anschaulich präsentiert wird. Ja, sogar die wechselvolle Stadtgeschichte ist hier in Porzellan verewigt worden.

Selb markiert heute zugleich den nördlichsten Punkt unserer Runde, und über Marktleuthen geht es in Schleifen und Schlenkern über landschaftlich wertvolle Pisten durch den Norden und Osten des Fichtelgebirges, also durch jenes »Sechsämterland«, dessen Name vielen von uns irgendwie in den Ohren »klingelt«. Denn eben jener weithin bekannte, urdeutsche und hochprozentige Kräuterlikör stammt aus dem Herz des Fichtelgebirges. Erfunden und in unzähligen Selbstversuchen geschmacklich verbessert wurde er vom Apotheker und Destillateur Gottlieb Vetter aus Wunsiedel. Nach beinahe zehn Jahren Rezepturoptimierung ging Vetter 1895 mit dem Likör an die Öffentlichkeit und legte, ohne es zu ahnen, den Grundstein für eine der bekanntesten Likörmarken Deutschlands.

Fichtelberg, direkt unter dem Ochsenkopf und zentral im Herz des Fichtelgebirges gelegen, begrüßt uns anschließend als der höchste ständig besiedelte

Bilderbuchtauglich: Das blitzsaubere Zentrum von Marktredwitz lohnt einen Boxenstopp samt Rundgang.

Ort im Naturpark. Heute ist Fichtelberg einer der bekanntesten Kurorte Oberfrankens und wie auch das nördlich liegende Bischofsgrün Ausgangspunkt für Naturfreunde und Wanderer. Zahlreiche Wanderwege führen zur Eger-, Weißmain- und Fichtelnaab oder auf den Schneeberg (1055 m), einstmals militärisches Sperr-Grenzgebiet. Und eine Seilschwebebahn führt bequem hinauf zum Ochsenkopf, dem wohl bekanntesten Gipfel des Fichtelgebirges. Bergab geht es alternativ auch über eine gut 1000 Meter lange, mit etlichen Steilkurven versehene Sommerrodelbahn, die uns abenteuerlich geschwind zu Tal trägt. Aber Vorsicht: Einer Sage nach sollen oben am Ochsenkopf vor allem abends und nächtens Bergkobolde ihr Unwesen treiben. Auch heute noch!

Bad Berneck ist unser letztes Highlight für heute vor der Rückkehr ins prächtige Bayreuth. Kein Geringerer als Dr. Kneipp persönlich legte den Grundstein für Bernecks lange Tradition als staatlich anerkannten Kneipp-Kurort. Und das ganz besondere Heilklima des Ortes gab ihm den Beinamen »Naturapotheke des Fichtelgebirges«. Doch nicht nur Kuren und Fasten können Sie hier, Bad Berneck hat zudem auch die höchste Gastronomiedichte der Region. Falls Sie jetzt schon der »kleine Hunger« quält, haben Sie die freie kulinarische Auswahl.

Und für den perfekten Tagesausklang im Städtchen Bayreuth empfehlen wir Ihnen »Oskar«, das Wirtshaus am Markt in der Maximiliansstraße 33, eines der kultigsten Brauhäuser Frankens.

TOUR-CHECK

Region: Fichtelgebirge

Empfohlener Tourenstandort: Bayreuth

Hotelempfehlung: Hotel Rheingold, Austr. 2 in Bayreuth, www.hotel-rheingold-bayreuth.de

Länge in km: 320

Fahrzeit insgesamt: 6 Std.

Einkehrtipp am Mittag: Gasthof Bräustüberl, Marienstr. 4 Marktredwitz

Kombinationsmöglichkeit: Mit Touren 79, 80, 82, 90

Beliebte Motorradtreffs: Gasthaus Kornberghütt'n auf dem Großen Kornberg im Fichtelgebirge bei Selb, Ortsteil Spielberg (ausgeschildert)

Befreit den Tiger: Während Sozia Kirsten sonnenbadet, räubern die Triumph Tiger und ich im Abseits umher.

VERGESST DAS ORIGINAL!

Die Fränkische Schweiz hat entdeckungsfreudigen Bikern viel zu bieten – und das bei freier Fahrt.

Im Osten Fichtelgebirge und Sechsämterland, im Südwesten die Fränkische Schweiz – zweifelsohne zählt Bayreuth zu den schönsten und abwechslungsreichsten Tourenstandorten dieses Buchs. Das beweist auch die nun folgende Runde.

Via Mistelbach, Mistelgau und Glashütten schwingen wir westwärts aus der Stadt hinaus nach Ahorntal mit Burg Rabenstein hoch auf den Felsen sowie nach Waischenfeld im urwüchsigen Tal der Wisent. Auch Waischenfelds Anblick wird von einer imposanten Burg dominiert, zu deren Füßen sich der anerkannte Luftkurort mit wunderschönem Marktplatz und sehenswertem Fachwerk in der Sonne »rekelt«.

Burgen und Ruinen begleiten uns auch auf dem weiteren Weg durch das idyllische Aufseßtal mitten hinein in den verträumten Weiler, der sogar einen Eintrag im Guinness-Buch der Rekorde hat – den bekam Aufseß aufgrund der höchsten Brauereidichte weltweit, denn auf 1300 Einwohner kommen immerhin vier bekannte Brauereien. Jene »Weltrekord-Brauereien« sind mit einem 13 Kilometer langen Wanderweg verbunden, in dessen Verlauf man alle typisch dunklen und sehr kräftigen Landbiere der Brauereien erwandern und natürlich kosten kann. Welch tolle Marketingidee!

419 Kilometer liegt die »echte« Schweiz übrigens entfernt, wie uns ein hölzerner Wegweiser in Ebermannstadt erzählt – also reine Luftlinie in die Schweizer Bundesstadt Bern. Interessant, aber letztendlich auch »woscht« (unwichtig), wie der Franken-Schweizer sagen würde. Dass es keinen Grund zu tauschen gibt, beweist uns wenig später auch das prächtige Forchheim. Die 1300 Jahre alte »Stadt der Könige« ist reich gesegnet mit mittelalterlichem Fachwerk und spannenden Geschichten von Merowingern und Karo-

lingern, von Otto dem Großen und Heinrich II. Und der Marktplatz Forchheims ist das unbestrittene Schmuckstück der Stadt, seine Kneipen und Cafés locken mit leckeren Speisen in prächtigem Ambiente.

Den Nachmittag veredelt dann ein »Nachtisch«, wie er fahrerisch abwechslungsreicher kaum sein kann. Über Gräfenberg huschen wir ins Trubachtal nach Egloffstein mit eigener Burg hoch auf einem Berg – ein schönes Fotomotiv. So wie auch Gößweinstein im Herz der Fränkischen Schweiz, spektakulär auf einem Bergrücken ruhend. Mit 15 Prozent Steigung geht es fast zwei Kilometer bergauf, während unten die Gößweinsteiner Biergärten nicht nur mit echten fränkischen Bratwürsten locken.

Touristisch lockt uns wenige Kilometer weiter dann das Städtchen Pottenstein mit seiner atemberaubend liegenden Burg, immerhin eines der ältesten Gemäuer der Fränkischen Schweiz. Eher unterirdisch zeigt sich einige Kilometer weiter ein anderes Highlight Pottensteins: die berühmte Teufelshöhle, die größte Höhle der Region. Ob sie allerdings jemals dem Teufel als Zugang zur Unterwelt diente, ist ebenso umstritten wie die These, dass in ihr immer noch Teile des berühmten Bernsteinzimmers lagerten.

Unsere Schatzsuche endet heute mit einer herrlichen Kurvenhatz über Betzenstein, Pegnitz und Creußen zurück nach Bayreuth.

TOUR-CHECK

Region: Fränkische Schweiz

Empfohlener Tourenstandort: Bayreuth

Hotelempfehlung: H4 Hotel Bayreuth Residenzschloss, Erlanger Str. 37 in Bayreuth, www.h-hotels.com

Länge in km: 220

Fahrzeit insgesamt: 4 Std.

Einkehrtipp am Mittag: Restaurant Zum Alten Zollhaus, Hauptstr. 4 in Forchheim

Kombinationsmöglichkeit: Mit Touren 81, 83, 87

Beliebte Motorradtreffs: Kathi's Bräu, der Motorradtreff der Fränkischen Schweiz, Heckenhof 1 in Aufseß-Heckenhof; im Ortszentrum von Gößweinstein sowie auch am Parkplatz unterhalb von Pottenstein an der B 470

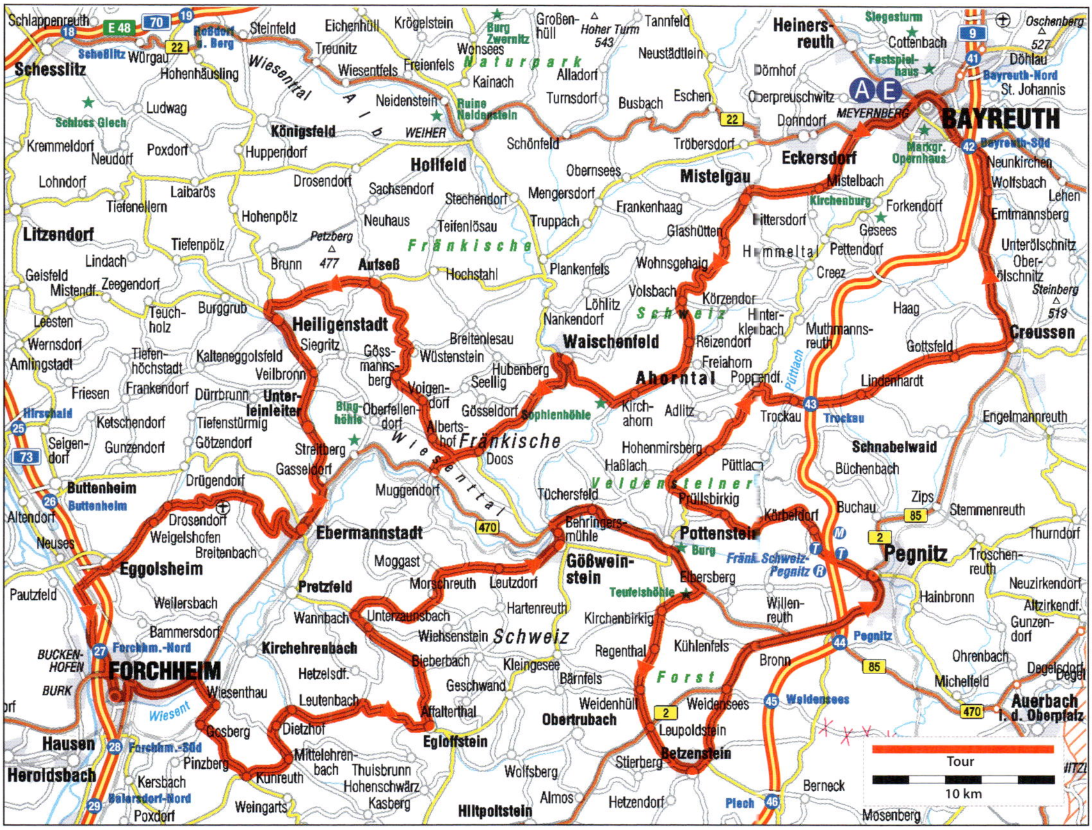

Haßfurts heile Welt: Ein historischer Ziehbrunnen, ein hübsches Mädel, ein geniales Moped – manche Fotos flutschen richtig.

OHNE GEFAHR FÜR LEIB UND LEBEN

Diese Tourenregion besitzt einen martialischen Namen und ist doch seit Jahrzehnten absolut friedlich.

Dass die Haßberge im Herz von Franken ein ganz besonderes Tourenerlebnis bieten, mag man allein schon angesichts ihres drastischen Namens glauben. Fernab von bösen Gedanken oder gar Lebensgefahr erwartet uns furchtlose Biker aber ein geschichts- und vor allem kurvenreiches Kulturland samt köstlich fränkischer Beschaulichkeit. Unser heutiges »Basislager« Schweinfurt hat seine Pracht Kaiser Friedrich I. Barbarossa zu verdanken. Er ließ die Reichsstadt anlegen und schuf historische Schätze im gesamten Stadtkern. Gönnen Sie sich heute Abend unbedingt einen Rundgang an der mittelalterlichen Stadtmauer mitsamt Wehrtürmen, zum Renaissancerathaus sowie zu den Häusern rund um Metzger- und Apostelgasse. Doch vorher genießen wir noch das Thema Haßberge ganz intensiv.

Dazu geht es über Löffelsterz und Riedbach zunächst einmal direkt nach Haßfurt, das trotz seines »hohen Alters« von über 800 Jahren viel ursprüngliche Lebendigkeit zu bieten hat. So wie das mittelalterlich anmutende Zeil am Main südöstlich von Haßfurt. Frisch herausgeputzt präsentiert sich der historische Ortskern mit reichem Fachwerk und einer imposanten Kirche – herrlich gelegen für einen ausgiebigen Boxen- und Fotostopp.

Aber bitte nicht zu lange, denn nun erwartet uns das Städtchen Königsberg, die Perle der Haßberge. Regiomontanus, der berühmte Astronom und Mathematiker, erblickte hier 1436 als Johann Müller das Licht der Welt, studierte bereits mit frühreifen zwölf Jahren in

TOUR-CHECK

Region: Haßberge

Empfohlener Tourenstandort: Schweinfurt

Hotelempfehlung: Première Classe, Straßburgstr. 2 in Schweinfurt, www.premiereclasse.com

Länge in km: 260

Fahrzeit insgesamt: 5 Std.

Einkehrtipp am Mittag: Restaurant Schlundhaus, Marktplatz 25 in Bad Königshofen

Kombinationsmöglichkeit: Mit Touren 76, 84

Beliebte Motorradtreffs: Im historischen Zentrum von Königsberg mit Park- und Einkehrmöglichkeiten; am Parkplatz am Main mit Mainblick in Schweinfurt (vor allem an den Wochenenden)

Leipzig, gründete 1472 in Nürnberg unter dem Alias »Regiomontanus« (der Königsberger) die erste Sternwarte der Welt und wurde von Papst Sixtus IV. zur Mitarbeit an der Kalenderreform nach Rom zitiert. Sein schmuckes Geburtshaus findet sich inmitten einer prachtvollen Fachwerkzeile entlang der Hauptstraße von Königsberg.

Unmittelbar hinter den mittelalterlichen Mauern von Königsberg huschen wir dann nach Burgpreppach und weiter nach Hofheim. 1200 Jahre pralle Geschichte hat das ehemalige karolingische Verwaltungszentrum zu bieten, und in den engen, mittelalterlich anmutenden Gassen kann man ihr heute noch nachspüren. Ausgiebige Kurvenhatz durch den Norden der Haßberge steht ab jetzt auf dem Roadbook, über Bundorf und Trappstadt bis nach Bad Königshofen im Grabfeld, unserem nördlichsten Punkt und Mittagsstopp. Berühmt übrigens auch für seinen Heilwassersee, den einzigen Deutschlands.

Der Tourennachmittag gehört dann einmal mehr der freien Fahrt. Nutzen Sie doch unseren GPS-Download oder lassen Sie sich einfach treiben – immer Richtung Bad Kissingen an der Saale am Westrand der Haßberge. Und sodann weiter nach Stadtlauringen an der »Straße der Fachwerkromantik«, einer Ferienstraße, die zahlreiche sehenswerte Orte Frankens miteinander verbindet. Und noch etwas verbindet das gesamte Land: die deftig fränkische und leckere Hausmannskost, die uns am Abend auch in den Restaurants der Schweinfurter Altstadt erwartet. Guten Appetit wünschen wir z. B. in der »Grünen Gans«, einer urgemütlichen Bierkneipe in der Alten Bahnhofstraße 3.

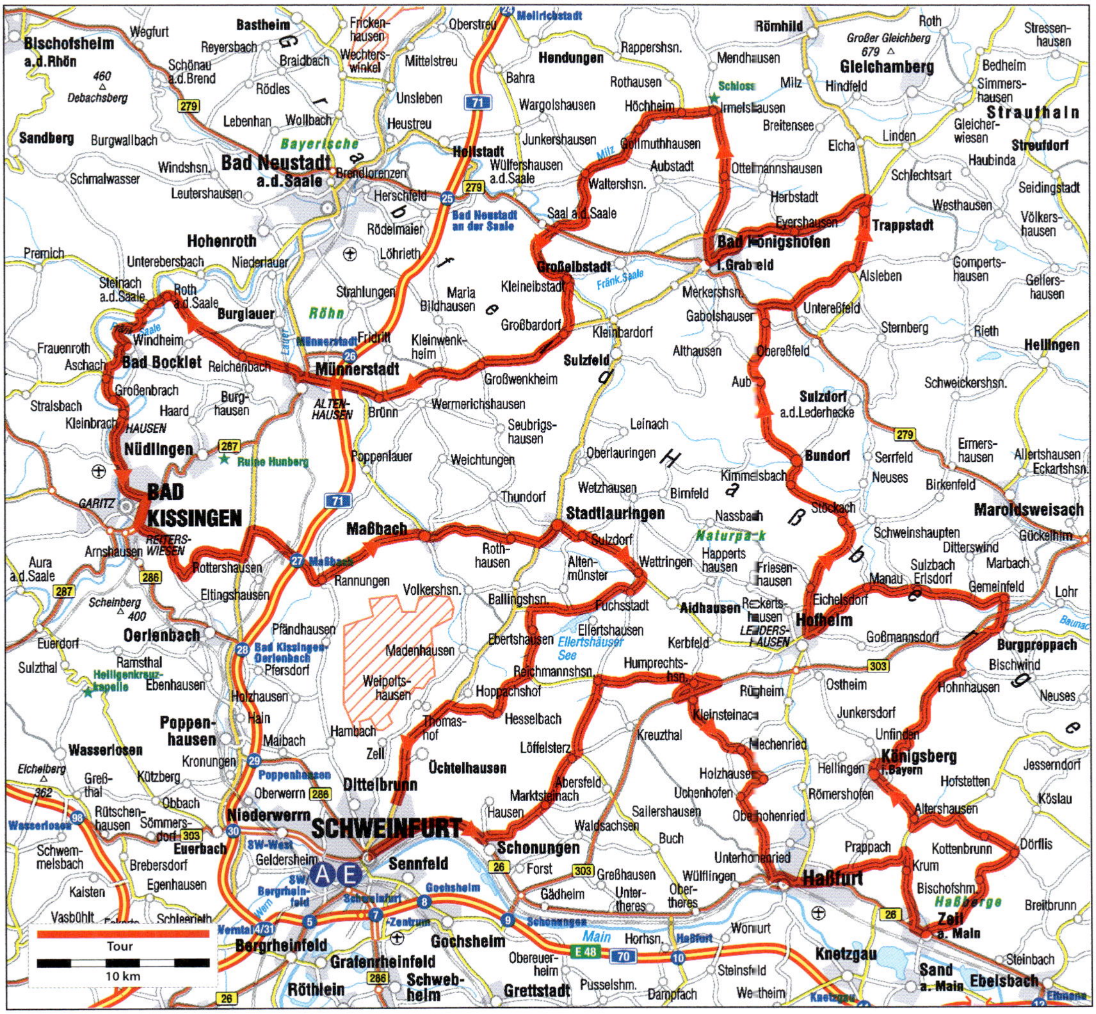

Unterwegs im Land der Räuber: In Lohr am Main bekommen wir alle Infos über den Spessart serviert.

AB IN DIE WÄLDER

Rhön und Spessart zu kombinieren, ist nicht nur im Hochsommer eine erfrischende Idee.

Der Spessart ist bekannt, ja berühmt und sehr beliebt bei Deutschland-Reisenden. Ganz besonders auch bei Motorradfahrern, die hier – möglichst außerhalb der Sommerferienzeit – ein Tourenrevier finden, das wohl einzigartig ist. Den Norden des Spessarts in Kombination mit der Rhön schauen wir uns heute ganz besonders intensiv an.

So schön: Kurvenhatz in der Rhön

Zur Einstimmung werfen wir aber erst einmal einen Blick auf Bad Kissingen. Der weltberühmte Kurort wurde vor allem durch seine Heilquellen bekannt, die bereits im Jahr 823 nachgewiesen wurden. Der erste Kurgast kam 1520, um 1737 wurden weitere Quellen entdeckt, und 1883 ernannte Bayernkönig Ludwig II. Kissingen zum Bad. Reich gesegnet mit Geschichte und Kultur begeistert die Stadt heute jeden Besucher. Ebenso wie Bad Bocklet, einige Kilometer nördlich und malerisch in einer Schleife der Saale gelegen. Seit dem 19. Jahrhundert ist die Stadt ein beliebtes Kurbad des gesamten europäischen Adels.

Bereits die Kelten siedelten rund um Bischofsheim am Rand der Rhön. Heute begrüßt uns der gemütliche Ort mit zahlreichen Sehenswürdigkeiten wie dem »Haus der kleinen Wunder« oder auch dem Zentturm und dem historischen Rentamt. Ach ja, und mit der Hochrhönstraße, einer Panoramastraße Richtung Fladungen, 25 Kilometer lang und über die zentrale Hochfläche der Rhön führend. Mit echten Serpentinen zieht

Immergrüne Gasse: Das Stadttor von Burgsinn wird von der Natur ganz langsam zurückerobert.

Kein Fake: Der Kahn auf dem Main heißt wirklich so und weckt umgehend Heimatgefühle beim Fotografen.

sie sich als bekannte Motorradstrecke durch das Biosphärenreservat Rhön.

Über Hilders und Poppenhausen an der nicht minder bekannten Wasserkuppe, dem mit 950 Metern immerhin höchsten Berg Hessens, erreichen wir Gersfeld und »arbeiten« uns langsam vor zu den Nordausläufern des Spessarts. Wald- und kurvenreicher werden die Pisten vor unserem Windshield, wenn wir über Wildflecken und Riedenberg nach Bad Brückenau pendeln. Das weithin bekannte bayerische Staatsbad liegt am Rand der Rhön im idyllischen Sinntal. Reich gesegnet mit Schwefel- und Eisenquellen, Gärten und Parkanlagen lohnt der Ort auf jeden Fall eine Erkundung zu Fuß. Ein 4000 Jahre altes Steinbeil zeugt davon, dass hier im nördlichen Spessart immer schon Menschen siedelten. So wie auch in Burgsinn, einem ehemaligen Witwensitz, oder auch in Frammersbach, einer urgemütlichen Gemeinde im Herzen des Spessarts.

Mächtig viel gäbe es an dieser Stelle noch zu berichten, doch der Platz wird langsam knapp. Beschränken wir uns also auf die Höhepunkte, wie z. B. auf Weibersbrunn und vor allem auf das nahe Mespelbrunn. Unmengen von Reisebussen lassen erahnen, dass es hier etwas Besonderes zu sehen gibt: nämlich die Original-Drehorte der erfolgreichsten deutschen Filmkomödie »Wirtshaus im Spessart« von 1957. Als Vorlage

Vorsicht Suchtgefahr: Kurvenhatz im Spessart begeistert

TOUR-CHECK

Region: Rhön und Spessart

Empfohlener Tourenstandort: Schweinfurt

Hotelempfehlung: Panorama Hotel, Am oberen Marienbach 1 in Schweinfurt, www.panoramahotel-schweinfurt.de

Länge in km: 380

Fahrzeit insgesamt: 7 Std.

Einkehrtipp am Mittag: Restaurant Frankfurter Hof, Bahnhofstr. 2 in Bad Brückenau

Kombinationsmöglichkeit: Mit Touren 15, 76, 83, 85

Beliebte Motorradtreffs: Treffpunkt Schwarzes Moor an der Hochrhönstraße in Fladungen (mit den leckersten Bratwürsten der Region!); an der Wasserkuppe in der Rhön direkt an der L 3068 bei Gersfeld (Pflichttermin); Bikertreff am Gasthof Jossgrund, Spessartstr. 28 in Sinntal, Ortsteil Jossa

für die legendäre Räuberposse diente übrigens Wilhelm Hauffs gleichnamiges Märchen, beruhend auf einer wahren Begebenheit.

Zugegeben: Da haben es Marktheidenfeld und Lohr am Main auf unserem heutigen Heimweg gar nicht so einfach, noch einmal unser volles Interesse zu entfachen. Geben Sie beiden sehenswerten Städten dennoch eine Chance, und schauen Sie sich um – es lohnt sich. Im allerletzten Licht des Tages geht es dann retour nach Schweinfurt.

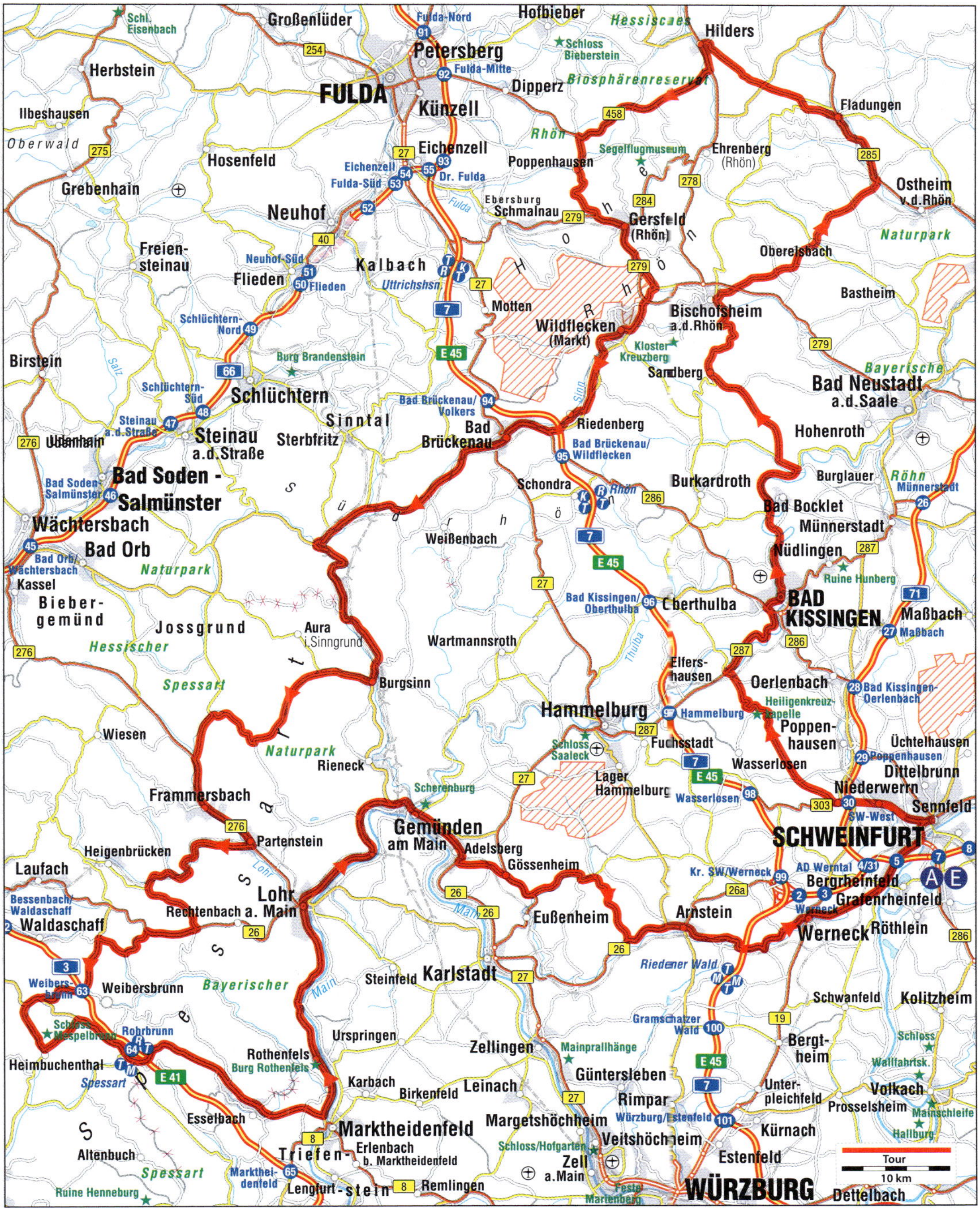

Die Herren der Gamburg bieten Führungen, Kaffee und Kuchen und sogar Vogelflug.

EIN WENIG SPESSART, EIN WENIG TAUBER

Im Nordosten des »Schwobaländles« wartet ein Flusstal auf uns, dessen Schönheit wie der Inbegriff einer deutschen Landschaft wirkt.

Noch eine Portion Spessart in Kombination mit dem nördlichen Abschnitt des berühmten Taubertals – das verspricht nicht nur Abwechslung pur, das ist Abwechslung pur. Und unser Basisort Bad Mergentheim spendiert uns dazu ein Ambiente, in dem Wohlfühlen zur Pflicht wird – auch und gerade abseits des Mopedsattels. Bad Mergentheims Stadtbild wird vom gewaltigen Komplex des Deutschordenschlosses dominiert. Gegründet als Wasserburg, kam das Schloss 1219 durch eine Schenkung in den Besitz dieses einst in den Machtzentralen Europas agierenden Ordens.

Auf dieser Tour nun am Fluss entlang und nur auf Sichtweite zur Tauber unseren Weg zu suchen, wäre zwar interessant, aber doch deutlich weniger abwechslungsreich als eingangs versprochen. Deshalb erklimmen wir, wann immer möglich, auch die Höhenzüge rechts und links des Flusses und kurven gleich zu Anfang über Schweigern, Boxberg und Sachsenflur nach Lauda-Königshofen. Dessen heute überaus friedlicher Ortsteil Königshofen war 1525 Schauplatz der größten Tragödie der Bauerkriege. Am Turmberg oberhalb des Dorfes wurde das miserabel ausgerüstete Bauernheer von den kampferprobten, bis an die Zähne bewaffneten Söldnern des Schwäbischen Bundes vernichtend geschlagen – der Kampf der Bauern um menschenwürdige Lebensbedingungen war verloren.

TOUR-TIPP

Der höchst geheimnisvolle Deutschorden

Die Gründung dieses neben den Johannitern und Templern wichtigsten Ritterordens geht auf das Jahr 1190 zurück, der Zeit des dritten großen Kreuzzugs. Ein schwarzes Kreuz auf weißem Mantel war das Erkennungszeichen des Ordens. Nach dem Scheitern der Kreuzzüge fand der Deutschorden seine Bestimmung in Deutschland und mischte in den darauf folgenden Jahrhunderten bei vielen politischen Entscheidungen Europas kräftig mit. 1809 von Napoleon zerschlagen, konnte er zunächst nur in Österreich, später dann auch in Deutschland und in grenznahen Regionen Frankreichs existieren, seit 1945 mit der Ausrichtung auf Seelsorge und Krankenpflege.

Davon ist heute zwar nur noch in den Geschichtsbüchern zu lesen, die Stadt mit »Hohem Haus« und »Zehntgoten« trägt aber noch mit berechtigtem Stolz ihr herrlich restauriertes Fachwerk zur Schau.

Erneut setzen wir den Blinker links und schwingen über Oberlauda und Königheim zum malerischen Tauberbischofsheim. Das nicht nur in Fechtsportkreisen weltberühmte Fachwerkstädtchen geht auf eine Gründung um das Jahr 735 zurück. Zu überregionalem Ruhm kam der Ort allerdings zunächst einmal durch das erste offiziell anerkannte Frauenkloster Germaniens. Als vollwertiger Ersatz für die Tatsache, dass davon heute leider nichts mehr zu sehen ist, haben die modernen Tauberbischofsheimerinnen später die Welt mit Degen und Florett erobert – touché! kann man da nur ausrufen.

Auf den kommenden Kilometern gönnen wir uns nun doch eine ausgedehnte Portion Taubertal, eines der wohl schönsten Täler Deutschlands – und eines der wärmsten in Süddeutschland. Bereits die Römer siedelten gern hier und brachten den Weinbau mit. Und nicht nur die berühmten Orte wie Wertheim, Tauberbischofsheim, Bad Mergentheim, Creglingen und (last, but not least) natürlich Rothenburg sind die Highlights des Taubertals – ganz besonders auch die kleinen und nur auf den ersten Blick unscheinbaren Weindörfer am Wegesrand haben ihre reizvollen Ecken und Winkel. Und im Herbst zur Weinlese, da verstehen es die Franken wie kaum ein anderes Völkchen zu feiern. Weinfeste und Besenwirtschaften gibt's dann allerorten und lassen eine forsche Tourenplanung rasch zu Makulatur werden.

Mit einem langen Blick auf die hoch über dem Ort thronende Gamburg aus dem 12. Jahrhundert dirigieren wir das Motorrad zunächst Richtung Brombach und seinem Kloster einem Zisterzienserbesitz aus dem 13. Jahrhundert. Im 17. und 18. Jahrhundert wurde es mit barockem Prunk und Protz ausstaffiert. Rein weltliche Genüsse hingegen serviert die angrenzende Klosterwirtschaft, die nicht zuletzt aufgrund ihrer kulinarischen Highlights vor allem an Wochenenden ein äußerst beliebter Bikertreff der Region ist.

Tja, und dann sind es nur noch wenige Flussschleifen, bevor wir in Wertheim den Seitenständer zu einem empfehlenswerten Stadtbummel ausklappen. Von Weitem bereits dominiert eine mächtige

Welch ein Erlebnis: Bad Mergentheim rüstet sich für eines seiner legendären Stadt- und Weinfeste.

Burgruine die mit Fachwerk reich gesegnete Stadt. Die Burg Wertheim ist eine der ältesten Burgruinen Baden-Württembergs. Zweiseitig von Flüssen umgeben, glaubten die Grafen von Wertheim, besser vor Angriffen geschützt zu sein. Und sie sollten Recht behalten. Bis ins 17. Jahrhundert wurde die Burg zu einem uneinnehmbaren Bollwerk ausgebaut. Doch 1556 stirbt das Grafengeschlecht mangels gesunder männlicher Nachkommen aus, und 1619 wird die Burg durch eine Pulverexplosion in ihrem Inneren schwer in Mitleidenschaft gezogen. Seit 1995 ist das geschichtsreiche Anwesen im Besitz der Stadt, die es sukzessive restauriert.

Der Main wird uns nun eine Weile begleiten. Tief hat er sich in den vergangenen Jahrtausenden in sein breites Tal gegraben und prägt viele Regionen Frankens und Hessens. Am Südufer folgen wir ihm über Miltenberg ins malerische Großheubach mit seinen sehenswerten Bauernmärkten alljährlich im Herbst und gönnen uns nun noch einen ausgiebigen »Ritt« durch die geheimnisvollen Wälder des südlichen Spessarts. Über Mönchberg, Eschau und Dammbach finden wir den Anschluss an Tour 84, dann geht es via Altenbuch zurück zu Main und Taubermündung und nach Kreuzwertheim bzw. Wertheim. Haben Sie jetzt Hunger? Unsere Einkehrempfehlung finden Sie im Infokasten.

Der Nachmittag gehört dann nochmals der Tauber und ihren Höhenzügen. Dazu queren wir bei Triefenstein mit seinem imposanten 900 Jahre alten Kloster der Augustinerchorherren den Main und fahren gen Süden direkt zu den rechtsseitigen Höhenzügen des Taubertals. Weite Felder, lichte Wälder und immer freie Straßen prägen das Bild vor unserem Windshield. Weiler und verschlafene Ortschaften wie Neubrunn, Gerchsheim oder auch Ilmspan verschwinden viel zu rasch in unseren Rückspiegeln, doch die Empfehlungen für eine ausgiebige Kurvenhatz sind ja ebenfalls ein zentrales Anliegen dieses Motorrad-Reiseführers.

Sightseeing-Höhepunkte gönnen wir uns dann wieder, wenn wir über Wittighausen und Igersheim zurück nach Bad Mergentheim schwingen. Und dort diesen kurvenreichen Tourentag inmitten prächtiger fränkischer Gemütlichkeit ausklingen lassen – natürlich in Kombination mit den Höhepunkten der fränkischen Küche, die Sie z. B. auch in der »Herbsthäuser Brauereigaststätte« in der Alten Kaiserstraße 28 genießen können, unserem Einkehrtipp speziell für Bad Mergentheim. Guten Appetit!

Sehr leicht zu übersehen: Diese Tauberquelle findet sich auf einer Wiese bei Wettringen.

Beliebtes Tourenziel: Wertheim an Main und Tauber

TOUR-CHECK

Region: Main- und Taubertal

Empfohlener Tourenstandort: Bad Mergentheim

Hotelempfehlung: Hotel Wanfried, Edelfinger Str. 7 in Bad Mergentheim, www.hotel-wanfried.de

Länge in km: 230

Fahrzeit insgesamt: 5–6 Std.

Einkehrtipp am Mittag: Gasthof Zum Ochsen, Marktplatz 7 in Wertheim

Kombinationsmöglichkeit: Mit Touren 15, 84, 86, 87

Beliebte Motorradtreffs: In Tauberbischofsheim am Parkplatz im Zentrum; am Mainufer in Wertheim; im Bad Mergentheimer Zentrum am großen Parkplatz; die Klosterwirtschaft in Brombach (vor allem auch an den Wochenenden)

Highlight jeder Nebensaison: Rothenburg ob der Tauber zu besuchen ist Pflicht – aber vielleicht nicht im Juli/August.

UNTERWEGS IN RAUBRITTERS HEIMAT

Den Höhepunkt des Taubertals mit den Geschichten aus dem Leben eines Raubritters zu kombinieren, verspricht Spannung pur.

Der Südabschnitt des Taubertals gilt als dessen schönster Teil, und der Glanzpunkt ist sicherlich Rothenburg ob der Tauber. Als Motorradtour wäre das allerdings dürftig kurz, und so kombinieren wir die Tauber ganz einfach mit dem westlich liegenden Hohenloher Land, der Heimat von Deutschlands berühmtestem Raubritter.

Unser erstes Etappenziel, Weikersheim, begeistert jeden Besucher mit seinem bildhübschen Marktplatz oder auch dem Schloss mit weitläufigem Garten. Ende des 16. Jahrhunderts verlegte einer der Grafen von Hohenlohe seinen Sitz in den Ort, und um hier standesgemäß zu wohnen, ließ er die heruntergekommene Burg zu einem prächtigen Schloss umbauen, dessen Innenausstattung heute noch nahezu vollständig erhalten ist.

Creglingen wird gern auch die »kleine Schwester Rothenburgs« genannt und wurde nach ihrem großen Vorbild mit doppelten Mauern und 15 Türmen befestigt. Drei davon sind noch zu besichtigen, ebenso wie die Herrgottskirche mit einem Altaraufsatz des berühmten Künstlers Tilman Riemenschneider, heutzutage der Publikumsmagnet Creglingens.

Tja, und dann liegt er vor uns, der touristische Höhepunkt des gesamten Taubertals. »Der Himmel ist weit und der Herrscher ist fern!«, soll einer der Wahlsprüche Rothenburgs gewesen sein, dessen Name auf die »Rote Burg« des Stauferkönigs Konrad III. zurückgeht. Und wahrlich: Bis heute hat sich Rothenburg viel von seinem mittelalterlichen Charme bewahrt. Schauen Sie sich ausgiebig um, so viel Zeit muss sein.

Anschließend verlassen wir das liebliche Taubertal und schwingen hinein ins Hohenloher Land. Postkartengleich auf einem Bergsporn erhebt sich das mittelalterliche Langenburg vor uns aus der Ebene. Hübsche Fachwerkhäuser, ein imposantes Stadttor sowie ein schmuckes Schloss laden zur Besichtigung, zahlreiche Kneipen und Cafés zum Einkehrschwung am Mittag.

Ein Schmuckstück städtebaulicher Kunst ist auch Künzelsau, unser nächstes Zwischenziel. Die Kocher führt uns mitten hinein in den historischen Altstadtkern. Parken Sie das Bike für einen kleinen Rundgang – er wird Ihnen gefallen. Steil in einen Hang gebaut, begrüßt uns dann der Weinort Forchtenberg an der Einmündung des Flüsschens Kupfer in die Kocher. Wir verlassen den Fluss und erreichen Jagsthausen, und damit das Land des Ritters mit der eisernen »Gashand«. Götz von Berlichingen wurde im Schloss zu Jagsthausen geboren, in Krautheim hat er legendär geflucht, in Möckmühl wurde er eingekerkert, und in Schöntal ist er begraben. Genauer gesagt im idyllischen Kloster Schöntal, entstanden im 12. Jahrhundert aus den gespendeten Besitztümern eines heimkehrenden Kreuzritters. Heute gilt es als Musterbeispiel einer barocken Abtei. Das Geschlecht derer von Berlichingen erwarb sich durch großzügige Landspenden das fortwährende Recht, im Kreuzgang des Klosters beerdigt zu werden. Auch die letzte Ruhestätte des großen Götz findet sich dort und ist immer einen stillen Bikergruß wert.

Über Erlenbach und Assamstadt erreichen wir spätabends wieder Bad Mergentheim.

TOUR-CHECK

Region: Taubertal und Hohenloher Land

Empfohlener Tourenstandort: Bad Mergentheim

Hotelempfehlung: Hotel Alte Münze, Münzgasse 12–14 in Bad Mergentheim, www.hotelaltemuenze.de

Länge in km: 270

Fahrzeit insgesamt: 5 Std.

Einkehrtipp am Mittag: Pizzeria Da Luigi, Hauptstr. 17 in Langenburg

Kombinationsmöglichkeit: Mit Touren 15, 84, 85, 87, 88

Beliebte Motorradtreffs: Am Marktplatz im Zentrum von Weikersheim; am Parkplatz an der Stadtmauer in Rothenburg; am Parkplatz am Schloss in Langenburg (vor allem an den Wochenenden)

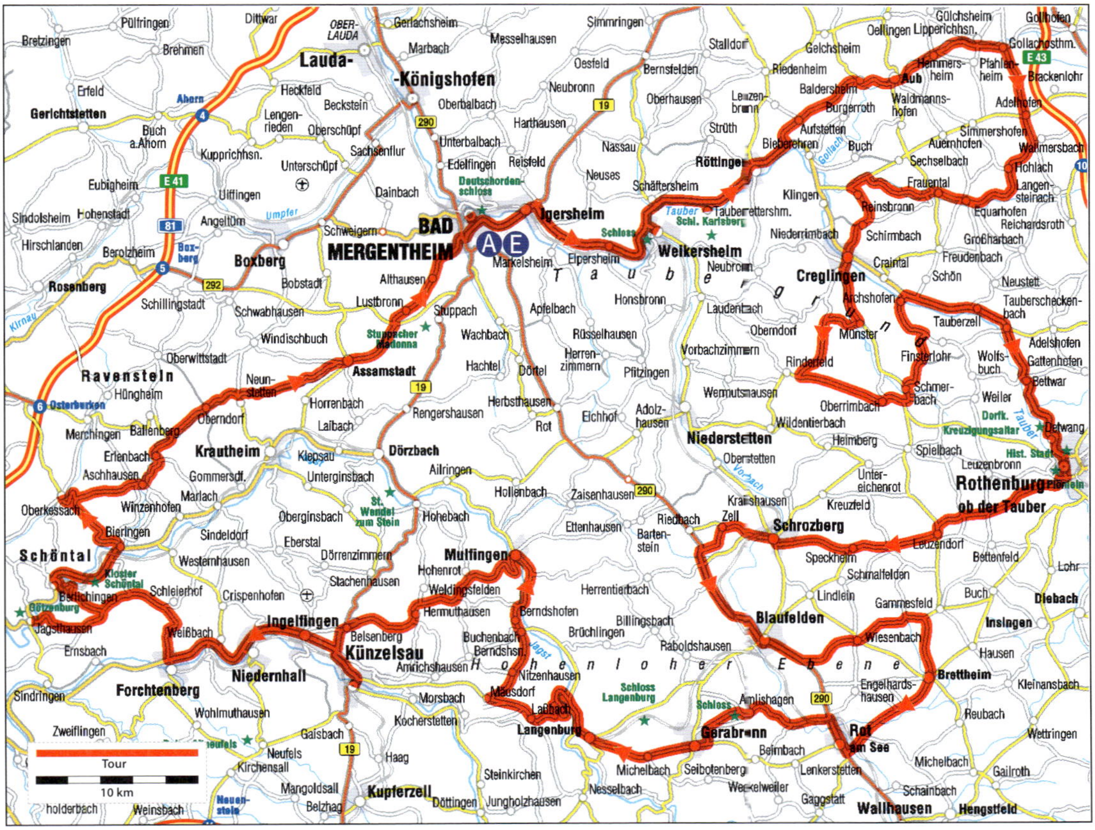

Tigers Liebling: Die Höhenzüge des Steigerwalds sind ein prächtiges Revier – explizit auch für britische Großenduros.

VOM STEIGERWALD ZUR FRANKENHÖHE

Westlich der Frankenmetropole Nürnberg wartet eine Region auf uns, die nicht nur Schauplatz grausiger Verbrechen war.

Die Haßberge (s. Tour 83) gehen im Süden Haßfurts nahtlos in den Steigerwald über, der wiederum im Süden zur Frankenhöhe emporsteigt. Das alles inmitten fränkisch gemütlicher Genüsse – diese Tagestour sollten Sie einmal im Jahr erfahren. Mindestens!

Im beschaulichen Ansbach haben wir unser »Basislager« aufgeschlagen, in einem Frankenstädtchen, dessen reiche Geschichte mit einem ungeklärten Mordfall gewürzt ist: dem mysteriösen Mord an Kaspar Hauser, der 1828 völlig verwahrlost in Nürnberg auftauchte und nach Ansbach abgeschoben wurde. 1833 fiel er einem Mordanschlag zum Opfer und verstarb, ohne jemals sein Geheimnis gelüftet zu haben. Auch modernste DNA-Analysen konnten bis heute die Herkunft des berühmtesten Findelkinds der Neuzeit nicht klären. Läuft Ihnen gerade eine Gänsehaut über den Rücken? Dann lassen Sie uns aufbrechen.

Über Petersaurach geht es nach Heilsbronn und mitten hinein in die mit Fachwerk reich geschmückte Altstadt. Idyllische Biergärten wollen bereits jetzt unsere Tourenpläne atomisieren – bleiben Sie bitte standhaft. Weiter geht es am Westrand Nürnbergs entlang über hügelige Hochflächen zu einem Kleinod Frankens, dem beschaulichen Weiler Roßtal mit seinem Museumshof, in dem sehenswerte Relikte aus längst vergangenen Zeiten zusammengetragen wurden. Inklusive dem Skelett eines Geköpften aus dem Roßtaler Gericht. »Romantisches Franken« nennt sich die uns

TOUR-CHECK

Region: Steigerwald

Empfohlener Tourenstandort: Ansbach

Hotelempfehlung: Hotel Grünwald, Am Bocksberg 80 in Ansbach, www.hotel-gruenwald.com

Länge in km: 320

Fahrzeit insgesamt: 6 Std.

Einkehrtipp am Mittag: Gasthof Aischblick, Große Bauerngasse 88a in Höchstadt

Kombinationsmöglichkeit: Mit Touren 82, 83, 84, 85, 86, 88, 93

Beliebte Motorradtreffs: Gasthaus/Pub The Flyer, Würzburger Landstr. 5 in Ansbach; Motorradmuseum Frankenhöhe in Leutershausen-Hetzweiler (auch an den Wochenenden)

umgebende Region – vielleicht sollte man sie eher in »Spannendes Franken« umbenennen …

Das sehenswerte Cadolzburg erfreut mit imposanter Burganlage und reichem Fachwerk. Ausgedehnte Sonnenblumenfelder setzen vor allem im Spätsommer herrlich goldene Farbtupfer in die vor uns liegende Landschaft, wenn wir Richtung Herzogenaurach huschen. »Uraha« hieß der Ort einstmals, oder übersetzt »Viehtränke am Fluss«; im Lauf der Jahrtausende hat er sich deutlich gewandelt.

Via Höchstadt an der Aisch schlagen wir einen großen Bogen durch den Süden des Steigerwalds, und über Burghaslach, Schwarzenberg und Neustadt an der Aisch kommen wir sodann wieder in die Landschaft der Frankenhöhe. Malerische Nester und gemütliche Städte wie Bad Windsheim und Uffenheim überreden uns immer wieder, mehr als einen Gang zurückzuschalten. Gemütlich schwingen wir durch eine Welt, in der das Leben offensichtlich noch niemals allzu heftig brummte.

In Colmberg lockt uns dann noch die mit grobem Kopfstein gepflasterte Steilanfahrt zur Hohenzollernburg. Auch in trockenem Zustand verlangt der kaum mehr als lenkerbreite Anstieg volle Konzentration und eine ruhige Gashand. Doch der Blick vom Burghof hinaus auf den Naturpark Frankenhöhe ist einzigartig. So wie der abschließende Blick in das weithin bekannte Motorradmuseum Frankenhöhe in Leutershausen-Hetzweiler nahe Herrieden. Vom überraschenden Scheunenfund bis zum sorgfältig restaurierten Prachtstück, von Adler bis Zündapp haben sich hier all die klingenden Namen der Zweiradgeschichte zu einer sehenswerten Privatsammlung deutscher Motorradveteranen zusammengefunden. Nehmen Sie sich Zeit für einen Rundgang von Raum zu Raum – es ist hochinteressant. Dem Heimweg findet das Moped fast allein.

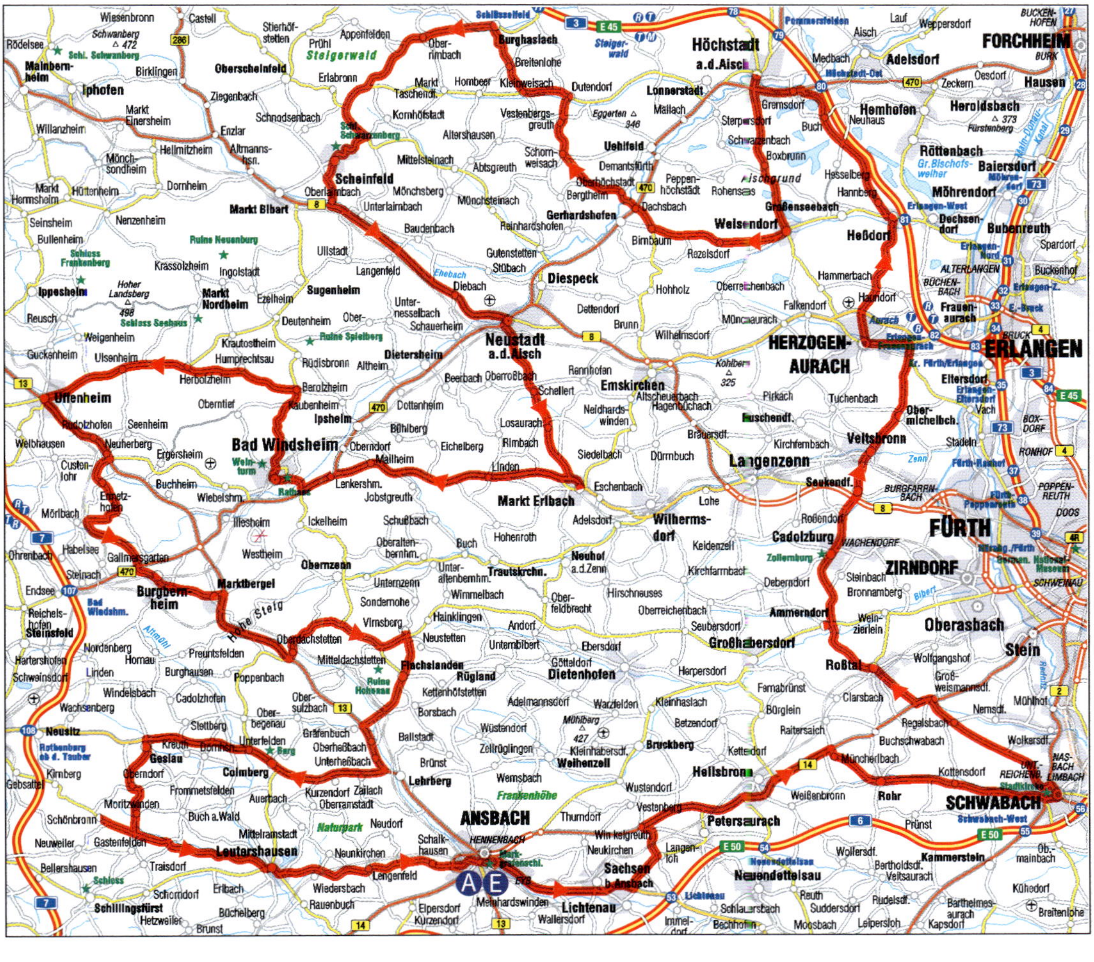

Ganz schön viel Dach: Auf bis zu fünf Dachböden wurde in Spalt früher der wertvolle Hopfen getrocknet.

NAHTLOSE BRÄUNE AUCH FÜR BIKER

Das Altmühltal in Kombination mit dem Fränkischen Seenland bietet Bikern neben Kurvenhatz auch die Chance, fast nahtlos braun zu werden.

Auch das Tal der Altmühl gehört zu den Flusstälern Deutschlands, die wir keinesfalls »kampflos« den Kohorten von Radlern und Kanuten überlassen sollten. Schon gar nicht in Kombination mit dem herrlichen Fränkischen Seenland, das direkt im Südosten unseres Tourenstandorts auf uns wartet.

Über Herrieden, Burk und Bechhofen gelangen wir zügig in das Land der Altmühl und ihrer Zuflüsse. Mit dem mächtigen Altmühlsee nahe Ornbau beginnt im Grunde unser erstes Thema des Tages. Im Altmühlsee wird überschüssiges Hochwasser gespeichert und unter der Europäischen Wasserscheide hindurch in das Fränkische Seenland abgegeben. Hier beginnt auch das unter Bikern sehr beliebte Reisethema Altmühltal, z. B. mit einem Blick hinein nach Gunzenhausen. Das Städtchen rühmt sich echter römischer Vergangenheit, auch wenn davon heute kaum noch Spuren zu finden sind. Am hübschen, schwäbisch blitzsauberen Marktplatz öffnet bereits früh am Morgen so manches Café und lädt zu einem Boxenstopp, den Sie in Ruhe genießen können. Eine kunstvolle Glockenuhr schlägt Ihnen dazu die Stunden.

Mit 3000 Quadratkilometern ist das Altmühltal der größte Naturpark Deutschlands. Und sollte in weit mehr als nur einem Kapitel dieses Buchs gewürdigt werden – auf den Touren 92 und 93 geht es weiter, versprochen! Heute widmen wir uns erst einmal den schönsten und bekanntesten Badeparadiesen des Fränkischen Seenlands. Dazu geht es in einem weiten Bogen über das sehenswerte Wassertrüdingen und über Oettingen in unzähligen Kurven zum Westrand des Großen Brombachsees, einem Paradies für Wassersportler und Erholungssuchende aus der gesamten Region. Seerestaurants und Biergärten mit viel Aussicht erwarten uns zur Einkehr.

Nein, im Örtchen Spalt wurde keine Kopfschmerztablette erfunden, es ist vielmehr die fränkische Hopfenmetropole schlechthin: Bereits im 8. Jahrhundert wurde hier die wichtigste Zutat deutschen Bieres kultiviert. Die typischen Fachwerkbauten werden heute mit großer Liebe zum Detail restauriert und erhalten. So wie im erlebenswerten Hiltpoltstein. Bereits von Weitem grüßt der mächtige Bergfried der Hilpoltsteiner Burg zu uns herüber, und rings um die auf einem Kalksteinfelsen erbauten Gemäuer drapiert sich ein 900 Jahre alter Marktflecken mit prachtvollen Fachwerkbauten.

Auch im Städtchen Roth empfehlen wir, schnurstracks hinein in die Altstadt zu düsen und sich dort erst einmal ausgiebig umzuschauen. Das 500 Jahre alte Schloss Ratibor am Ende des Altstadtkerns beherbergt übrigens die Touristen-Information, deren Mitarbeiter uns freudig mit Tipps, Flyern und Broschüren rund um das Reiseziel eindecken. Richtung Abenberg geht es dann hinaus in die liebliche Landschaft. Plötzlich öffnet sich der Wald und gestattet einen freien Blick auf das burggekrönte Städtchen. Die Schönheit des altertümlichen Marktfleckens mit seiner 1000-jährigen Festung wurde bereits im »Tannhäuser« und im »Parzival« sowie in zahlreichen anderen mittelalterlichen Dichtungen beschrieben.

Durch uraltes Hopfenland erreichen wir spätabends wieder Ansbach. Und huschen bei Bedarf – sprich Hungergefühlen – direkt weiter in »Mama Mady's Diner« in der Kirchenstraße 3. Erlebenswert!

TOUR-CHECK

Region: Altmühltal und Fränkisches Seenland

Empfohlener Tourenstandort: Ansbach

Hotelempfehlung: Hotel Museumsstube, Schaitbergerstr. 16 in Ansbach, www.museumsstube.com

Länge in km: 300

Fahrzeit insgesamt: 6 Std.

Einkehrtipp am Mittag: Gasthof Zum Hochreiter, Seeweg 1 in Spalt

Kombinationsmöglichkeit: Mit Touren 11, 86, 87, 92, 93, 94

Beliebte Motorradtreffs: Am Parkplatz am Großen Brombachsee mit Seebad (vor allem an den Wochenenden)

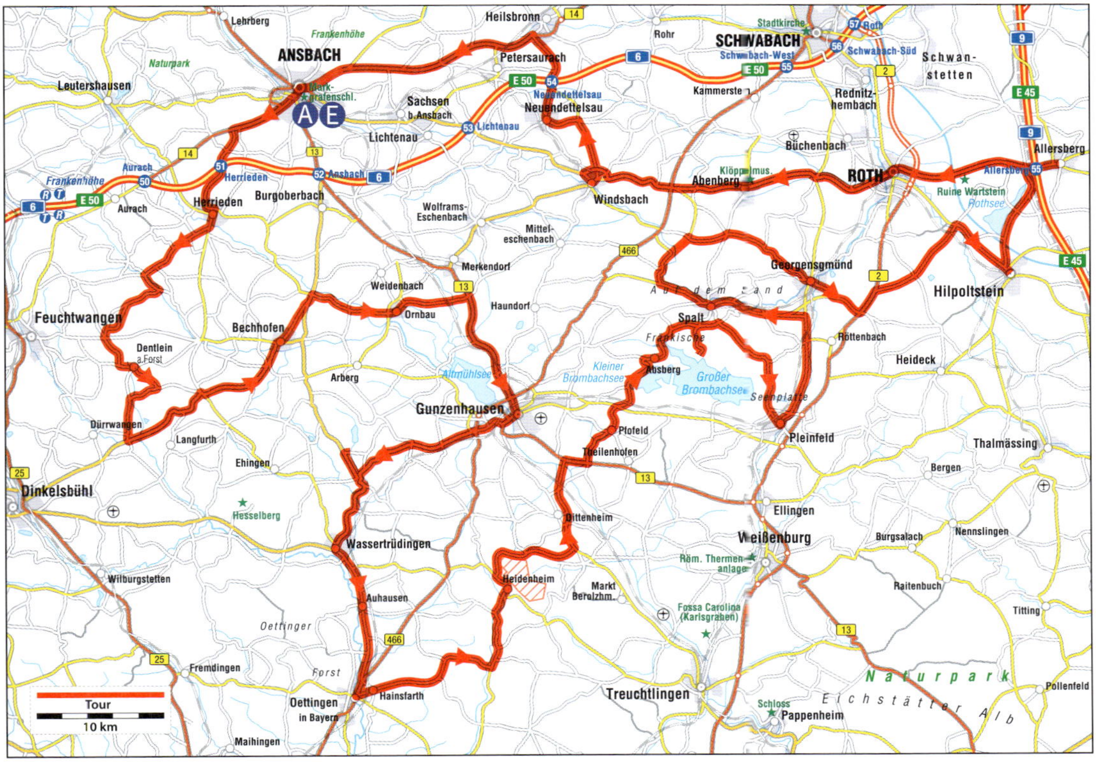

Historische Bürgerwehr: Der Further Drachenstich ist ein Erlebnis für Ritter, Edelfrauen, Knappen und auch Biker.

PFLICHTTERMIN GANZ IM SÜDOSTEN

Der Bayerische Wald ist bekannt und beliebt – und so vielfältig, dass Sie ihm eine ganze Woche widmen sollten.

Auf Tour 81 haben wir die nördlichen Ausläufer unseres heutigen Themas bereits kurz erfahren, jetzt gönnen wir uns auf zwei Tagestouren eines der bekanntesten deutschen Motorradparadiese ganz besonders intensiv: den Bayerischen Wald.

Freunde historischer Architektur kommen in unserem »Basislager« Cham voll auf ihre Kosten: Das Kirchlein St. Jakob, das stilvolle Rathaus, der fußballfeldgroße Marktplatz sowie die optische Krönung, das farbenprächtige Biertor, würzen unseren abendlichen Rundgang ungemein. Den passenden Einkehrtipp gibt es wie immer am Ende des Kapitels.

Jetzt genehmigen wir uns erst einmal eine ausgiebige Portion Bayerischer Wald. Richtung Bad Kötzting geht es hinaus ins Land. Alljährlich am letzten Sonntag im August begeistert der Ort mit seinem berühmten Rosstag: Der Festzug zeigt die große Tradition der Kötztinger Fuhrleute. Deutlich idyllischer geht es da schon in Viechtach zu – inmitten einer Talschleife des Schwarzen Regens liegt der sehenswerte Luftkurort mit seinem angenehm milden Heilklima. Atmen Sie ganz tief ein, bevor Sie wieder hinaus ins Land huschen.

Tief im Wald eingebettet erwartet uns dann der Kurort Bodenmais am Fuß des legendären Silberbergs. Generationen von Glasmacherfamilien produzieren hier seit dem 15. Jahrhundert funkelnde Gläser, leuchtende Kelche und glänzende Perlen. Bis heute ist Bodenmais zusammen mit Zwiesel das Mekka des Glastourismus. Die Gabelung der beiden Flüsse Großer und Kleiner Regen und das dazwischenliegende Land gaben Zwiesel einst seinen Namen. Aber die »Glasstadt« besitzt noch eine weitere Attraktion: das Zwieseler Dampfbier, das in hölzernen, oben offenen Bottichen gebraut wurde. Und in der historischen Erlebnisbraustätte »Dampfbräu« am Stadtplatz 6 gebraut wird.

Über Buchenau und Spiegelhütte tief im Herz des Bayerischen Walds erreichen wir dann dessen berühmtesten Bikertreff: den Großen Arbersee am Fuß des gleichnamigen Bergs. Hier ist der Boxenstopp natürlich Pflicht. Der Große Arber ist mit 1456 Metern der höchste Berg des bayerisch-böhmischen Gebirgsmassivs und der »König des Bayerischen Walds«.

Über Neukirchen beim Heiligen Blut, einem auch heute noch beliebten Marien-Wallfahrtsort, erreichen wir dann Furth im Wald, die berühmte »Drachenstichstadt« mit dem ältesten deutschen Volksschauspiel. Der »Further Drachenstich« verwandelt jedes Jahr im August den Stadtplatz und das angrenzende historische Zentrum zu einer einzigartigen mittelalterlichen Freilichtarena, ja ganz Furth reist dann zurück in die Zeit des Mittelalters und in die Zeiten von Gut und Böse sowie der Auseinandersetzung mit dem berüchtigten Further Drachen. Der gehört mit einer Länge von 16 Metern, einer Höhe von 4,5 Metern und einer Flügelspannweite von satten zwölf Metern zu den atemberaubendsten Hauptakteuren des Festspiels – und mit gut elf Tonnen Lebensgewicht sicherlich auch zu den schwersten. Wer sich dieses Freilichtspiel nicht entgehen lassen will, sollte allerdings rechtzeitig Karten reservieren. Es ist regelmäßig ausverkauft.

TOUR-CHECK

Region: Bayerischer Wald, Nordteil

Empfohlener Tourenstandort: Cham

Hotelempfehlung: Hotel Am Ödenturm, Am Öden Turm 11 in Cham, www.oedenturm.de

Länge in km: 210

Fahrzeit insgesamt: 4 Std.

Einkehrtipp am Mittag: Gasthof Dampfbräu, Stadtplatz 6 in Zwiesel

Kombinationsmöglichkeit: Mit Touren 90, 91, 97

Beliebte Motorradtreffs: Am Parkplatz im Zentrum von Bodenmais; im Zentrum von Zwiesel; am zentralen Parkplatz am Großen Arbersee, mit Gasthaus

Irgendetwas haben wir am Ende dieses Kapitels doch vergessen? Ach ja, unseren Einkehrtipp für das prächtige Cham. Der lautet: Restaurant »Am Ödenturm«, an eben jenem Turm im Herz der Altstadt.

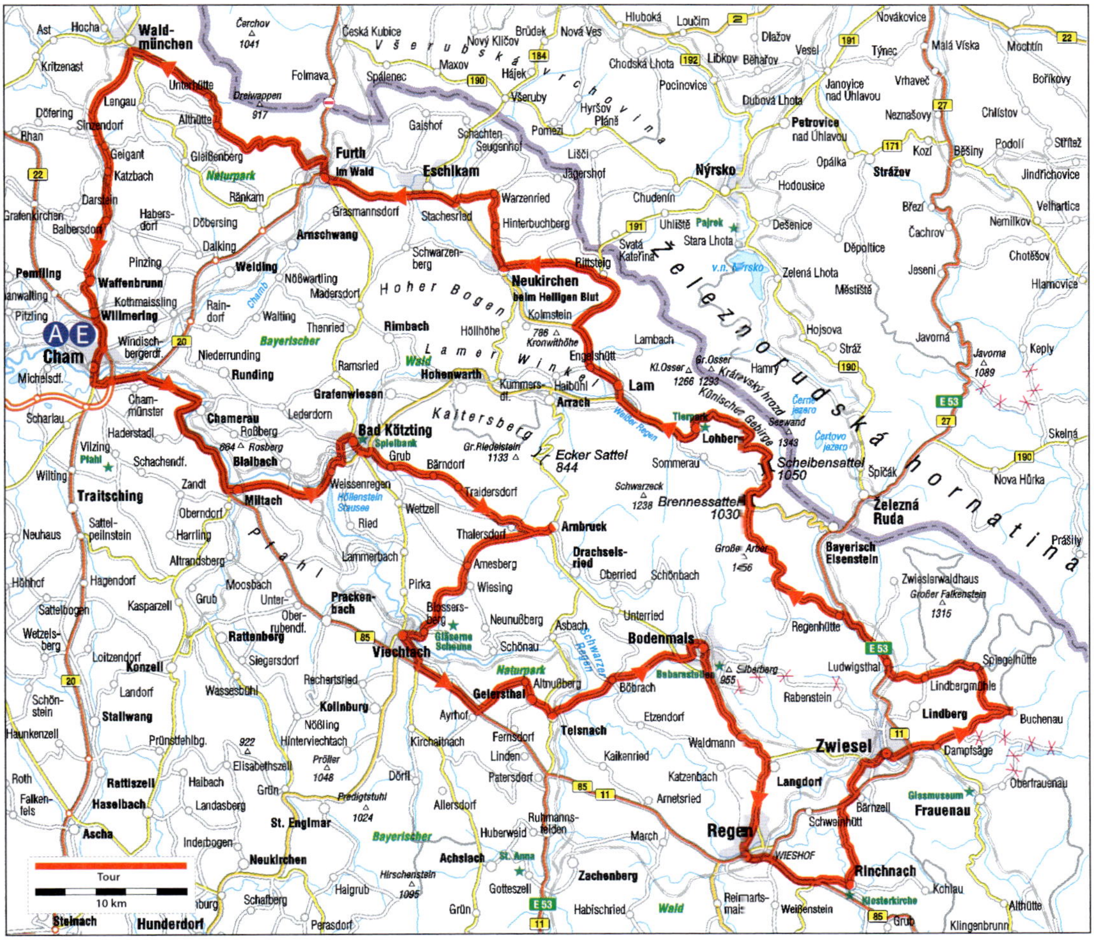

Früher Frühling am Eixendorfer See: Noch ist es etwas zu frisch, um die Mopedklamotten abzuwerfen.

SCHON WIEDER NIX ALS BÄUME?

Einst war er streng getrennt vom Bayerischen Wald, heute wächst alles zusammen. Und das ist auch gut so!

In früheren Zeiten hieß er Böhmerwald und reichte weit über alle Grenzen Richtung Osten. Nach den Grenzziehungen zu Tschechien bildeten sich auf deutscher Seite der Oberpfälzer und Bayerische Wald als eigenständige Regionen. Während sich der Oberpfälzer Wald bis hinunter nach Cham zieht und fließend im Bayerischen Wald aufgeht, reicht Letzterer als eines der größten zusammenhängenden Waldgebiete Mitteleuropas bis nach Passau hinab. Und bildet damit auch eines der schönsten und beliebtesten Motorradreviere Deutschlands. Vor allem im farbenfrohen Frühling und dem meist prallen Bikersommer, aber auch im hier horizontweit goldenen Herbst begeistert die gesamte Region Tausende von Motorradfahrern jedes Jahr. Unser Tipp für die schönste Reisezeit lautet: der Sommer mit all seiner prächtigen Natur, den schattigen Wäldern und frischen Berggipfeln. Und mit seiner Vielzahl an Historienfesten vor allem im Juli und August, die uns zusätzlich zu fahrerischen Genüssen auch noch ganz neue Sinneseindrücke bescheren.

Apropos fahrerische Genüsse: Die wollen wir heute natürlich auch nicht zu kurz kommen lassen. Ein Stück weit am Regen entlang geht es aus Cham hinaus. Der Fluss ist mit 170 Kilometern Länge übrigens der längste der Oberpfalz; gespeist wird er vom Großen Regen aus dem Böhmerwald und vom Kleinen Regen aus dem tschechischen Rachelwald, aus deren Vereinigung bei Zwiesel der Schwarze Regen wird. Der Weiße Regen entspringt am Arbersee und verschmilzt mit dem Schwarzen Regen nahe Bad Kötzting zum Fluss Regen. Und der mündet schließlich in Regensburg – unserem nächsten Tourenstandort – in die mächtige Donau und verliert dort seine Identität. Alles klar in Sachen Regen?

Für die Talsperre Eixendorf im Schwarzachtal, unserem ersten landschaftlichen Höhepunkt des noch jungen Tages, mussten einst ganze Dörfer geräumt und umgesiedelt werden. Von einem dieser in den Fluten untergegangenen Orte hat die Talsperre heute ihren Namen. Zahlreiche Wanderwege führen rund um das Naherholungsreservat, Angler und Segler schwärmen von der Schönheit der Talsperre.

Eben jene Schwarzach führt uns dann weiter nach Neunburg vorm Wald, direkt am Übergang vom Bayerischen zum Oberpfälzer Wald. Inmitten einer schönsten Wald- und Berglandschaft begrüßt uns dieses Neunburg vorm Wald mitten auf einem Felsplateau. Das historische Stadtbild prägen Türme, Tore, Treppen und Mauern. Und auch hier wird stets im Sommer – im Juli und August – die Geschichte der Stadt wieder lebendig: Das Freilichtspiel »Vom Hussenkrieg« ist eine erlebenswerte Attraktion mit einzigartig authentischer Atmosphäre, umrahmt von Reitergefechten, Musik und Gaukelei. Die sich übrigens perfekt mit dem bereits erwähnten »Drachenstich« in Furth sowie den »Trenckfestspielen« in Waldmünchen kombinieren lässt. Nur bei all diesen Festspielen gilt die Devise: Frühzeitig Karten reservieren, sonst geht gar nichts.

Immer an der Schwarzach entlang huschen wir anschließend durch idyllische Landschaften und schattige Wälder und vorbei an unzähligen Weihern und Fischteichen nach Nabburg. Einst stand hier eine frühmittelalterliche Ritterburg mit massiver Befestigung; der im Zweiten Weltkrieg massiv zerstörte Ort wurde durch Ansiedlungen von Sudetendeutschen sowie durch die Außenstellen des Bundesgrenzschutzes deutlich wiederbelebt. Heute erfreut Nabburg mit einer weitgehend rekonstruierten historischen Altstadt und mit zahlreichen Profanbauten aus längst vergangenen Tagen.

Wir verlassen das Tal der Schwarzach und wedeln über ein Potpourri aus Land- und Bundesstraßen zu unserem »Mittagstisch« nach Weiden in der Oberpfalz. Weltberühmt ist die mit historischer Bausubstanz reich gesegnete Stadt vor allem für ihre zahlreichen Bauwerke rund um den imposanten Marktplatz. Das Alte Rathaus, das Obere Tor und auch die Stadtkirche

TOUR-TIPP

Die »Glasstraße«

1997 als damals jüngste Ferienstraße Deutschlands eröffnet, führt sie als eine der schönsten Ferienstraßen Deutschlands von Neustadt an der Waldnaab bis hinunter nach Passau und durchzieht auch den Bayerischen Wald auf gut 200 km Länge. Sie erlaubt tiefe Einblicke in die wechselvolle und spannende Geschichte dieser Region, natürlich vor allem die der Glasmacherindustrie, der über 700-jährigen Tradition der Glasbläserei.

Typisch Bayerischer Wald: Viele Landstraßen und Güterwege führen entlang panoramareicher Höhenzüge.

Zerbrechliche Welt: Glaskunst entlang der Glasstraße

St. Michael erzählen von längst vergangenen Tagen. Gleich vier deutsche Ferienstraßen durchkreuzen Weiden und bieten zusätzliche, höchst interessante Ansatzpunkte für weitere Touren: die »Goldene Straße«, die »Bayerische Porzellanstraße«, die »Europäische Goethestraße« sowie die »Glasstraße«, die uns im Bayerischen Wald immer wieder begegnet.

Nachmittags geht es dann ins einsame Grenzland zu Tschechien. Via Neudorf samt Grenzlandblick, über Vohenstrauß und Waidhaus erreichen wir schließlich Oberviechtach unmittelbar an einem der reizvollsten Abschnitte der Ferienroute »Glasstraße«. Dessen Umland wird gern auch als das »Goldstück Bayerns« bezeichnet, wurde hier doch bereits im 14. Jahrhundert intensiv Gold geschürft. Berühmt wurde Oberviechtach aber durch den bekanntesten Wanderdoktor, der je über deutsche Straßen zog: Johann Andreas Eisenbarth, der hier am 27. März 1663 geboren wurde. Er war im Mittelalter einer der bedeutendsten und einflussreichsten Landärzte Deutschlands. Und einer, dessen Techniken vor allem auch bei der Behandlung des Grauen Stars noch lange nach seinem Tod 1727 als technisch vorbildlich galten. Ihm zu Ehren gibt Oberviechtach alljährlich rund um Fronleichnam das »Doktor-Eisenbarth-Festspiel«, eine aufwendige Inszenierung mit 120 Akteuren in prächtigen Kostümen. Garniert mit der großen Schau der Gaukler, Feuerspucker und Akrobaten eine rundherum tolle Darbietung.

Uns begeistert an diesem Nachmittag die erneut ausgiebige Kurvenhatz durch das Grenzland zu Tschechien. Die führt nicht nur über Landstraßen, auf denen das berühmte grüne Band oftmals breiter gezeichnet ist, als die Piste unter unseren Rädern tatsächlich verläuft. Eine heile Welt aus Feldern und Wäldern nimmt uns in sich auf und entlässt uns erst kurz vor Waldmünchen wieder in das Hier und Heute.

Auch die Grenzstadt zu Böhmen blickt auf eine über 1000-jährige Geschichte zurück. Und erinnert sich alljährlich gern daran. In einem wahrlich gigantischen Spektakel erzählen die Waldmünchner »Trenckfestspiele«, die bereits seit 1950 vor der uralten Stadtmauer aufgeführt werden, von den wohl spannendsten Tagen der Stadtgeschichte. Franz Freiherr von der Trenck hatte 1742 mit seinen Panduren, einem mordlüsternen Söldnerheer im Dienst der österreichischen Kaiserin Maria Theresia, Waldmünchen gegen die Zahlung von 50 Golddukaten vor Raub und Plünderei verschont. Mit umgerechnet gut 8000 Euro für ein prosperierendes Städtchen nun kein riesiges Lösegeld, dennoch ein gewaltiger Fehler, denn Trenck outete sich damit als bestechlicher Offizier eines kaiserlichen Heeres. Er kam in den Knast und verstarb 1749 auf der Festung Spielberg im damals österreichischen Brünn. Eine Geschichte wie geschaffen für ein Festspiel. Genießen Sie es doch als Tagesausklang!

TOUR-CHECK

Region: Böhmerwald, Oberpfälzer Wald

Empfohlener Tourenstandort: Cham

Hotelempfehlung: Hotel Randsberger Hof, Randsberger-Hof-Str. 15–17 in Cham, www.randsbergerhof.de

Länge in km: 260

Fahrzeit insgesamt: 5 Std.

Einkehrtipp am Mittag: Gasthof & Metzgerei Schübl'adl, Pfarrgasse 14 in Vohenstrauß

Kombinationsmöglichkeit: Mit Touren 81, 89, 91

Beliebte Motorradtreffs: Am Parkplatz am Eixendorfer See (Nordteil) bei Stockarn; Schankwirtschaft Kellerhäusl, Weidener Str. 19 in Floß (vor allem freitags und am Wochenende)

Wöllershof
Püchersreuth
Ellenbach
Silberhütte
Entenbühl
901
Lesná
Staré Sedliště
Neustadt a.d.Waldnaab
Störnstein
Kalmreuth
Flossenbürg
Waldkirch
Stará Knížecí Huť
Žebráky
Nové Sedliště
Mlýnec
Floß
Neudorf
Georgenberg
Altenstadt a.d.Waldnaab
Bergnetsreuth
Spielberg
Nové Domky
Hošťka
Vaclasvsky ryb.
WEIDEN i.d.Oberpfalz
Theisseil
Grafenreuth
Brünst
TSCHECHIEN
DEUTSCHLAND
Rozvadov
Neuen-hammer
Reichenau
Přimda
Letzau
Lennesrieth
Kateřina
Albersrieth
Waldthurn
D5
Mitterhöll
Miesbrunn
Frankenreuth
E 50
Málkov
Schirmitz
Zeßmannsrieth
Pleystein
Bechtsrieth
BGR Grenzübergang Waldhaus/ Rozvadov
Roggenstein
Waidhaus
Diana
Nová Ves
Kaimling
Pirk
Waldau
Vohenstrauß
Lohma
Třemešné
Irchenrieth
Braunetsrieth
Pfrentsch
Hochdorf
Michldorf
Vohenstrauß-West
Pleystein
Burkhardsrieth
Vohenstrauß-Ost
Heumaden
Thomasgschieß
Leuchtenberg
Burgruine
Moosbach
Železná
Bělá nad Radbuzou
Eslarn
Smolov
Seibertshof
Roßtränk
Lückenrieth
Böhmisch-bruck
Luhe-Wildenau
Ragenwies
Železná Huť
Deindorf
Leuchtenberg
Woppenrieth
Tröbes
Diebrunn
Preppach
Döllnitz
Etzgersrieth
Putzhof
Lindau
Großenschwand
Rückersrieth
Wernberg-Ost
Stausee Trausnitz
Pfreimd
Tännesberg
Oberlangau
Dietersdorf
Wernberg-Köblitz
Söllitz
Mitterlangau
Rybník
Weihern
Trausnitz
Wildstein
Schönsee
Kr. Oberpfälzer Wald
Lampenricht
Pullenried
Ödmiesbach
Stadlern
Altenhof
Wildeppenried
Závist
Löffelsberg
Höhentreswitz
Fuchsberg
Schwarzach
Pfreimd
Gleiritsch
Pirkhof
Weiding
Pamsendorf
Gaisthal
Starý Herštýn (Hirschstein)
Pfreimd
Trichenricht
Teunz
Charlottenthal
Unter-steinbach
Signalberg 890
Tauchersdorf
Schönau
Naab
Oberviechtach
Neusath
Weidenthal
Rottendf.
Perschen
Ndr.-murach
Nunzen-ried
Steinlohe
Oberpfälzer Freilandmuseum
Pondorf
Fraunberg
Unteralch
Pischdorf
Schneeberg
Nemanice
Nabburg
Enzelsberg
Tiefenbach
Nabburg
Guteneck
Obermurach
Treffelstein
Unter-grafenried
Lísková
St. Joh. Baptist.
Naturpark
Dürnersdorf
Höflarn
Winklarn
Haag
Unterkatzbach
Sallach
Höll
93
Spielberg
Stulln
Willhof
Pertolzhofen
Dieters-kirchen
Muschenried
Irlach
Perl See
Fronhof
Silber See
Schwarzach
Denglarn
Kulz
Altendorf
Heinrichs-kirchen
Biberbach
Bach
Prackendorf
Perlhütte
Girnitz
Hocha
Altfalter
Zangenstein
Kulzer Moos
E 50
Schwarz-hofen
Thanstein
Ast
Schwarzen-feld
Unterauerbach
Pillmersried
Hiltersried
Wald-münchen
Oberaschau
Schwarzenfeld
Oberpfälzer
Weiding
Kritzenast
Häuslern
Wald
Diepoltsried
Premeischl
Mitteraschau
Oberpfälzer Seenland
Höfen
Lengau
Lindenloh
Jedesbach
Schönthal
Unteraschau
Kröblitz
Sonnenried
Geratshofen
Döfering
Steinberger See
Charlottenhof
Sinzendorf
Fuhrn
Talsperre Eixendorf
Neunburg vorm Wald
Rötz
Rhan
Ebersdorf
Hillstett
Seebarn
Öd
Schwandorf-Nord
Hofenstetten
Thann
Geigant
Haslarn
Bernried
Taxöldern
Katzbach
Schwandorf-Mitte
Penting
22
Alletsried
Meißenberg
Grafenkirchen
Darstein
Wackersdorf
Erzhäuser
Habers-dorf
Meidenried
Bodenwöhrer Bucht
Neukirchen-Balbini
Schatzendorf
Heselberg
Balbersdorf
Hansenried
Hiltenbach
Altenschwand
Neuenschwand
Postloher
Enzenried
85
Stamsried
Kager
Pemfling
Blechhammer
Schwandorf-Süd
Fronau
Friedersried
Kölbldorf
Schöngras
Waffenbrunn
Forst
Rhanwalting
Bodenwöhr
Hitzelsberg
Au
Steinberg
Willmering
Pitzling
Strahlfeld
Windisch-bergerdf.
Tour
10 km
Bruck i.d.OPf.
Mappach
Pösing
Katzbach
Cham
Sollbach
Neubäu
Wetter-feld
Oberkreith
Michelsdf.
85
Fischbach

Morgenstund hat nicht immer Gold im Mund: geheimnisvolle Nebelwelt im Hinterland von Amberg

ZWISCHEN REGEN UND NAAB

Regen ist in dieser Region nicht das Schreckgespenst aller Biker, sondern der Name unzähliger Flüsse.

Gleich vier Flüsse prägen das imposante und sehenswerte Bild von Regensburg, unserem nächsten Tourenstandort: der Aubach sowie die Naab, der Regen und die mächtige Donau. Diese ganz besondere Lage machte die Stadt bereits in der Antike zu einem bedeutenden Handelsstandort. Flanieren Sie am Ende der kommenden beiden Tourentage doch gemütlich durch den verkehrsberuhigten historischen Kern der mittelalterlichen Stadt mit seinen prächtigen Plätzen, umrahmt von sage und schreibe fast 1000 denkmalgeschützten Gebäuden. Wen wundert es da noch, dass diese Pracht zum UNESCO-Welterbe gehört?

Doch nun erst einmal zum Hauptthema dieses Buchs, dem Motorradfahren. Gen Norden folgen wir der Naab auf kleinsten Landstraßen nach Goldberg, Pielenhofen und Kallmünz, der »Perle des Naabtals«, mit Burgruine auf hohem Fels und einem farbenprächtigen Städtchen zu deren Füßen. Über eine historische Bogenbrücke schwingen wir in den Ort und sehen uns um.

Anschließend warten weitere herrliche Kurvenparadiese auf uns. Und es erwartet uns Burglengenfeld, ein echter »Diamant des Naabtals«. Die Altstadt lockt mit sehenswerten Bürgerhäusern, einem historischen Rathaus von 1600 sowie einer Stadtmauer mit Wehrgang und Bierkelleranlage. Ein abwechslungsreiches Kurvenpotpourri führt uns weiter nach Amberg. Sie gilt als eine der besterhaltenen mittelalterlichen Städte Deutschlands, ihre Gassen atmen pralle Geschichte, und ihr historisches Zentrum begeistert jeden Besucher. Schon mittelalterliche Chronisten schwärmten: »München seyn die schönst, Leipzig die reichest, Amberg die festeste Fürstenstatt.«

Kleines Paradies für das Kind im Biker: die Burg von Burglengenfeld hoch auf ste lem Fels über der Stadt

Endzeitgedanken: Der Herbst an den Seen rund um Neunburg verbreitet eine ganz besondere Stimmung.

Bei Schwarzenfeld kreuzen wir nicht nur die A 93, sondern auch das Tal der Naab und fahren weiter Richtung Neunburg vorm Wald – und wenn Sie mögen zu unserem gedeckten Mittagstisch. Der Nachmittag gehört dann freier Kurvenhatz über Bodenwöhr und Schwandorf im Herz des Oberpfälzer Seenlands, einer künstlichen Seenlandschaft zwischen Schwandorf und Regensburg, die nach dem Ende des Braunkohle-Tagebaus 1982 entstand. Damals wurden die riesigen Gruben sukzessive mit Wasser gefüllt; viele davon sind heutzutage für den Wassersport erschlossen.

1000 Jahre hat das Städtchen Nittenau bereits auf dem Buckel; hübsche Bürgerhäuser säumen die Hauptstraße, einige Cafés laden zu einem Boxenstopp, und der Regen teilt das sehenswerte Ganze in zwei nahezu identische Hälften. Hinaus aus Nittenau geht es zum

Leider nicht zu mieten: Amberger Turmzimmer

TOUR-CHECK

Region: Pfälzer Seenland

Empfohlener Tourenstandort: Regensburg

Hotelempfehlung: Gästehaus Bavaria, Belgrader Str. 2 in Regensburg, www.gaestehaus-bavaria.de

Länge in km: 270

Fahrzeit insgesamt: 5 Std.

Einkehrtipp am Mittag: Irlbacher Gasthaus, Egelsrieder Str. 3 in Neunburg vorm Wald

Kombinationsmöglichkeit: Mit Touren 81, 89, 90, 92, 95

Beliebte Motorradtreffs: Musik-Café Zeitlos, Mendorferbucher Str. 2 in Hohenburg nahe Schmidmühlen

letzten Höhepunkt des Tages – dem Markt Regenstauf vor den nördlichen Toren von Regensburg. Goethe soll 1786 seine »Italienische Reise« hier begonnen haben, und Thomas Mann ließ sich 1908 durch ein reales Eisenbahnunglück in Regenstauf zu seiner Novelle »Das Eisenbahnunglück« inspirieren. Groß und mächtig zerteilt auch hier der Fluss Regen den sehenswerten Marktflecken und zaubert postkartengleiche Ansichten. Ganz besonders schön genießen kann man diese übrigens vom Biergarten des Restaurants »Eichmühle« aus, dort, wo die historische Altstadt zum Fluss hin abfällt. Nur mal so als Tipp. Zeit für den Heimweg ist noch genug.

Hundert Prozent Wiedererkennungswert: Die Landschaften des Altmühltals sind einzigartig – nicht nur in Deutschland.

ZUM MITTELPUNKT BAYERNS

Der Nabel Deutschlands ist in Bayern schwerlich zu finden, der geografische Mittelpunkt eines der schönsten Bundesländer hingegen zweifelsfrei.

In Kapitel 88 hatten wir es ja schon versprochen – heute gönnen wir uns den landschaftlich wohl schönsten Abschnitt des Altmühltals. Donauaufwärts verlassen wir Regensburg, und über Nittendorf, Schönhofen und Ihrlerstein erreichen wir Hemau und gleich darauf Riedenburg am gewaltigen Main-Donau-Kanal. 200 Meter über dem tief eingeschnittenen Tal kann man hier die Burgherren von Prunn gar ein wenig beneiden: Die Ritterburg mit der wohl schönsten Aussicht bietet herrliche Rundumblicke auf das glitzernde Flusstal tief unter uns.

Wir folgen dem Kanal nach Kehlheim, wo er seinerseits in der Donau aufgeht. Das Städtchen Abensberg gibt uns einen Vorgeschmack auf einen ganz anderen Tourengenuss: die Hallertau. Tour 95 wird uns in das größte Hopfenanbaugebiet der Welt führen, jetzt aber geht's erst einmal immer auf Tuchfühlung zur Donau westwärts nach Vohburg und Ingolstadt, Deutschlands jüngster Großstadt und Heimat berühmter Autobauer. Am Nordrand des weiten Donautals huschen wir anschließend nach Westen, über Gaimersheim und Wellheim nach Sollnhofen und zum Südrand des Altmühltals. Berühmt wurde der Ort durch seine Kalksteinbrüche, in denen auch heute noch Versteinerungen aus einer Zeit 150 Millionen Jahre vor der Unsrigen gefunden werden.

Dort, wo das Altmühltal immer enger wird, grüßt uns Treuchtlingen in malerischer Umgebung mit seiner seit der Römerzeit genutzten Thermalquelle. Bevor wir nun entlang der Altmühl Richtung Osten schwingen, lockt noch ein kleiner Abstecher zum Örtchen Graben. Hier sind Relikte des berühmten Karls- und Ludwigsgrabens zu besichtigen. Sowohl Karl der Große als auch Ludwig I. versuchten sich an dem technisch anspruchsvollen Projekt, Donau und Main miteinander zu verbinden. Beider Ideen scheiterten vor allem aus wirtschaftlichen Gründen.

Über Pappenheim und Dollnstein folgt unser Sträßchen nun in unzähligen Kurven der fröhlich mäandrierenden Altmühl bis nach Kipfenberg und zum dort stolz präsentierten geografischen Mittelpunkt Bayerns. Durch postkartengleiche Tallandschaften, die einst das

Nahe Kipfenberg zu finden: der Mittelpunkt Bayerns

TOUR-CHECK

Region: Altmühltal

Empfohlener Tourenstandort: Regensburg

Hotelempfehlung: Hotel Dock1, Alte Straubinger Str. 7 in Regensburg, www.hotel-dock1.de

Länge in km: 350

Fahrzeit insgesamt: 6–7 Std.

Einkehrtipp am Mittag: Braugasthof Trompete, Ostenstr. 3 in Eichstätt

Kombinationsmöglichkeit: Mit Touren 88, 90, 91, 93, 94, 95

Beliebte Motorradtreffs: Am Parkplatz von Schloss Prunn, hoch über dem Altmühltal bei Riedenburg (vor allem an den Wochenenden); am Parkplatz im Zentrum von Eichstätt und am Altmühlufer

Flussbett der Ur-Donau bildeten, erreichen wir »Klein-Salzburg«, wie Eichstätt gern betitelt wird. Dessen Anblick wird auch Sie aus dem Sattel zu einem Rundgang locken. Spätbarocker Prunk und sorgfältig restaurierte Fachwerkhäuser flankieren enge Kopfsteinpflastersträßchen bis zum Dom. 1000 Jahre Bauzeit soll dieser Prachtbau gekostet haben – also ähnlich lang wie manch deutscher Flughafen …

Ganz allmählich verwandelt sich die Landschaft jetzt, steiler und spektakulärer wachsen die Felsennadeln des Jura in den Himmel. Beilngries begrüßt uns bald darauf mit Anblicken wie aus dem Mittelalter. Wahrlich sehenswert, wie auch das Ende der romantischen Altmühl bei Dietfurt. Hier geht sie im Main-Donau-Kanal auf – Grund genug für uns, dem Fluss Adieu zu sagen. Über Beratzhausen und Laaber erreichen wir wieder das »Basislager« Regensburg mit unserem abschließenden abendlichen Einkehrtipp, dem »Weltenburger am Dom«, einer beliebten, weil überaus urigen Kneipe. Vielleicht sollten Sie vorab schon mal reservieren.

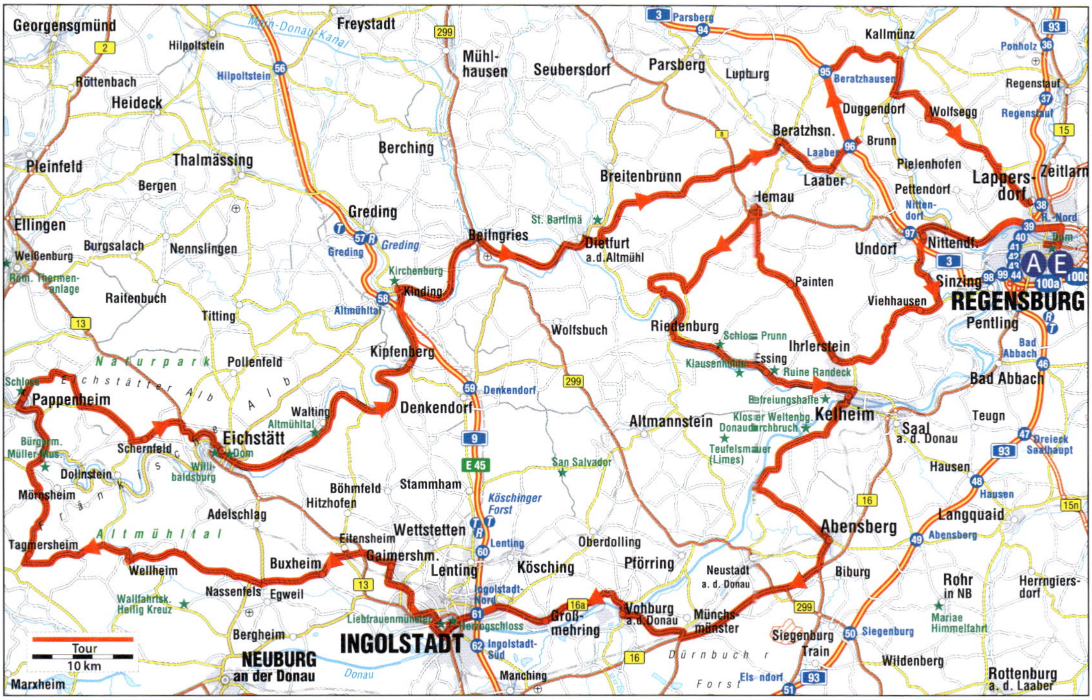

Von »Planetenschrott« geformt: Das Nördlinger Ries ist eine ganz eigenartige, hochinteressante Landschaft.

WO EINST EIN METEORIT EINSCHLUG

Das Nördlinger Ries wurde nachweislich von einem Meteoriten geformt. Herzlichen Dank dem »Besucher aus dem All«, darf man da ausrufen.

Am Schnittpunkt von Altmühltal und Fränkischer Alb, von Schwäbischer Alb und dem Naturpark Augsburg liegt unser neuer Tourenstandort Donauwörth. Die Stadt begeistert nicht nur durch ihr herrlich lebendiges Zentrum, sondern auch durch die Nähe zu prächtigen Tourengebieten, wie z. B. dem heutigen.

Über Marx- und Monheim brechen wir auf in den Tourentag. Feldherr Wallenstein soll einstmals beim Anblick eines vorbildlich strammen Pappenheimer Kürassier-Regiments anerkennend ausgerufen haben: »Daran erkenn' ich meine Pappenheimer.« Warum der Satz im Lauf der Jahrhunderte einen abwertenden Tenor bekam, das können auch die heutigen Pappenheimer nicht erklären, leben aber augenscheinlich in Frieden mit ihrem geflügelten Namen.

Von Treuchtlingen geht es nach Weißenburg; wir queren die hier noch recht unscheinbare Altmühl und schwingen über die Dörfer nach Wassertrüdingen. Der gemütliche Ort entstand übrigens im Mittelalter als gut befestigte Wasserburg und besitzt heute noch zahlreiche historische Bauten aus längst vergangenen Tagen. So wie Dinkelsbühl einige Kilometer westlich. Parken Sie das Motorrad im historischen Zentrum nahe dem Münster, und streifen Sie unbedingt eine Runde umher – hier hat wohl jeder Mauerstein eine interessante Geschichte zu erzählen. Und falls Sie bereits der Hunger quält: Im Infokasten steht unser Einkehrtipp.

Anschließend verlassen wir das Tal der Wörnitz gen Süden zu einer weiteren Kurvenhatz über die Dörfer. Über Wört und Niederroden, über Tannhausen und

Fremdingen erreichen wir Oettingen am Nordrand des Nördlinger Ries'. Auch hier gäbe es eine lange Liste an Baudenkmälern »abzuarbeiten« – schauen Sie sich bitte um. Vor gut 15 Millionen Jahren schlug hier im Süden der Stadt übrigens jener gewaltige Meteorit mit 1,5 Kilometern Durchmesser und einer Geschwindigkeit von 72 000 Stundenkilometern ein und schuf mit der Energie von ca. 200 000 Hiroshima-Bomben einen Krater von 24 Kilometer Durchmesser, dessen wahre Ausmaße nur auf Satellitenbildern zu erkennen sind. Beeindruckend, und wir behalten diese nackten Zahlen auf unserem weiteren Weg im Hinterkopf.

Über Pfäfflingen und Bopfingen erreichen wir den Südrand des Kraters und via Amerdingen sodann Nördlingen mitten in jenem Meteoritenkrater, dessen Ränder als Hügelkette ringsum noch zu erahnen sind. Nördlingen selbst begeistert durch seine spannende Geschichte samt unrühmlicher Hexenverfolgung und Dreißigjährigem Krieg. Und die komplett erhaltene Stadtmauer mit Wehrgang aus dem Jahr 1327 ist in weiten Teilen heute noch begehbar. Sehr sehenswert und eine der besterhaltenen Deutschlands.

Zurück an der Wörnitz geht es immer am Fluss entlang zurück nach Donauwörth zu unserem Abendprogramm. Unser Tipp dazu: das »Mythos«, der vielleicht beste Grieche der Stadt, in der Reichsstraße 20.

TOUR-CHECK

Region: Altmühltal und Nördlinger Ries

Empfohlener Tourenstandort: Donauwörth

Hotelempfehlung: Hotel Donau, Augsburger Str. 6 in Donauwörth www.hoteldonau.de

Länge in km: 300

Fahrzeit insgesamt: 6 Std.

Einkehrtipp am Mittag: Weib's Brauhaus, Untere Schmiedgasse 13 in Dinkelsbühl

Kombinationsmöglichkeit: Mit Touren 10, 11, 86, 87, 88, 92, 94

Beliebte Motorradtreffs: Keine genannt und keine entdeckt

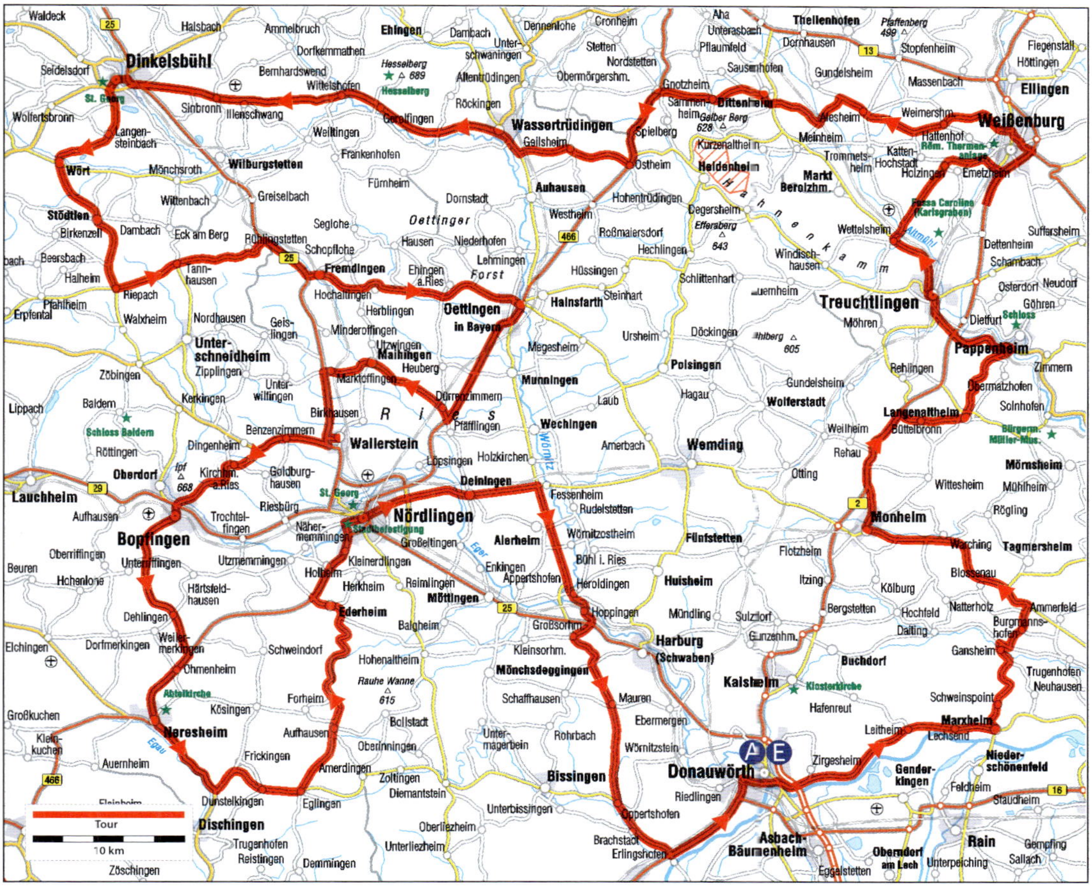

Wortwitz mit Holzrahmen: Die »Bank für'n Arsch« gibt's original wohl nur im Lechfeld.

RUND UM DONAU UND LECH

Augsburg und der Naturpark Westliche Wälder sind auch für Biker ein prächtiges Ziel. Gratis dazu gibt's die Geschichten alter Dynastien.

Saisonfinale: Das Ende ist schon nah.

Gegen Mittag werden wir die prächtige Fuggerstadt Augsburg erreichen. Um genügend Zeit für eine Besichtigung zu haben, sollten Sie diese Rundreise früh am Morgen starten. Dazu kreuzen wir einmal mehr den Lech, eines der berühmtesten Gewässer Bayerns. Unzählige Staustufen und Begradigungen haben ihn im Lauf der Jahrhunderte gezähmt, ihm aber bis heute nichts von seiner majestätischen Ausstrahlung rauben können. Nur der Flussgott selbst soll sich mitsamt seinen Nymphen und Nixen auf und davongemacht haben, behaupten die Einheimischen. Irgendwie verständlich.

Bei Marxheim mündet der Lech dann in die Donau, an deren Nordufer wir uns gen Osten und Richtung Neuburg an der Donau wenden. Hier zügig den Blinker rechts gesetzt, und schon geht es hinaus in die Landschaft über Pöttmes nach Schrobenhausen inmitten horizontweiter Spargelfelder. Den echten Schrobenhauser Spargel gibt es ab Anfang Mai bis Ende Juni. Gesund und lecker, wenngleich nicht ganz billig. Aber man gönnt sich ja sonst kaum etwas, oder?

Gönnen sollten Sie sich unbedingt auch die hier Richtung Osten angrenzende Hallertau, unseren Tourenvorschlag dazu finden Sie im folgenden Kapitel. Jetzt widmen wir uns erst einmal der Fuggerstadt Augsburg, zweifelsohne eine der schönsten und geschichtsreichsten Städte Deutschlands. Der römische Kaiser Augustus legte 15 v. Chr. mit dem gigantischen Militärlager Augusta Vindelicum den Grundstein für die über 2000-jährige Stadtgeschichte. Kaiser Barbarossa verlieh dem Ort die Stadtrechte, doch erst das Handelsgeschlecht der Fugger prägte die Stadt nachhaltig. Jakob Fugger der Reiche ließ zwischen 1514 und 1523 die auch heute noch bestehende Fuggerei erbauen, die wohl älteste Sozialsiedlung der Welt. In ihr fanden und finden bedürftige katholische Augsburger moderne Zweizimmerwohnungen. Als »Mietzins« müssen seit 1521 alle Bewohner jährlich einen Rheinischen Gulden (ca. 90 Cent) und täglich drei Gebete aufbringen. In Anbetracht der Wohnlage zweifelsohne extrem sozial. Und nicht minder sehenswert – nehmen Sie sich unbedingt Zeit für den Rundgang samt Einkehrschwung.

Der Nachmittag gehört dem Naturpark Augsburg-Westliche Wälder mit seinem bunten Mosaik an Hügeln und Tälern sowie herrlich schattigen Mischwäldern. Gerade im Hochsommer, wenn die Sonne uns in Leder- und Textilkombi grillen möchte, ist diese Region mit ihren kurvenreichen Landstraßen ein besonderer Genuss. Über Adelsried, Welden und Altenmünster geht es mitten durch ein erlebenswertes Naturreservat. Via Burgau und Lauingen erreichen wir seine nördliche Grenze, die Donau, deren weite Tallandschaften wir uns in ausschweifenden Bögen über Wertingen und Höchstädt nochmals intensiv zu Gemüte führen, bevor auch diese Reise spätabends in Donauwörth endet.

TOUR-CHECK

Region: Augsburg

Empfohlener Tourenstandort: Donauwörth

Hotelempfehlung: Hotel Schmidbaur, Zollernweg 2 in Donauwörth, www.hotel-schmidbaur.de

Länge in km: 280

Fahrzeit insgesamt: 5–6 Std.

Einkehrtipp am Mittag: Restaurant Berghof, Bergstr. 12 in Augsburg

Kombinationsmöglichkeit: Mit Touren 8, 10, 11, 88, 92, 93, 95, 96

Beliebte Motorradtreffs: In Lauingen am Parkplatz an der Seepromenade (vor allem an den Wochenenden)

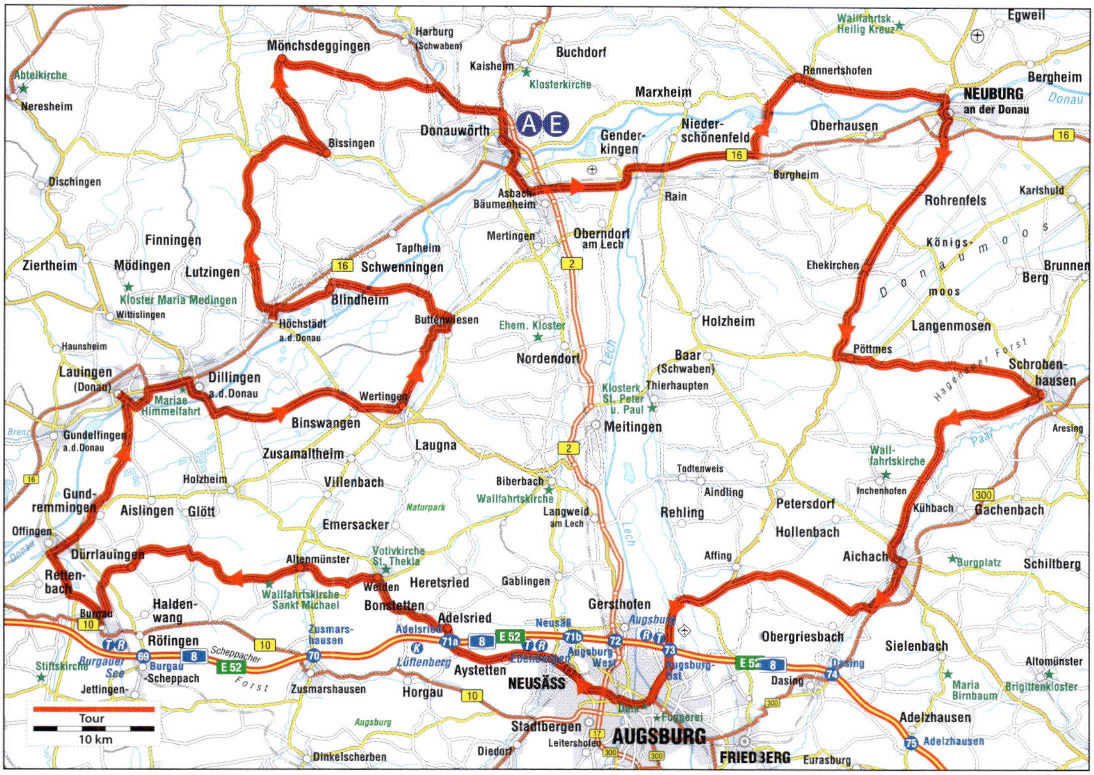

Herrlich anzuschauen: Schloss Dachau hoch über der Stadt, mit fürstlichem Café und Bikertreff auf dem Parkplatz

AUCH FÜR BIKER EIN GENUSS

Zur Hopfenernte auf zwei Rädern durch die Hallertau zu reisen, ist nicht nur für Biertrinker ein Genuss. Tagsüber natürlich alkoholfrei!

Tief in die Geschichte des deutschen Gerstensafts wird uns diese Rundfahrt entführen. Sie beginnt sogleich mit einem wichtigen Tipp: Planen Sie die Runde ab Mitte August ein, denn dann beginnt in der Hallertau die Hopfenernte. Ein Erlebnis für wirklich alle Sinne!

Doch zuerst noch ein paar Worte zu unserem neuen Tourenstandort Dachau. Die Grafen von Dachau bauten um das Jahr 1100 auf dem damaligen Giglberg jenes nun seit 1573 vierflügelige Renaissanceschloss, das neben einer bewegenden Geschichte und einer herrlichen Gartenanlage heutzutage vor allem noch eines zu bieten hat: einen grandiosen Blick weit ins Land hinein. Das heutige Schloss Dachau beherbergt ein gemütliches Café mit Restaurant, die großartige Aussicht auf die Stadt und das Land bis weit nach München gibt es gratis bei jedem Besuch.

Quer durch das einsame Dachauer Hinterland huschen wir aus der Stadt hinaus Richtung Norden, und über Röhrmoos und Hohenkammer mit seiner imposanten Schlossanlage geht durch eine Landschaft frei von Überholspuren und roten Ampeln. Bei Allershausen queren wir die A 9 und fahren entlang der Amper zum Westrand der Hallertau. Möge das Vergnügen beginnen – übrigens explizit auch außerhalb der Erntezeit, wenngleich dann die mächtigen Hopfengerüste nicht so prall gefüllt sind mit der wichtigsten Zutat des Bieres.

Wolnzach ist unser erstes Etappenziel in der Hallertau. 1886 wurde hier die »Hopfenpräparieranstalt« gegründet; das heutige Hallertauer Hopfenzentrum ist eines der renommiertesten Institute zur Erforschung und Veredelung jener Pflanze. Das »Deutsche Hopfenmuseum« in Wolnzach erzählt die ganze Geschichte der Schlingpflanze. Und im nahen Geisenfeld soll im Jahr 736 der erste Hopfen angepflanzt worden sein.

Über das historische Mainburg geht es noch ein Stück weiter gen Norden. Das Land wird flach wie eine überfahrene Nordseescholle, das gewaltige Donautal breitet sich vor uns aus und »riegelt« die Hallertau nach Norden hin ab. Doch bereits das Städtchen Abensberg, das nördliche Tor zur Hallertau, bringt uns zum Thema zurück: mit sehenswertem Zentrum und dem wohl eigenartigsten Bauwerk Bayerns, dem Hundertwasserturm der Kuchlbauer Brauerei. Eine sehenswerte Hommage des verstorbenen Künstlers an das bayerische Bier. Na denn Prost!

Durch Rohr und Wildenberg hindurch erreichen wir dann mit Pfeffenhausen wieder das Kernland der Hallertau mit der »Deutschen Hopfenstraße«, einer Ferienstraße von Abensberg nach Freising. Sind Sie im August hier unterwegs, werden Sie es bereits vernommen oder besser gesagt: gespürt haben, dieses permanente, tieffrequente Dröhnen, das über dem Land liegt. Allerorten im Dunkel gewaltiger Scheunen werkeln derzeit die Hopfenzupfmaschinen, haushohe Hightech-Apparate, die mit bürstenden Bewegungen die zarten Pflanzendolden von den meterlangen Stauden trennen. Passend dazu nistet ein intensiver, würziger Geruch in unseren Nasenflügeln, der nicht nur im Bier wiederzufinden ist, sondern auch in Hopfenkränzen, -kissen und allerlei anderen Hopfenprodukten, passend für Topcase oder Tankrucksack.

Das hübsche Städtchen Au in der Hallertau ist nicht nur unser mittäglicher Boxenstopp, sondern auch ein ganz besonderer »Schatz« dieser Region. Der Ort mit seinen imposanten und aufwendig restaurierten Bürgerhäusern empfängt uns im sogenannten »Herz des Hopfengaus«. Konsequente Artenpflege und Forschung haben dem Auer Hopfen im Lauf der Jahrhunderte zu Weltruf verholfen. Deshalb besitzt

TOUR-TIPP

Hallertau und der Hopfen

»Fluchkraut« wird sie gern genannt, diese rechtswindende Schlingpflanze namens *Humulus lupulus*. Denn sie ist trotz modernster Anbaumethoden eine der empfindlichsten Nutzpflanzen der Welt. Genau im richtigen Reifegrad geerntet, ist der Hopfen aber ein wahres Multitalent: Seine Gerbstoffe klären das Bier, konservieren es und stabilisieren den Schaum, seine Bitterstoffe prägen letztendlich den typischen Geschmack jeder Biersorte. Nur 120 Gramm Hopfen würzen 100 Liter Bier – ja, ohne Hopfen wäre Bier nahezu ungenießbar. Und Wissenschaftler haben im Hopfen sogar Inhaltsstoffe entdeckt, denen eine krebshemmende Wirkung attestiert wird. Leider sind diese im Bier derart verdünnt vorhanden, dass es des Deutschen Lieblingsgetränk wohl niemals auf Krankenschein geben wird. Die Hallertau selbst ist das größte zusammenhängende Hopfenanbaugebiet der Welt und ein uraltes Kulturland zwischen Donau und Isar, zwischen Ingolstadt, Freising und Landshut. Gut ein Drittel des weltweiten Hopfenbedarfs wird hier angebaut.

Genuss mit weit offenem Visier: Zur Hopfenernte durch die Hallertau ist auch ein olfaktorisches Erlebnis

Henkelmann: passt in jeden Tankrucksack

Au zusammen mit nur wenigen anderen Gemeinden der Hallertau das sogenannte »Siegelrecht«, also das Recht, die Hopfenballen zu versiegeln und damit deren Qualität und Herkunft offiziell zu beurkunden. Ein nicht zu unterschätzendes Privileg in Anbetracht der Tatsache, dass unversiegelter Hopfen nahezu unverkäuflich ist.

Über Nandlstadt mit seinem hübschen, hoch aufragenden Rathaus schwingen wir genüsslich in den Süden nach Moosburg an der Isar. Dominiert und optisch geprägt vom imposanten Kastulusmünster, einer weithin bekannten Wallfahrtskirche, deren Wurzeln bis ins 8. Jahrhundert zurückreichen, präsentiert sich das sehenswerte Zentrum von Moosburg mit zahlreichen historischen Zeitzeugen. Dazu liegt es malerisch eingebettet wie eine Art Insel zwischen Isar und Amper.

Ideal auch für einen koffeinhaltigen Boxenstopp, bevor wir entlang der Amper Richtung Freising fahren, dem Endpunkt jener erwähnten »Deutschen Hopfenstraße«. Weithin bekannt ist Freising natürlich auch für den nahen Münchener Flughafen – für Technikfans zweifelsohne ein ganz besonderer »Leckerbissen«, der besichtigt werden kann, z. B. im Rahmen von Führungen, Rundfahrten und Multimediashows. Über 40 Stationen eines Flughafenbetriebs werden dabei erläutert und besichtigt, und zum Abschluss geht es noch auf den Aussichtshügel am Rand des Geländes. Sehr sehenswert!

So wie unser letztes Etappenziel für heute: Oberschleißheim, das reich gesegnet ist mit nicht weniger als drei Schlössern und einer der bedeutendsten Barockanlagen Deutschlands. Allesamt vereint in der ausgeschilderten Schlossanlage Schleißheim und erbaut im 17. und 18. Jahrhundert. Ideal, um sich nach einem langen Tag im Sattel nochmals ausgiebig die Beine zu vertreten, denn die Parkanlagen begeistern jeden Besucher.

Zurück nach Dachau geht es auf perfekt ausgeschilderten Pisten, die uns rechtzeitig zum abendlichen Vergnügen in der quirligen Stadt absetzen. Unser Einkehrtipp für Dachau heißt »Alte Liebe an der Amper« und liegt dort tatsächlich in einer Sackgasse am Fluss (im Lus 4).

Mit langer Tradition: Hallertauer Hopfenernte

TOUR-CHECK

Region: Hallertau

Empfohlener Tourenstandort: Dachau

Hotelempfehlung: Hotel-Gasthof Drei Löwen, Robert-von-Haug-Str. 5 in Dachau, www.dreiloewen.de

Länge in km: 260

Fahrzeit insgesamt: 5 Std.

Einkehrtipp am Mittag: Restaurant Onassis, Untere Hauptstr. 1 in Au in der Hallertau

Kombinationsmöglichkeit: Mit Touren 7, 8, 91, 92, 94, 96

Beliebte Motorradtreffs: Am Parkplatz am Dachauer Schloss (vor allem an den Wochenenden); im Biergarten des Landgasthofs Weiß in Allershausen; am Parkplatz im Zentrum von Nandlstadt

Echenzell
Wettstetten
Köschinger Forst
Kasing
Unterdolling
Irnsing
Sittling
Sandharlanden
Arnhofen
Großmuß
Abensberg
Gaimersheim.
Hepberg
Lenting
Kösching
Oberdolling
Hiendorf
Forchheim
Bad Gögging
Abensberg
Naffenhofen
Theißing
Etling
Pförring
Donau
Neustadt a. d. Donau
Offenstetten
Bachl
Helchenbach
Etting
Lenting
Desching
Demling
Pleiling
Oberhartheim
Ober-ulrain
Biburg
Sallingberg
Adlhausen
Rohr in NB
FRIEDRICHSHOFEN
Ingolstadt-Nord
Katharinenberg
Pettling
Menning
Wackerstein
Dünzing
Altdürnbuch
Kirchdorf
Liebfrauenmünster
MAILING
Vohburg a.d.Donau
Münchsmünster
Mühlhausen
Allmersdorf
Mariae Himmelfahrt
Alzhausen
Herzogsschloss
Groß-mehring
HARTACKER
Schwaig
Geibenstetten
Siegenburg
Siegenburg
Ober-eulenbach
Nieder-eulenbach
INGOLSTADT
Ingolstadt-Süd
Knodorf
Rockolding
HAUNWÖHR
RINGSEE
Paar
Dürnbucher
St. Johann
Train
Niederumelsdorf
Wildenberg
Pattendorf
Ernsgaden
Ilmendorf
Forst
Eisendorf
Eisendorf
Mitterstetten
Unterlauterbach
Manching
Schill-witzried
Margarethenthann
Nieder-
ZUCHERING
Kelt. Oppidum
Nötting
Ober-lauterbach
Hagau
Manching
Ladmannsdorf
Oberhatzhofen
Forst-wiesen
Engelbrechtsmünster
Ratzenhofen
Bofzheim
Aiglsbach
Aiglsbach
Meilenhofen
Walkertshofen
Grillheim
Geisenfeld
Lindkirchen
Nieder-hornbach
Pfeffenhausen
Karlsruh
Probfeld
Ebenhausen
ZELL
Karlskron
Baar-
Pöbenhausen
Brants-hausen
Pobenhausen
Parleiten
Ainau
E 45
Pötzmes
Attenhofen
Holz-hausen
Adelshausen
Reichertshofen
Eichelberg
Ilm
Rottenegg
Koppenwall
Nieder-lauterbach
Unter-empfenbach
Langenbruck
Königsfeld
Reinertshausen
Hohenried
Langen-bruck
Mainburg
Mainburg
Oberneuhausen
Unterneuhausen
Fahlenbach
Oberlauterbach
Ober-empfenbach
Leibersdorf
Freinhausen
Puch
Rohrbach
Groß-Gundertshsn.
Neuhausen
Obersüßbach
Niedersüßbach
Deimhausen
Pörnbach
Steinbach
Gambach
Puttenhausen
Klosterberg
Volkenschwand
Weichenried
Rohr
Wolnzach
Rudelzhausen
Grafendorf
Martinszell
Obermünchen
Waal
Wolnzach
Larsbach
Eulenried
Osterwaal
Paar
Hohenwart
Eschelbach
Dr. Hallertau
Tegernbach
Pörndorf
Seibersdorf
Gundamsried
Walkersbach
Gerolds-hausen
Rudertshausen
Haslach
Ehrenberg
Hausmehring
Priel
In der Hallertau
Au i.d.Hallertau
Gammelsdorf
Tegernbach
Haimperts-hofen
Osseltshausen
Utten-hofen
St. Alban
Hallertau
Göbelsbach
Geisenhausen
Hörgertshsn.
PFAFFENHOFEN an der Ilm
Hirnkirchen
Nandlstadt
Reichertshausen
Reichersdorf
Abens
Strobenried
Menzenbach
Förnbach
Altfalterbach
Bruckberg
Dürnz-hausen
Sillertshausen
Sünzhausen
Aiglsdorf
Mauern
Vieth
Ober-Unter-haindlfing
Gütlsdorf
Attenkirchen
Euernbach
Hettens-hausen
Wang
Pfaffenhofen
Gerols-Bach
Oberappersdorf
Sixthaselbach
Niederthann
Schweitenkirchen
Holzhausen
Gerlhausen
Moosburg-Nord
Scheyern
Fernhag
Entrischen-brunn
Bergen
Moosburg an der Isar
Münster
Gerolsbach
Ilmmünster
Thann
Wolfersdorf
Haag a.d.Amper
E 45
Triefing
Kirchdorf a.d.Amper
Lichtenhausen
Reichertshausen
Paunzhausen
Nörting
Palzing
Zolling
Inkofen
Langwaid
Haunstetten
Walterskirchen
Hellenbrunn
Moosburg-Süd
Kemmode
Amper
Alterbach
Niederhummel
Wippenhausen
Haindlfing
Amper
Langen-preising
Lausham
Steinkirchen
Schlipps
Allershausen
Langenbach
Hilgerts-hausen-
Hohen-kammer
Tünten-hausen
Ober-
Isar
E 53
Jetzendorf
Allershausen
Gaden
Wartenberg
Ilm
Eberspoint
Dom
Zustorf
Petershausen
FREISING
Kranzberg
Marzling
Isar
Glonnbercha
Ainhofen
Sollern
LERCHENFELD
Erding
Mittlerer Isarkanal
Aufhausen
Kollbach
WEIHENSTEPHAN
Bergiern
Langen-pettenbach
Asbach
Hohen-bercha
Gremertshausen
Sünzhausen
Freising-Ost
Weichs
Ebersbach
Lauterbach
ATTACHING
Fraunberg
Freisinger
Kammerberg
Giggen-hausen
Eitting
Reichenkirchen
Freising-Mitte
Westerholzhausen
Vierkirchen
Giebing
Fahrenz-hausen
Pulling
Flughafen München
Tittenkofen
Rettenbach
Moos
Markt Indersdorf
Viehbach
Fürholzen
Massenhausen
Schwaig
Moos
Eichenkofen
Reisen
Freising-Süd
Flughafen-München
Glonn
Biberbach
Großnöbach
Oberding
Unterstrogn
Kr. Neufahrn
Arnbach
Röhrmoos
Mintraching
Günzenhausen
Hallbergmoos
ERDING
Echting-Ost
Sigmertshsn.
Haimhausen
Neufahrn bei Freising
Bockhorn
Niederroth
Schwabhausen
Dachauer
Goldach
Notzing
ALTEN-ERDING
E 53
Erdinger
Rumeltshausen
Ampermoching
Unterschleißheim
Eching
Stetten
Hebertshausen
Moos-inning
Papferding
UNTERSCHLEISSHM.
Eching
Isar
Amper
Puchschlagen
KZ-Gedenkstätte
Dietersheim
Eichenried
E 45
Berg-kirchen
DACHAU
Moos
Ober-schleiß-hm.
Garching-Nord
Garching bei München
Niederneuching
Günding
Oberschleißhm.
Eicherloh
Hörlkofen
Tour
10 km

Moderate »Bewaffnung«: Motorradtouren im Rosenheimer Land lassen sich natürlich auch unbewaffnet genießen.

IM REICH DER »ROSENHEIM-COPS«

Gepflegte Geschichte: Wegweiser nahe Maxlrain

Zwischen München und Rosenheim liegen die »Tatorte« berühmter Mordgeschichten. Begeben wir uns auf Spurensuche.

Wie auf Tour 63 mit Berlin, so gehört auch München zu den Städten Deutschlands, denen man einerseits einen kompletten Tagesausflug schenken, die man andererseits aber im Rahmen einer Tagestour weiträumig umfahren sollte.

Über Gröbenzell und Germering schlagen wir also jenen Bogen um München und beginnen in Grünwald am Isarhochufer mit der Reise in das Land der »Rosenheim-Cops«, auch bekannt als Rosenheimer Land. Dort, wo wöchentlich grausige Mordtaten geschehen, wie uns die beliebteste deutsche Krimiserie jeden Dienstagabend berichten möchte.

Via Oberhaching, Feldkirchen-Westerham, Glonn und Bruckmühl geht es zunächst nach Miesbach inmitten einer der schönsten Landschaften Deutschlands. Reich bestückt mit Cafés und Kneipen und mit vielen verwinkelten Gassen lockt die Miesbacher Altstadt zudem mit zahlreichen Märkten. Und nicht zu vergessen:

Die Berge liegen schon wieder ganz nah: Von Rosenheim aus sind sie bereits sichtbar – die herrlichen Chiemgauer Alpen.

Pflicht und Kür zugleich: Der Boxenstopp am Café »Kotz« oben auf dem Sudelfeld ist seit vielen Jahren schon Kult.

mit der Nähe zum herrlichen Schliersee. Vor über 100 Jahren entdeckten die ersten Gäste den Schliersee als Urlaubsparadies, und bis heute ist er im Gegensatz zu seinem großen »Bruder« Tegernsee noch deutlich unberührter, ja natürlicher.

Umsäumt von Almen und mächtigen Berggipfeln begrüßt uns dann Bayrischzell mit einem malerischen Ortskern und dem Wanderparadies Wendelstein direkt vor der Haustür. Und natürlich dem Sudelfeld und dem Tatzelwurm: Die berühmte Hausstrecke bayerischer Biker ist vor allem an Wochenenden fest in unserer Hand. Inklusive Abstecher auf das Obere Sudelfeld mit Waller- und Speckalm. In der Mitte einer herrlichen »Applauskurve« begrüßt uns dann das Café »Kotz«, Bayerns berühmtester Bikertreff. Hier ohne Stopp vorbeizufahren, ist strafbar!

Über Brannenburg und Bad Feilnbach erreichen wir Rosenheim, malerisch an der Mündung der Mangfall in den Inn gelegen. Rund um die sehenswerte Fußgängerzone drapieren sich nicht nur unzählige

Legendäre Aufklärungsquote: die Rosenheim-Cops

TOUR-CHECK

Region: Rosenheimer Land

Empfohlener Tourenstandort: Dachau

Hotelempfehlung: Hotel Tulip Inn Alp Style, Newtonstr. 8 in Dachau, www.tulipinnalpstyledachaumunich.com

Länge in km: 340

Fahrzeit insgesamt: 6–7 Std.

Einkehrtipp am Mittag: Gasthaus Rote Wand, Geitau 15 in Bayrischzell

Kombinationsmöglichkeit: Mit Touren 6, 7, 8, 94, 95, 98, 99, 100

Beliebte Motorradtreffs: Am Schloss Dachau (s. Tour 95); Biker-Alm, Stadlberg 1 in Feldkirchen-Westerham (Di ab 19.30 Uhr); am Parkplatz am Schliersee am Südrand des Ortes (vor allem an den Wochenenden); am Parkplatz am Spitzingsee; Café Kotz in der Applauskurve am Sudelfeld; am Oberen Sudelfeld mit Waller- und Speckalm

Einkehrmöglichkeiten, sondern auch die Original-Drehorte jener berühmten »Rosenheim-Cops«, denen man auf einer speziellen Stadtführung folgen kann. Ein echtes Erlebnis!

Wie auch das nahe Maxlrainer Schloss aus dem 16. Jahrhundert samt Schlossbrauerei – übrigens 2012 Deutschlands »Brauerei des Jahres« – und Brauereigasthof. Am Westrand des gewaltigen Rotter Forstes entlang geht es dann nach Tuntenhausen. Nein, der Name des Ortes geht weder auf eine ungewöhnliche Ansammlung homosexueller Mitbürger zurück, noch ist er abfällig gemeint, sondern hat seine Wurzeln bei einer Bauernfamilie namens Tunti, die hier gesiedelt haben soll. Dennoch zählt das Ortsschild Tuntenhausens sicherlich zu dessen meist fotografierten Highlights.

In einem weiten Bogen über Rott am Inn, Ebersberg, Zorneding und Garching schwingen wir am späten Nachmittag heimwärts in unser »Basislager« Dachau. Und erinnern uns natürlich an den Einkehrtipp aus dem vorhergehenden Kapitel.

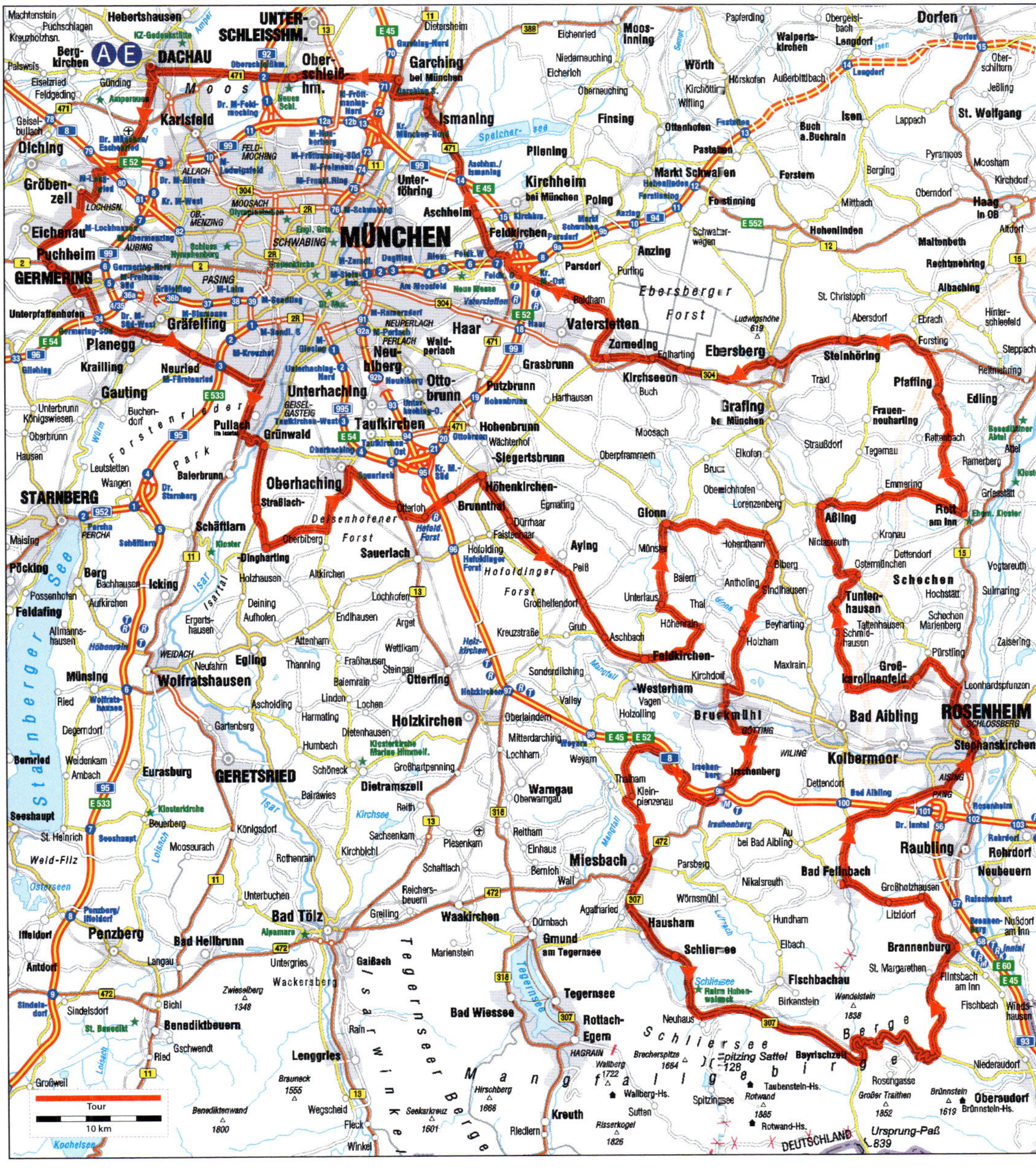

Einfach paradiesisch: Auf Nebenstrecken und Güterwegen durch den Bayerischen Wald zu huschen, macht richtig Laune.

DAS NOCH FEHLENDE ECK BAYERISCHER WALD

Eine berühmte Dreiflüssestadt als Ausgangspunkt für herrliche Touren – Bikerherz, was willst du mehr?

Passau und auch unser letzter Standort Berchtesgaden (ab Tour 99) sind weitere absolut perfekte Beispiele für die Schönheiten unserer Heimat Deutschland. Passau ist die Perle im herrlichen Dreiflüsseeck ganz im Südosten Bayerns. Und gleichwohl Donau, Inn und Ilz die Kernstadt auch heute noch regelmäßig unter Wasser setzen und große Brände im Mittelalter weite Teile in Schutt und Asche legten, wuchs die Stadt beschützt von den mächtigen Festungen Oberhaus und Niederhaus im Lauf von über 2000 Jahren zu einer sehenswerten Mixtur aus Tradition und Moderne. Passau wird auch Sie begeistern, da sind wir sicher.

So wie der südliche Abschnitt des Bayerischen Walds, der in diesem Tourenführer immer noch fehlt. Ilzaufwärts verlassen wir Passau und fahren über Haselbach und Hutthurm nach Tittling nahe dem Dreiburgensee. Bekannt wurde Tittling allerdings eher wegen des sehenswerten »Museumsdorfs Bayerischer Wald« mit über 140 originalgetreuen Gebäuden und ihren Geschichten aus längst vergangenen Tagen. Über Saldenburg und seine Ritterfestung »Waldlaterne« – heute eine der schönsten Jugendherbergen Deutschlands – geht es nach Thurmansbang. Einmal im Jahr steppt hier der Biker-Bär: Rund um die ersten Februartage lädt der Ort zum berühmten Elefantentreffen ein. Nichts für Warmduscher.

Vilshofen an der Donau, die »Kleine Dreiflüssestadt«, begrüßt uns bald darauf an der Westgrenze des Bayerischen Walds. Hoch über der Altstadt thront die beeindruckende Benediktinerabtei Schweiklberg; berühmt ist Vilshofen aber auch für sein Promenadenfest »Donau in Flammen« immer am zweiten Juliwochenende. Beim Weiler Gries verlassen wir die Donau und schwingen über Schöllnach und Auerbach weit in die südlichen Ausläufer des Bayerischen Walds hinein nach Regen und in die Glasmacher-Stadt Zwiesel. Hier schließt übrigens Tour 89 Richtung Norden an. Und direkt im Ort befindet sich auch unser Einkehrtipp. Auch Frauenau und Spiegelau sind traditionelle Glasmacher-Orte mit langer Geschichte. Spiegelau erinnert alljährlich mit seinem »Pandurenfest« an die spannenden Zeiten mit den Glasmachern und an den berüchtigten Pandurenoberst Trenck.

Durch den Süden des Nationalparks Bayerischer Wald geht es nachmittags gemütlich zurück. 1970 als erster Nationalpark Deutschlands gegründet, erfreut er mit einer Vielfalt naturbelassener Hochwälder und höchst kurvenreicher Landstraßen, die uns nach Freyung führen, einem im 12. Jahrhundert winzigen Holzfällerdorf, dessen Bewohnern Steuerfreiheit gewährt wurde, damit sie nicht abwanderten.

Pralle 800 Jahre Geschichte hat auch Waldkirchen auf dem Buckel, ebenso wie zahlreiche verheerende Stadtbrände, die allesamt auf den (immer noch?) wirkenden Fluch einer Zigeunerin zurückgehen sollen. Als die einst hochnäsigen Bürger Waldkirchens jener Dame nämlich die Fahrt mit der Postkutsche verwehrten, verfluchte sie die Stadt und ihre Menschen auf alle Zeiten.

Zurück in Passaus Kernstadt sind wir spätabends dann vor jedem Zigeunerfluch sicher. Ganz besonders auch in der »Toasteria Passau« – auch Sie wussten bestimmt noch nicht, was man aus Toast so alles zubereiten kann. In der Bahnhofstraße 5 entdecken Sie dazu die ganze Wahrheit.

TOUR-CHECK

Region: Bayerischer Wald

Empfohlener Tourenstandort: Passau

Hotelempfehlung: Hotel Dreiflüssehof, Danziger Str. 42/44 in Passau, www.dreifluessehof.de

Länge in km: 290

Fahrzeit insgesamt: 6 Std.

Einkehrtipp am Mittag: Pizzeria Il Calabrese, Dr.-Schott-Str. 14 in Zwiesel

Kombinationsmöglichkeit: Mit Touren 89, 90, 98

Beliebte Motorradtreffs: In Passaus Altstadt mit freien Motorrad-Parkplätzen; in Thurmannsbang (beim legendären Elefantentreffen immer Ende Januar); in Zwiesel (s. Tour 89)

Die längste Europas: Burghausens Burganlage ist unglaublich, weil über einen Kilometer lang.

ZWISCHEN INN UND ISAR

Im prächtigen Bäderdreieck gibt es viel mehr zu entdecken als Rollatoren, Badeschlappen und Treppenlifte.

Wer am Biker-Stammtisch den Tourenvorschlag »Bäderdreieck« laut ausspricht, erntet umgehend Unverständnis, oftmals sogar eine Tracht verbale Prügel. Ist die Region zwischen Passau, Eggenfelden und Altötting doch berüchtigt für ihre Badeschlappen- und Rollatoren-Dichte. Dass die Region aber auch Motorradfahrern viel zu bieten hat, beweisen wir Ihnen jetzt.

Über Fürstenzell huschen wir früh am Morgen nach Ortenburg im malerischen Wolfachtal und erreichen wenig später schon Bad Griesbach, den ersten weithin bekannten Kurort aus dem niederbayerischen Bäderdreieck mit eigenen Thermalquellen, die auch Bikers geschundenen Edelkörper verwöhnen möchten. Aber bitte nicht so früh am Morgen.

Bad Birnbach einige Kilometer westlich ist die Nr. 2 im Bäderdreieck, die uns locken will – im Angesicht des vollen Tourenplans lassen Sie uns aber lieber Gas geben. Kleine Gehöfte, Weiler und Dörfer schlummern entlang der Rott, deren Lauf uns direkt in das sehenswerte Pfarrkirchen mit seinem knallbunten historischen Zentrum führt. Schauen Sie sich in Ruhe um, ebenso wie im malerischen Eggenfelden, dessen imposanter Stadtplatz reich geschmückt ist mit wunderbarer historischer Bausubstanz. Doch das Beste: Hier reihen sich Kneipen und Cafés wie Perlen einer Kette aneinander – da macht ein Einkehrschwung gleich doppelt Spaß.

Bei Dietfurt verlassen wir kurz die Rott zu einer Sightseeing-Runde über Gangkofen und Vilsbiburg. In Neumarkt-Sankt Veit treffen wir den Fluss dann wieder, werfen einen Blick auf den seit über 700 Jahren nahezu unveränderten Marktplatz, queren dann die Rott und schwingen nach Mühldorf am Inn zur mittäglichen Einkehr.

Als »Nachtisch« haben wir jetzt eine Portion geschichtsreichen religiösen Prunk für Sie eingeplant, der auch überzeugte Atheisten begeistern wird. Über Neuötting geht es dazu direkt in das historische Zentrum von Altötting. Seit über 1250 Jahren ist Altötting das geistliche Zentrum Bayerns und seit über 500 Jahren der bedeutendste Marien-Wallfahrtsort Deutschlands.

Über eine Million Pilger zählt die Stadt Jahr für Jahr im selbst ernannten »Herz Europas«. Das müssen Sie einfach einmal gesehen haben. Wie auch das nahe Tittmoning an der Salzach, auf das wir im nächsten Kapitel noch zu sprechen kommen.

Jetzt wenden wir uns erst einmal dem prächtigen Burghausen zu und seinem Höhepunkt: der längsten Burg Europas, einer über einen Kilometer langen Wehranlage hoch über der Stadt. Den besten Blick darauf hat man übrigens vom österreichischen Ufer der Salzach aus. Wie auch von Simbach respektive Braunau am Inn aus – die Wurzeln der Doppelstadt reichen bis in das Jahr 788 zurück; heute erfreut das Zentrum rund um den imposanten Stadtplatz mit sehenswerten Bürgerhäusern aus vielen Jahrhunderten.

So manches gäbe es nun noch zu berichten – über Rotthalmünster oder Bad Füssing (unsere chronologische Nr. 3 im Bäderdreieck), über Schärding am Inn oder über auch Passau, unser »Basislager«. Doch der Platz in diesem Buch wird inzwischen knapp. Wichtig an dieser Stelle ist vielleicht noch eines: Unser Einkehrtipp Nr. 2 in Passau ist »Vito's Gustoria«, der wohl beste Italiener der Stadt in der Grabengasse 21.

TOUR-CHECK

Region: Das Bäderdreieck

Empfohlener Tourenstandort: Passau

Hotelempfehlung: Hotel Burgwald, Salzweger Str. 9 in Passau, www.burgwald-passau.de

Länge in km: 340

Fahrzeit insgesamt: 6–7 Std.

Einkehrtipp am Mittag: Gasthof Geigerhaus, Stadtplatz 31 in Mühldorf am Inn

Kombinationsmöglichkeit: Mit Touren 95, 96, 97, 99, 100

Beliebte Motorradtreffs: In Passaus Altstadt (s. Tour 97); bei den Parkplätzen im Zentrum von Pfarrkirchen ebenso wie in Eggenfelden (vor allem an den Wochenenden); am Parkplatz im Zentrum von Burghausen, direkt an der Salzach

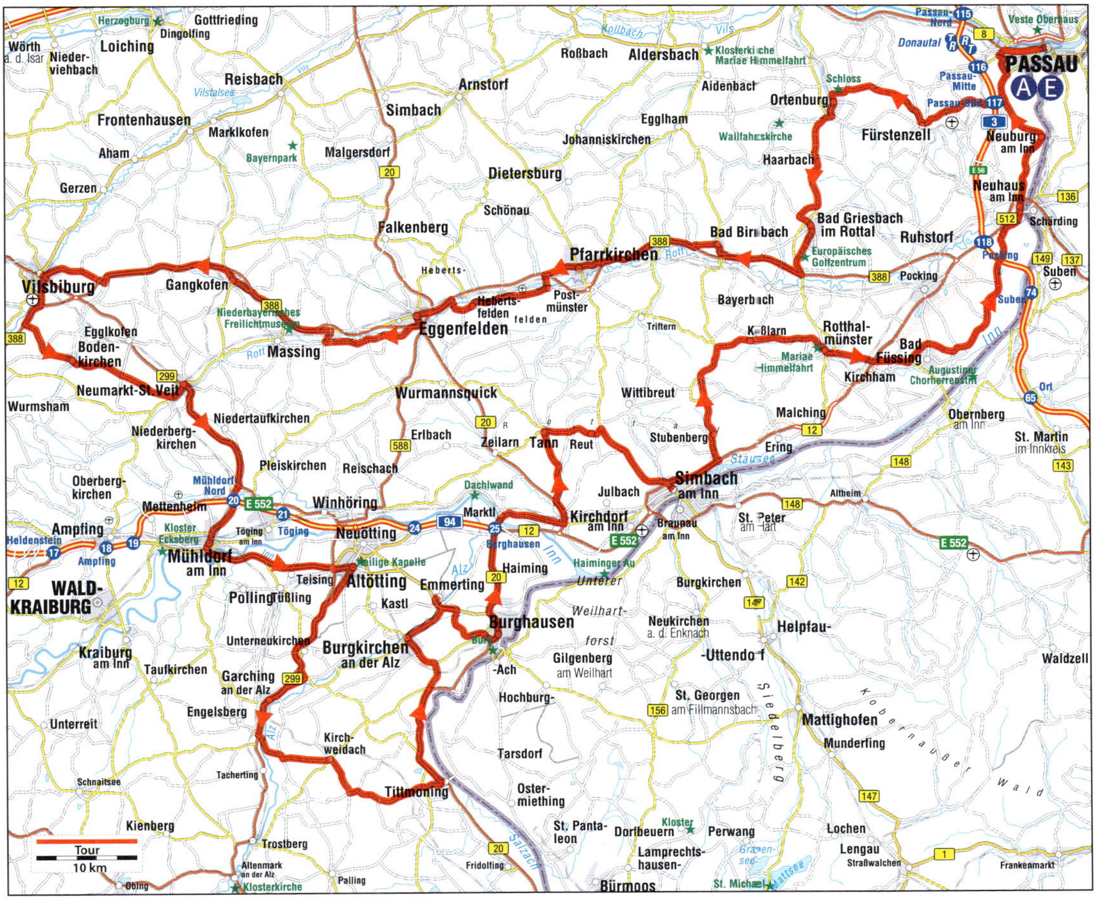

Zwei »Legenden« unter sich: Die historische KTM Nr. 1 und Ernst Kronreif junior, Sohn des Firmen-Mitbegründers.

EINE RUNDE CHIEMGAU

Gehört das »Bayerische Meer« in einen Motorrad-Reiseführer? Aber auf jeden Fall, wie Sie ab heute bestätigen werden.

»Und da Herrgott hat g'lacht, wia Berchtesgad'n hat g'macht«, sagen die Einheimischen über unseren letzten Tourenstandort in diesem Buch. Gönnen Sie sich unbedingt eine Kaffeepause beim Tortenmacher »Grassl« in der Maximilianstraße. Und werfen Sie mindestens einen langen Blick auf den berühmten Königssee. Aber vergessen Sie vor lauter Pracht auch das Motorradfahren nicht.

Natürlich geht's erst mal über Hallein und zum bikenden »Hohlwegwirt« Ernst Kronreif jun., dessen Vater KTM mitbegründete. Unzählige Geschichten, eine überwältigende Herzlichkeit sowie eine prämierte Kochkunst verwöhnen all unsere Sinne nicht nur bei einem Frühstück vor der Tour. Die führt uns dann über das sehenswerte Salzburg auf österreichischem Gebiet direkt zum Tachinger und zum Waginger See auf bayerischem Boden, zwei der wärmsten Gewässer Bayerns. Über all der Pracht wacht der »Bergwirt von Taching«, der vor allem sonntags unwiderstehliche Haxn-Angebote anpreist.

Das östlich liegende Tittmoning kommt Ihnen bekannt vor, falls Sie die Kultserie »Königlich bayerisches Amtsgericht« noch in Erinnerung haben. Denn Tittmoning und das nahe Laufen lieferten dazu die Originalschauplätze, an denen stets das Urteil: »Freibier« vollstreckt wurde. Von Mai bis Oktober starten heute von Tittmoning aus die berühmten »Plättenfahrten« auf der Salzach Richtung Burghausen – ein abwechslungsreiches Vergnügen auch für Biker.

Via Trostberg geht es Richtung Westen direkt in die prächtige Altstadt von Wasserburg am Inn, übrigens eine der ältesten Städte Bayerns, sogar älter als München. Stolze Bürgerhäuser erzählen heute noch spannende Geschichten. Apropos: Das Bauernhausmuseum in Amerang hat uns auch viel zu erzählen, Zeit zum Sortieren all der historischen Details finden wir wenig später am idyllischen Simssee, der vor allem bei Einheimischen sehr beliebt ist.

Nur eine Hügelkette trennt uns nun noch vom Chiemsee und von Prien. Dort rufen die Nebelhörner der Chiemsee-Dampferflotte zur Fahrt nach Herrenchiemsee, dem berühmtesten touristischen Schatz des Chiemgaus. Planen Sie dafür aber mindestens einen halben Tag ein. Heute bleiben wir lieber an Land und fahren um das Nordufer des Chiemsees ins malerische Gstadt sowie zu einem Abstecher hinauf nach Kloster Seeon.

Über Traunreut und Chieming erreichen wir schließlich Traunstein, ein quirliges Städtchen, dessen Name auf einen markanten Felsblock an der Traun zurückgeht. In ihm soll ein Fuhrmann mit schwerer Fracht stecken, der beim Queren der Traun steckenblieb und laut fluchend ausrief: »Möge doch alles zu Stein werden!« Ein Wunsch, der ihm auch augenblicklich erfüllt wurde: Er versteinerte mitsamt Pferden und Wagen.

Wir bleiben möglichst locker in der Hüfte und huschen am späten Nachmittag über Inzell nach Bad Reichenhall, der historischen Salzhandelsstadt ganz im Südosten Deutschlands. Hier oder im nahen Berchtesgaden lassen wir den Tourentag genüsslich ausklingen. Vielleicht beim »Windbeutelbaron« im Café »Graflhöhe« oberhalb von Berchtesgaden, in der Scharitzkehlstraße 8?

TOUR-CHECK

Region: Chiemgau und Berchtesgadener Land

Empfohlener Tourenstandort: Berchtesgaden

Hotelempfehlung: Alpenhotel Fischer, Königsseer Str. 51 in Berchtesgaden, www.alpenhotel-fischer.de

Länge in km: 290

Fahrzeit insgesamt: 5–6 Std.

Einkehrtipp am Mittag: Restaurant Herrenhaus, Herrengasse 17 in Wasserburg am Inn

Kombinationsmöglichkeit: Mit Touren 96, 98, 100

Beliebte Motorradtreffs: Hohlwegwirt Ernst Kronreif in Hallein-Taxach (mit KTM-Historie); Bergwirt von Taching am Waginger See; am Parkplatz in der Altstadt von Wasserburg (vor allem an den Wochenenden); Seewirt vom Simssee nahe Riedering; am Parkplatz am Königssee in Schönau

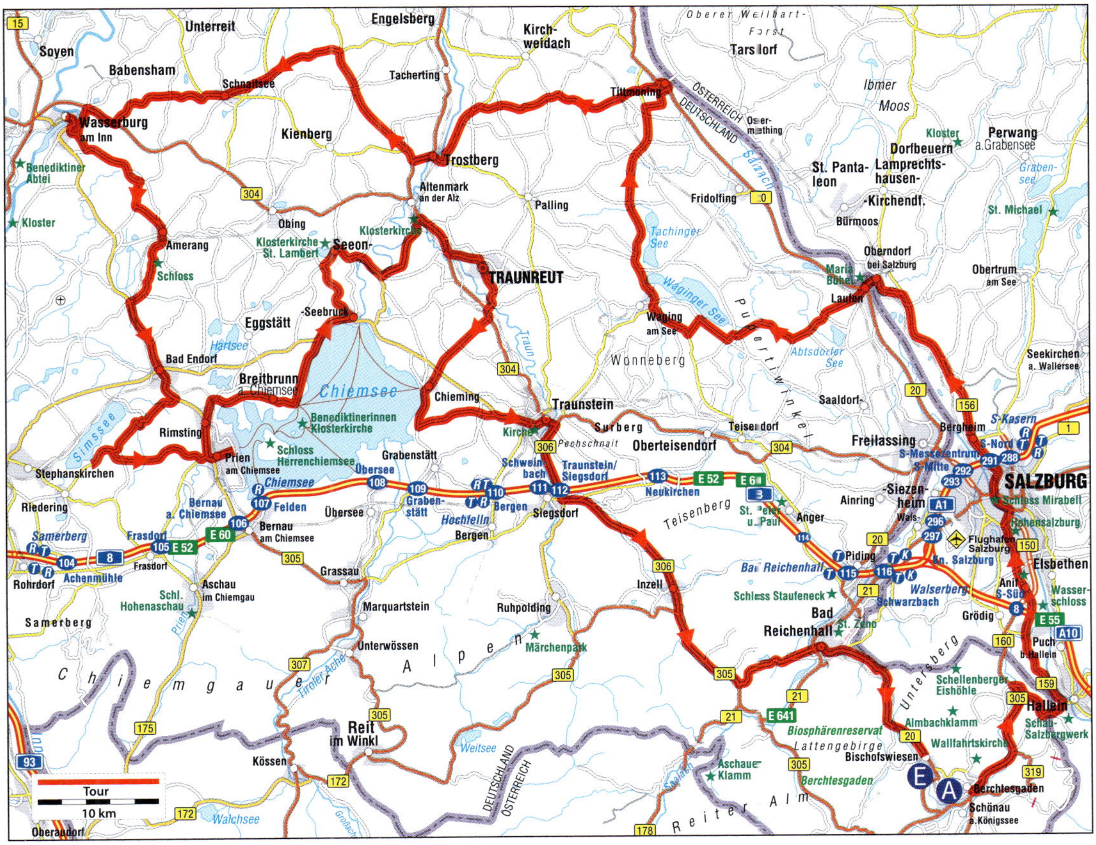

»Amoi segn ma uns wieda«: Sozia Kirsten und der unvergleichliche »Schnauferl-Schorsch« Georg Hollweger

AUF ZUM »FINALE GRANDIOSO«!

Den schönsten Zipfel Deutschlands haben wir uns natürlich für den Schluss aufgespart. Genießen Sie ihn!

Die letzte Tour dieses Buches ist mit ihrem grandiosen Finale geradezu prädestiniert, um diesen Führer über Deutschland würdig abzuschließen. Lassen Sie uns ein letztes Mal ganz früh am Morgen aufbrechen.

Über den Westrand von Bad Reichenhall und Inzell erreichen wir Ruhpolding, herrlich am Fuß der Chiemgauer Alpen gelegen. Ganz am Rand des Ortes, im Bacherwinkl, findet sich unser Sightseeing-Tipp für alle Technikbegeisterten: das einmalige »Schnauferl-Museum« des Georg Hollweger. Und wenngleich Georg, der »Schnauferl-Schorsch«, uns allen inzwischen vom Himmel herab zuschaut: Sein Museum bleibt ein Pflichttermin im Chiemgau.

Tunlichst südlich der den Chiemgau zerteilenden A 8 wedeln wir kurvenreich über malerische Ortschaften wie Grassau und Aschau nach Frasdorf und sodann hinauf auf das Samerberg-Plateau. »Die schönste Sicht im bayrischen Gebirg'!«, soll schon König Max I. beim Anblick Neubeuerns ausgerufen haben, das auch heute noch ein wahres historisches Schatzkästlein ist. Um die imposante Kirche gruppiert sich ein Ensemble alter Bauernhäuser mit Erkern und Giebeln, deren sorgfältig restaurierter Zustand jeden begeistert.

Über Bad Feilnbach, Miesbach und Waakirchen erreichen wir dann jene Perle Bayerns, die in diesem Buch unbedingt noch verewigt werden muss: den malerischen Tegernsee. Ludwig Thoma und Ludwig Ganghofer waren hier zu Hause und ließen sich von der einzigartigen Landschaft inspirieren. Nach unserer Seeumrundung samt Einkehrschwung werden auch Sie ihre Begeisterung teilen.

Den Schliersee samt Bayrischzell haben wir auf Tour 96 bereits erkundet – ein Abstecher sei Ihnen dennoch ans Herz gelegt: nämlich über die Sackgasse hinauf zu Spitzingsattel und -see mit prächtigem Panorama und Einkehrmöglichkeiten.

Über das schon einmal erfahrene Sudelfeld geben wir dann dem Moped die Zügel lang – Achtung: Limit teilweise 60 km/h! – und huschen hinab nach Oberaudorf und zu einem letzten Abstecher nach Österreich. Via Walchsee und einen Besuch in Reit im Winkel geht es über Lofer und den Steinpass nach Schneizlreuth.

Dort bitte den Blinker rechts gesetzt, denn der Malerwinkel am Hintersee bei Ramsau lockt. Seit dem 19. Jahrhundert inspiriert der See Maler und Künstler, und schon auf den ersten Blick werden Sie wissen, warum.

Tja, und dann liegt es unmittelbar vor uns: das Ende dieses Tourenführers. Und das lassen Sie uns zünftig genießen und zelebrieren: mit einem Ritt über die Rossfeld-Panoramastraße am Südrand Berchtesgadens. Sie ist nicht nur das »Finale grandioso« der legendären Deutschen Alpenstraße von Lindau am Bodensee her kommend, sie ist mit ihrer Scheitelhöhe von 1540 Metern auch Deutschlands höchste Panoramastraße. Und dort oben, inmitten der wunderbaren Bergwelt des Berchtesgadener Lands, enden die Tourenvorschläge dieses Buchs. Zugegeben: Viel gäbe es noch zu berichten über unsere so einzigartige Heimat – vielleicht eines Tages in einem zweiten Band ... Denn warum immer weit schweifen – sieh, das Gute liegt so nah!

TOUR-CHECK

Region: Berchtesgadener Land

Empfohlener Tourenstandort: Berchtesgaden

Hotelempfehlung: Hotel Alpenvilla Berchtesgaden, Schusterbistlweg 23 in Bischofswiesen, www.alpenvilla-berchtesgaden.com

Länge in km: 350

Fahrzeit insgesamt: 7 Std.

Einkehrtipp am Mittag: Restaurant Feichtner Hof, Kaltenbrunner Str. 2 in Gmund

Kombinationsmöglichkeit: Mit Touren 6, 7, 96, 98, 99

Beliebte Motorradtreffs: Schnauferl-Stall in Ruhpolding (privates Museum); die Müllner-Alm in Sachrang bei Aschau; am Parkplatz am Isarstrand direkt in Bad Tölz; an der Staumauer des Sylvensteinstausees (vor allem an den Wochenenden); an Schlier-, Spitzingsee und Sudelfeld (s. Tour 96); am obersten Gipfelparkplatz an der Rossfeld-Panoramastraße (Pflichttermin)

Ein würdiger Schluss für ein mächtiges Werk: Die Rossfeld-Panoramastraße nahe Berchtesgaden im oberen Drittel.

Das Tourenland Deutschland –
unsere Definition von Vielfalt

ANHANG

Was gibt es am **Ende** dieses mächtigen Tourenführers über das Motorradparadies Deutschland noch zu sagen? Was gilt es zu berichten, das noch nicht erzählt worden wäre? Beginnen wir den Abspann dieses Buchs vielleicht mit einer Runde Statistik über Deutschland.

DIE HARD-FACTS DES LANDES (STAND: 2015)

Die Hauptstadt	Berlin
Regierungsform	Parlamentarische Demokratie
Fläche	357 340 km^2
maximale Nord-Süd-Ausdehnung	ca. 886 km
maximale West-Ost-Ausdehnung	ca. 636 km
Einwohnerzahl	81 292 450
Bevölkerungsdichte	227 Einwohner/km^2
Gründung	1. Januar 1871 »Deutsches Reich«; 23. Mai 1949 Bundesrepublik Deutschland
Bundesländer	16
nach Fläche sortiert (absteigend)	Bayern Niedersachsen Baden-Württemberg Nordrhein-Westfalen Brandenburg Mecklenburg-Vorpommern Hessen Sachsen-Anhalt Rheinland-Pfalz Sachsen Thüringen Schleswig-Holstein Saarland Berlin Hamburg Bremen
nach Einwohnerzahlen (absteigend)	Nordrhein-Westfalen Bayern Baden-Württemberg Niedersachsen Hessen Sachsen Rheinland-Pfalz Berlin Schleswig-Holstein Brandenburg Sachsen-Anhalt Thüringen Hamburg Mecklenburg-Vorpommern Saarland Bremen
Nationalhymne	»Das Lied der Deutschen« – 3. Strophe
Nationalfeiertag	3. Oktober, »Tag der Wiedervereinigung«
Zeitzone	UTC + 1 h, MEZ; Sommerzeit ab dem letzten Sonntag im März, Winterzeit ab dem letzten Sonntag im Oktober

WICHTIGE DETAILS FÜR MOTORRADFAHRER

Natürlich nicht unerwähnt bleiben sollten an dieser Stelle auch einige Details für Motorradfahrer, wie:

Das Klima Deutschlands

Deutschland liegt in der sogenannten gemäßigten Klimazone Mitteleuropas, im Übergang zwischen dem maritimen Klima im Westen und dem kontinentalen Klima des Ostens. Zudem beeinflusst der Golfstrom unser Klima, indem er die Durchschnittstemperaturen nach oben treibt.

Die Jahresdurchschnittstemperatur beträgt im bundesweiten Mittel 8,4 °C, der wärmste Monat ist mit durchschnittlich 17,1 °C der Juli. Der regenreichste Monat ist – gemessen an der Menge – der Juni. Die bislang tiefste in Deutschland gemessene Temperatur betrug −45,9 °C am Funtensee bei Berchtesgaden, die bislang höchste gemessene Temperatur immerhin 40,3 °C in Kitzingen im Schwarzwald.

Die wichtigsten Verkehrsregeln:

- Tempolimit: innerorts 50 km/h, außerorts 100 km/h, Autobahnen frei (Richtgeschwindigkeit 130 km/h)
- Promillegrenze: 0,5 ‰, für Fahranfänger bis 21 Jahre sowie während Führerschein-Probezeit: 0,0 ‰
- Überholverbote gelten:
  - an Fußgängerüberwegen
  - auf zweispurigen Straßen hinter Schulbussen mit eingeschalteter Warnblinkanlage
- Zudem gilt generell das Rechtsfahrgebot.
- Verboten sind zudem:
  - Telefonieren am Steuer/Lenker
  - Navigationssysteme mit betriebsbereiten Radarwarnern
- Winterausrüstungs-Pflicht gilt auch für Motorräder; Spikereifen sind verboten.

LUST AUF CAMPING?

Und falls Sie keine Lust auf Hotelzimmer haben, sondern eher – wie einer unserer Autoren – ein großer Fan von gemütlichem Camping inmitten herrlicher Natur sind, dann wird Ihnen der folgende Abschnitt gefallen. Denn ein Land, das derart reich an Naturschönheiten ist wie Deutschland, das kann natürlich auch dem Campingfreund prächtige Alternativen zum Hotelzimmer bieten. Nicht umsonst sind wir – okay, nach den Holländern – zweiter Weltmeister in Sachen Camping. Deshalb haben wir Ihnen zu jedem Tourenstandort noch einen erlebenswerten, sauberen Campingplatz herausgesucht, den wir guten Gewissens weiterempfehlen können. Sie haben also die freie Wahl – hier kommt unsere Sammlung:

Standort	Touren	Campingplatz
Freiburg	1, 2	Camping am Möslepark, Waldseestr. 77, 79117 Freiburg
Friedrichshafen	3, 4	Campingplatz Fischbach, Grenzösch 3, 88048 Friedrichshafen-Fischbach
Garmisch-Partenkirchen	5, 6	Camping Resort Zugspitze, Griesener Str. 9, 82491 Grainau bei Garmisch-Partenkirchen
Landsberg am Lech	7, 8, 9	DCC-Campingpark Romantik am Lech, Pössinger Au 1, 86899 Landsberg am Lech
Ulm	10, 11	Heidehof Camping, Heidehofstr. 50, 89150 Laichingen-Machtolsheim
Tübingen	12, 13	Neckarcamping Tübingen, Rappenberghalde 61, 72072 Tübingen
Karlsruhe	14, 15	AZUR Campingpark Turmbergblick, Tiengener Str. 40, 76227 Karlsruhe-Durlach
Kaiserslautern	16, 17	Camping-Freizeitzentrum Sägmühle, Sägmühle 1, 67705 Trippstadt/Pfälzer Wald
Trier	18, 19	Camping- und Reisemobilpark Treviris, Luxemburger Str. 81, 54294 Trier/Mosel
Bingen am Rhein	20, 21, 22	Campingplatz Hindenburgbrücke, Mainzer Str. 199, 55411 Bingen am Rhein
Gießen	23, 24	Campingplatz Lahnblick, Untergasse 16, 35457 Lollar-Ruttershausen
Koblenz	25, 26	Campingplatz Gülser Moselbogen, Gülser Moselbogen 20, 56072 Koblenz-Güls
Siegen	27, 28	Campingplatz Weiherhof, 56479 Seck

Standort	Touren	Campingplatz
Remscheid	29, 30	Campingplatz Glüder, Balkhauser Weg 240, 42659 Solingen
Hann. Münden	31, 32	Wesercamping Hemeln, Unterdorf 34, 34346 Hann. Münden-Hemeln
Hameln	33, 34	Campingplatz Hameln an der Weser, Uferstr. 80, 31787 Hameln
Münster	35, 36	Campingplatz Münster, Laerer Werseufer 7, 48157 Münster
Osnabrück	37, 38	Alfsee-Campingpark, Am Campingpark 10, 49597 Rieste/Alfsee
Walsrode	39, 40	Zum alten Mühlenteich, Mühlenstr. 33–35, 29664 Walsrode
Meppen	41, 42	Comfort-Camping Hase-Ufer, Am Campingplatz 1, 49740 Haselünne/Meppen
Leer	43, 44	Camping Ems-Marina Bingum, Marinastr. 14–16, 26789 Leer-Bingum
Bremerhaven	45, 46	Camping- und Erholungspark Spadener See, Seeweg 2, 27619 Schiffdorf-Spaden
Elmshorn	47, 48	Elbdeich-Camping Kollma, 27619 Schiffdorf-Spaden
Husum	49, 50	Husumer Campingplatz, Dockkoog 17, 25813 Husum
Flensburg	51, 52	Campingplatz Jarplund, Europastr. 80, 24976 Jarplund/Flensburg
Kiel	53, 54	Camping Möltenort, Uferweg 24, 24226 Heikendorf/Kiel
Rostock	55, 56	Ostseecamp Rostocker Heide, Wiedortschneise 1, 18181 Graal-Müritz
Greifswald	57, 58	Campingplatz Loissin, Am Strandweg 1, 17509 Loissin/Greifswalder Bodden
Neubrandenburg	59, 60	Camping am Tollensee, Gatscher Damm, 17039 Wulkenzin
Wittenberge	61, 62	Natur-Campingplatz Am Rudower See, Leuengarten 9, 19309 Lenzen
Eberswalde	63, 64	Ferienpark Üdersee-Camp, Am Üdersee 1, 16244 Schorfheide
Stendal	65, 66	Campingplatz Wischer, Am Campingplatz 1, 39596 Hassel
Magdeburg	67, 68	Campingplatz Barleber See, Wiedersdorfer Straße, 39126 Magdeburg
Potsdsam	69, 70	Campingpark Sanssouci, An der Pirschheide 41, 14471 Potsdam/Templiner See
Cottbus	71, 72	Spree Camp, Stauseestr. 3, 03058 Neuhausen/Spree
Lutherstadt Eisle-bert	73, 74	Campingplatz Seeburg, Nordstrand 1, 06317 Seegebiet Mansfelder Land
Weimar	75, 76	Campingplatz Oettern, 99438 Oettern
Meißen	77, 78	Camping Rehbocktal, Rehbocktal 4, 01665 Scharfenberg/Meißen
Plauen	79, 80	Campingplatz Gunzenberg/Talsperre Pöhl, Hauptstr. 38, 08543 Pöhl
Bayreuth	81, 82	Campingplatz Fichtelsee, Fichtelseestr. 30, 95686 Fichtelberg
Schweinfurt	83, 84	Stadtcamping Schweinfurt, Gretel-Baumbach-Straße, 97424 Schweinfurt
Bad Mergentheim	85, 86	Campingplatz Bad Mergentheim, Willinger Tal 1, 97980 Bad Mergentheim
Ansbach	87, 88	Camping zum Fischer-Michl Wald-Seezentrum, Schlungenhof 4, 91710 Gunzen-hausen
Cham	89, 90	See-Campingpark, Seestr. 4, 93426 Roding-Neubäu
Regensburg	91, 92	Campingplatz Freizeitinsel, Inselstr. 1a, 93077 Bad Abbach
Donauwörth	93, 94	Donau Lech Camping, Campingweg 1, 86698 Eggelstetten/Donauwörth
Dachau	95, 96	Camping Ampersee, Josef-Kistler-Weg 5, 82140 Olching
Passau	97, 98	Drei-Flüsse-Camping, Am Sonnenhang 8, 94113 Irring
Berchtesgaden	99, 100	Camping Allweglehen, Allweggasse 4, 83471 Berchtesgaden-Untersalzberg

DIE RICHTIGE KOMBINATION MACHT'S

Ein ganz wichtiger Aspekt bei der Strukturierung dieses Buchs war auch die perfekte Kombinierbarkeit aller 100 Tagestouren. Damit Sie weitgehend gepäckbefreit reisen, erleben und genießen können, haben wir die einzelnen Tourenkapitel nicht nur im Uhrzeigersinn einmal durch die Bundesrepublik laufen lassen, wir haben Ihnen im Tour-Check jedes Kapitels auch die naheliegenden Kombinationsmöglichkeiten aufgelistet. Möchten Sie nun einige – oder alle – diese Touren vielleicht für eine komplette Motorrad-Urlaubsplanung verwenden? Dann werden Ihnen die folgenden thematischen Sortierungen ganz besonders helfen:

NACH BUNDESLÄNDERN GEORDNET

Bundesland (Schwerpunkt)	Tour	Start/Ziel	Region	Länge
Baden-Württemberg	1	Freiburg	Breisgau + Südschwarzwald	330
Baden-Württemberg	2	Freiburg	Schwarzwald	300
Baden-Württemberg	3	Friedrichshafen	Bodensee	360
Baden-Württemberg	4	Friedrichshafen	Allgäu + Schwaben	245
Baden-Württemberg	10	Ulm	Schwaben + Schwäbische Alb	320
Baden-Württemberg	11	Ulm	Schwäbische Alb	260
Baden-Württemberg	12	Tübingen	Schwäbische Alb + Schwarzwald	300
Baden-Württemberg	13	Tübingen	Fildern + Albtrauf	240
Baden-Württemberg	14	Karlsruhe	Schwarzwald + Baden	290
Baden-Württemberg	15	Karlsruhe	Oberrhein + Odenwald	390
Baden-Württemberg	85	Bad Mergentheim	Main- + Taubertal	290
Baden-Württemberg	86	Bad Mergentheim	Taubertal + Hohenloher Land	270
Bayern	5	Garmisch-Partenkirchen	Allgäu	300
Bayern	6	Garmisch-Partenkirchen	Tölzer Land + Karwendel	270
Bayern	7	Landsberg	Pfaffenwinkel + 5-Seen-Land	270
Bayern	8	Landsberg	Pfaffenwinkel + Lechfeld	220
Bayern	9	Landsberg	Allgäu + Schwaben	290
Bayern	81	Bayreuth	Fichtelgebirge	320
Bayern	82	Bayreuth	Fränkische Schweiz	220
Bayern	83	Schweinfurt	Haßberge	260
Bayern	84	Schweinfurt	Rhön + Spessart	380
Bayern	87	Ansbach	Steigerwald	320
Bayern	88	Ansbach	Altmühltal + Fränkische Seenplatte	300
Bayern	89	Cham	Bayerischer Wald	210
Bayern	90	Cham	Böhmerwald + Oberpfälzer Wald	260
Bayern	91	Regensburg	Pfälzer Seenland	270
Bayern	92	Regensburg	Altmühltal	350
Bayern	93	Donauwörth	Nördlinger Ries	300
Bayern	94	Donauwörth	Augsburger Land	280

Bundesland (Schwerpunkt)	Tour	Start/Ziel	Region	Länge
Bayern	95	Dachau	Hallertau	260
Bayern	96	Dachau	Rosenheimer Land	340
Bayern	97	Passau	Bayerischer Wald	290
Bayern	98	Passau	Bäderdreieck	340
Bayern	99	Berchtesgaden	Chiemgau + Berchtesgadener Land	290
Bayern	100	Berchtesgaden	Berchtesgadener Land	350
Berlin + Brandenburg	63	Eberswalde	Rund um Berlin	300
Berlin + Brandenburg	64	Eberswalde	Uckermark + Oberland	350
Berlin + Brandenburg	69	Potsdam	Potsdam	340
Berlin + Brandenburg	70	Potsdam	Spree und Oder	320
Berlin + Brandenburg	71	Cottbus	Spreewald	350
Berlin + Brandenburg	72	Cottbus	Lausitz	260
Hamburg	48	Elmshorn	Hamburg	260
Hessen	23	Gießen	Taunus	300
Hessen	24	Gießen	Taunus + Westerwald	300
Hessen + Nordrhein-Westfalen	32	Hann. Münden	Hessisches Bergland	220
Mecklenburg-Vorpommern	55	Rostock	Nordwest-Mecklenburg	370
Mecklenburg-Vorpommern	56	Rostock	Ostseeküste	320
Mecklenburg-Vorpommern	57	Greifswald	Vorpommern + Rügen	380
Mecklenburg-Vorpommern	58	Greifswald	Greifswald + Usedom	330
Mecklenburg-Vorpommern	59	Neubrandenburg	Uckermark + Mecklenburger Seenplatte	310
Mecklenburg-Vorpommern	60	Neubrandenburg	Mecklenburger Seenplatte	350
Mecklenburg-Vorpommern	61	Wittenberge	Ludwigslust + Parchim	300
Mecklenburg-Vorpommern	62	Wittenberge	Elbe + Mecklenburger Seenplatte	320
Niedersachsen	33	Hameln	Leinebergland	280
Niedersachsen	34	Hameln	Leinebergland + Weserbergland	240
Niedersachsen	37	Osnabrück	Teutoburger Wald	300
Niedersachsen	38	Osnabrück	Osnabrücker Land	330
Niedersachsen	39	Walsrode	Lüneburger Heide	260
Niedersachsen	40	Walsrode	Lüneburger Heide	360
Niedersachsen	41	Meppen	Emsland	300
Niedersachsen	43	Leer	Ostfriesland	260
Niedersachsen	44	Leer	Ostfriesland	330
Niedersachsen	46	Bremerhaven	Cuxhaven	360
Niedersachsen + Bremen	45	Bremerhaven	Wesermarsch	300
Nordrhein-Westfalen	28	Siegen	Siegerland + Sauerland	290

Bundesland (Schwerpunkt)	Tour	Start/Ziel	Region	Länge
Nordrhein-Westfalen	29	Remscheid	Bergisches Land	240
Nordrhein-Westfalen	30	Remscheid	Bergisches Land + Sauerland	280
Nordrhein-Westfalen	31	Hann. Münden	Weserbergland	330
Nordrhein-Westfalen	35	Münster	Münsterland	330
Nordrhein-Westfalen	36	Münster	Ruhrgebiet	250
Nordrhein-Westfalen	42	Meppen	Emsland + Osnabrück	260
Rheinland-Pfalz	16	Kaiserslautern	Pfalz + Weinstraße	310
Rheinland-Pfalz	17	Kaiserslautern	Pfälzerwald + Weinstraße	300
Rheinland-Pfalz	21	Bingen/Rhein	Rhein + Hunsrück	350
Rheinland-Pfalz	22	Bingen/Rhein	Mittelrhein	300
Rheinland-Pfalz	25	Koblenz	Mosel	340
Rheinland-Pfalz	26	Koblenz	Eifel	390
Rheinland-Pfalz	27	Siegen	Westerwald + Siegerland	290
Rheinland-Pfalz + Hessen	20	Bingen/Rhein	Taunus + Hunsrück	240
Saarland + Rheinland-Pfalz	18	Trier	Mosel + Hunsrück	320
Saarland + Rheinland-Pfalz	19	Trier	Hunsrück	320
Sachsen	77	Meißen	Sächsische Schweiz	320
Sachsen	78	Meißen	Sächsisches Burgenland + Heideland	310
Sachsen	79	Plauen	Erzgebirge + Vogtland	270
Sachsen	80	Plauen	Vogtland	240
Sachsen-Anhalt	65	Stendal	Altmark	290
Sachsen-Anhalt	66	Stendal	Altmark + Jerichower Land	260
Sachsen-Anhalt	67	Magdeburg	Jerichower Land + Börde	380
Sachsen-Anhalt	68	Magdeburg	Magdeburger Börde	320
Sachsen-Anhalt	73	Eisleben	Harz	330
Sachsen-Anhalt	74	Eisleben	Harz	300
Schleswig-Holstein	47	Elmshorn	Elbmarschen + Nordseeküste	290
Schleswig-Holstein	49	Husum	Nordfriesland	240
Schleswig-Holstein	50	Husum	Nordfriesland	230
Schleswig-Holstein	51	Flensburg	Flensburger Förde	230
Schleswig-Holstein	52	Flensburg	Schleswig Holstein + Flensburger Land	230
Schleswig-Holstein	53	Kiel	Dänischer Wohld	210
Schleswig-Holstein	54	Kiel	Ostholstein + Fehmarn	380
Thüringen	76	Weimar	Thüringer Wald	370
Thüringen+Sachsen-Anhalt	75	Weimar	Thüringen	300

ANHANG

NACH URLAUBSREGIONEN/REISETHEMEN GEORDNET

Region	Tour	Bundesland (Schwerpunkt)	Start/Ziel	Länge
Allgäu	5	Bayern	Garmisch-Partenkirchen	300
Allgäu + Schwaben	4	Baden-Württemberg	Friedrichshafen	245
Allgäu + Schwaben	9	Bayern	Landsberg	290
Altmark	65	Sachsen-Anhalt	Stendal	290
Altmark + Jerichower Land	66	Sachsen-Anhalt	Stendal	260
Altmühltal + Fränkische Seenplatte	88	Bayern	Ansbach	300
Altmühltal	92	Bayern	Regensburg	350
Augsburger Land	94	Bayern	Donauwörth	280
Bäderdreieck	98	Bayern	Passau	340
Bayerischer Wald	89	Bayern	Cham	210
Bayerischer Wald	97	Bayern	Passau	290
Berchtesgadener Land	100	Bayern	Berchtesgaden	350
Bergisches Land + Sauerland	30	Nordrhein-Westfalen	Remscheid	280
Bergisches Land	29	Nordrhein-Westfalen	Remscheid	240
Bodensee	3	Baden-Württemberg	Friedrichshafen	360
Böhmerwald + Oberpfälzer Wald	90	Bayern	Cham	260
Breisgau + Südschwarzwald	1	Baden-Württemberg	Freiburg	330
Chiemgau + Berchtesgadener Land	99	Bayern	Berchtesgaden	290
Cuxhaven	46	Niedersachsen	Bremerhaven	360
Dänischer Wohld	53	Schleswig-Holstein	Kiel	210
Eifel	26	Rheinland-Pfalz	Koblenz	390
Elbe + Mecklenburger Seenplatte	62	Mecklenburg-Vorpommern	Wittenberge	320
Elbmarschen	47	Schleswig-Holstein	Elmshorn	290
Emsland	41	Niedersachsen	Meppen	300
Emsland + Osnabrück	42	Nordrhein-Westfalen	Meppen	260
Erzgebirge + Vogtland	79	Sachsen	Plauen	270
Fichtelgebirge	81	Bayern	Bayreuth	320
Fildern + Albtrauf	13	Baden-Württemberg	Tübingen	240
Flensburger Förde	51	Schleswig-Holstein	Flensburg	230
Fränkische Schweiz	82	Bayern	Bayreuth	220
Greifswald + Usedom	58	Mecklenburg-Vorpommern	Greifswald	330
Hallertau	95	Bayern	Dachau	260
Hamburg	48	Hamburg	Elmshorn	260
Harz	73	Sachsen-Anhalt	Eisleben	330
Harz	74	Sachsen-Anhalt	Eisleben	300
Haßberge	83	Bayern	Schweinfurt	260
Hessisches Bergland	32	Hessen + Nordrhein-Westfalen	Hann. Münden	220
Hunsrück	19	Saarland + Rheinland-Pfalz	Trier	320
Jerichower Land + Börde	67	Sachsen-Anhalt	Magdeburg	380

Region	Tour	Bundesland (Schwerpunkt)	Start/Ziel	Länge
Lausitz	72	Berlin + Brandenburg	Cottbus	260
Leinebergland + Weserbergland	34	Niedersachsen	Hameln	240
Leinebergland	33	Niedersachsen	Hameln	280
Ludwigslust + Parchim	61	Mecklenburg-Vorpommern	Wittenberge	300
Lüneburger Heide	39	Niedersachsen	Walsrode	260
Lüneburger Heide	40	Niedersachsen	Walsrode	360
Magdeburger Börde	68	Sachsen-Anhalt	Magdeburg	320
Main- + Taubertal	85	Baden-Württemberg	Bad Mergentheim	290
Mecklenburger Seenplatte	60	Mecklenburg-Vorpommern	Neubrandenburg	350
Mittelrhein	22	Rheinland-Pfalz	Bingen/Rhein	300
Mosel	25	Rheinland-Pfalz	Koblenz	340
Mosel + Hunsrück	18	Saarland + Rheinland-Pfalz	Trier	320
Münsterland	35	Nordrhein-Westfalen	Münster	330
Nordfriesland	49	Schleswig-Holstein	Husum	240
Nordfriesland	50	Schleswig-Holstein	Husum	230
Nördlinger Ries	93	Bayern	Donauwörth	300
Nordwest-Mecklenburg	55	Mecklenburg-Vorpommern	Rostock	370
Oberrhein + Odenwald	15	Baden-Württemberg	Karlsruhe	390
Osnabrücker Land	38	Niedersachsen	Osnabrück	330
Ostfriesland	43	Niedersachsen	Leer	260
Ostfriesland	44	Niedersachsen	Leer	330
Ostholstein + Fehmarn	54	Schleswig-Holstein	Kiel	380
Ostseeküste	56	Mecklenburg-Vorpommern	Rostock	320
Pfaffenwinkel + 5-Seen-Land	7	Bayern	Landsberg	270
Pfaffenwinkel + Lechfeld	8	Bayern	Landsberg	220
Pfalz + Weinstraße	16	Rheinland-Pfalz	Kaiserslautern	310
Pfälzer Seenland	91	Bayern	Regensburg	270
Pfälzerwald + Weinstraße	17	Rheinland-Pfalz	Kaiserslautern	300
Potsdam	69	Berlin + Brandenburg	Potsdam	340
Rhein + Hunsrück	21	Rheinland-Pfalz	Bingen/Rhein	350
Rhön + Spessart	84	Bayern	Schweinfurt	380
Rosenheimer Land	96	Bayern	Dachau	340
Ruhrgebiet	36	Nordrhein-Westfalen	Münster	250
Rund um Berlin	63	Berlin + Brandenburg	Eberswalde	300
Sächsisches Burgenland + Heideland	78	Sachsen	Meißen	310
Sächsische Schweiz	77	Sachsen	Meißen	320
Schleswig + Flensburg	52	Schleswig-Holstein	Flensburg	230
Schwäbische Alb + Schwarzwald	12	Baden-Württemberg	Tübingen	300
Schwaben + Schwäbische Alb	10	Baden-Württemberg	Ulm	320
Schwäbische Alb	11	Baden-Württemberg	Ulm	260

Region	Tour	Bundesland (Schwerpunkt)	Start/Ziel	Länge
Schwarzwald	2	Baden-Württemberg	Freiburg	300
Schwarzwald + Baden	14	Baden-Württemberg	Karlsruhe	290
Siegerland + Sauerland	28	Nordrhein-Westfalen	Siegen	290
Spree und Oder	70	Berlin + Brandenburg	Potsdam	320
Spreewald	71	Berlin + Brandenburg	Cottbus	350
Steigerwald	87	Bayern	Ansbach	320
Taubertal + Hohenloher Land	86	Baden-Württemberg	Bad Mergentheim	270
Taunus	23	Hessen	Gießen	300
Taunus + Hunsrück	20	Rheinland-Pfalz + Hessen	Bingen/Rhein	240
Taunus + Westerwald	24	Hessen	Gießen	300
Teutoburger Wald	37	Niedersachsen	Osnabrück	300
Thüringen	75	Thüringen + Sachsen-Anhalt	Weimar	300
Thüringer Wald	76	Thüringen	Weimar	370
Tölzer Land + Karwendel	6	Bayern	Garmisch-Partenkirchen	270
Uckermark + Mecklenburger Seen-platte	59	Mecklenburg-Vorpommern	Neubrandenburg	310
Uckermark + Oberland	64	Berlin + Brandenburg	Eberswalde	350
Vogtland	80	Sachsen	Plauen	240
Vorpommern + Rügen	57	Mecklenburg-Vorpommern	Greifswald	380
Weserbergland	31	Nordrhein-Westfalen	Hann. Münden	330
Wesermarsch	45	Niedersachsen + Bremen	Bremerhaven	300
Westerwald + Siegerland	27	Rheinland-Pfalz	Siegen	290

GPS-DOWNLOAD

Natürlich können Sie sich jede unserer Touren auch als GPS-Datensatz auf Ihr Motorrad-Navigationssystem laden. Alle Touren liegen im Downloadbereich des Verlages unter *www.bruckmann.de* für Sie bereit. Und zwar im allgemein gebräuchlichen GPX-Format, das Sie bei Bedarf auch mit wenigen Mausklicks in andere Dateiformate umwandeln können. Unser Tipp dazu lautet: die geniale Website *www.GPSies.com,* die Ihnen kostenfrei eine Vielzahl an Umwandlungs- und Konfigurationsmöglichkeiten bietet.

Für einen exakten Überblick über die jeweilige Tour empfehlen wir die Website *www.motoplaner.de*, die das GPX-Format ebenfalls lesen kann und Ihnen die Tour auf topaktuellen Google-Karten bereitstellt. Übrigens auch ein perfektes Tool für die eigene Tourenplanung.

Apropos: Unser – auch heute noch – absolutes Lieblingstool für die Planung perfekter Motorradtouren in Westeuropa heißt »Motorrad Tourenplaner 2008–2009«, eine PC-basierte Tourenplanungssoftware, mit der sich explizit landschaftlich schöne Strecken am PC planen lassen. Zwar gibt es das tolle Programm nicht mehr offiziell im Handel, auf Amazon und eBay sind aber Gebrauchtversionen für gut eine Tankfüllung Edelsprit zu finden, deren Anschaffung sich auch heute noch lohnt. Vor allem auch als Offline-Planungstool z.B. für das Reisenotebook, das keinerlei Datendownload oder gar Roaminggebühren frisst. Da stört es dann auch kaum, dass das zugrunde liegende Kartenmaterial nicht mehr ganz topaktuell ist. Mit Basecamp oder Google Maps lassen sich unsere Tourenplanungen rasch abschließend kontrollieren.

REGISTER

REGISTER

IMPRESSUM

Verantwortlich: Kerstin Thiele
Lektorat: Anette Späth
Layout: BUCHFLINK Rüdiger Wagner
Repro: Cromika, Verona
Kartografie: Klaus Hinterschuster, Road Concept Marketing- und Verlags GmbH
Herstellung: Anna Katavic
Printed in Slovenia by Florjancic

Sind Sie mit diesem Titel zufrieden? Dann würden wir uns über Ihre Weiterempfehlung freuen.
Erzählen Sie es im Freundeskreis, berichten Sie Ihrem Buchhändler, oder bewerten Sie bei Onlinekauf.
Und wenn Sie Kritik, Korrekturen, Aktualisierungen haben, freuen wir uns über Ihre Nachricht an
Bruckmann Verlag, Postfach 40 02 09, D-80702 München oder per E-Mail an lektorat@verlagshaus.de.

Alle Angaben dieses Werkes wurden von den Autoren sorgfältig recherchiert und auf den neuesten Stand gebracht sowie vom Verlag geprüft. Für die Richtigkeit der Angaben kann jedoch keine Haftung übernommen werden, weshalb die Nutzung auf eigene Gefahr erfolgt. Insbesondere bei GPS-Daten können Abweichungen nicht ausgeschlossen werden.

Sie sind auf der Suche nach weiterführender Literatur? Dann empfehlen wir Ihnen den Titel »100 neue Alpenpässe mit dem Motorrad«. Ihr Heinz E. Studt.

Bildnachweis: Alle Bilder stammen von Heinz E. Studt mit folgenden Ausnahmen: Emsland Touristik: S. 139. Rosenheim Tourismus: S. 294 unten. Frank Sachau: S. 130, 166, 167, 168 oben. Peter Wahl: S. 5, 10, 53, 54 oben, 56–57, 65, 66 unten, 72, 76 beide, 80, 82, 90 unten, 94 unten, 96, 119, 258 unten, 260 unten. Sabine Welte: S. 6, 9, 114, 115, 116 beide, 188, 200, 217. Wikipedia/gemeinfrei: S. 46, 126, 218 oben, 235, 288. Wikipedia/Vexillum: S. 40. Wikipedia/Wamito: S. 47. Wikipedia/Immanuel Giel: S. 52. Wikipedia/Ikar.us: S. 54 unten. Wikipedia/Faltboot: S. 78. Wikipedia/Klaus Graf: S. 89. Wikipedia/Josef Lehmkuhl: S. 120 oben. Wikipedia/Nikater: S. 123. Wikipedia/Axel Hindemith: S. 128. Wikipedia/Carsten Niehaus: S. 140 oben. Wikipedia/Jusos: S. 142. Wikipedia/UlrichAAB: S. 172. Wikipedia/H005: S. 173. Wikipedia/Horst-Schlaemma: S. 187. Wikipedia/Niteshift: S. 189. Wikipedia/Schumap: S. 203 oben. Wikipedia/Willi Wallroth: S. 202–203 unten. Wikipedia/Prinz Wilbert: S. 214. Wikipedia/Volker Henze: S. 216. Wikipedia/Unify: S. 218 unten. Wikipedia/Botaurus: S. 222. Wikipedia/Alexandru.giurca: S. 223. Wikipedia/Sarah Jane: S. 224 oben. Wikipedia/Wassen: S. 224 unten. Wikipedia/HieRo GlyPhe: S. 232. Wikipedia/DannyBusch: S. 236 unten. Wikipedia/Leander Wattig: S. 238. Rosenheim Tourismus: S. 294 u.

Umschlagvorderseite: Peter Wahl: Manderscheider Burgruinen, Vulkaneifel
Umschlagrückseite: Entlang der Wupper

Die Deutsche Nationalbibliothek verzeichnet diese Publikation in der Deutschen Nationalbibliografie; detaillierte bibliografische Daten sind im Internet über www.dnb.d-nb.de abrufbar.

ISBN 978-3-7654-8751-4